le Guide du routard

Directe...
Ph...

Philippe GL...

Pierre JOSSE

Rédacteurs en chef adjoints
Amanda KERAVEL et Benoît LUCCHINI

Directrice de la coordination
Florence CHARMETANT

Directrice administrative
Bénédicte GLOAGUEN

Rédaction
Olivier PAGE, Véronique de CHARDON,
Isabelle AL SUBAIHI, Anne-Caroline DUMAS,
Carole BORDES, André PONCELET,
Marie BURIN des ROZIERS, Thierry BROUARD,
Géraldine LEMAUF-BEAUVOIS,
Anne POINSOT, Mathilde de BOISGROLLIER,
Alain PALLIER, Gavin's CLEMENTE-RUÏZ
et Fiona DEBRABANDER

VENISE

2009

Hachette

Avis aux hôteliers et aux restaurateurs

Les enquêteurs du *Guide du routard* travaillent dans le plus strict anonymat. Aucune réduction, aucun avantage quelconque, aucune rétribution n'est jamais demandé en contrepartie. Face aux aigrefins, la loi autorise les hôteliers et restaurateurs à porter plainte.

Hors-d'œuvre

Le *Guide du routard*, ce n'est pas comme le bon vin, il vieillit mal. On ne veut pas pousser à la consommation, mais évitez de partir avec une édition ancienne. Les modifications sont souvent importantes.

routard.com dépasse 1 million de visiteurs uniques par mois !

● *routard.com* ● Sur notre site, tout pour préparer votre périple. Des fiches pratiques sur plus de 180 destinations, de nombreuses informations et des services : photos, cartes, météo, dossiers, agenda, itinéraires, billets d'avion, réservation d'hôtels, location de voitures, visas... Et aussi un vaste forum pour échanger ses bons plans, partager ses photos ou trouver son compagnon de voyage. Sans oublier *routard mag*, ses reportages, ses carnets de route et ses infos pour bien voyager. La boîte à outils indispensable du routard.

Petits restos des grands chefs

Ce qui est bon n'est pas forcément cher ! Partout en France, nous avons dégoté de bonnes petites tables de grands chefs aux prix aussi raisonnables que la cuisine est fameuse. Évidemment, tous les grands chefs n'ont pas été retenus : certains font payer cher leur nom pour une petite table qu'ils ne fréquentent guère. Au total, plus de 700 adresses réactualisées, retenues pour le plaisir des papilles sans pour autant ruiner votre portefeuille. À proximité des restaurants sélectionnés, 280 hôtels de charme pour prolonger la fête.

Nos meilleurs campings en France

Se réveiller au milieu des prés, dormir au bord de l'eau ou dans une hutte, voici nos 1 700 meilleures adresses en pleine nature. Du camping à la ferme aux équipements les plus sophistiqués, nous avons sélectionné les plus beaux emplacements : mer, montagne, campagne ou lac. Sans oublier les balades à proximité, les jeux pour enfants... Des centaines de réductions pour nos lecteurs.

Avis aux lecteurs

Les réductions accordées à nos lecteurs ne sont jamais demandées par nos rédacteurs afin de préserver leur indépendance. Les hôteliers et restaurateurs sont sollicités par une société de mailing, totalement indépendante de la rédaction, qui reste donc libre de ses choix. De même pour les autocollants et plaques émaillées.

> Pour que votre pub voyage autant que nos lecteurs,
> contactez nos régies publicitaires :
> ● fbrunel@hachette-livre.fr ●
> ● veronique@routard.com ●

Le contenu des annonces publicitaires insérées dans ce guide n'engage en rien la responsabilité de l'éditeur.

Mille excuses, on ne peut plus répondre individuellement aux centaines de CV reçus chaque année.

© **HACHETTE LIVRE** (Hachette Tourisme), 2009

Tous droits de traduction, de reproduction
et d'adaptation réservés pour tous pays.

© **Cartographie** Hachette Tourisme.

TABLE DES MATIÈRES

LES QUESTIONS QU'ON SE POSE LE PLUS SOUVENT 14

LES COUPS DE CŒUR DU ROUTARD 15

COMMENT Y ALLER ?

- EN VOITURE 16
- EN TRAIN 16
- EN BUS 20
- EN AVION 20
- LES ORGANISMES DE VOYAGES 22

VENISE UTILE

- ABC DE VENISE 30
- AVANT LE DÉPART 30
- ARGENT, BANQUES 35
- ACHATS 36
- BUDGET 36
- DANGERS ET ENQUIQUINEMENTS 41
- ENFANTS (ET PARENTS !) 42
- FÊTES ET JOURS FÉRIÉS 43
- HÉBERGEMENT 44
- HORAIRES 48
- ITINÉRAIRES 48
- LANGUE 50
- LIVRES DE ROUTE 52
- ORIENTATION 54
- PHOTOS 56
- POSTE 56
- POURBOIRE 57
- SANTÉ 57
- SITES INTERNET 57
- TABAC 58
- TÉLÉPHONE, TÉLÉCOMMUNICATIONS ... 58
- TOILETTES PUBLIQUES 59
- TRANSPORTS 59
- URGENCES 62
- VÊTEMENTS ET ÉQUIPEMENT 62

HOMMES, CULTURE ET ENVIRONNEMENT

- BOISSONS 63
- CAFÉS ET BARS 65
- CARNAVAL 66
- CINÉMA 67
- CLIMAT 68
- *COMMEDIA DELL'ARTE* 68
- CUISINE 70
- ÉCONOMIE 75
- ENVIRONNEMENT 76
- GÉOGRAPHIE ET URBANISME 78
- HISTOIRE 79
- LITTÉRATURE 82
- MÉDIAS 83
  - Programmes en français sur TV5Monde • Presse, télévision, radio • Liberté de la presse
- **PATRIMOINE CULTUREL** 84
- **PERSONNAGES CÉLÈBRES** 91

- **POPULATION** 92
- **SAVOIR-VIVRE** 92
- **SITES INSCRITS AU PATRIMOINE MONDIAL DE L'UNESCO** 93
- **SPECTACLES** 94
- **SPORTS ET LOISIRS** 95
- **UNITAID** 95

INFORMATIONS ET ADRESSES UTILES

- **L'ARRIVÉE À VENISE** 96
  - En train • En avion • En voiture
- **SE DÉPLACER DANS VENISE** 98
- **ADRESSES UTILES** 98
  - Offices de tourisme (IAT) • Informations pratiques • Visites guidées en français • Postes • Consulats • Internet • Banques • Téléphone • Transports • Compagnies aériennes • Santé • Garages

OÙ DORMIR À VENISE ?

- **OÙ CAMPER AUTOUR DE VENISE ?** 103
  - À Mestre et Marghera • Sur le Litorale di Cavallino • Au Lido di Venezia
- **OÙ DORMIR À MESTRE, À MARGHERA OU À TREPORTI ?** 106
- **OÙ DORMIR À VENISE, EN AUBERGE DE JEUNESSE OU MAISON D'ACCUEIL ?** 107
- **OÙ DORMIR DANS UN COUVENT ?** 108
  - Dans le quartier du Dorsoduro • Dans les quartiers de San Marco et du Castello
- **LOCATION D'APPARTEMENTS DANS LE CENTRE DE VENISE, DEPUIS PARIS** 109
- **OÙ DORMIR À L'HÔTEL, DE PRIX MOYENS À PLUS CHIC ?** .. 110
  - Dans le quartier du Dorsoduro • Dans les quartiers de San Polo et de Santa Croce • Dans le quartier de Cannaregio • Dans le quartier de San Marco • Dans le quartier du Castello
- **OÙ DORMIR CHIC, ET MÊME TRÈS, TRÈS CHIC, À VENISE ?** .. 115
  - Dans le quartier de Cannaregio • Dans les quartiers de San Marco et du Castello • Dans les quartiers de San Polo et de Santa Croce • Dans le quartier du Dorsoduro
- **OÙ DORMIR AU LIDO, DE PRIX MOYENS À TRÈS CHIC ?** 118

LE GRAND CANAL

- **LES « CENT » PALAIS** 119
- **L'ENVERS DU DÉCOR** 120
- **RIVE GAUCHE** 120
- **RIVE DROITE** 124

SAN MARCO

- **OÙ MANGER ?** 128
- **OÙ BOIRE UN VERRE DE VIN EN MANGEANT SUR LE POUCE ?** 129
- **OÙ PRENDRE UN VERRE ET SORTIR LE SOIR ?** 129
- **OÙ BOIRE UN CHOCOLAT OU UN CAFÉ DANS UN CADRE HISTORIQUE ?** 130
- **ACHATS** 131
- **À VOIR** 131
  - Piazza San Marco • De la place

Saint-Marc au Rialto • Le quartier du théâtre de la Fenice • Autour des campi Santo Stéfano et Sant'Angelo

DORSODURO

- OÙ MANGER ? 145
- OÙ BOIRE UN VERRE EN MANGEANT SUR LE POUCE ? .. 147
- OÙ PRENDRE UN VERRE ET SORTIR LE SOIR ? 147
- OÙ BOIRE UN CHOCOLAT OU UN CAFÉ ? OÙ DÉGUSTER UNE GLACE OU UNE BONNE PÂTISSERIE ? 148
- ACHATS 148
- À VOIR 149
  - Le quartier de la Salute • Le quartier de l'Accademia • Le long des Zattere • Le quartier de la Ca' Rezzonico • Des Zattere au quartier Santa Marta

SAN POLO ET SANTA CROCE

- OÙ MANGER ? 158
- OÙ BOIRE UN VERRE EN MANGEANT SUR LE POUCE ? .. 161
- OÙ BOIRE UN CHOCOLAT OU UN CAFÉ ? OÙ DÉGUSTER UNE GLACE OU UNE PÂTISSERIE ? 161
- ACHATS 162
- À VOIR 163
  - Autour du campo dei Frari • Autour du campo San Polo • Du pont du Rialto à la Ca' Pesaro • De la Ca' Pesaro vers le piazzale Roma

CANNAREGIO

- OÙ MANGER ? 172
  - De la gare à la Ca' d'Oro • De la Ca' d'Oro au Rialto
- OÙ BOIRE UN VERRE EN MANGEANT SUR LE POUCE ? .. 174
- OÙ SORTIR ? OÙ ÉCOUTER DE LA MUSIQUE ? 175
- OÙ BOIRE UN EXCELLENT CAFÉ ? 176
- ACHATS 176
- À VOIR 176
  - Le quartier de la gare • Du Ghetto à l'église della Madonna dell'Orto • Du ponte delle Gúglie à la Ca' d'Oro • Le quartier du Rialto rive gauche • Les Fondamenta Nove

CASTELLO

- OÙ MANGER ? 183
  - De la place Saint-Marc à l'Arsenal • De l'Arsenal à l'île San Pietro
- OÙ BOIRE UN VERRE DE VIN EN MANGEANT SUR LE POUCE ? 186
- OÙ PRENDRE UN VERRE ET SORTIR LE SOIR ? 186
- OÙ MANGER UNE PÂTISSERIE ? 187
- ACHATS 187
- À VOIR 188
  - De Santa Maria Formosa à l'Arsenal • Le quartier de la riva degli Schiavoni • De la via Garibaldi aux jardins publics

LES ÎLES DU BASSIN DE SAINT-MARC

LA GIUDECCA
- UN PEU D'HISTOIRE 195
- ADRESSES UTILES 196
- OÙ MANGER ? 196
- À VOIR 197
  - Hotel Cipriani • Chiesa Santa Maria della Presentazione ou delle Zitelle • Chiesa del Redentore • Les chantiers navals

SAN GIORGIO MAGGIORE
- À VOIR 198
  - Chiesa San Giorgio Maggiore et Campanile • Fondazione Giorgio Cini et l'ancien monastère • Le port

LES ÎLES DU NORD

SAN MICHELE
- COMMENT Y ALLER ? 200
- À VOIR 201
  - Le cimetière

MURANO
- COMMENT Y ALLER ? 201
- ADRESSES UTILES 202
- OÙ DORMIR ? OÙ MANGER ? ... 202
- À VOIR 204
  - Museo d'Arte Vetrario (musée du Verre) • Chiesa Santa Maria e San Donato • Chiesa San Pietro Martire

BURANO
- COMMENT Y ALLER ? 205
- ADRESSES UTILES 205
- OÙ MANGER ? 206
- OÙ MANGER UNE BONNE PÂTISSERIE ? 206
- À VOIR 207
  - Chiesa San Martino • Museo del Merletto (musée de la Dentelle) • Le marché au poisson

SAN FRANCESCO DEL DESERTO 208

TORCELLO
- COMMENT Y ALLER ? 209
- OÙ MANGER ? 209
- À VOIR 209
  - Catedrale Santa Maria Assunta
  - Chiesa Santa Fosca • Campanile
  - Museo dell'Estuario

SANT'ERASMO
- OÙ DORMIR ? OÙ MANGER ? 210

LES ÎLES DU SUD

LIDO
- COMMENT Y ALLER ? 212
- ADRESSES UTILES 212
- OÙ DORMIR ? OÙ MANGER ? ... 213
- OÙ DANSER ? 213

- **À VOIR. À FAIRE** 213
  - Le quartier de San Nicolò • Promenades à vélo • Les plages

SAN LAZZARO DEGLI ARMENI
- **COMMENT Y ALLER ?** 214
- **À VOIR** 214
  - Monastero Mekhitarista

CHIOGGIA
- **COMMENT Y ALLER ?** 215
- **ADRESSE ET INFO UTILES** 216
- **OÙ MANGER ?** 216
- **À VOIR** 216
  - Museo Civico della Laguna sud
  - Corso del Popolo • Le canal della Vena • Le marché au poisson

LE CANALE DEL BRENTA (canal du Brenta)
- **UN PEU D'HISTOIRE** 218
- **ADRESSES ET INFOS UTILES** ... 218
- **CROISIÈRES EN BATEAU** 218
- **EN VOITURE, EN BUS, EN TRAIN** 219
- **À VÉLO** 219
- **OÙ DORMIR ? OÙ MANGER ?** ... 219
- **LES VILLAS** 220
  - Villa Pisani • Villa Widmann Foscari • Villa Forscari (la Malcontenta) • Villa Contorini

- **INDEX GÉNÉRAL** 232
- **OÙ TROUVER LES CARTES ET LES PLANS ?** 239

☎ **112** : voici le numéro d'urgence commun à la France et à tous les pays de l'UE, à composer en cas d'accident, agression ou détresse. Il permet de se faire localiser et aider en français, tout en améliorant les délais d'intervention des services de secours.

Nous avons divisé ce pays en plusieurs guides, à la demande de nos lecteurs. En effet, la très grande majorité d'entre vous ne parcourt pas tout le pays. Et ces contrées sont tellement riches culturellement qu'elles nécessitent 8 guides à elles seules. Rassemblés en un seul volume, nos ouvrages atteindraient 1 500-2 000 pages. Ils seraient alors intransportables et coûteraient... 3 fois plus cher ! Nous souhaitons conserver un format pratique à un prix économique, tout en vous fournissant le maximum d'informations sur des régions qui méritent d'être développées. Voilà !

La rédaction

NOS NOUVEAUTÉS

LIMOUSIN (octobre 2008)

Du vert, du vert, toujours du vert... bienvenue dans le Limousin ! Ici, l'herbe pousse à foison et fait le régal des vaches réputées pour leur viande savoureuse. Mais la richesse du Limousin ne s'arrête pas là. En plus de ses merveilles de bouche, vous serez étonné, au fil de votre balade, de découvrir des richesses insoupçonnées. L'artisanat y connaît un vrai succès. La porcelaine continue de faire la fierté des Limougeauds et, si on pousse un peu plus loin, on découvre tanneries, ganteries, moulins à papier... Eh oui, la forêt, qui couvre une bonne partie de la région, ne ravit pas que les promeneurs mais aussi les imprimeurs. Et puis, voici le Limousin citadin : Limoges, Brive-la-Gaillarde ou encore Guéret, qui sont des villes chargées d'histoire.

AUVERGNE (octobre 2008)

Ah les monts d'Auvergne ! Les amoureux de la rando trouveront plus que leur compte en visitant le cœur de la France. Attention, ouvrez grand les yeux : ici, un volcan, un massif, une réserve, un lac ; là-bas, une vallée, des thermes... Voici l'Auvergne ! Une nature verdoyante que les bougnats ont su préserver. En suivant les courbes voluptueuses de ses volcans, vous atteindrez la capitale, Clermont-Ferrand. Il y fait bon vivre, à en croire tous les étudiants qui animent la ville. Sur les terres de Vercingétorix, vous découvrirez une région qui porte encore les traces de son histoire, les vendeurs de charbon, l'exode, Vichy... Enfin, pour finir, sachez qu'il existe une vraie tradition culinaire dont seuls les Auvergnats ont le secret.

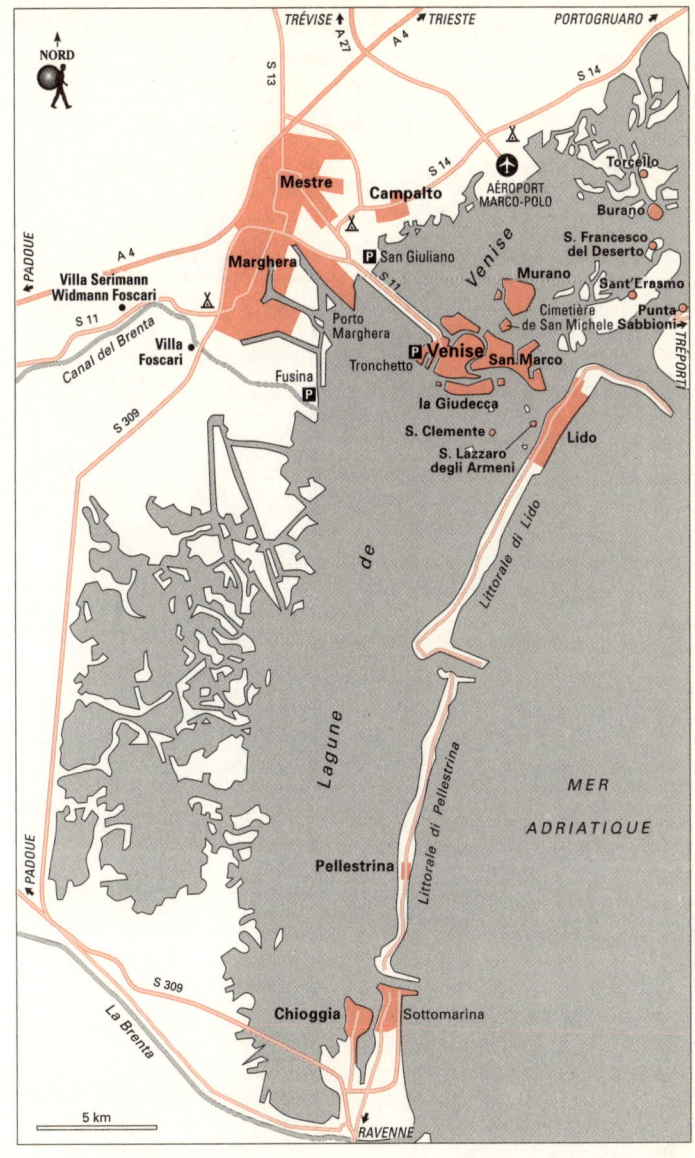

LA LAGUNE

LES GUIDES DU ROUTARD 2009-2010

(dates de parution sur **routard.com**)

France

Nationaux

- Nos meilleures chambres d'hôtes en France
- Nos meilleurs campings en France
- Nos meilleurs hôtels et restos en France
- Petits restos des grands chefs
- Tables à la ferme et boutiques du terroir
- **Picardie (avril 2009)**
- Poitou-Charentes
- Provence
- Pyrénées, Gascogne

Régions françaises

- Alpes
- Alsace
- Aquitaine
- Ardèche, Drôme
- **Auvergne (octobre 2008)**
- Bourgogne
- Bretagne Nord
- Bretagne Sud
- Châteaux de la Loire
- Corse
- Côte d'Azur
- Franche-Comté
- Languedoc-Roussillon
- **Limousin (octobre 2008)**
- Lorraine
- Lot, Aveyron, Tarn
- Nord-Pas-de-Calais
- Normandie
- Pays basque (France, Espagne), Béarn
- Pays de la Loire

Villes françaises

- Bordeaux
- Lille
- Lyon
- Marseille
- Montpellier
- Nice
- Strasbourg
- Toulouse

Paris

- Environs de Paris
- Junior à Paris et ses environs
- Paris
- Paris balades
- Paris exotique
- Paris la nuit
- Paris, ouvert le dimanche
- Paris sportif
- Paris à vélo
- Paris zen
- Restos et bistrots de Paris
- Le Routard des amoureux à Paris
- Week-ends autour de Paris

Europe

Pays européens

- Allemagne
- Andalousie
- Angleterre, Pays de Galles
- Autriche
- Baléares
- Belgique
- Catalogne, Andorre
- Crète
- Croatie
- Danemark, Suède
- Écosse
- Espagne du Nord-Ouest (Galice, Asturies, Cantabrie)
- Finlande
- Grèce continentale
- Hongrie, République tchèque, Slovaquie
- Îles grecques et Athènes
- Irlande
- Islande
- Italie du Nord
- Italie du Sud
- Lacs italiens
- Madrid, Castille (Aragon et Estrémadure)
- Malte
- Norvège
- Pologne et capitales baltes
- Portugal
- Roumanie, Bulgarie
- Sicile
- Suisse
- Toscane, Ombrie

LES GUIDES DU ROUTARD 2009-2010 (suite)

(dates de parution sur **routard.com**)

Villes européennes

- Amsterdam
- Barcelone
- Berlin
- Florence
- Lisbonne
- Londres
- Moscou, Saint-Pétersbourg
- Prague
- Rome
- Venise

Amériques

- Argentine
- Brésil
- Californie
- Canada Ouest et Ontario
- Chili et île de Pâques
- Cuba
- Équateur
- États-Unis côte Est
- Floride
- Guadeloupe, Saint-Martin, Saint-Barth
- Guatemala, Yucatán et Chiapas
- Louisiane et les villes du Sud
- Martinique
- Mexique
- New York
- Parcs nationaux de l'Ouest américain et Las Vegas
- Pérou, Bolivie
- Québec et Provinces maritimes
- République dominicaine (Saint-Domingue)

Asie

- Bali, Lombok
- Birmanie (Myanmar)
- Cambodge, Laos
- Chine (Sud, Pékin, Yunnan)
- Inde du Nord
- Inde du Sud
- Istanbul
- Jordanie, Syrie
- Malaisie, Singapour
- Népal, Tibet
- Sri Lanka (Ceylan)
- Thaïlande
- Tokyo-Kyoto
- Turquie
- Vietnam

Afrique

- Afrique de l'Ouest
- Afrique du Sud
- Égypte
- Île Maurice, Rodrigues
- Kenya, Tanzanie et Zanzibar
- Madagascar
- Maroc
- Marrakech
- Réunion
- Sénégal, Gambie
- Tunisie

Guides de conversation

- Allemand
- Anglais
- Arabe du Maghreb
- Arabe du Proche-Orient
- Chinois
- Croate
- Espagnol
- Grec
- Italien
- Japonais
- Portugais
- Russe

Et aussi...

- Le Guide de l'humanitaire
- G'palémo

Nous tenons à remercier tout particulièrement Loup-Maëlle Besançon, Thierry Bessou, Gérard Bouchu, Grégory Dalex, Fabrice Doumergue, Fabrice de Lestang, Cédric Fischer, Carole Fouque, Michelle Georget, David Giason, Lucien Jedwab, Emmanuel Juste, Pierre Mitrano, Jean-Sébastien Petitdemange, Thomas Rivallain, Claudio Tombari et Solange Vivier pour leur collaboration régulière.

Et pour cette nouvelle collection, nous remercions aussi :

David Alon et Andréa Valouchova
Ariadna Barroso Calderon
Jean-Jacques Bordier-Chêne
Déborah Bueche
Stéphanie Campeaux
Nathalie Capiez
Louise Carcopino
Raymond Chabaud
Alain Chaplais
Bénédicte Charmetant
François Chauvin
Cécile Chavent
Stéphanie Condis
Agnès de Couesnongle
Agnès Debiage
Isabelle Delpière Revéret
Jérôme Denoix
Solenne Deschamps
Tovi et Ahmet Diler
Céline Druon
Nicolas Dubost
Clélie Dudon
Aurélie Dugelay
Sophie Duval
Alain Fisch
Aurélie Gaillot
Adrien et Clément Gloaguen
Angela Gosmann
Romuald Goujon
Stéphane Gourmelen
Claudine de Gubernatis
Xavier Haudiquet

Claude Hervé-Bazin
Bernard Hilaire
Sébastien Jauffret
François et Sylvie Jouffa
Hélène Labriet
Francis Lecompte
Jacques Lemoine
Sacha Lenormand
Amélie Lepley
Valérie Loth
Béatrice Marchand
Amanda de Martino
Kristell Menez
Delphine Meudic
Éric Milet
Jacques Muller
Anaïs Nectoux
Hélène Odoux
Caroline Ollion
Nicolas Pallier
Martine Partrat
Odile Paugam et Didier Jehanno
Mathilde Pilon
Xavier Ramon
Dominique Roland et Stéphanie Déro
Corinne Russo
Caroline Sabljak
Prakit Saiporn
Jean-Luc et Antigone Schilling
Julien Vitry
Céline Vo
Fabian Zegowitz

Direction : Nathalie Pujo
Contrôle de gestion : Joséphine Veyres, Vincent Leav et Héloïse Morel d'Arleux
Responsable éditoriale : Catherine Julhe
Édition : Matthieu Devaux, Marine Barbier-Blin, Géraldine Péron, Jean Tiffon, Olga Krokhina, Vanessa Di Domenico, Julie Dupré, Gaëlle Leguéné, Gia-Quy Tran et Laura Gélie
Secrétariat : Catherine Maîtrepierre
Préparation-lecture : Dorica Lucaci
Cartographie : Frédéric Clémençon et Aurélie Huot
Fabrication : Nathalie Lautout et Audrey Detournay
Couverture : Seenk
Direction marketing : Dominique Nouvel, Lydie Firmin et Juliette Caillaud
Responsable des partenariats : André Magniez
Édition des partenariats : Juliette Neveux et Raphaële Wauquiez
Informatique éditoriale : Lionel Barth
Relations presse France : COM'PROD, Fred Papet. ☎ 01-56-43-36-38. ● info@comprod.fr ●
Relations presse : Martine Levens (Belgique) et Maureen Browne (Suisse)
Régie publicitaire : Florence Brunel

Remerciements

Pour l'édition de ce guide, nous remercions tout particulièrement :

– Massimo Bartolucci, directeur de l'ENIT à Paris ;
– Anne Lefèvre et Géraldine Stefanon, chargées des relations presse à l'ENIT ;
– Roberta Valmarana et Cristina Bottero, de l'Azienda di Promozione Turistica, toujours *gentilissime,* disponibles et efficaces ;
– Christine Adam, pour son aide indéfectible.

LES QUESTIONS QU'ON SE POSE LE PLUS SOUVENT

> **Quelle est la meilleure saison pour y aller ?**

Les intersaisons sont devenues les mois de pleine saison à Venise ; il y a souvent moins de monde en juillet-août qu'en mai ou septembre. Mais les brumes hivernales, voire la neige, peuvent aussi avoir un charme qui accentue le côté mystérieux de Venise...

> **La vie est-elle chère ?**

Oui, absolument. C'est souvent hors de prix, les principales dépenses restant l'hébergement, les transports et les restos.

> **Quel est le meilleur moyen de déplacement ?**

Venise est une ville d'eau : les *vaporetti* (véritables bus flottants) sont nombreux et pratiques, mais le meilleur mode pour découvrir la ville reste sans aucun doute... vos pieds !

> **Comment se repérer en arrivant à Venise ?**

À moins de prendre le bateau depuis l'aéroport, vous arriverez certainement par le piazzale Roma (en bus ou en voiture) ou à la gare, juste à côté. On y trouve un office de tourisme et le *vaporetto*.

> **Se perd-on facilement à Venise ?**

Oui, mais ça fait partie des plaisirs de la ville ! Votre sens de l'orientation sera mis à rude épreuve dans ce labyrinthe ; toutefois, c'est en s'égarant qu'on fait bien souvent les plus belles découvertes... Pas d'inquiétude, on se retrouve toujours.

> **La ville est-elle dangereuse ?**

Les seuls risques à Venise sont de : 1) vous perdre ; 2) vous faire interpeller par des Vénitiens vantant les charmes d'un resto à éviter soigneusement ; 3) tomber à l'eau... Aucun sentiment d'insécurité donc. Attention, il y a toujours quelques pickpockets qui peuvent traîner, comme partout.

> **Comment vivre à la vénitienne ?**

On s'habitue très vite à faire comme les Vénitiens : marcher vite en se donnant l'air de savoir où l'on va, boire un verre debout au comptoir d'un *bacaro* (vieux bistrot vénitien), éviter les restos qui affichent leurs cartes en 4 langues et fréquenter les quartiers plus excentrés (Cannaregio, Castello, la Giudecca...).

> **Peut-on passer de folles nuits à Venise ?**

Non, les nuits se passent en tête à tête à l'hôtel ou main dans la main dans les ruelles à l'éclairage tamisé...

> **Combien de temps rester à Venise pour avoir « tout vu » ?**

Vous n'aurez jamais « tout vu », sachez-le. Le mieux est de pouvoir rester une semaine pour vraiment découvrir Venise.

> **L'artisanat est-il développé ?**

L'artisanat vénitien va du masque en papier mâché à la fine dentelle de Burano, en passant par le verre et la céramique de Murano. De quoi remplir vos bagages de souvenirs, mais attention aux arnaques !

LES COUPS DE CŒUR DU ROUTARD

- **Partir seul à la rencontre du terrible lion de l'Arsenal,** sur les pas de Corto Maltese, après avoir relu la B.D. d'Hugo Pratt, *Fable de Venise* !

- **Le marché du Rialto, de bon matin,** quand arrivent des fruits, des légumes, des poissons fraîchement pêchés que les Vénitiens jaugent au premier coup d'œil.

- **Savourer la vraie cuisine vénitienne,** qu'il faut prendre le temps de découvrir, au risque de se tromper de plat, si personne ne parle français autour de vous.

- **Se donner rendez-vous à l'heure du *spritz*, près du Rialto,** dans un *bacaro* où l'on refait le monde, debout, au bar, ou dehors, pour fumer une cigarette.

- **À Burano, découvrir, à la descente du bateau,** ses maisons colorées que le soleil fait revivre, à chaque printemps, et ses délicieuses pâtisseries qui ne font pas dans la dentelle.

- **Partir au Lido à bicyclette pour se détendre les gambettes,** le nez au vent, même si l'heure du bain n'est pas encore annoncée, côté météo.

- **S'arrêter le temps d'un café et d'une pâtisserie grignotée debout, au bar, au milieu des Vénitiens,** avant de repartir au hasard, dans les quartiers du Castello ou de Cannaregio.

- **S'offrir une visite du théâtre de la Fenice** ou, mieux encore, une place à l'un des opéras de la saison pour découvrir tout à la fois une bonbonnière et un public uniques au monde.

- **Aller admirer les toiles de Carpaccio au fond d'une salle mal indiquée de l'Accademia** ou à la merveilleuse *Scuola San Giorgio degli Schiavoni*.

- **Relire les polars signés Donna Leon et partir sur les pas du commissaire Bruneti** dans une Venise contemporaine que cette Américaine décrit mieux que personne.

COMMENT Y ALLER ?

EN VOITURE

Aller à Venise en voiture, c'est comme vouloir passer par l'enfer pour atteindre le paradis. La route elle-même est plutôt facile, mais sur place on se trouve confronté au vaste problème du parking : soit complet, soit hors de prix, soit souvent les deux... On vous déconseille donc fortement ce mode de transport. Pour les irréductibles, voici quand même quelques indications.

➢ ***À partir de Paris :*** 1 110 km. Compter 11h, dont 9h30 d'autoroute. Prendre l'A 6 en direction de Lyon jusqu'à Mâcon. Puis Bourg-en-Bresse et Bellegarde. Autoroute vers Chamonix, puis le tunnel du Mont-Blanc (compter 32 € la traversée), en direction d'Aoste, Turin, Milan. À Milan, continuer sur Brescia, Vérone, Vicence, Padoue, Mestre et Venise.

➢ Ceux qui habitent l'est ou le nord de la France ont avantage à prendre l'autoroute en Suisse ***à partir de Bâle.*** De Bâle à Venise, compter 7h presque uniquement par autoroute. Passer par Lucerne et le tunnel du Gothard, puis prendre la direction de Milan. De là, se reporter à l'itinéraire ci-dessus. À prendre en compte : vignette de 26,50 € (pour une année) à payer pour emprunter les autoroutes suisses.

➢ ***À partir de Marseille :*** 780 km. Compter 7h30 environ, dont 6h30 d'autoroute. Direction Nice, puis longer la côte jusqu'à la frontière italienne. Après Gênes, remonter sur Piacenza et continuer sur Brescia. De là, poursuivre jusqu'à Venise.

ATTENTION : en Italie, sur l'autoroute, les panneaux indicateurs sont de couleur verte ; le bleu concerne les autres routes, notamment les nationales ou les routes secondaires. Les feux de code sont obligatoires sur les routes italiennes... sous peine d'amende.

EN TRAIN

Intéressant, à condition de rester au moins 3 jours à Venise, évidemment, sinon le voyage de nuit est un peu fatigant. Plus économique que l'avion, surtout l'été (environ 50 % moins cher). On arrive directement à Venise, à la gare Santa Lucia. Magique, au petit matin...

Si vous comptez reprendre le train pour voyager en Italie, sachez que chez tous les marchands de journaux vous trouverez en vente le guide des horaires des trains. Utile et pas cher.

De Santa Lucia, nombreux *vaporetti* pour rejoindre les hôtels ou les logements en location.

On conseille de réserver au moins 15 jours à l'avance, surtout en haute saison. *Artesia* gère les trains entre la France et l'Italie. Des trains de nuit partent tous les soirs au départ de Paris-gare de Bercy (avec arrêts à Dijon et dans d'autres villes, cela dit pour ceux qui habitent l'est de la France). *Artesia* propose également 3 liaisons quotidiennes en TGV au départ de Paris-gare de Lyon à destination de Turin et Milan.

➢ ***Au départ de Paris-gare de Bercy :*** 1 aller-retour quotidien de nuit (départ de Paris-gare de Bercy le soir 18h55, arrivée à Venise-Santa Lucia le matin 9h26).

– Autre possibilité : 2 trains de jour avec changement à Milan (départ de Paris-gare de Lyon 7h42, arrivée à Venise 18h09).

Pour préparer votre voyage

– ***Billet à domicile :*** commandez et payez votre billet par téléphone au ☎ 36-35 (0,34 €/mn) ou sur Internet, la SNCF vous l'envoie gratuitement à domicile.

– **Service « Bagages à domicile »** : appelez le ☎ 36-35 (0,34 €/mn), la SNCF prend en charge vos bagages où vous le souhaitez, et vous les livre là où vous allez en **24h de porte à porte.**

Les réductions

➢ *Prem's*
Vous pouvez vous rendre à Venise grâce aux tarifs *Prem's*. Plus vous anticipez, plus le prix est petit.
➢ *Les Cartes : réduction garantie*
La carte *Escapades* s'adresse aux voyageurs de 26 à 59 ans. Elle offre jusqu'à 40 % de réduction (25 % garantis sur tous les trains), sauf TGV de nuit, pour des allers-retours de plus de 200 km, nuit de samedi à dimanche inclue.
➢ *Découverte : à chacun sa réduction*
Avec les tarifs *Découverte*, vous bénéficiez de 25 % de réduction dans la limite des places disponibles : *Découverte Enfant +,* pour les voyages avec un enfant de moins de 12 ans ; *Découverte 12-25,* pour les jeunes de 12 à 25 ans ; *Découverte Senior,* pour les voyageurs de 60 ans et plus ; *Découverte Séjour,* pour des allers-retours d'au moins 200 km et la nuit de samedi à dimanche inclue (jusqu'à 35 % de réduction).
➢ *Les avantages européens*
Avec les **Pass InterRail,** les résidents européens peuvent voyager dans 30 pays d'Europe, dont l'Italie. Plusieurs formules et autant de tarifs, en fonction de la destination et de l'âge.
➢ *Voyagez plus et pour moins cher*
– Pour les grands voyageurs, l'*InterRail Global Pass* est valable dans l'ensemble des 30 pays concernés, intéressant si vous comptez parcourir plusieurs pays au cours du même périple. Il se présente sous 4 formes au choix. Deux formules flexibles : utilisable 5 jours sur une période de validité de 10 jours (249 € pour les + de 25 ans, 159 € pour les 12-25 ans), ou 10 jours sur une période de validité de 22 jours (259 € pour les + de 25 ans, 239 € pour les 12-25 ans). Deux formules « continues » : *pass* 22 jours (469 € pour les + de 25 ans, 309 € pour les 12-25 ans), *pass* 1 mois (599 € pour les + de 25 ans, 399 € pour les 12-25 ans). Ces 4 formules existent aussi en version 1re classe !
– Si vous ne parcourez que l'Italie, le *One Country Pass* vous suffira. D'une période de validité de 1 mois, et utilisable selon les formules, 3, 4, 6 ou 8 jours en discontinu : à vous de calculer avant votre départ le nombre de jours que vous passerez sur les rails : 3 jours (109 € pour les + de 25 ans, 71 € pour les moins de 25 ans, 54,50 € pour les 4-11 ans), 4 jours (139 € pour les + de 25 ans, 90 € pour les moins de 25 ans, 69,50 € pour les 4-11 ans), 6 jours (189 € pour les + de 25 ans, 123 € pour les moins de 25 ans, 94,50 € pour les 4-11 ans) ou 8 jours (229 € pour les + de 25 ans, 149 € pour les moins de 25 ans, 114,50 € pour les 4-11 ans). Là encore, ces formules existent en version 1re classe (mais ce n'est pas le même prix, bien sûr). Attention également aux restrictions d'utilisation ou de suppléments éventuels (trains de nuit notamment).

Informations et réservations

– *Internet :* • voyages-sncf.com • tgv.com • interrailnet.com •
– *Téléphone :* ☎ 36-35 (0,34 €/mn).
– Également dans les gares, les boutiques SNCF et les agences de voyages agréées SNCF.

Exceptionnel

➢ **Venice Simplon Orient-Express Voyages** *: 30, rue d'Orléans, 92200 Neuilly-sur-Seine.* ☎ 01-55-62-18-00. • orient-expresstrains.com •

MIQUE-AUX-NOCES

**HEUREUSEMENT,
ON NE VOUS PROPOSE
PAS QUE LE TRAIN.**

MYKONOS,
TOUTE L'EUROPE
ET LE RESTE DU MONDE.

Voyages-sncf.com

Voyages-sncf.com, première agence de voyage sur Internet avec plus de 000 destinations dans le monde, vous propose ses meilleurs prix sur les billets d'avion et de train, les chambres d'hôtel, les séjours et la location de voiture. Accessible 24h/24, 7j/7.

Si vous avez envie de faire une folie et avez les moyens de vous l'offrir (ou, mieux encore, si vous pouvez vous la faire offrir, pour une grande occasion), le *Venice Simplon Orient-Express,* train de rêve et de luxe par excellence, vous plaira. Inauguré le 4 octobre 1883, le premier train-couchette de l'histoire de l'Europe continentale n'a pas cessé depuis de faire parler de lui, en bien, car il n'y a eu qu'Agatha Christie pour réunir autant de meurtriers dans un de ses wagons le temps d'un crime resté célèbre dans les annales du roman policier.

Sa mise à la retraite, en 1977, n'a duré que quelques années puisque ses voitures, restaurées et décorées dans le style des années 1930, continuent aujourd'hui de filer à 70 km/h à travers la France, la Suisse, puis l'Autriche en direction de l'Italie. Départs le jeudi et le dimanche de Paris. Emportez smoking et robe longue, ou du moins une tenue de soirée, pour passer inaperçus !

EN BUS

▲ CLUB ALLIANCE
– *Paris :* 33, rue de Fleurus, 75006. ☎ 01-45-48-89-53. Ⓜ *Notre-Dame-des-Champs, Saint-Placide ou Rennes. Lun-ven 10h30-19h ; sam 13h30-19h.*
Spécialiste des week-ends et des ponts de 3 ou 4 jours. Circuits économiques de 1 à 16 jours en Europe, y compris en France. Pour l'Italie, Club Alliance propose un circuit combiné de 6 jours Florence-Rome-Venise. Brochure gratuite sur demande.

▲ EUROLINES
☎ *0892-899-091 (0,34 €/mn).* ● eurolines.fr ● *Vous trouverez également les services d'Eurolines sur* ● routard.com ● *Bureaux à Paris (1er, 5e, 9e arr.), La Défense, Versailles, Avignon, Bordeaux, Clermont-Ferrand, Dijon, Grenoble, Lille, Lyon, Marseille, Metz, Montpellier, Mulhouse, Nantes, Nice, Nîmes, Perpignan, Rennes, Strasbourg, Toulouse et Tours.*
Gare routière internationale à Paris :
– *Gallieni :* ☎ *0892-899-091.* (Ⓜ *Gallieni) ;*
Première low-cost par bus en Europe, Eurolines permet de voyager vers plus de 1 500 destinations en Europe et au Maroc avec des départs quotidiens depuis 110 villes françaises.
Pass Eurolines : pour un prix fixe valable 15 ou 30 jours, vous voyagez autant que vous le désirez sur le réseau entre 45 villes européennes. Également un mini pass pour visiter deux capitales européennes.

▲ VOYAGES 4A
– *Saint-Jean-de-Luz :* 203, rue des Artisans, 64501. Rens et résas : ☎ 05-59-23-90-37. ● voyages4a.com ● *Lun-ven 10h-18h.*
Voyages 4A propose des voyages en autocar sur lignes régulières à destination des grandes cités européennes, des séjours et circuits Europe durant les ponts et vacances, le Carnaval de Venise, les grands festivals et expositions, des voyages en transsibérien, des séjours en Russie... Quelques destinations hors Europe comme le Sénégal, Cuba et le Brésil. Formules tout public au départ de Paris, Lyon, Marseille et autres grandes villes de France.

EN AVION

Les compagnies régulières

▲ AIR FRANCE
Infos et résas au ☎ *36-54 (0,34 €/mn – tlj 24h/24), sur* ● airfrance.fr ●*, dans les agences Air France et dans ttes les agences de voyages. Fermées dim.*
Air France propose à tous des tarifs attractifs toute l'année. Vous avez la possibilité de consulter les meilleurs tarifs du moment, rubrique « Offres spéciales », « Promotions » sur le site ● airfrance.fr ●

Autrement L'Italie

Vous êtes unique. Votre voyage aussi.

Venise

Vous rêvez de découvrir l'italie autrement ?

Choisissez celle qui vous inspire : Séjours tentations, Hôtels Design & Chambres d'hôtes, Locations de charme, Villes d'Art, Forfaits Bien-être et Beauté, Croisières.

→ **NOUVEAU**

Tentation légendaire : Luxe, Excellence et Mystère Combiné Venise/Rome en Orient Express

Brochures gratuites sur demande
Devis pour individuels et groupes

Autrement l'Italie, Partenaire Officiel de l'exposition "Venise et l'orient", du 3 octobre 2006 au 18 février 2007 à L'Institut du Monde Arabe (Paris).

76, boulevard Saint-Michel • 75006 Paris • www.autrement-italie.fr
Mail. info@autrement-italie.fr • Tél. 01 44 41 69 95 • Fax. 01 44 07 21 80

UNE FAÇON ORIGINALE DE VIVRE A L'ITALIENNE

CASA d'ARNO

Une sélection de locations confortables et chaleureuses en Italie. Un choix étendu du studio le plus accessible au palazzo le plus luxueux, CASA d'ARNO privilégie la beauté du cadre et la tranquillité du lieu et vous propose également une vaste sélection de Chambres d'Hotes.

36, rue de la Roquette - 75011 PARIS
Tèl : 01 44 64 86 00 - Fax : 01 44 64 05 84
www.casadarno.com - E-mail : info@casadarno.com

Le programme de fidélisation Air France KLM vous permet d'accumuler des *miles* à votre rythme et de profiter d'un large choix de primes. Avec votre carte *Flying Blue*, vous êtes immédiatement identifié comme client privilégié lorsque vous voyagez avec tous les partenaires.

Air France propose également la carte *Fréquence Jeune*, réservée aux jeunes âgés de 2 à 24 ans résidant en France métropolitaine, dans les départements d'outre-mer, au Maroc ou en Tunisie. Avec plus de 18 000 vols/j., 900 destinations, et plus de 100 partenaires, *Fréquence Jeune* vous offre autant d'occasions d'accumuler des *miles* partout dans le monde.

▲ ALITALIA
Infos et résas : ☎ 0820-315-315 (0,12 €/mn). ● alitalia.fr ● *Lun-ven 8h-20h ; sam-dim 9h-19h. Et dans les agences de voyages.*
➤ Vols Paris-Venise 5 fois/j. (en partage de code avec Air France).

Les compagnies *low-cost*

Ce sont des compagnies dites « à bas prix ». De nombreuses villes de province sont desservies, ainsi que les aéroports limitrophes des grandes villes. Réservation par Internet ou par téléphone (pas d'agence et pas de « billet-papier », juste un numéro de réservation) et aucune garantie de remboursement en cas de difficultés financières de la compagnie. En outre, les pénalités en cas de changement d'horaires sont assez importantes et les taxes d'aéroport rarement incluses. Ne pas oublier non plus d'ajouter le prix du bus pour se rendre à ces aéroports souvent assez éloignés du centre-ville ainsi que les prix des bagages en soute.

▲ MYAIR
Rens et résas : ☎ *0800-970-179 (n° Vert), tlj 7h-21h.*
➤ De Paris-Orly, 1 à 2 vols quotidiens pour Venise.

▲ RYANAIR
Rens : ☎ *0892-232-375 (0,34 €/mn).* ● ryanair.com ● *Lun-ven 8h-19h.*
➤ De Paris-Beauvais ou de Bruxelles-Charleroi, 1 à 2 allers-retours quotidiens à destination de Trévise (situé à 30 km de Venise).

▲ SN BRUSSELS AIRLINES
Rens : ☎ *0826-101-818 depuis la France et* ☎ *070-3511-11 depuis la Belgique.* ● brusselsairlines.com ●
La compagnie aérienne a fusionné en mars 2007 avec *Virgin Express*. Deux tarifications : **b-flex**, visant une clientèle professionnelle, et **b-light**, proposant des formules *low-cost* depuis Brussels-Airport.
➤ Deux vols quotidiens Bruxelles-Venise.

LES ORGANISMES DE VOYAGES

– Ne pas croire que les vols à tarif réduit sont tous au même prix pour une même destination à une même époque : loin de là. On a déjà vu, dans un même avion partagé par deux organismes, des passagers qui avaient payé 40 % plus cher que les autres. De plus, une agence bon marché ne l'est pas forcément toute l'année (elle peut n'être compétitive qu'à certaines dates bien précises). Donc, contactez tous les organismes et jugez vous-même.
– Les organismes cités sont classés par ordre alphabétique, pour éviter les jalousies et les grincements de dents.

EN FRANCE

▲ AUTREMENT L'ITALIE
– *Paris :* 76, bd Saint-Michel, 75006. ☎ *01-44-41-69-95.* ● contact@autrement-italie.fr ● *RER B : Luxembourg. Lun-ven 9h30-19h ; sam 10h-13h, 14h-17h.*

COMMENT ALLER AU ... ?

■ Adresses utiles
1 Office ...
2 ...

■ Où dormir ?
11 Pension ...
12 Pen...
13 ...
14 P...
15 ...
16 R...
17 R...
18 ...
19 P...
20 ...
21 H...
22 ...
23 Resi...
24 Hotel ...
25 Hotel Pascual ...

|◉| Où manger ?
30 Restaurante Don ...
31 Resta...
32 Resta...
33 Café ...
34 Tasc...
35 R...
36 Ter...
37 Res...
38 Resta...
39 Cafet...
40 Club ...
41 Rest...
42 P...
43 Restaur...
44 Restaur...
45 Res...
46 ...
47 C...
48 Tas...
49 R...
50 Ter...
51 Rest...
52 Re...
53 C...
54 ...
55 ...
56 P...
57 Restaurante ...

✱ Où boire un verre ?
61 Bar Pati...
62 Bar do ...
63 Pinc...
64 B...
65 C...
66 ...
67 ...
68 Ca...
69 C...
70 B...
71 C...
72 O...
73 Ti Ve...
74 Café ...
75 Ca...
76 Estori...

★ Où sortir ?
83 Pingo ... do Norte
84 Pav...
85 ...
86 ...
87 B...
88 Casa do Mon...

★ A voir
90 Palacio do ...
91 Pavil... estre
92 C... tural
93 ...
94 ...

SAATCHI & SAATCHI
Espace offert par le guide du Routard

www.rsf.org

N'attendez pas qu'on vous prive de l'information pour la défendre.

Autrement permet de voyager en toute liberté en Italie en construisant son voyage sur mesure avec l'aide de spécialistes : locations d'appartements, de villas dans la région des lacs, la Toscane, la côte amalfitaine et dans des grandes villes culturelles comme Rome, Venise, Florence ou Naples. Également des billets d'avions et des locations de voitures.

Possibilité aussi de s'initier à la cuisine italienne ou encore de réserver des billets pour des grandes manifestations culturelles (théâtres, opéras, concerts classiques...).

▲ BRAVO VOYAGES
– Paris : 5, rue de Hanovre, 75002. ☎ 01-45-35-43-00. ● bravovoyages.com ● Ⓜ Opéra ou Quatre-Septembre. Lun-ven 9h-19h ; sam 10h-18h.
Agence spécialisée sur l'Italie du nord au sud, les villes d'art, la Campanie et plus particulièrement sur la Sicile, les îles Éoliennes et la Sardaigne. Vols spéciaux hebdomadaires sur la Sicile et la Sardaigne, possibilités de vols réguliers, circuits, séjours en hôtels ou en clubs. De la formule tout compris au voyage à la carte en passant par le *fly and drive*, Bravo propose également des locations de villas et d'appartements sur l'Italie et ses îles.

▲ COMPTOIR DE L'ITALIE
– Paris : 344, rue Saint-Jacques, 75005. ☎ 0892-237-037 (0,34 €/mn). ● comptoir.fr ● Ⓜ Port-Royal. Lun-ven 9h30 (sam 10h)-18h30.
– Toulouse : 43, rue Peyrolières, 31000. ☎ 0892-232-236 (0,34 €/mn). Lun-sam 10h-18h30.
– Lyon : 10, quai de Tilsitt, 69002. Ouverture nov 2008.
La *dolce vita*, la magie de la Renaissance italienne et le parfum du cappuccino ne sont jamais bien loin lorsque leurs conseillers vous aident à bâtir un voyage. Comptoir d'Italie propose un grand choix d'hébergements de charme, des week-ends insolites, des idées de voyage originales, et bien d'autres suggestions à combiner selon son budget, ses envies et son humeur.
Chaque Comptoir est spécialiste d'une ou plusieurs destinations : Afrique, Brésil, États-Unis, Canada, Désert, Italie, Islande, Groenland et Terres polaires, Maroc, Pays celtes, Égypte, Pays scandinaves, Pays du Mékong, Pays andins, et Grèce.

▲ DONATELLO
☎ 0826-102-005 (0,15 €/mn). ● donatello.fr ●
Donatello est l'un des spécialistes du voyage en Italie. L'agence propose des weekends d'art, des séjours culturels, ou encore des locations d'appartements ou de villas.

▲ FUAJ
– Paris : antenne nationale, 27 rue Pajol, 75018. ☎ 01-44-89-87-27/26. ● fuaj.org ● Ⓜ La Chapelle, Max-Dormoy ou Gare-du-Nord. Lun 10h-17h, mar-ven 10h-18h. Rens dans ttes les auberges de jeunesse, les points d'information et de réservation en France et sur le site ● hihostels.com ●
La FUAJ (Fédération unie des auberges de jeunesse) accueille ses adhérents dans 160 auberges de jeunesse en France. Seule association française membre de l'IYHF (*International Youth Hostel Federation*), elle est le maillon d'un réseau de 4 200 auberges de jeunesse réparties dans 81 pays. La FUAJ organise, pour ses adhérents, des activités sportives, culturelles et éducatives ainsi que des rencontres internationales. Les adhérents de la FUAJ peuvent obtenir gratuitement les brochures *Voyages en liberté/Go as you please, Printemps-Été-Hiver, le Guide des AJ en France*. Le guide international regroupe la liste de toutes les auberges de jeunesse dans le monde. Les brochures sont disponibles à la vente (8 €) ou en consultation sur place.

▲ LASTMINUTE.COM
Leurs offres sont accessibles au ☎ *0899-785-000 (1,34 € l'appel TTC puis 0,34 €/mn), sur* ● *lastminute.com* ●*, et dans 9 agences de voyages situées à Paris, Nice, Toulouse, Bordeaux, Montpellier, Aix-en-Provence et Lyon.*

Lastminute.com propose une vaste palette de voyages et de loisirs : billets d'avion, séjours sur mesure ou clé en main, week-ends, hôtels, locations en France, locations de voitures, spectacles, restaurants... pour penser ses vacances selon ses envies et ses disponibilités.

▲ LINEA ITALIA
– Paris : 15, rue du Surmelin, 75020. ☎ 01-43-61-10-00. Fax : 01-43-61-09-39. Ⓜ Pelleport. Lun-jeu 9h30-12h30, 13h30-18h30 (ven 17h30).
Linea Italia offre une nouvelle ligne de programmes pour concevoir ses vacances selon son plaisir et à son rythme : soit détente et farniente, soit découverte des trésors culturels ou d'un événement. Toutes les formules sont proposées dans les villes d'art : Rome, Florence, Venise, Naples, etc., les régions telles que la Campanie (Capri, Amalfi, Sorrente), la Toscane, la Sicile et la Sardaigne.
Linea Italia, c'est aussi des vols spéciaux ou réguliers à prix réduits, un choix d'hôtels du 2-étoiles aux palaces, hôtels-clubs, villages de vacances, location d'appartements en Toscane et location de voitures, sélectionnés par une équipe italienne de spécialistes.

▲ NOUVELLES FRONTIÈRES
Rens et résas dans toute la France : ☎ 0825-000-825 (0,15 €/mn). • nouvelles-frontieres.fr • Les brochures Nouvelles Frontières sont disponibles gratuitement dans les 240 agences du réseau, par téléphone et sur Internet.
Plus de 40 ans d'existence, 1 000 000 de clients par an, 250 destinations, deux chaînes d'hôtels-clubs *Paladien* et *Koudou* et une compagnie aérienne, *Corsairfly*. Pas étonnant que Nouvelles Frontières soit devenue une référence incontournable, notamment en matière de tarifs. Le fait de réduire au maximum les intermédiaires permet d'offrir des prix « super-serrés ». Un choix illimité de formules vous est proposé : des vols sur la compagnie aérienne de Nouvelles Frontières au départ de Paris et de province, en classe Horizon ou Grand Large, et sur toutes les compagnies aériennes régulières, avec une gamme de tarifs selon votre budget. Sont également proposés toutes sortes de circuits, aventure ou organisés ; des séjours en hôtels, en hôtels-clubs et en résidences ; des week-ends, des formules à la carte (vol, nuits d'hôtel, excursions, location de voitures...), des séjours neige, des croisières, des séjours thématiques plongée, thalasso.
Avant le départ, des réunions d'information sont organisées. Intéressant : des brochures thématiques (plongée, aventure, rando, trek et sport).

▲ PROMOVACANCES.FR
Les offres Promovacances sont accessibles sur • promovacances.com • ou au ☎ 0899-654-850 (1,35 € l'appel puis 0,34 € la mn) et dans 10 agences situées à Paris (Bonne-Nouvelle, Chaussée d'Antin, Voltaire, Forum des Halles...) et à Lyon.
N° 1 français de la vente de séjours sur Internet, Promovacances a fait voyager plus de 2 millions de clients en 10 ans. Le site propose plus de 10 000 voyages actualisés chaque jour sur 300 destinations : séjours, circuits, week-ends, thalasso, plongée, golf, voyages de noce, locations, vols secs...
L'ambition du voyagiste : prouver chaque jour que le petit prix est compatible avec des vacances de qualité. Grâce aux avis clients publiés sur le site et aux visites virtuelles des hôtels, vous réservez vos vacances en toute tranquillité.

▲ VOYAGES-SNCF.COM
Voyages-sncf.com, première agence de voyages sur Internet, propose des billets de train, d'avion, des chambres d'hôtel, des locations de voitures et des séjours clés en main ou Alacarte® sur plus de 600 destinations et à des tarifs avantageux. Leur site • voyages-sncf.com • permet d'accéder tous les jours, 24h/24, à plusieurs services : envoi gratuit des billets à domicile, alerte résas pour être informé de l'ouverture des résas et profiter du plus grand choix, calendrier des meilleurs prix (TTC), mais aussi des offres de dernière minute et des promotions.
Et grâce à l'écocomparateur, en exclusivité sur • voyages-sncf.com •, possibilité de comparer le prix, le temps de trajet et l'indice de pollution pour un même trajet en train, en avion ou en voiture.

▲ VOYAGEURS EN ITALIE
Le grand spécialiste du voyage en individuel sur mesure. • vdm.com •
– Paris : La Cité des Voyageurs, 55, rue Sainte-Anne, 75002. ☎ 0892-236-161 (0,34 €/mn). Ⓜ Opéra ou Pyramides. Lun-sam 9h30-19h.
– *Également des agences à Bordeaux, Grenoble, Lille, Lyon, Marseille, Montpellier, Nantes, Nice, Rennes, Rouen, Strasbourg et Toulouse.*
Sur les conseils d'un spécialiste de chaque pays, chacun peut construire un voyage à sa mesure...
Pour partir à la découverte de plus de 120 pays, 120 conseillers-voyageurs, de près de 30 nationalités et grands spécialistes des destinations, donnent des conseils, étape par étape et à travers une collection de 27 brochures, pour élaborer son propre voyage en individuel.
Voyageurs du Monde propose également une large gamme de circuits accompagnés (Famille, Aventure, Routard...) et a développé une politique de « vente directe » à ses clients, sans intermédiaire.
Dans chacune des *Cités des Voyageurs,* tout rappelle le voyage : librairies spécialisées, boutiques d'accessoires de voyage, expositions-ventes d'artisanat ou encore cocktails-conférences. Toute l'actualité de VDM à consulter sur leur site internet.

EN BELGIQUE

▲ CONNECTIONS
Rens et résas : ☎ 070-233-313. • connections.be • Lun-ven 9h30-21h, sam 10h-17h.
Spécialiste du voyage pour les étudiants, les jeunes et les *Independent travellers*. Le voyageur peut y trouver informations et conseils, aide et assistance (revalidation, routing...) dans 27 points de vente en Belgique et auprès de bon nombre de correspondants de par le monde.
Connections propose une gamme complète de produits : des tarifs aériens spécialement négociés pour sa clientèle (licence IATA), une très large offre de « last minutes », toutes les possibilités d'arrangement terrestre (hébergement, locations de voitures, *self-drive tours,* vacances sportives, expéditions), de nombreux services aux voyageurs comme l'assurance voyage « Protections » ou les cartes internationales de réduction (la carte internationale d'étudiant ISIC).

▲ NOUVELLES FRONTIÈRES
– *Bruxelles (siège) : bd Lemonnier, 2, 1000.* ☎ 02-547-44-22. • nouvelles-frontieres.be •
– Également d'autres agences à *Bruxelles, Charleroi, Liège, Mons, Namur, Waterloo, Wavre* et au *Luxembourg.*
(Voir texte dans la partie « en France ».)

▲ SERVICE VOYAGES ULB
– *Bruxelles :* campus ULB, av. Paul-Héger, 22, CP 166, 1000. ☎ 02-648-96-58.
– *Bruxelles :* rue Abbé-de-l'Épée, 1, Woluwe, 1200. ☎ 02-742-28-80.
– *Bruxelles :* hôpital universitaire Érasme, route de Lennik, 808, 1070. ☎ 02-555-38-49.
– *Bruxelles :* chaussée d'Alsemberg, 815, 1180. ☎ 02-332-29-60.
– *Ciney :* rue du Centre, 46, 5590. ☎ 083-216-711.
– *Marche (Luxembourg) :* av. de la Toison-d'Or, 4, 6900. ☎ 084-31-40-33.
– *Wepion :* chaussée de Dinant, 1137, 5100. ☎ 081-46-14-37.
• servicevoyages.be •
Service Voyages ULB, c'est le voyage à l'université. L'accueil est donc très sympa. Billets d'avion sur vols charters et sur compagnies régulières à des prix hyper-compétitifs.

▲ TAXISTOP
Pour toutes les adresses Airstop, un seul numéro de téléphone : ☎ *070-233-188. Taxistop :* ☎ *070-222-292.* • *airstop.be* • *Lun-ven 9h-18h30, sam 10h-17h.*
– *Taxistop /Airstop Bruxelles : rue Fossé-aux-Loups, 28, 1000.*
– *Airstop Anvers : Sint Jacobsmarkt, 84, 2000.*
– *Airstop Bruges : Dweersstraat, 2, 8000.*
– *Taxistop/Airstop Gand : Maria Hendrikaplein, 65B, 9000.*
– *Airstop Louvain : Maria Theresiastraat, 125, 3000.*
– *Taxistop Ottignies : bd Martin, 27, 1340.*
Taxistop propose un système de covoiturage alors qu'Airstop offre une large gamme de prestations, du vol sec au séjour tout compris à travers le monde.

EN SUISSE

▲ TVI – NOUVELLES FRONTIÈRES
– *Genève : rue Chantepoulet, 25, 1201.* ☎ *022-716-15-70.*
– *Lausanne : bd de Grancy, 19, 1006.* ☎ *021-321-41-11.*
(Voir texte dans la partie « En France ».)

▲ STA TRAVEL
• *statravel.ch* •
– *Fribourg : rue de Lausanne, 24, 1701.* ☎ *058-450-49-80.*
– *Genève : rue de Rive, 10, 1204.* ☎ *058-450-48-00.*
– *Genève : rue Vignier, 3, 1205.* ☎ *058-450-48-30.*
– *Lausanne : bd de Grancy, 20, 1006.* ☎ *058-450-48-50.*
– *Lausanne : à l'université, Anthropole, 1015.* ☎ *058-450-49-20.*
Agences spécialisées notamment dans les voyages pour jeunes et étudiants. Gros avantage en cas de problème : 150 bureaux STA et plus de 700 agents du même groupe répartis dans le monde entier sont là pour donner un coup de main *(Travel Help)*.
STA propose des voyages très avantageux : vols secs *(Blue Ticket)*, billets Euro Train, hôtels, écoles de langue, voitures de location, etc. Délivre la carte internationale d'étudiant et la carte Jeune Go 25.
STA est membre du fonds de garantie de la branche suisse du voyage ; les montants versés par les clients pour les voyages forfaitaires sont assurés.

AU QUÉBEC

▲ EXOTIK TOURS
Rens sur • *exotiktours.com* • *ou auprès de votre agence de voyages.*
La Méditerranée, l'Europe, l'Asie et les Grands Voyages : Exotik Tours offre une importante programmation en été comme en hiver. Ses circuits estivaux se partagent notamment entre la France, l'Autriche, la Grèce, la Turquie, l'Italie, la Croatie, le Maroc, la Tunisie, la République tchèque, la Russie, la Thaïlande, le Vietnam, la Chine... Dans la rubrique « Grands voyages », le voyagiste suggère des périples en petits groupes ou en individuel. Au choix : l'Amérique du Sud (Brésil, Pérou, Argentine, Chili, Équateur, Îles Galapagos), le Pacifique sud (Australie et Nouvelle-Zélande), l'Afrique (Afrique du Sud, Kenya, Tanzanie), l'Inde et le Népal. L'hiver, des séjours sont proposés dans le Bassin méditerranéen et en Asie (Thaïlande et Bali). Durant cette saison, on peut également opter pour des combinés plage + circuit. Le voyagiste a par ailleurs créé une nouvelle division : Carte Postale Tours (circuits en autocar au Canada et aux États-Unis). Exotik Tours est membre du groupe *Intair* comme Intair Vacances.

▲ NOLITOUR VACANCES
Membre du groupe *Transat A.T. Inc.*, Nolitour est un spécialiste des forfaits vacances vers le Sud. Destinations proposées : Floride, Mexique, Cuba, République

dominicaine, île de San Andres en Colombie, Panama, Nicaragua, El Salvador et Venezuela. Durant la saison estivale, le voyagiste publie trois brochures Europe, dont Grèce, Italie et Espagne, avec de nombreux circuits accompagnés ou autonomes, croisières, transferts en autocar, par traversiers, des locations automobiles, etc.

▲ RÊVATOURS
• revatours.com •

Ce voyagiste, membre du groupe *Transat A.T. Inc.*, propose quelque 25 destinations à la carte ou en circuits organisés. De l'Inde à la Thaïlande en passant par le Vietnam, la Chine, Bali, l'Europe centrale, la Russie, des croisières sur les plus beaux fleuves d'Europe, la Grèce, la Turquie, l'Italie, la Croatie, le Maroc, l'Espagne, le Portugal, la Tunisie ou l'Égypte et l'Amérique du Sud, le client peut soumettre son itinéraire à Rêvatours qui se charge de lui concocter son voyage. Parmi ses points forts : la Grèce avec un bon choix d'hôtels, de croisières et d'excursions, les *Fugues Musicales* en Europe, la Tunisie et l'Asie. Nouveau : deux programmes en Scandinavie, l'Italie en circuit, Israël pouvant être combiné avec l'Égypte et la Grèce, et aussi la Dalmatie.

▲ VOYAGES CAMPUS / TRAVEL CUTS
• voyagescampus.com •

Campus / Travel Cuts est un réseau national d'agences de voyages qui propose des tarifs aériens sur une multitude de destinations pour tous, et plus particulièrement en classe étudiante, jeunesse, enseignant. Il diffuse la carte internationale d'étudiant (ISIC), la carte jeunesse (IYTC) et la carte d'enseignant (ITIC). Voyages Campus publie quatre fois par an le Müv, le magazine du nomade (• muvmag.com •). Voyages Campus propose un programme de *Vacances-Travail (SWAP)*, son programme de volontariat *(Volunteer Abroad)* et plusieurs circuits au Québec et à l'étranger. Le réseau compte quelque 70 agences à travers le Canada, dont neuf au Québec.

VENISE UTILE

Voir Venise, et puis revenir... Venise a cette faculté unique de provoquer l'étonnement à chaque fois que l'on y retourne, quel que soit l'âge de ses artères, seul, en couple, en famille ou entre amis. La Sérénissime est l'un des rares sites au monde à exercer un pouvoir de fascination aussi extraordinaire. Ceux qui vont à Venise pour la énième fois ressentent toujours cette émotion indescriptible : vous serez, comme tout le monde, ébloui et étonné à chaque pas dans cette ville anachronique. Aucune photo ne rendra jamais le charme des petites rues tortueuses ou la quiétude des quartiers populaires, mais aussi, et surtout, la plus incroyable des surprises : toute une ville sans aucune voiture (excepté le Lido) ! Même en plein mois d'août, si l'on sait s'y prendre, Venise fait son effet.

Mais on ne vous conseillera jamais assez d'y aller au tout début du printemps ou de l'automne : avril, mai et septembre sont devenus les mois de pleine saison à Venise. Prenez le temps de découvrir Venise, louez une semaine chez l'habitant, repérez les bonnes adresses en faisant attention de ne pas vous faire rouler (évitez les plaques du *Routard* vieilles de plusieurs années, ou même faussées) et partez au hasard, aux heures où les autres mangent, ou dorment. Toute la ville est vraie, tout reste à voir, si l'on sait regarder. Venise s'est toujours avancée masquée, laissons-lui cette dernière défense. Il suffit d'aller traîner tôt autour du Rialto pour découvrir certains chapiteaux coquins, ou passer le soir par la place Saint-Marc pour découvrir des lieux aussi enthousiasmants que la ruelle la plus retirée du fin fond du Castello, désormais objet de culte de toute visite « insolite » de la ville.

NE TOMBEZ PAS DANS LE PANNEAU !

Les Vénitiens ont l'art du commerce, c'est rien de le dire. Méfiez-vous de ceux qui, autour du marché notamment, repèrent en vous le gastronome qui furète et vous entraînent vers un restaurant arborant fièrement la couverture du dernier Guide du routard Venise. Jetez un œil sur cette édition avant d'y entrer, comme on vous le conseille toujours, car l'adresse a été enlevée depuis des années et ce sont des photocopies qui tiennent lieu de plaques. La police, l'office de tourisme ont été prévenus, mais on est à Venise... Donc, comme on dit par ailleurs, « soyons attentifs, ensemble ! »

Perdez-vous donc tout à votre aise, pour mieux vous retrouver, dans les quartiers excentrés où vous aurez comme compagnons imaginaires Corto Maltese ou le commissaire Brunetti, les héros de papier d'Hugo Pratt et de Donna Leon, qui vous aideront à mieux comprendre leur ville, ses cours secrètes, ses palais oubliés, ses ruelles cachées.

N'ayez pas peur de venir même en hiver, quand il fait gris et froid. L'ambiance mélancolique de cette ville qui s'éteint est alors envoûtante. Venise sous la brume, et même sous la neige, est magnifique ; on suit à la trace les innombrables Vénitiennes en manteau de fourrure accrochées à la laisse de leurs chiens de poche (couverts eux aussi), on se réchauffe dans les bars à vin fréquentés par les seuls habitués, debout, avalant les fameux *cicchetti* qui, à eux seuls, vous laisseront un souvenir plus ému de la ville que la pizza, aussi bonne soit-elle, vendue ailleurs. Plutôt que d'avaler un bellini au *Harry's Bar* comme tout bon Américain de passage, avant un tour en gondole dont le prix seul vous laissera rêveur, offrez-vous un vrai repas vénitien, faites votre marché, prenez le *traghetto* pour aller avaler un *spritz* sur le pouce à deux pas du pont du Rialto, avant d'aller admirer les œuvres de

Carpaccio dans une des *scuole* les plus célèbres de la ville. Non, ne cherchez pas ces termes dans votre dictionnaire, feuilletez le *Routard,* tous ces mots vous deviendront vite familiers.

Laissez faire le temps. Reposez-vous car, si l'île est petite, les journées de marche sont longues, les visites des musées et des églises passionnantes. Suivez votre humeur, le chemin d'une fissure dans un mur, une embarcation chargée de matières premières (Venise n'est en fait qu'un vaste chantier), la vision d'une corde à linge qui annonce dans le ciel l'arrivée d'une nouvelle lessive, une odeur de cuisine, un rayon de soleil qui invite au *farniente,* en terrasse, sur une place excentrée où l'on trouve, heureusement, plus de Vénitiens lisant leur journal et d'étudiants jouant les lézards au soleil que de Japonais en gondole ou de joyeux drilles en chapeau de joker se comportant dans Venise comme si la ville n'était plus qu'un immense parc d'attractions.

Bref, Venise est trop grande séductrice pour livrer en une seule visite ses prodigieux trésors. Vous nous avez compris, vous reviendrez forcément un jour, ne serait-ce que pour respirer encore un peu de son parfum d'éternité. En attendant, préparez-vous à une fascinante plongée au cœur d'un monde que personne n'aimerait voir disparaître sous les eaux, du fait de la bêtise des hommes. Il ne tient qu'à vous de rendre votre séjour unique, inoubliable, en le préparant bien et en vivant sur place des jours et des nuits sans stress, avec dans le sac quelques livres pour prolonger le rêve. À commencer par ce guide, pour repérer, vite fait, dans chaque quartier, l'adresse des bars, des restos, des pâtisseries restés encore dans leur jus, et qui devraient vous donner, à toute heure, le vrai goût de Venise.

ABC DE VENISE

- *Nombre d'habitants :* 60 000 dans le centre de Venise. 270 000 en incluant les îles et la terre ferme.
- *Superficie :* 800 ha pour le centre. 16 014 ha pour toute la commune (et même 41 316 ha avec la lagune !).
- *Nombre de touristes par an :* environ 20 millions. Durée moyenne du séjour : 2 à 3 jours.
- *Maire actuel :* Massimo Cacciari (élu en mars 2005).
- *Activités économiques :* priorité au tourisme (à Venise même). Mais également activités industrielles comme la métallurgie, la construction navale et l'industrie mécanique (à Mestre). Activités artisanales : dentelle à Burano et verrerie à Murano.
- *Nombre de ponts :* 447, en pierre, en fer ou en bois.

AVANT LE DÉPART

Adresses utiles

En France

❶ Office national italien de tourisme (ENIT) : 23, rue de la Paix, 75002 Paris. Infos : ☎ 01-42-66-66-68 (attention, la ligne est souvent saturée) ou 01-42-66-

AVANT LE DÉPART 31

03-96 (standard). • enit-france.com • (site très complet, à consulter absolument avt de partir). Ⓜ Opéra. Lun-ven 9h-17h.
L'ENIT (Ente Nazionale Italiano per il Turismo) est l'organisme national chargé de la promotion touristique de l'Italie à l'étranger (France, Belgique, Suisse, Canada). L'ENIT est en relation constante avec les administrations touristiques des différentes régions et est susceptible de vous donner les meilleures informations « à chaud » (fêtes, festivals...).

■ *Consulats d'Italie en France :*
– *Paris* : 5, bd Émile-Augier, 75016. ☎ 01-44-30-47-00. • segretaria.parigi@esteri.it • italconsulparigi.org • Ⓜ La Muette. Lun-ven 9h-12h, ainsi que mer 14h30-16h30. En cas de difficultés financières sur place, le consulat peut vous indiquer la meilleure solution pour que des proches puissent vous faire parvenir de l'argent, ou encore vous assister juridiquement en cas de problèmes.
– *Dijon* : 64, rue Vannerie, 21000. ☎ 03-80-66-27-30. Lun-ven 9h-12h ; lun, mar, jeu 14h30-16h30. Le bureau est un véritable service consulaire relié au consulat à Paris.
– *Autres* **vice-consulats** *à* Bordeaux, Lille, Lyon, Marseille, Metz, Nice et Toulouse.
■ *Ambassade d'Italie :* 51, rue de Varenne, 75007 Paris. ☎ 01-49-54-03-00. • ambparigi.esteri.it • Ⓜ Varenne. Superbe hôtel particulier qui n'ouvre que... pendant les journées du Patrimoine en septembre.
■ *Instituts italiens :* hôtel de Gallifet, 50, rue de Varenne, 75007 Paris. ☎ 01-44-39-49-39. • iicparigi.esteri.it • Ⓜ Varenne, Rue-du-Bac ou Sèvres-Babylone. Ouv lun-ven 10h-13h, 15h-18h. Accès pour les manifestations du soir au 73, rue de Grenelle, 75007 Paris. Bibliothèque de consultation : ☎ 01-44-39-49-25. Mêmes horaires sf lun mat.

Loisirs

■ *Centre culturel italien :* 4, rue des Prêtres-Saint-Séverin, 75005 Paris. ☎ 01-46-34-27-00. • centreculturelitalien.com • Ⓜ Cluny-La Sorbonne ou Saint-Michel. RER B et C : Saint-Michel. Lun-jeu 9h30-13h30, 14h30-19h ; ven-sam 9h30-13h. Propose des séjours linguistiques, des cours d'italien ainsi que des expos, des conférences, des cours d'histoire de l'art, de cuisine... On peut demander le programme des activités culturelles par téléphone ou par mail.
■ *Librairie italienne La Tour de Babel :* 10, rue du Roi-de-Sicile, 75004 Paris. ☎ 01-42-77-32-40. Ⓜ Saint-Paul. Mar-sam 10h-13h, 14h-19h.
■ *Radici :* ☎ 05-62-17-50-37. • radici-press.net • Revue bimensuelle centrée sur l'actualité, la culture et la civilisation italiennes. Articles en français et en italien.
■ *Théâtre de la Comédie-Italienne :* 17, rue de la Gaîté, 75014 Paris. ☎ 01-43-21-22-22. Ⓜ Gaîté. La programmation de ce théâtre perpétue la tradition de la commedia dell'arte.
■ *Radio Aligre :* ☎ 01-40-24-28-28. • http://aligrefm.free.fr • FM-93.1. Le dimanche, de 10h30 à 12h, journalistes et invités discutent des problématiques franco-italiennes. « L'Italie en direct au quotidien », présentée du lundi au vendredi de 6h30 à 8h, est, quant à elle, plus axée sur la musique et l'actualité. Ceux qui n'habitent pas en Île-de-France peuvent accéder aux émissions via le site internet.
■ *Cours de cuisine italienne :* 36, rue de la Roquette, 75011 Paris. ☎ 01-44-64-86-00. • info@casadarno.com • casadarno.com • Ⓜ Bastille. Ven 11h-14h dans un loft, tout à côté de l'agence ; le sam dans le restaurant « I Fratelli », 58, av. de France, 75013 Paris, mêmes horaires. À partir de 60 €/pers l'atelier d'env 3h par groupes de 8 pers. Cours orchestrés par Elisabetta Arno, de l'agence Casa d'Arno (voir plus loin la rubrique « Hébergements »). Un thème culinaire est abordé chaque semaine avec, comme fil conducteur, une région italienne. À la fin de l'atelier, on déguste ce qu'on a préparé, arrosé (ça va de soi) d'un bon cru local. Ambiance conviviale.

En Belgique

Office de tourisme : av. Louise, 176, Bruxelles 1050. ☎ 02-647-11-54. • enit-info@infonie.be • enit.it • Lun-ven 9h-13h, 14h-17h.
■ **Ambassade d'Italie :** rue Émile-Claus, 28, Bruxelles 1050. ☎ 02-643-38-50. • ambbruxelles.esteri.it • Lun-ven 9h-13h, 14h30-17h30.
■ **Consulat d'Italie :** rue de Livourne, 38, Bruxelles 1000. ☎ 02-543-15-50. • http://sedi.esteri.it/consbruxelles • Lun-ven 9h-12h30, ainsi que lun 14h30-16h30.

En Suisse

Office de tourisme : Uraniastrasse, 32, 8001 Zurich. ☎ 04-346-640-40. • info@enit.ch • Lun-ven 9h-17h.
■ **Ambassade d'Italie :** Elfenstrasse, 14, 3006 Berne. ☎ 031-350-07-77. • http://sedi.esteri.it/berna/ •
■ **Consulat d'Italie :** Belpstrasse, 11, 3007 Berne. ☎ 031-390-10-10. • consolato-italia-be.ch • Mer et ven 9h-12h30 ; mar et jeu 15h-17h30 ; sam 8h30-13h.

Au Canada

Office national de tourisme : 175 Bloor Street, suite 907, South Tower, Toronto (Ontario) M4W-3R8. ☎ 1-416-925-4882. Fax : 1-416-925-4799 • italiantourism.com •
■ **Ambassade d'Italie :** 275 Slater Street, 21st floor, Ottawa (Ontario) K1P-5H9. ☎ 1-613-232-2401. Fax : 1-613-233-14-84.

Formalités d'entrée

Pas de contrôles aux frontières, puisque l'Italie fait partie de l'espace Schengen. Néanmoins, quelques précautions d'usage.
– *Pour un séjour de moins de 3 mois :* ressortissants de l'Union européenne ainsi que de la Suisse, carte d'identité en cours de validité. Ressortissants canadiens : passeport en cours de validité.
– *Pour les mineurs non accompagnés de leurs parents :* une autorisation de sortie du territoire est indispensable.
– *Pour une voiture :* permis de conduire à 3 volets, carte grise et carte verte d'assurance internationale. Munissez-vous d'une procuration si vous n'êtes pas propriétaire du véhicule.
– *Vaccins :* aucun n'est obligatoire, mais il est préférable d'avoir son rappel antitétanique à jour, surtout si l'on fait du camping.

Assurances voyage

■ **Routard Assistance, c/o AVI International :** 28, rue de Mogador, 75009 Paris. ☎ 01-44-63-51-00. Fax : 01-42-80-41-57. • avi-international.com • Ⓜ Trinité-d'Estienne-d'Orve. Depuis 1995, *Routard Assistance*, en collaboration avec *AVI International*, spécialiste de l'assurance voyage, propose aux routards un tarif à la semaine qui inclut une assurance bagages de 1 000 € et appareils photos de 300 €. Pour les longs séjours (2 mois à 1 an), il existe le *Plan Marco Polo*. *Routard Assistance* est aussi disponible en version *light* (durée adaptée aux week-ends et courts séjours en Europe).

Dans les dernières pages de chaque guide, vous trouverez un bulletin d'inscription.
■ *AVA :* 25, rue de Maubeuge, 75009 Paris. ☎ 01-53-20-44-20. Fax : 01-42-85-33-69. • ava.fr • Ⓜ Codet. Un autre courtier fiable qui propose un contrat *Capital* pour ceux qui souhaitent s'assurer en cas de décès, d'invalidité ou d'accident lors d'un voyage à l'étranger. Attention, franchises pour leurs contrats d'assurance voyage.
■ *Pixel Assur :* 18, rue des Plantes, 78600 Maisons-Laffitte. ☎ 01-39-62-28-63. Fax : 01-39-62-26-38. • pixel-assur.com • Assurance de matériel photo et vidéo tous risques dans le monde entier. Devis basé sur le prix d'achat de votre matériel. Garantie à l'année.

Carte internationale d'étudiant (carte ISIC)

Elle prouve le statut d'étudiant dans le monde entier et permet de bénéficier de tous les avantages, services, réductions étudiant du monde, soit plus de 37 000 avantages (dont plus de 8 000 en France), concernant les transports, les hébergements, la culture, les loisirs... C'est la clé de la mobilité étudiante !
La carte ISIC donne aussi accès à des avantages exclusifs sur le voyage (billets d'avion spéciaux, assurances de voyage, cartes de téléphone internationales, cartes SIM, locations de voitures, navettes aéroport...).
Pour plus d'informations sur la carte ISIC et pour la commander en ligne, rendez-vous sur les sites internet propres à chaque pays.

Pour l'obtenir en France

Pour localiser un point de vente proche de chez vous, • isic.fr • ou ☎ 01-40-49-01-01.
Se présenter au point de vente avec :
– une preuve du statut d'étudiant (carte d'étudiant, certificat de scolarité...) ;
– une photo d'identité ;
– 12 € (13 € par correspondance, incluant les frais d'envoi des documents d'information sur la carte).
Émission immédiate.

En Belgique

La carte coûte 9 € et s'obtient sur présentation de la carte d'identité, de la carte d'étudiant et d'une photo auprès de :

■ *Connections :* rens au ☎ 02-550-01-00. • isic.be •

En Suisse

La carte s'obtient dans toutes les agences STA Travel (☎ 058-450-40-00), sur présentation de la carte d'étudiant, d'une photo et de 20 Fs. Commande de la carte en ligne (• isic.ch • statravel.ch •).

Au Canada

La carte coûte 16 $Ca. Elle est disponible dans les agences *Travel Cuts / Voyages Campus* ou les gares *VIA Rail*, mais aussi dans les bureaux d'associations étudiantes. Pour plus d'infos : • viacampus.ca •

Carte internationale des auberges de jeunesse (carte FUAJ)

Cette carte, valable dans 80 pays, permet de bénéficier des 4 000 auberges de jeunesse du réseau *Hostelling International* réparties dans le monde entier. Les périodes d'ouverture varient selon les pays et les AJ. À noter, la carte est souvent obligatoire pour séjourner en auberge de jeunesse, donc nous vous conseillons de vous la procurer avant votre départ. En effet, adhérer en France vous reviendra moins cher qu'à l'étranger.

Pour tous renseignements et réservations en France

Sur place

■ **Fédération unie des auberges de jeunesse (FUAJ) :** 27, rue Pajol, 75018 Paris. ☎ 01-44-89-87-27. ● fuaj.org ● Ⓜ Marx-Dormoy ou La Chapelle. Lun 10h-17h, mar-ven 10h-18h. Montant de l'adhésion : 11 € la carte pour les moins de 26 ans, et 16 € pour les plus de 26 ans (tarifs 2008). Munissez-vous de votre pièce d'identité lors de l'inscription. Une autorisation des parents est nécessaire pour les moins de 18 ans (une photocopie de la carte d'identité du parent qui autorise le mineur est obligatoire).
– Inscriptions possibles également dans toutes les auberges de jeunesse, points d'information et de réservation FUAJ en France.

Par correspondance

Envoyer une photocopie recto verso d'une pièce d'identité et un chèque correspondant au montant de l'adhésion. Ajouter 2 € pour les frais d'envoi de la FUAJ. Vous recevrez votre carte sous 15 jours.
– La FUAJ propose aussi une **carte d'adhésion « Famille »,** valable pour les familles de 2 adultes ayant un ou plusieurs enfants âgés de moins de 14 ans. Fournir une copie du livret de famille. Elle coûte 23 €.
– La carte donne également droit à des réductions sur les transports, les musées et les attractions touristiques de plus de 80 pays, mais ces avantages varient d'un pays à l'autre, ce qui n'empêche pas de la présenter à chaque occasion. Liste de ces réductions disponible sur Internet (● hihostels.com ● ; réductions en France sur ● fuaj.org ●).

En Belgique

Le prix de la carte varie selon l'âge : entre 3 et 15 ans, 3 € ; entre 16 et 25 ans, 9 € ; après 25 ans, 15 €. Renseignements et inscriptions :

– **À Bruxelles :** LAJ, rue de la Sablonnière, 28, 1000. ☎ 02-219-56-76. ● info@laj.be ● laj.be ●
– **À Anvers :** Vlaamse Jeugdherbergcentrale (VJH), Van Stralenstraat, 40, B 2060 Antwerpen. ☎ 03-232-72-18. ● info@vjh.be ● vjh.be ●

– Votre carte de membre vous permet d'obtenir un bon de réduction de 5 € sur votre première nuit dans les réseaux LAJ, VJH et CAJL (Luxembourg), ainsi que des réductions auprès de nombreux partenaires en Belgique.

En Suisse (SJH)

Le prix de la carte dépend de l'âge : 22 Fs pour les moins de 18 ans, 33 Fs pour les adultes et 44 Fs pour une famille avec des enfants de moins de 18 ans. Renseignements et inscriptions :

■ *Schweizer Jugendherbergen (SJH)* : service des membres, Schaffhauserstr., 14, Postfach 161, 8042 Zurich ☎ 01-360-14-14. • bookingoffice@youthhostel.ch • marketing@youthhostel.ch • youthhostel.ch •

Au Canada et au Québec

La carte coûte 35 $Ca pour une durée de 16 à 26 mois (tarif 2008) et 175 $Ca à vie. Gratuit pour les enfants de moins de 18 ans qui accompagnent leurs parents. Pour les mineurs voyageant seuls, la carte est gratuite, mais la nuitée est payante (moindre coût). Ajouter systématiquement les taxes.

■ *Auberges de jeunesse du Saint-Laurent / St-Laurent Youth Hostels* :
– À Montréal : 3514, av. Lacombe, Montréal (Québec) H3T-1M1. ☎ (514) 731-1015. Sans frais (au Canada) : ☎ 1-866-754-1015.
– À Québec : 94, bd René-Lévesque Ouest, Québec (Québec) G1R-2A4. ☎ (418) 522-2552.
■ *Canadian Hostelling Association* : 205 Catherine Street, bureau 400, Ottawa (Ontario) K2P-1C3. ☎ (613) 237-7884. • info@hihostels.ca • hihostels.ca •

ARGENT, BANQUES

Banques

Même si les horaires varient un peu avec les saisons, les *banca* ou *banco* sont ouverts du lundi au vendredi de 8h30 à 13h30, et de 14h45 à 15h45. La plupart disposent d'un distributeur de billets à l'extérieur. Elles sont fermées les week-ends et jours fériés (et ils sont nombreux !). Il faut parfois s'armer de patience, car le service peut être très long. Dans ce cas, levez le nez et regardez autour de vous : certaines banques sont installées dans d'anciens palais parfois somptueux. Nos amis francophones, en particulier les Suisses et les Québécois, peuvent évidemment toujours convertir leurs monnaies d'origine en euros dans les nombreux bureaux de change : ouvert tous les jours, même les jours fériés.

Cartes de paiement

C'est la solution idéale. La majorité des restaurants, hôtels et magasins les acceptent. Nous vous signalons, dans la mesure du possible, les adresses qui les refusent. De nombreux distributeurs automatiques *(Bancomat)* acceptant, entre autres, la carte *Eurocard MasterCard* et la *Visa* internationale sont disséminés un peu partout, prêts à satisfaire le moindre de vos besoins. Vérifiez avant votre départ et auprès de votre banque le plafond autorisé pour vos retraits. Ces distributeurs, qui proposent une traduction en français, permettent théoriquement de retirer de 240 à 300 € par semaine.
C'est en train de changer mais en Italie, quand on paie avec sa carte de paiement, on signe seulement. Conclusion : une carte volée ou perdue peut coûter très cher. Heureusement, les terminaux à code gagnent du terrain.
Quelle que soit la carte, chaque banque gère elle-même le processus d'opposition, et le numéro de téléphone correspondant ! Avant de partir, notez donc bien le numéro d'opposition propre à votre banque en France (il figure souvent au dos des tickets de retrait, sur votre contrat ou à côté des distributeurs de billets), ainsi que le numéro à seize chiffres de votre carte. Bien entendu, conservez ces informations en lieu sûr, et séparément de votre carte. Par ailleurs, l'assistance médicale se limite aux 90 premiers jours du voyage.
– *Carte MasterCard* : assistance médicale incluse : ☎ (00-33) 1-45-16-65-65. • mastercardfrance.com • En cas de perte ou de vol, composez le numéro communiqué par votre banque.

– Pour la carte **American Express,** téléphonez en cas de pépin au ☎ (00-33) 1-47-77-72-00. Numéro accessible tous les jours 24h/24, PCV accepté en cas de perte ou de vol. • americanexpress.fr •
– **Carte Bleue Visa :** numéro d'urgence assistance médicale (Europe Assistance) : ☎ (00-33) 1-45-85-88-81. Pour faire opposition, contactez le numéro communiqué par votre banque ou, à défaut, depuis l'étranger, le ☎ 1-410-581-9994 (PCV accepté). • carte-bleue.fr •
– Pour toutes les cartes émises par **La Banque postale,** composez le ☎ 0825-809-803 (0,15 €/mn), et pour les DOM ou depuis l'étranger le ☎ (00-33) 5-55-42-51-96.

Dépannage

– **Western Union Money Transfer :** en cas de besoin urgent d'argent liquide (perte ou vol de billets, de chèques de voyage, de cartes de paiement), vous pouvez être dépanné en quelques minutes grâce au système *Western Union Money Transfer*. Pour cela, demandez à quelqu'un de vous déposer de l'argent en euros dans l'un des bureaux *Western Union* ; les correspondants en France de *Western Union* sont *La Banque postale (fermée sam après-midi, n'oubliez pas !* ☎ *0825-009-898)* et *Travelex,* en collaboration avec la *SFDP, Société financière de paiement (*☎ *0825-825-842).* L'argent vous est transféré en moins d'un quart d'heure. La commission, assez élevée, est payée par l'expéditeur. Possibilité d'effectuer un transfert en ligne 24h/24 par carte de paiement (*Visa* ou *MasterCard* émise en France). À Venise, se présenter avec une pièce d'identité à une agence *Western Union (n° Vert* ☎ *800-464-464 ; service disponible lun-ven 8h30-20h, le sam 9h-19h, le dim 9h-13h) ; ou de France :* ☎ *0825-009-898 (0,15 €/mn) ou sur* • westernunion.fr •

ACHATS

L'artisanat du Veneto est l'un des plus riches de toute l'Italie. Difficile d'échapper aux fameux *masques* en papier mâché, qui font maintenant partie du mythe de Venise. Savez-vous comment on les fabrique ? Eh bien, on commence par sculpter un modèle dans de l'argile, puis on en fait un moulage en plâtre. Une fois sec, ce moule est enduit de vaseline, puis tapissé par une ou deux couches de papier journal ou de papier blanc, préalablement mouillé dans un mélange d'eau et de colle. Puis on démoule le tout quand c'est bien sec. Le masque est ensuite poncé avec du papier de verre. Les imperfections sont alors corrigées avec du plâtre liquide *(stucco).* Pour finir, vient la phase délicate de la peinture à l'eau ; chaque atelier possède d'ailleurs son petit secret de fabrication. Pour donner un léger aspect vieillot, on enduit parfois le masque d'une fine couche de goudron liquide.
Le travail de la *mosaïque,* du *verre* et des *dentelles* fait aussi partie des activités traditionnelles. L'art de la mosaïque, introduit par les Romains pour la décoration des maisons et des villas du Veneto, se pratique encore de nos jours dans les rares ateliers qui s'occupent de la restauration des églises. L'*île de Murano* est le principal centre de fabrication du verre, alors que *Burano* produit les fameuses dentelles. Malheureusement, le travail artisanal est de plus en plus remplacé par les entreprises mécanisées, quand la production ne débarque pas directement de Taïwan. Mais on peut encore parfois rencontrer quelques irréductibles qui travaillent à l'ancienne.
Il y a aussi la tradition du *papier,* même si c'est très cher, au même titre que les masques et le verre de Murano.

BUDGET

À Venise, les prix sont identiques à ceux de Paris, Londres ou New York, quand ils ne leur sont pas supérieurs. Venise a été la ville qui a enregistré la plus haute augmentation du coût de la vie ces dernières années. Aujourd'hui, les prix ont tendance à se stabiliser. C'est déjà suffisamment cher comme ça ! Pour se faire une idée, nous indiquons ci-après quelques ordres de grandeur.

Hébergement

Les hôtels sont répartis en 6 catégories : du 1-étoile de base au 5-étoiles, puis L pour luxe. La fourchette en terme de standing est donc large et encore plus en termes de prix : de 20 à 30 € environ par personne pour un lit en dortoir dans un couvent ou une auberge de jeunesse, à plus de 1 600 € pour une suite au *Danieli* ou pour louer un appartement du *Cipriani*. Malheureusement, la plupart des couvents et des foyers ne sont accessibles aux touristes que pendant les grandes vacances et, pour pouvoir y loger, il faut s'y prendre longtemps à l'avance. Le reste de l'année, ils accueillent des étudiants. Mais sachez que, pour une chambre double, les prix, contrairement à ce que l'on pourrait penser, sont assez élevés.

En général, les prix affichés dans les hôtels sont les prix maximum, mais il est possible de négocier en basse saison ou si vous restez plusieurs nuits. À vous de tenter votre chance. Vous pouvez aussi consulter les sites internet des hôtels pour connaître leurs promotions.

Les prix indicatifs mentionnés ci-dessous concernent la haute saison, qui s'étend à peu près de début avril à la fin juin, puis de fin août au mois d'octobre, sans oublier la semaine du Carnaval qui varie selon les années, ainsi que certains week-ends prolongés. Juillet et août sont plutôt considérés comme demi-saison, ainsi que la période de Noël. Les prix sont alors diminués de 10 à 15 %. Et en basse saison, qui va de mi-novembre à fin mars (sauf la fin d'année et le Carnaval, évidemment), ils peuvent être minorés de 20 jusqu'à 50 % (pour les hôtels les plus chic). Mais les périodes de haute et basse saisons peuvent changer sensiblement d'une année à l'autre, selon la fréquentation, la tenue d'un congrès en plein hiver pouvant faire monter d'un coup la température au baromètre des hôteliers. Un conseil toutefois pour préserver votre porte-monnaie, partez de préférence en semaine et en basse saison.

– ***Très bon marché :*** moins de 40 €.
– ***De bon marché à prix modérés :*** de 40 à 80 € pour deux. Mais pour le prix plancher, vous logerez en dortoir.
– ***Prix moyens :*** de 80 à 160 € pour une chambre double.
– ***Chic :*** de 160 à 250 €.
– ***Très chic :*** au-delà de 250 €.

Nourriture

Là encore, méfiez-vous des idées reçues : on peut souvent manger cher et mal, mais aussi authentique et à prix modéré ! Rassurez-vous, on peut même très bien manger sur le pouce en choisissant les meilleures adresses bon marché de chacun des quartiers. Un bon moyen de se caler avec des *cicchetti* pour pas trop cher, avec un verre de vin, reste le *bacaro* repérable généralement à ses habitués qui, debout, refont le monde dès le milieu de la matinée ou la fin de l'après-midi.

Sachez aussi que, dans les snack-bars, vous payez les consommations et les sandwichs plus cher si vous vous asseyez.

Sinon, surtout si vous avez eu l'idée de prendre une location d'appartement, vous aurez toujours la possibilité d'acheter de la nourriture dans les quelques supermarchés de la ville (c'est là que la plupart des Vénitiens vont faire leurs courses, suivez-les, visitez les rayons, vous vous ferez très vite une petite idée du coût de la vie).

Les habitués se retrouvent au *Billa*, à San Basilio, sur les Zattere n° 1401 *(plan général B5),* ouvert tous les jours de 9h à 20h. Il y a aussi un autre *Billa* (strada Nova, Cannaregio 3600 – *zoom C2*), en plein cœur de la cité, ouvert du lundi au samedi de 8h30 à 20h et le dimanche de 9h à 20h. Le *Punto* (appartenant au groupe *Auchan*) a une situation très centrale au campo Santa Margherita dans le Dorsoduro. Mêmes horaires que les précédents, mais plus de sandwichs et un rayon de plats à emporter tout au fond du magasin. Sinon, il y a les « Coop » de quartier (petits supermarchés), dont la chaîne est connue et facilement repérable, près de l'arrivée des *vaporetti*, piazzale Roma *(plan général A3)*.

Ne cherchez plus un Vénitien le samedi à Venise, ils sont sur la terre ferme, partis faire leurs courses. Si une envie de grande surface (oui, il y a une nuance, et de taille, et de prix !) vous saisit, vous pouvez également aller dans le centre commercial *Auchan* à Mestre, ou au *Valecenter* à Marcon où vous trouverez *Carrefour*. On peut vous assurer que les prix y sont très compétitifs et qu'il y a souvent des promotions fort intéressantes. Normalement, ils sont fermés le dimanche, mais il y a de plus en plus d'exceptions...

Pour ceux qui préfèrent le restaurant, sachez que les menus ne comprennent pas toujours le service (12 %, parfois un peu plus), ni le *coperto* (couvert), dont le prix est variable d'un établissement à l'autre (2 € et plus). De plus en plus de restaurants incluent heureusement le service dans l'addition, mais il y a encore des récalcitrants. Certains affichent des tarifs attractifs sur de grandes pancartes, mais se gardent bien de mentionner de manière claire les frais annexes. À l'inverse, d'autres proposent des menus touristiques (pas franchement typiques de la cuisine vénitienne) *tutto compreso* (tout compris), qui évitent au moins les surprises désagréables au moment de payer l'addition. Cela dit, il s'agit quelquefois de « prix d'appel », et il peut être difficile de se faire servir ce menu touristique. Attention aussi aux prix annoncés avec la mention *etto*, cela signifie « pour 100 g » : un poisson de 300 g sera donc trois fois plus cher !

Si vous voulez manger à la vénitienne, sachez-le, vous allez exploser le budget autant que la taille, malgré la marche intensive que vous ferez sur place. L'usage veut, en effet, que l'on commence par s'amuser les papilles avec les antipasti et qu'on partage une pasta ou un risotto, façon discrète de passer aux choses sérieuses, le « premier plat » étant suivi selon l'usage d'un second, poisson ou viande, avant qu'un dessert maison ne soit proposé. Et la boisson est non comprise, dans ce genre de grand menu.

Voilà notre fourchette, qui demande à être expliquée, car les menus affichés risquent de faire fuir plus d'un visiteur ; les prix des restaurants que nous vous indiquons s'entendent par personne, pour un repas considéré comme complet par un voyageur à l'appétit moyen, qui se contentera d'antipasti, d'une soupe ou seulement d'une pasta, avant d'attaquer le plat jugé principal à ses yeux (risotto, poisson, viande) et de prendre un dessert. Le vin et les boissons étant comptés en plus, comme toujours...

– *Bon marché :* moins de 15 €.
– *De prix modérés à prix moyens :* de 15 à 30 €.
– *De prix moyens à un peu plus chic :* de 30 à 45 €.
– *Chic :* de 45 à 60 €.
– *Très chic :* au-delà de 60 €.

Réductions

Attention : si vous voulez bénéficier des avantages, remises et gratuités (apéritif, café, digestif), que nous avons obtenus pour les lecteurs de ce guide, n'oubliez pas de les réclamer AVANT que le restaurateur ou l'hôtelier établisse l'addition. La loi italienne les oblige, en effet, à vous remettre une *ricevuta fiscale* qu'ils ne peuvent en aucun cas modifier après coup.

Marchandage

La cité des Doges est passée du stade de république marchande à celui de dictature mercantile, où tout est bon pour faire de l'argent. Certes, Venise est un peu le rêve que tout voyageur souhaite un jour s'offrir, mais rien ne justifie la flambée des prix qu'elle connaît actuellement. Ici, un hôtel miteux qui propose ses chambres doubles minuscules à 90 € la nuit ; là, un resto quelconque qui vous sert royalement un poisson de la taille d'une sardine ou un plat de pâtes pour 15 €.

Alors, n'encouragez pas ce type de pratiques : faites jouer la concurrence (notamment en basse saison), discutez les prix des objets (surtout s'ils sont chers), comparez les menus, et n'hésitez pas à vous en aller dès que vous sentez l'arnaque. Il ne s'agit pas de devenir parano ni agressif, mais simplement d'agir avec discernement.

La mairie a créé un service téléphonique pour tous ceux qui pensent avoir été roulés : ☎ 041-52-98-710 ou 739. Vous pourrez ainsi faire une réclamation et porter plainte (impossible toutefois de garder l'anonymat !). Les opérateurs parlent plusieurs langues.

Heureusement, il reste encore de nombreux Vénitiens aimables et désireux de servir de la qualité à prix raisonnables. Nous voulions simplement vous avertir pour que vous ne rentriez pas déçu.

Pour finir, sachez qu'à l'époque des doges une gueule de lion en pierre était placée devant le palais ducal pour recueillir les lettres de dénonciation concernant les comploteurs de la République. Aujourd'hui, sans tomber dans la délation malveillante, la boîte aux lettres du *Routard* est toujours ouverte pour recueillir vos observations et vos bons tuyaux.

Visites et transports

Autre part essentielle du budget, sur laquelle vous devez vous pencher pour choisir la formule qui vous convient le mieux, car les offres sont multiples et souvent incompréhensibles même aux yeux des habitués. Avant de parler des différentes possibilités de cartes de transport, mieux vaut essayer de préciser la part que prendront, dans votre budget de séjour, les visites de monuments et musées.

Cartes de réductions pour églises et musées

Un conseil pour commencer : à moins de ne vouloir visiter que les musées de la place Saint-Marc, l'achat du *Museum Pass* est indispensable. Il est rentabilisé en trois musées. De même pour la *Rolling Venice* pour les jeunes, vite rentabilisée elle aussi.

Si vous avez l'intention de visiter tous les musées et toutes les églises jusqu'à l'overdose, vous risquez de voir votre budget sérieusement grevé. Heureusement, il existe plusieurs *pass*. Transports publics en *vaporetto,* musées, églises, moins de 29 ans, bienvenue dans la jungle (parfois incompréhensible) de ces multiples cartes de réductions. Entre les musées et les églises offrant une gratuité ou seulement une remise au vu de ces cartes et ceux qui ne les acceptent même pas, difficile de s'y retrouver. Voici quelques clés pour organiser son budget « à voir ».

Carte Rolling Venice

En vente dans les bureaux de l'office de tourisme (voir chapitre « Informations et adresses utiles »), à l'office de tourisme de l'aéroport Marco Polo, dans les billetteries VELA de la gare routière (piazzale Roma, *plan général A3*) ou de la gare ferroviaire (tous les jours 8h-20h). Bien sûr, se la procurer avant d'acheter tous les autres *pass.*

Carte payante (4 € environ), réservée exclusivement aux jeunes entre 14 et 29 ans, qui permet d'obtenir des réductions importantes sur le transport en *vaporetto* dans la lagune et en bus au Lido et sur la terre ferme, ainsi que dans certains restos, musées, expos, théâtres, hôtels... Bref, c'est une bonne initiative quand on connaît les prix pratiqués à Venise. Au moment de l'achat, on vous remet un feuillet mentionnant tous les endroits acceptant la carte.

Le Chorus Pass

Infos : Associazione Chiese di Venezia (☎ 041-275-04-62). ● chorusvenezia.org ● En vente dans les églises concernées, aux billetteries VELA, et dans les offices de tourisme. Billet à l'unité (3 €) ; ou bien Chorus Pass, *billet combiné valable pour les 16 églises (9 € ; réduc). Le* Pass *est donc intéressant à partir de la quatrième. Gratuit pour enfant de moins de 11 ans. Toutes les églises du* Chorus Pass *ont les mêmes horaires : 10h-17h, lun-sam. Fermé le dim. Seule l'église des Frari est ouverte 9h-18h lun-sam et 13h-18h le dim.*
Seize églises, parmi les plus belles de Venise, sont en effet payantes : *Santa Maria del Giglio, Santo Stefano, Santa Maria Formosa, Santa Maria dei Miracoli, Santa Maria Gloriosa dei Frari, San Polo, San Giacomo dell'Orio, San Stae, Sant'Alvise, Madonna dell'Orto, San Pietro di Castello, Il Redentore, San Sebastiano, Santa Maria del Rosario (Gesuati), San Giobbe* et *San Giovanni Elemosinario*.
La plupart des églises mettent à disposition une petite planche explicative en français, très bien faite. Ne pas oublier de la rendre à la fin de la visite. Par ailleurs, il existe un ouvrage intitulé *Les Chefs-d'œuvre des églises vénitiennes* décrivant les édifices et leurs spécificités (en vente dans les églises). Les fonds récoltés devraient servir à la restauration.

Le Museum Pass

En vente dans les musées. Plein tarif : 18 €. Tarif réduit : 12 € pour les enfants de 6 à 14 ans, les étudiants de l'UE (jusqu'à 29 ans), les membres de l'UE de plus de 65 ans et les détenteurs de la carte Rolling Venice *(voir ci-dessus).*
Valable 6 mois, il s'avèrera utile pour qui veut visiter tous les musées appartenant à la ville : il donne accès à tous les musées de la place Saint-Marc (palais des Doges, musée *Correr,* musée archéologique, bibliothèque *Marciana*), ainsi qu'à la *Ca' Rezzonico*, au palais *Mocenigo*, à la maison *Goldoni*, à la *Ca' Pesaro*, au musée du Verre à Murano et au musée de la Dentelle *(museo del Merletto)* à Burano ainsi qu'aux expos temporaires du musée *Fortuny*. En moyenne, rentabilisé au 3ᵉ musée visité. Mais il ne donne accès, évidemment, ni à l'*Accademia*, ni au *palazzo Grassi*, ni à la collection *Peggy Guggenheim*, pour ne citer que trois lieux qui pratiquent des prix d'entrée pouvant vite doubler, voire tripler votre budget « à voir ».

La Museum Card (les musées de la place Saint-Marc)

Une formule pour aller à l'essentiel, si on reste peu de temps à Venise. Prix : 12 €. Tarif réduit : 6,50 €. Pour 1 € de plus, en saison (fin mars-fin octobre), on vous offre l'entrée dans l'un des autres musées de la ville, au choix.
Une autre carte qui donne accès seulement aux quatre musées de la place Saint-Marc : le palais des Doges, le musée *Correr,* le musée archéologique et la bibliothèque nationale *Marciana*. Valable seulement pour ceux qui font un très court séjour et n'auraient de temps que pour Saint-Marc. Vous n'aurez pas accès à la terrasse de la basilique et aux salles de l'étage, mais, en compensation, si vous venez en pleine saison, vous pourrez découvrir gratuitement l'un des musées du *Museum Pass.*

Cartes de réductions transports *(Pass ACTV)*

Imaginez que vous êtes arrivé à destination (pour les transferts depuis l'aéroport, qui ne devraient pas grever votre budget, voir plus loin « L'arrivée à Venise »). Pour vous rendre d'un endroit à un autre de la ville, ou tout simplement par plaisir, vous emprunterez les lignes de *vaporetto* qui parcourent le Grand Canal et font le tour de Venise.
Sachez que le prix d'un trajet sur le Grand Canal est de 6,50 €. Heureusement, il existe comme partout dans le monde des cartes de transport illimité valable de 24h à 72h. C'est le *pass ACTV* : ● actv.it/home.php ● Tarif 12h : 14 € ; 24h : 16 € ; 36h : 21 € ; 48h : 26 € ; 72h (3 j.) : 31 € (18 € pour les moins de 29 ans).

En vente au bureau *VELA* Piazzale Roma *(plan général A3),* aux guichets *ACTV* devant presque tous les arrêts de *vaporetto* (7h-20h30, ou 23h30 pour les plus importants), aux offices de tourisme.

Pour toutes ces cartes, le décompte des heures commence dès l'oblitération du ticket au 1er voyage.

Tout forfait permet d'utiliser les lignes desservant les îles de Murano, Burano, Mazzorbo, Torcello, Treporti... et comprend le transport d'un bagage unique. Une précision utile si vous arrivez par le bus jusqu'à Piazzale Roma (les bureaux sont juste en face de l'arrêt) ou en bateau depuis l'aéroport, et voulez prendre un *vaporetto* pour rejoindre votre lieu de séjour...

Petit détail pratique : si vous avez juste besoin de passer d'une rive à l'autre, vous pouvez simplement payer un *traghetto* en *vaporetto* à 2 €. Le *traghetto* en gondole, plus sportif (voir plus loin) est à 0,50 €.

Pour ceux qui seraient tentés de voyager sans billet, sachez que l'amende s'élève à plus de 30 € et que les contrôles sont fréquents. Les bagages (au-delà de un) et les animaux sont normalement payants dans les *vaporetti* (6,50 €).

Venice Card

À partir de là, ça se complique ! Alors que les cartes précédentes proposent des réductions poste par poste (églises, musées et transports indépendamment), les *Venice Card* offrent des réductions pour tout à la fois, en une seule carte. Il existe 2 types de *Venice Card,* la bleue et la orange. Leur prix respectif risquant d'augmenter d'ici la sortie de ce guide, considérez ceux que nous vous indiquons comme une base.

– La *Venice Card bleue* donne accès gratuitement aux transports publics (*vaporetti* et bus de la compagnie *ACTV* dans Venise et vers les îles de Burano, Murano, Torcello, et le Lido jusqu'à Pellestrina), ainsi qu'aux 6 toilettes publiques en ville ! Tarif (+ de 29 ans) 12h : 18,50 € ; 48h : 34 € ; 7 j. : 56 €. Tarif réduit pour les moins de 29 ans ; carte 12h : 16,50 € ; 48h : 31 € ; 7 j. : 53 €.

Remarque : en comparaison des *pass ACTV*, cette *Venice Card bleue* ne propose en plus que les toilettes publiques (plus quelques réductions anecdotiques à différents lieux). Or, vos visites vous mèneront de musées en restos, où vous trouverez des toilettes partout et gratuites.

– Un peu plus intéressante, la *Venice Card orange* cumule *pass ACTV, Museum Pass,* et *Chorus Pass.* Tarif (+ de 29 ans) 12h : 30 € ; 48h : 55 € ; 7 j. : 82 €. Tarif réduit pour les moins de 29 ans ; carte 12h : 23 € ; 48h : 47 € ; 7 j. : 73 €.

Ces cartes peuvent être commandées à l'avance (au moins 48h) par téléphone au ☎ 00-39-041-24-24 (depuis l'étranger) et 899-90-90-90 (depuis l'Italie), ou sur Internet : ● venicecard.it ●

On peut les retirer dans les billetteries *VELA* de la gare routière (piazzale Roma), de la gare ferroviaire du Tronchetto, à Cavallino – Punta Sabbioni (ouvert tous les jours 8h-20h) –, au guichet d'Alilaguna *Lines/ATVO* à l'aéroport (ouvert tous les jours 8h-19h) ou dans les offices de tourisme de Venise.

En résumé...

À vous de bien préparer votre voyage, sans espérer vraiment faire de grosses économies sur le budget « À voir ». Choisissez la formule qui convient le mieux à votre situation de famille, à votre âge ou à vos envies du moment. Faites votre calcul, mais, plutôt que les *Venice Card*, on vous conseille d'acheter les *pass* séparément si vous passez plus de 2 jours à Venise.

DANGERS ET ENQUIQUINEMENTS

Venise est une ville calme. Malgré les quelque 20 millions de touristes par an dans le centre historique et ses environs, le nombre d'agressions est très faible. On peut se promener la nuit sans véritable danger.

Achats dans la rue

Vous trouverez aux abords des lieux touristiques des vendeurs à la sauvette qui vous proposeront montres, bijoux et maroquinerie de marque, parfois à deux pas de la vitrine exposant les originaux. Ces produits n'ont absolument aucune valeur, évidemment. Mieux vaut conserver votre argent pour acheter quelques produits de l'artisanat vénitien. Et puis, on vous rappelle, si vos ami(e)s espèrent à votre retour recevoir en cadeau un sac ou un portefeuille même bien imités, que l'achat de contrefaçons constitue un délit.

Vol

En cas de vol, rendez-vous au poste de police le plus proche afin de faire établir un constat pour votre compagnie d'assurances. Le plus connu se trouve place Saint-Marc, à côté du *Florian,* mais il y en a un autre notamment à la gare ou dans l'aéroport même, en cas de besoin. Adressez-vous à l'antenne du consulat français seulement en cas de vol ou de perte des papiers d'identité.

ENFANTS (ET PARENTS !)

Venise n'est pas seulement une ville pour les amoureux. Si vous avez décidé de partir avec vos charmants bambins (en âge de marcher et d'apprécier la visite des musées et des églises, car Venise n'est pas faite pour les poussettes), voici quelques suggestions pour leur faire passer d'agréables moments.
– D'abord, équipez-les de bonnes chaussures de marche. Ça a l'air tout bête, mais vous allez parcourir quelques kilomètres dans la journée, alors autant être bien chaussé.
– La première des choses à faire est, pour vous comme pour vos enfants, d'emprunter le *vaporetto* n° 1 et de faire le tour de la ville par le Grand Canal. Le spectacle des canaux et des palais est toujours un moment magnifique à partager.
– Vous ne pouvez pas manquer le palais des Doges. Faites la visite secrète (voir « San Marco » : à noter qu'on ne peut pas la réserver à l'office de tourisme, il faut appeler le palais (☎ 041-271-59-11). Le récit des complots et intrigues, le parcours dans la salle de torture, l'armurerie et les prisons raviront petits et grands. Il y a moins de monde que pour l'itinéraire normal et les enfants peuvent s'asseoir régulièrement. Ensuite, un petit tour au *musée naval* (*Museo Storico Navale* ; cf. « À voir » dans « Castello ») devrait bien les captiver. Ils pourront y admirer des dizaines de maquettes de bateaux et tout apprendre sur l'histoire navale de Venise.
– Les enfants adorent les bateaux : plutôt que de faire un tour en gondole (hors de prix), prenez le *traghetto*. Ces gondoles collectives relient une rive à l'autre et ne coûtent que 0,50 € ! Pas besoin d'exercer ses talents d'équilibriste, le *traghetto*, à fond plat, est très stable. Mais il faut réussir à rester debout quand même...
– Après avoir été si sages, ils mériteront bien une petite glace. Promenez-vous le long du quai des Zattere (promenade agréable avec vue sur la Giudecca) et arrêtez-vous à la *Gelateria Nico* (voir « Où déguster des glaces ? » dans le Dorsoduro) pour commander un *Gianduiotto,* un morceau de chocolat glacé recouvert de crème chantilly maison : un vrai régal...
– Non loin de là, rendez-vous ensuite sur la *fondamenta Nani* pour observer de l'autre côté du canal le *squero San Trovaso*. Il s'agit d'un des derniers ateliers de fabrication et de réparation de gondoles. Intéressant, surtout si vous observez les artisans travailler.
– Le Lido, même si l'île n'a pas un intérêt majeur, constitue un excellent terrain de jeu : pour ses plages, en saison, mais surtout pour les longues promenades à vélo que l'on peut y faire. Pour vous y rendre, prenez les *vaporetti* n°s 1, 52 ou 82.
– Prenez une demi-journée pour flâner dans Burano, l'île de la dentelle. Les maisons de pêcheurs multicolores font le charme de cet endroit. Et pourquoi ne pas

prévoir un pique-nique, s'il fait beau ? Il y a des espaces verts où vos chers bambins pourront se dégourdir les jambes en toute quiétude pendant que vous en profiterez pour faire une petite sieste, non ?
– Enfin, ne partez pas sans avoir fait un tour dans l'une des dernières boutiques artisanales de masques. C'est l'émerveillement assuré ! Nous vous en conseillons plusieurs (voir les rubriques « Achats » des différents quartiers).

FÊTES ET JOURS FÉRIÉS

Pour Casanova, « Venise a recueilli tout le bonheur qu'il y a sur la Terre ». Parce qu'elle était la ville la plus riche, la plus rayonnante, Venise aimait le luxe. Tout était prétexte à célébrations, fastes et amusements : la victoire de Lépante, le transport des reliques de saint Marc ou encore l'anniversaire de la fin de la peste. La fête gagnait aussi les couvents : même les religieuses se déguisaient au moment du Carnaval ! Malgré le déclin de la Sérénissime, Venise est encore le décor de fêtes grandioses.
– *Les Régates de l'Épiphanie :* le 6 janvier au matin, des hommes déguisés en vieilles femmes *(befana)* font la course sur le Grand Canal à bord d'embarcations diverses. Ils sont censés apporter des cadeaux aux enfants.
– *Le Carnaval :* cette grande manifestation dans la vie des Vénitiens méritait bien sa rubrique à part entière, voir donc « Carnaval » plus loin.
– *La Sensa :* le jeudi de l'Ascension, on commémore les épousailles de la cité avec la mer. À la suite de la soumission de l'empereur d'Occident Frédéric Barberousse, le pape avait remis au doge un anneau symbolisant la suprématie de Venise sur la mer. En souvenir de ce geste, la Sérénissime célébrait chaque année les noces symboliques de Venise et de la mer. On sortait pour l'occasion le célèbre *Bucentaure*, l'embarcation d'apparat des doges richement ornée. Le doge, se tenant à la proue du navire, jetait dans la lagune un anneau en déclarant : « Nous t'épousons, ô Mer, en signe de véritable et perpétuelle possession. »

LE BUCENTAURE SAUVÉ DES EAUX... PAR LA FRANCE !

Pour les cérémonies officielles, la Sérénissime avait décrété la construction de navires majestueux qui pouvaient transporter jusqu'à 200 hommes. Le dernier exemplaire, construit en 1729, a été détruit en 1798. Une maquette est conservée au Musée naval. La fameuse galère d'apparat du doge, entièrement décorée à la feuille d'or, sera-t-elle reconstruite dans les années à venir et exposée à l'Arsenal ? Une association s'active autour de ce projet, et le soutien « technologique et scientifique » de la France a été chaudement sollicité. Normal, puisque la galère a été détruite par les soldats de Napoléon afin de récupérer l'or !

– *La Vogalonga :* le dimanche suivant l'Ascension. Instituée en 1975, cette fête est un événement très populaire à Venise. Elle consiste en une épreuve d'endurance qui rassemble des centaines de bateaux de rameurs. La course a lieu entre Venise et Burano (soit près de 30 km aller-retour). ● vogalonga.it ●
– *La Festa del Redentore :* le 3e week-end de juillet. La fête la plus aimée des Vénitiens célèbre la fin de la peste de 1576. On établit un pont de bateaux depuis l'église du Redentore, à la Giudecca, jusqu'aux Zattere. Venise, illuminée de lanternes, éclate de mille feux pour nous rappeler l'importance de l'événement. Des familles s'installent dans leur bateau face à la place Saint-Marc, mangent des sardines à l'aigre-doux, du canard rôti et des escargots de mer à l'huile et à l'ail tout en « picolant » légèrement. Les plus résistants boivent en fait toute la journée en attendant le feu d'artifice (le samedi soir). Ensuite, la tradition veut que l'on aille attendre le lever du soleil sur les plages du Lido.

Si vous n'avez pas la chance de connaître quelqu'un possédant une terrasse sur le toit (altana) à Venise, vous verrez quand même très bien les feux et la fête depuis les quais de la *riva degli Schiavoni* ou à partir de l'église du Redentore, sur la Guidecca. Mieux, d'une barque dans le bassin de Saint-Marc. Sachez que c'est l'une des célébrations occidentales les plus spectaculaires, mais il faut avoir beaucoup de courage car, à cette époque, Venise est archibondée.

– *La Mostra del cinema di Venezia* : le célèbre festival de cinéma de Venise. Se déroule au Lido pendant une dizaine de jours, de la fin août au 1er dimanche de septembre. À conseiller bien sûr aux inconditionnels du 7e art !

– *La Regata Storica (régate historique)* : le 1er dimanche de septembre. Elle rassemble les meilleurs rameurs de Venise, de Pise, d'Amalfi et de Gênes, les quatre républiques maritimes traditionnelles qui ont marqué l'histoire italienne. Seules sont en compétition des gondoles à deux rames. L'épreuve est précédée d'une parade du cortège historique sur le Grand Canal ; les plus belles embarcations, sur lesquelles prennent place des personnages costumés, accompagnent une maquette du *Bucentaure*.

Les régates historiques se déroulent depuis plusieurs siècles. Elles visaient à entraîner les jeunes qui pouvaient servir sur les navires de la Sérénissime. Aujourd'hui, elles sont surtout l'occasion d'un grand rassemblement populaire. On y voit des équipages de femmes, de jeunes gens et des représentants des différents quartiers de Venise.

– *La Saint-Martin* : le 11 novembre. Une fête qui vaut tous les Halloween du monde. Tandis que les pâtissiers confectionnent tous un gâteau spécial représentant saint Martin sur son cheval, les enfants tapent sur des casseroles et vont chez les commerçants demander leur obole.

– *La Festa della Madonna della Salute* : le 21 novembre. On rappelle la fin de la peste de 1630 par une procession sur un pont établi entre l'église de la Salute et le *campo Santa Maria Zobenico*. Cette fête conserve son aspect religieux.

Jours fériés

– *1er janvier* : Jour de l'an.
– *6 janvier* : Épiphanie.
– *Fin mars-début avril* : lundi de Pâques.
– *25 avril* : anniversaire de la Libération.
– *1er mai* : fête du Travail.
– *2 juin* : fête de l'anniversaire de la proclamation de la République.
– *15 août* : Assomption.
– *1er novembre* : Toussaint.
– *21 novembre* : fête de la Madonna della Salute.
– *8 décembre* : fête de l'Immaculée Conception.
– *25 décembre* : Noël.
– *26 décembre* : jour de la Saint-Étienne.

HÉBERGEMENT

Comme l'indique la rubrique « Budget », une grande partie de vos dépenses sera consacrée à l'hébergement. Venise et les alentours comptent quelque 95 000 lits. Pourtant, mieux vaut être prévoyant, quelles que soient la durée et la période du séjour. Pendant le Carnaval, à Pâques, d'avril à juin, des mois d'été jusqu'en octobre et durant les fêtes de fin d'année, le taux de fréquentation atteint son maximum.

Vous préparez votre séjour

Il faut absolument réserver 1 ou 2 mois à l'avance, voire 3 mois pour les périodes de pointe. Certaines chambres particulièrement bien placées se réservent parfois jusqu'à 6 mois à l'avance. Ce sont les chambres avec terrasse privée et vue extraordinaire par exemple, et pas toujours dans de très grands hôtels ni à des prix insurmontables. Feuilletez ce guide, nous en sélectionnons quelques-unes, et tentez votre chance, ça vaut le coup. Le plus simple est de téléphoner ou d'écrire aux hôtels (de préférence un mail) pour trouver une chambre aux dates qui vous intéressent. La plupart des hôteliers parlent le français (« Parlez-vous le français ? » se dit : *Parla francese* ?). Un virement bancaire sera nécessaire. Il est bien sûr possible de passer par une agence de voyages.

Vous débarquez sans réservation

C'est plutôt de l'inconscience, en pleine saison. Autant vous prévenir que vous risquez de dormir sous les ponts ! Même quand on vit d'amour et d'eau fraîche, c'est dur. D'autant qu'on ne vous garantit pas l'eau fraîche, surtout en plein été. Avant toute chose, sachez que si, après 18h, vous n'avez pas trouvé d'hôtel, il est plus prudent de rebrousser chemin et de retourner sur le continent. Trop souvent, des touristes se retrouvent bloqués, sans chambre pour passer la nuit. Inutile alors de se réfugier au consulat ; malgré toute leur bonne volonté, ils ne pourraient rien pour vous.
Aussi, dès votre arrivée, faites appel à l'une des 6 antennes de l'*AVA (Associazione Veneziana Albergatori)* que vous trouverez à l'aéroport Marco Polo, à la gare Santa Lucia, au piazzale Roma à côté de l'entrée du parking municipal et à côté du parking San Marco, à Tronchetto près de la gare maritime (☎ *800-843-006 depuis l'Italie, gratuit ;* ☎ *199-173-309 depuis l'Italie ou* ☎ *041-522-22-64 pour les appels de l'étranger.* ● *veniceinfo.it* ●*).* Pour 2 €, ils se chargeront de sonder les disponibilités, mais le choix sera forcément limité. Méfiez-vous aussi, à la gare et au piazzale Roma, des rabatteurs qui vous proposeront des prix et des hôtels douteux.
Vous l'aurez compris, dans ces conditions, mieux vaut loger à Mestre dans un hôtel sans grand charme mais pratique que vous dénicherez parmi ceux encore disponibles. De Mestre, pour vous rendre à Venise, pas de problème : vous disposez du train ou du bus. Le trajet n'excède pas 15 mn. L'*ACTV* (société de transports en commun de Venise) a mis en place un service de bus qui relie le piazzale Roma à la piazza Barche, au centre de Mestre. Même entre minuit et 5h, il vous sera donc possible d'éviter la voiture.

Campings

Il n'existe pas de camping dans le centre historique de Venise, vous pouvez facilement l'imaginer. En revanche, vous en trouverez plusieurs autour de Mestre. Pour le charme, vous repasserez, mais vous pouvez toujours essayer de trouver de la place au Lido, si vous êtes optimiste dans l'âme. D'autres se situent sur le littoral de Cavallino, au nord-est de Venise. Les prix sont assez élevés. On paie autour de 40 € à deux pour une tente et une voiture. Tous ne sont pas ouverts toute l'année (nous en avons sélectionné plusieurs). Il existe une liste complète éditée par le *Touring Club Italien : Campeggi in Italia,* que vous pouvez trouver dans les librairies sur place.

■ *Fédération française de camping et caravaning :* 78, rue de Rivoli, 75004 Paris. ☎ 01-42-72-84-08. ● info@ffcc.fr ● ffcc.fr ● Ⓜ Hôtel-de-Ville. Ouv lun-ven 8h30-12h30, 13h30-17h30 (17h ven). Possibilité de se procurer la liste des campings, en italien (16,30 € frais d'envoi compris).

Auberges de jeunesse

Il n'en existe qu'une à Venise, sur l'île de la Guidecca. Il faut y venir avec sa carte des AJ, que l'on peut se procurer en France. L'organisation *Hostelling International* est représentée à Paris par la *Fédération unie des auberges de jeunesse (FUAJ).*

Coordonnées plus haut dans la rubrique « Avant le départ ». Il n'y a pas de limite d'âge pour séjourner en AJ. Il faut simplement être adhérent.
On peut acheter la carte sur place, mais, bien sûr, c'est plus cher. En cas d'oubli, on peut également se la procurer sur Internet. En haute saison, il est conseillé de **réserver** à l'avance. Deux possibilités :
– *Par Internet :* ● hostels.com ●
– *Par téléphone ou par mail :* en contactant directement l'AJ.

Logement dans les communautés religieuses

La plupart n'ouvrent leurs portes aux touristes qu'à certaines périodes de l'année. Pour y être hébergé, l'essentiel est de se montrer respectueux. Couples non mariés, s'abstenir ! Certaines communautés n'acceptent que les filles. Le logement s'effectue soit dans des dortoirs, soit dans des chambres individuelles ou doubles. Ces communautés sont le plus souvent abritées dans de magnifiques palais vénitiens. Le coût est encore relativement modéré même si le rapport qualité-prix n'est plus aussi intéressant qu'auparavant. Toutefois, il faudra compter avec le réveil aux aurores et le couvre-feu le soir.

Bed & Breakfast

Vous pouvez loger chez l'habitant en ville grâce à l'organisme *Bed & Breakfast* qui permet d'obtenir une chambre simple pour 2 nuits aussi bien qu'un appartement pour 6 personnes pendant un mois. Une formule qui voit ses adeptes se multiplier...
– Central de réservation à Rome : *Corso Vittorio Emanuele II, 284, 00186 Rome.* ☎ *06-687-86-18. Fax : 06-687-86-19.*
– Vous pouvez également réserver en ligne : ● bbitalia.it ●

Pensions

Vous en trouverez beaucoup à Venise. Elles sont appelées *pensione* ou *locanda*, mais cela ne vous reviendra pas nécessairement moins cher que l'hôtel. Il s'agit généralement d'une gestion familiale. On n'est pas obligé d'y prendre ses repas ni de rester un minimum de nuits. L'office de tourisme contrôle régulièrement ces établissements. Ils sont donc généralement bien tenus.

Hôtels

La classification est faite en 6 catégories (L pour luxe, puis du 5-étoiles au 1-étoile pour les plus simples). Les prix sont très élevés (surtout en période de pointe !) pour un confort et un service parfois discutables. Si les établissements luxueux sont pratiquement tous situés le long du Grand Canal, les hôtels plus abordables sont disséminés un peu partout au bord des petits canaux ou autour d'un *campo*. Enfin, un petit détail mais qui a son importance : tous les hôtels proposent des réductions aux tour-opérateurs ; il peut donc être plus intéressant de passer par une agence.

Location d'appartements

C'est devenu en quelques années la solution idéale, d'autant que nombre de particuliers ont profité des taux intéressants mis à leur disposition pour rénover la vieille maison de famille qui n'était plus guère habitée, afin de la louer aux visiteurs de passage. D'autres ont racheté un grenier ou un rez-de-chaussée, mettant un confort minimum ou maximum selon qu'ils entendaient se le réserver pour eux quelques semaines par an ou non. À vous de choisir, en consultant les sites internet, bien sûr, mais en imaginant aussi les avantages et inconvénients de chacun : sous les toits, avec la vue sur les gondoles, c'est sympa, mais gare aux valises à porter (ascenseurs quasi inexistants). Quant aux rez-de-chaussée, lorsque les eaux montent, et si vous êtes claustrophobes, c'est pas l'idéal.

La location d'appartements est donc une solution très pratique et très économique, à condition de rester plusieurs jours. Votre budget nourriture s'en trouvera **sérieusement** allégé, car il y a toujours un supermarché à proximité indiqué par l'agence qui gère les lieux.

Les conseils de la personne qui vous accueillera sur place sont précieux. Soyez attentifs car ils vous permettront de vous mettre directement dans l'ambiance ; vous saurez ainsi quand vous devrez sortir les poubelles pour permettre le ramassage, qui s'effectue en gondole ; vous découvrirez les petites adresses pour acheter du pain, des produits alimentaires, au coin de la rue ; vous découvrirez les joies de la télévision italienne en direct si la mamie du dessous est un peu sourde et apprendrez à découvrir la vie d'un quartier au quotidien.

Les agences suivantes, que nous avons testées, et retenues sans hésitation, sont classées par ordre alphabétique pour éviter les grincements de dents.

■ *Casa d'Arno :* 36, rue de la Roquette, 75011 Paris. ☎ 01-44-64-86-00. •info@casadarno.com • casadarno.com • Ⓜ *Bastille. Ouv 10h-18h. Réception sur rdv.* Location d'appartements ou de palazzi, simples ou luxueux. Également une sélection de chambres d'hôtes de qualité. Conseils et accueil par une Italienne qui connaît bien son pays. Possibilité de réserver à partir de Paris billets d'avion, transfert de l'aéroport et visites guidées sur mesure. Propose également des cours de cuisine italienne à Paris, tout à côté de son agence. Consultez leurs offres sur •casadarno.com • Pour d'autres destinations en Italie, brochures sur simple demande.

■ *Far Voyages :* 8, rue Saint-Marc, 75002 Paris. ☎ 01-40-13-97-87. •info@locatissimo.com • Ⓜ *Bourse ou Grands-Boulevards.* Catalogue gratuit sur simple demande et aussi sur •locatissimo.com • Propose des appartements dans le centre de Venise et aux alentours, avec la possibilité de séjourner 3 nuits minimum. Agence spécialisée dans l'agritourisme qui peut également préparer la suite de votre voyage, loin des villes.

■ *Italie Loc'Appart :* 75, rue de la Fontaine-au-Roi, 75011 Paris. ☎ 01-45-27-56-41. • italie-loc-appart@wanadoo.fr • destinationslocappart.com • Ⓜ *Goncourt. Permanence téléphonique lun-ven 10h-13h, 14h-19h. Réception sur rdv slt.* Avec *Italie Loc'Appart,* la location d'appartements (du studio jusqu'à la maisonnette) pour un minimum de 3 nuits à partir de n'importe quel jour de la semaine est possible. Dossiers suivis par des chargés de destinations à Paris et accueil assuré par des spécialistes sur place. Ils interviennent en cas de problème. Une agence sympathique et sérieuse que nous recommandons volontiers. Service proposé également à Rome, à Naples, sur la côte Amalfitaine, à Florence, en Toscane, en Ombrie et en Sicile.

Échanges d'appartements et de maisons

Une formule de vacances originale et très pratiquée outre-Atlantique. Il s'agit, pour ceux qui possèdent une maison, un appartement ou un studio, d'échanger leur logement contre celui d'un adhérent du même organisme, dans le pays de leur choix, pendant la période des vacances. Cette formule offre l'avantage de passer des vacances à l'étranger à moindres frais, en particulier pour les jeunes couples avec enfants. Voici deux agences qui ont fait leurs preuves :

■ *Homelink International :* 19, cours des Arts-et-Métiers, 13100 Aix-en-Provence. ☎ 04-42-27-14-14. • homelink.fr • *Lun-jeu 9h-12h, 14h-19h (18h ven). Adhésion annuelle : de 115 € avec annonce sur Internet valable un an, à 175 € avec en plus une parution sur catalogue.*

■ *Intervac :* 230, bd Voltaire, 75011 Paris. ☎ 0820-888-342 (0,11 €/mn). • info@intervac.fr • intervac.com • Ⓜ *Rue-des-Boulets. Adhésion : 3 pos-*

sibilités de formule : 100 € par an comprenant une annonce valable 12 mois sur Internet (avec photo), 145 € avec une parution sur 1 catalogue en plus, 175 € pour 2 catalogues.

HORAIRES

Les horaires officiels, nous vous les donnons *à titre indicatif.* Inutile, donc, de nous écrire pour nous injurier : la mise à jour est faite avec soin, mais entre le moment où nous soumettons le guide à l'imprimeur et le moment où il sort en librairie, il y a déjà des modifications... On vous conseille bien sûr de vous adresser à l'office de tourisme, qui distribue gratuitement une brochure comportant une liste régulièrement mise à jour des lieux de visite (très utile pour les expos temporaires). Mais là aussi, ne soyez pas trop durs avec eux si les prix, comme les horaires, ne correspondent pas toujours : « On est à Venise », vous répondra-t-on !
Vous remarquerez sinon que presque tout est fermé de 13h à 16h.
– *Banques :* ouvertes du lundi au vendredi de 8h30 à 13h30 et de 14h45 à 15h45 généralement. Fermeture les jours fériés.
– *Bureaux et administrations :* dans la plupart des cas, ouverts le matin jusqu'à une heure plus ou moins avancée de l'après-midi (désolé, mais c'est la formule la plus juste que l'on ait trouvée).
– *Églises :* seules les églises payantes ont des horaires fixes et à peu près fiables (voir « *Le Chorus Pass* » dans la rubrique « Budget »). Les plus importantes ouvrent généralement le matin de 9h ou 10h jusqu'à 12h, et de 15h ou 16h jusqu'à la tombée de la nuit. Pour les plus petites, il faut avoir la chance de passer devant au bon moment (juste avant ou après une messe). On est alors presque seul pour visiter.
– *Magasins :* leurs horaires varient suivant le quartier (fréquentation touristique oblige) et la période de l'année. Habituellement ouverts du lundi au samedi de 9h à 13h et de 15h30 à 19h30. Toujours fermés le dimanche et une demi-journée par semaine, souvent le lundi matin. Tous les petits magasins de quartier qui vendent essentiellement des produits alimentaires sont fermés le mercredi après-midi.
– *Musées :* la plupart, ouverts de 9h (ou 10h) à 17h (ou 19h). Horaires un peu réduits en basse saison. Le jour de fermeture hebdomadaire varie selon les musées (les plus importants n'en ont pas). Sachez que la billetterie ferme très souvent 30 mn (voire 1h) avant, n'attendez donc pas la fin de l'après-midi pour vous décider.
– *Postes :* ouvertes du lundi au vendredi de 8h30 à 14h (13h le samedi ; tous les jours sauf le dimanche jusqu'à 19h pour la poste centrale), ainsi que le dernier jour du mois, de 8h30 à 12h.
– *Restaurants :* service généralement de 12h à 15h et de 19h à 22h (voire plus tard, dans les quartiers animés). Mais on peut souvent grignoter des *cicchetti* dès 18h dans les bars, avec un verre de vin. Ou en fin de matinée, si vous avez déjà eu votre ration de café plus ou moins serré.
– *Transports :* voir plus loin.

ITINÉRAIRES

Comme les séjours sont de plus en plus courts, les itinéraires que nous proposons aideront ceux qui ne restent que peu de temps. Mais sachez tout de même que, si on sait choisir ses heures de visite et s'écarter des lieux trop touristiques, la ville livre un tout autre visage. N'hésitez donc pas à aller à la rencontre de l'inconnu...

Nos incontournables... et les autres

➢ *Les lieux où tout le monde va et qu'on ne peut décemment pas rater :* la place et la basilique Saint-Marc, le musée de l'*Accademia*, le palais des Doges et le *palazzo Grassi*.

➢ **Les balades que tout le monde fait, mais qu'on peut rater sans trop de regrets :** le *pont du Rialto,* Murano aux heures de pointe, la balade en gondole sur le Grand Canal.
➢ **Les lieux peu fréquentés, mais que les routards découvrent avec ravissement :** le *Ghetto,* le *campo Santa Margherita,* le quartier de l'Arsenal et l'*île de la Giudecca.*

Une demi-journée

C'est définitivement bien trop court pour découvrir cette ville. Mais si vous passez par là, ce serait dommage de ne pas vous y arrêter, même pour si peu de temps. En une demi-journée, c'est un véritable dilemme.
En arrivant à la gare Santa Lucia ou au terminal des bus du *piazzale Roma,* prendre le *vaporetto* n° 2 (plus rapide que le *vaporetto* n° 1) en direction de San Marco. On parcourt le Grand Canal en une demi-heure, avant d'arriver sur la place Saint-Marc *(piazza San Marco).* Si vous arrivez de l'aéroport, encore mieux, prenez le bateau directement à la sortie de l'avion qui arrive en 1h place Saint-Marc, émerveillement assuré. Après avoir jeté un œil à la célèbre place et sa *basilique* époustouflante, plusieurs solutions. Soit vous êtes un amoureux d'histoire et voulez tout savoir de la Sérénissime, la visite du *palais des Doges* s'impose naturellement. Laissez tomber le *musée Correr* pour une visite de l'*Accademia,* ou de l'*église des Frari.* Vous connaîtrez alors tout des peintres vénitiens. Si vous êtes plus branché art moderne et contemporain, rendez-vous à la *collection Peggy Guggenheim* ou au récent *palazzo Grassi.*

Un jour

Dormez bien la veille, car l'itinéraire est chargé ! À vos marques, prêt, partez...
Direction place Saint-Marc. Visiter en premier lieu la *basilique,* puis le *palais des Doges.* Prendre ensuite la via largo XXII Marzo jusqu'au campo Santa Maria Zobenigo. Au sud de ce *campo,* emprunter le *traghetto* pour passer sur l'autre rive. Marcher jusqu'au *musée de l'Accademia.*
Après s'être restauré, dans le quartier du Dorsoduro de préférence, aller à la *Scuola Grande di San Rocco,* soit par le *vaporetto* n° 1 (arrêt San Tomà), soit à pied en passant par le *campo Santa Margherita.* Visiter ensuite la superbe *église des Frari,* juste à côté. Pour finir, aller jusqu'au *pont du Rialto* en traversant le *campo San Polo.*
Vous avez bien mérité de boire un *spritz* debout, côté rue, au milieu des habitués d'un des bars à vin qui ont fait la réputation du quartier, avant d'aller dîner vénitien, dans une de ces adresses rares qui ne prennent pas les routards pour des touristes.

Trois jours

– **Premier jour :** commencer la matinée par la visite de la basilique Saint-Marc *(basilica di San Marco).* Grimper en haut du campanile pour découvrir la disposition générale de la ville. Puis faire une boucle dans le quartier de San Marco (*scala del Bovolo,* puis *campo San Fantin*). Traverser le pont de l'*Accademia* et visiter le *musée* du même nom.
Après le déjeuner, faire une longue promenade pour découvrir les charmes du Dorsoduro. Prendre une glace le long des *Zattere* avant de visiter la *collection Peggy Guggenheim.* Essayer de passer quelques instants également sur le *campo Santa Margherita,* avant d'aller dîner dans le quartier de San Polo.
– **Deuxième jour :** visite du *musée Correr* et du *palais des Doges.* Puis promenade dans le quartier du Castello sur la *riva degli Schiavoni* en remontant jusqu'à l'*Arsenal* (allez dire bonjour aux lions de notre part !) et visite de la petite *Scuola San Giorgio degli Schiavoni* pour contempler le fameux triptyque de Carpaccio.

Après le déjeuner (bonnes adresses tout autour), rejoindre l'embarcadère *Fondamenta Nove,* prendre le bateau ligne LN jusqu'à Burano, puis continuer, si le cœur vous en dit, pour visiter Torcello. Si l'on a suffisamment de temps, on peut s'arrêter à Murano au retour.
– *Troisième jour :* partir du quartier de la gare et se promener dans Cannaregio jusqu'au *Ghetto.* Puis aller jusqu'à la *Ca' d'Oro* pour visiter la *galleria Franchetti.* Après le déjeuner, prendre le *traghetto* devant la *Ca' d'Oro* pour rejoindre le quartier San Polo et se balader dans le quartier du Rialto. Puis visiter l'*église des Frari* et la *Scuola Grande di San Rocco.* Le soir, s'offrir dans le quartier un vrai repas à la vénitienne, après avoir levé le verre de l'amitié au milieu des habitués d'un de ces bars qui maintiennent ici une tradition de vraie convivialité.

Une semaine

En une semaine, on découvre la ville sans trop se presser, surtout si on a pris une location dans le centre ancien. On peut visiter les sites « incontournables » aux heures creuses, ce qui est un luxe, et voir vivre des quartiers moins fréquentés, comme le Castello ou Cannaregio. Le tour complet de la ville en bateau, en plusieurs étapes, au gré de son humeur, et la visite des îles peu touristiques méritent qu'on prenne son temps. Profitez de votre passage pour vous perdre sur l'*île de la Giudecca* et même descendre le *canal del Brenta* en bateau. Bref, en une semaine, on se fait plaisir tout en découvrant Venise au petit matin et la nuit, aux heures magiques où la ville n'appartient plus qu'aux rêveurs éveillés. On peut surtout goûter vraiment à l'art de vivre vénitien, à commencer par sa cuisine, évidemment.

LANGUE

L'italien est une langue facile pour les francophones. En peu de temps, vous pourrez apprendre quelques rudiments suffisants pour vous débrouiller.
Pour vous aider à communiquer, n'oubliez pas notre *Guide de conversation du routard* en italien.
Ci-dessous un petit vocabulaire de secours. Attention à certains faux amis : les *giorni feriali* sont les jours ouvrables (par opposition aux *giorni festivi,* qui sont les dimanche et jours fériés).

Quelques éléments de base

Politesse

Bonjour	*Buongiorno*
Bonsoir	*Buonasera*
Au revoir	*Arrivederci*
Excusez-moi	*Scusi*
S'il vous plaît	*Per favore*
Merci	*Grazie*
Je vous en prie	*Prego*

Expressions courantes

Pouvez-vous me dire ?	*Può dirmi ?*
Avez-vous ?	*Ha lei ?*
Je ne comprends pas	*Non capisco*
Parlez lentement	*Parli lentamente*
Combien coûte... ?	*Quanto costa... ?*
C'est trop cher	*È troppo caro*

Le temps

Lundi	*Lunedì*
Mardi	*Martedì*
Mercredi	*Mercoledì*
Jeudi	*Giovedì*
Vendredi	*Venerdì*
Samedi	*Sabato*
Dimanche	*Domenica*
Aujourd'hui	*Oggi*
Hier	*Ieri*
Demain	*Domani*

Les nombres

Un	*Uno*	Huit	*Otto*
Deux	*Due*	Neuf	*Nove*
Trois	*Tre*	Dix	*Dieci*
Quatre	*Quattro*	Quinze	*Quindici*
Cinq	*Cinque*	Cinquante	*Cinquanta*
Six	*Sei*	Cent	*Cento*
Sept	*Sette*		

Transports

Un billet pour...	*Un biglietto per...*
À quelle heure part... ?	*A che ora parte... ?*
À quelle heure arrive... ?	*A che ora arriva... ?*
Gare	*Stazione*
Horaire	*Orario*

À l'hôtel

Hôtel	*Albergo*
Une pension de famille	*Una pensione familiare*
Je désire une chambre	*Desidero una camera*
À un lit, à deux lits	*A un letto, a due letti*

UN ZESTE DE VÉNITIEN

Le vénitien compte parmi les plus doux dialectes d'Italie. Pour les italianistes confirmés, un léger zézaiement apparaîtra comme une marque d'authenticité certaine. Les Vénitiens sont extrêmement fiers de leur dialecte et le considèrent comme une langue à part entière. Néanmoins, peu de gens le parlent encore à l'état pur, mais l'utilisent plutôt mélangé à la langue nationale. Parler le dialecte à Venise n'est pas synonyme d'ambiance populaire, c'est un art exercé par tous ses habitants, en particulier par la classe supérieure d'origine noble ou par la riche bourgeoisie. Sachez qu'en vénitien les doubles consonnes disparaissent.
Le vénitien apparaît surtout dans les noms de rues, de canaux, de bistrots ou de monuments.

Manger

Baìcoli	Célèbres gâteaux secs
Bìrin	Petit verre de bière
Biréta	Petit verre de bière légèrement plus grand que le précédent
Curasàn	Déformation vénitienne de « croissant »
Fugàssa	Fougasse

Autres

Cae
Òcio !
Fio, fia

Rue
Attention !
Fils, fille

LIVRES DE ROUTE

Pour parfaire votre préparation, nous vous proposons une liste d'ouvrages sur Venise, les uns disponibles en librairie, les autres en bibliothèque.

Livres de référence (plus que de révérence)

– ***Italies. Anthologie des voyageurs français aux XVIIIe et XIXe siècles*** (1988), Laffont, coll. « Bouquins ». Des extraits des plus beaux textes sur Venise. Une magnifique anthologie.
– ***Venises*** (1971), de Paul Morand, Gallimard, coll. « L'Imaginaire » n° 122, 2001. Ce recueil de souvenirs vénitiens glanés au cours d'une relation fidèle de 60 ans entre la ville et son auteur, c'est la vie d'un homme à l'affût du monde et l'œuvre d'un grand styliste français.
– ***Contre Venise*** (1997), de Régis Debray, Gallimard, coll. « Folio » n° 3014. Le pendant du livre précédent. Un plaidoyer pour Naples caché dans un réquisitoire contre Venise. Un regard critique particulièrement intéressant sur la ville... à lire à votre retour !
– ***Venise*** (2006), d'Hippolyte Taine, Grand Caractère, coll. « Kiosque à Livres ». Réédition d'un texte classique sur la Venise du XIXe s vue par un voyageur érudit.
– ***La Mort à Venise*** (1912), de Thomas Mann, Stock, 2003. Dans le cadre du Lido, l'histoire d'une passion violente, à travers le regard d'un homme subjugué par la beauté incarnée par un adolescent. Un grand classique.
– ***Histoire de ma vie*** (1744-1756 ; 3 tomes), Casanova, Gallimard, coll. « Folio » n° 1760, 1986. Né à Venise, Casanova connut un destin à l'image de cette ville-labyrinthe mystérieuse aux maisons à double issue. Ses *Mémoires* nous livrent, outre le récit complaisant de ses péripéties amoureuses, un document extrêmement étoffé sur la vie quotidienne au XVIIIe s.
– ***Concert baroque*** (1974), d'Alejo Carpentier, Gallimard, coll. « Folio » n° 20, 1991. Une nuit de carnaval inoubliable dans une Venise intemporelle. Par-delà les siècles, Vivaldi, Scarlatti et Haendel se retrouvent sur la tombe de Stravinsky. Toutes les beautés de la nuit baroque rendue magique par la grâce du style. À réserver aux initiés.
– ***Dictionnaire amoureux de Venise*** (2004), de Philippe Sollers, Plon. Un ouvrage qui a la forme d'un dictionnaire sans en avoir le goût. Composé comme un assemblage de nouvelles drôles et éclairées, il chasse les clichés romantiques ou funestes qui ont cours sur la ville, pour offrir une vision vivante, gaie et féminine de la Sérénissime, avec qui l'auteur entretient une passion entière depuis plus de 40 ans.
– ***Acqua Alta*** (1993), de Joseph Brodsky, Gallimard, coll. « Arcades », 1999. Souvenirs vénitiens d'un grand poète russe, mort en 1996. Une déclaration d'amour qu'on a du mal à oublier. À noter : Brodsky est enterré à San Michele, face à Venise.

Histoire et beaux livres d'art

– ***L'Art à Venise*** (1999), de Stefano Zuffi, La Martinière. Un panorama très complet sur tout ce qui touche à la peinture, sculpture, architecture, mosaïque et verrerie de Venise. Les 500 reproductions, toutes en couleur, constituent un document exceptionnel.
– ***Venise au XVIIIe siècle*** (2001), de Philippe Monnier, Complexe. « Au moment où on la croyait prête à s'éteindre, Venise jette sur le monde un éclat nouveau. Tandis

qu'elle a perdu toute importance politique, elle voit s'épanouir la culture la plus originale d'Italie. Elle a un rayonnement mondial et devient capitale du plaisir », écrit Philippe Monnier. Ce livre raconte cette « belle époque » vénitienne annonciatrice du déclin.
– **Demeures secrètes de Venise** (2002), d'André Martin et Élisabeth Vedrenne, Albin Michel. Particulièrement intéressant pour enfin découvrir ce qui se cache derrière les façades de la Sérénissime.
– **L'Art de vivre à Venise** (1990), de Frédéric Vitoux et Jérôme Darblay, Flammarion, 1999. Le livre des vrais amoureux de Venise, très bien illustré.

Bandes dessinées

– **Vasco, Ténèbres sur Venise** (1997), de Gilles Chaillet, Éditions du Lombard. Une Venise inquiétante, faite de complots et de luttes d'influence. Un livre foisonnant d'anecdotes originales.
– **Corto Maltese, Fable de Venise** (1998), d'Hugo Pratt, Casterman. Incontournable. Une porte ouverte sur les mystères et la magie de la Sérénissime vécus et rêvés par un Hugo Pratt plus que jamais présent dans la mémoire des Vénitiens. Casterman a eu la bonne idée de sortir, en 2007, une version commentée de *Fable de Venise*, permettant de mieux se situer dans le temps et l'espace. Un bonheur rare.
– **Lefranc, Le Mystère Borg** (2006), de Jacques Martin, Casterman. Un très bon classique de la B.D. belge et un scénario sans surprises qui commence dans les montagnes suisses et finit dans les palais vénitiens.
– **Les Voyages de Jhen** (2007), de Jacques Martin, Casterman. Une remarquable initiation, historique et géographique, sur les pas d'un autre héros de cet auteur belge, qui nous promet une aventure trépidante à Venise.
– **Largo Winch, Voir Venise... et mourir** (1998), de Philippe Franq et Jean Van Hamme, Repérages Dupuis (2 tomes). La saga du play-boy milliardaire en jeans, cette fois piégé dans la Sérénissime par un dangereux consortium pétrolier. Gondoles, masques de carnaval, carabiniers et pulpeuses courtisanes sont au rendez-vous.
– **Giacomo C.** (2006), de Dufaux et Griffo, Glénat. Une saga (15 tomes parus) très librement inspirée de la vie de Casanova, qui nous plonge en pleine Venise du XVIIIe s. Secrète, inquiétante, envoûtante, la ville n'est pas qu'un décor dessiné d'après archives, mais le partenaire idéal d'un libre-penseur libertin autant qu'attachant.

Guides insolites et gourmands

– **Où se restaurer dans Venise ?** (2003), par Michela Scibilia, Vianelle Libri. En attendant la réédition en français, promise pour 2009, il vous faudra vous contenter de la première édition, ou lire la version originale remise à jour chaque année, si vous voulez voir apparaître, avec photos et commentaires gourmands, une bonne sélection de tables vénitiennes dites de ce nom, ainsi que les meilleurs bars à vin pour grignoter sur le pouce.
– **Les Balades de Corto Maltese** (2004), de G. Fuga et L. Vianello, Casterman, 2005. Les auteurs, anciens collaborateurs d'Hugo Pratt, vous entraînent sur les traces de Corto à travers sept itinéraires dans la ville. Une excellente introduction pour découvrir les mystères cachés des rues de Venise. Dommage cependant que les cartes ne soient pas plus explicites et que nombre d'adresses chères au maestro aient disparu.

Polars en poche

– **Ceux qui prennent le large** (1963), de Patricia Highsmith, LGF, coll. « Livre de poche » n° 4416, 1991. Venise. Les ruelles et les canaux sont le cadre angoissant

d'une poursuite : celle du père d'une jeune fille retrouvée morte après son gendre, qu'il considère responsable. Une violence sourde et absurde où chaque lieu de la ville devient un piège subtil.
– **Lagune morte** (1996), de Michael Dibdin, LGF, coll. « Livre de poche », 1999. Un sacré polar, qui vous en apprendra plus sur la ville actuelle que la lecture de nombre de magazines. Le commissaire Aurelio Zen revient chez lui, à Venise, après des années passées à Rome, et découvre la corruption policière, la gangrène mafieuse et la démagogie politique qui pourrissent la cité des Doges.
– **Mort à la Fenice** (Points Policier n° 514, 2006), **Noblesse oblige** (Points Policier n° 990, 2005), **Mort en terre étrangère** (Points Policier n° 572, 2006) et **Péchés mortels** (Points Policier n° 859, 2007), pour ne citer qu'eux, mais il y en a eu bien d'autres, de Donna Leon (Calmann-Lévy et Points Seuil). Un ton juste, un regard sans concession sur la ville. On ne peut vraiment comprendre la cité des Doges aujourd'hui sans lire les enquêtes du commissaire Brunetti. Américaine d'origine, Donna Leon a vécu longtemps à Venise avant d'entreprendre, dans les années 1990, cette série aujourd'hui plébiscitée partout dans le monde.
– **La Tempête** (2000), de Juan Manuel de Prada, Le Seuil, coll. « Points », 2002. Dans une Venise vénéneuse, recouverte par la neige et la boue du mois de janvier, un critique espagnol obsédé par le célèbre tableau de Giorgione, *La Tempête*, se rend à l'*Accademia*... et est témoin d'un meurtre. Une intrigue intelligente qui nous plonge dans le milieu de l'art vénitien.

ORIENTATION

D'abord, un peu d'orientation par quartier

Durant votre séjour, vous serez surpris du nombre de kilomètres que vous aurez parcourus à pied. C'est votre moyen principal de locomotion, ménagez-le donc, sitôt après avoir quitté le *vaporetto*. Venise ne compte pas moins de 160 canaux, enjambés par 447 ponts (pour nos amis routards qui souffrent des genoux, allez-y tout doux). Le dédale de petites ruelles vous oblige souvent à faire des détours, car l'on finit régulièrement par se retrouver dans un cul-de-sac. Les Vénitiens eux-mêmes ont développé un art du raccourci qui leur fait faire des détours incompréhensibles pour éviter les axes touristiques. Mais vous pouvez être assuré qu'ils arriveront avant vous.

Sestieri et numérotation

Venise est partagée en 6 *sestieri* (ou quartiers) : **Dorsoduro, San Polo, Santa Croce, Cannaregio, San Marco** et **Castello.** Les adresses sont ainsi écrites : nom de la rue, puis nom du *sestiere,* suivi du numéro. Si l'un des éléments fait défaut, même avec une boussole, il est quasiment impossible de s'y retrouver. Merci, donc, à tous ceux qui nous proposeront leurs « bonnes adresses » d'avoir la gentillesse de faire figurer la localisation de manière précise.
La numérotation des différents *sestieri* a été imposée le 1er juillet 1841, 44 ans après la chute de la Sérénissime. Les numéros sont peints en noir sur fond blanc (avant, ils étaient en rouge ; il est encore possible d'en voir quelques-uns dans les différents *sestieri* de la ville). À la suite de nombreux remaniements, démolitions et comblements de canaux, la numérotation apparaît aujourd'hui comme étrange et chaotique. Elle progresse par *sestiere* et non par rue ou par place. Une fois que vous vous trouvez dans la rue proprement dite, les numéros suivent en fait le périmètre du pâté de maisons et passent ensuite au suivant. Ça a l'air compliqué, mais on comprend rapidement le système. Allez, un petit jeu (oh, pas très dur)... Essayez donc de trouver le n° 1 du quartier San Marco. Vous aurez droit à une bien belle récompense !

Des rues et des ruelles : soyez « calle »

En fait, Venise est une ville où l'on peut se perdre facilement, mais où l'on se retrouve toujours. Pour faciliter l'orientation, la municipalité a installé des panneaux jaunes, indiquant les points principaux de la ville (Rialto, place Saint-Marc...), les itinéraires ou l'arrêt de *vaporetto* le plus proche. Mais, attention, il arrive que des commerçants flèchent une variante pour augmenter le passage devant leur établissement. Les noms de rues sont une véritable mine d'or pour connaître l'histoire du quartier. Certains renvoient à des métiers courants comme la *calle del Pestrin* (laitier) ou *del Pistor* (boulanger). La *Merceria* indique que les marchands d'étoffes étaient installés dans le périmètre. D'autres rappellent que des communautés religieuses avaient élu domicile *calle dei Preti* (prêtres), ou que des étrangers avaient trouvé refuge *calle degli Armeni* (Arméniens).

Pour finir avec la dénomination des rues, voici les bases de la toponymie vénitienne. Les petites rues sombres plutôt proches de nos ruelles s'appellent des *cale* ou *calle* (voire *ramo* pour les plus courtes). On réserve le terme de *fondamenta* aux voies bordant un canal, la *riva* étant un quai plus large. Vous trouverez peu de *rughe*, qui étaient bordées de boutiques, ou de *salizzade,* qui sont les premières rues pavées de la ville. Un canal comblé est un *rio terrà,* alors que le *rio* (au pluriel, *rii*) est un petit canal encore navigable. Toutes les places portent le nom de *campo,* ou *campiello* pour les plus petites. La *corte* est généralement un espace commun à plusieurs maisons. La *piscina* est un petit bras d'eau stagnante aujourd'hui comblé. Le *sottoportego* ou *sottoportico,* un passage couvert entre des maisons. Enfin, pour ceux qui voudraient en savoir plus, il est toujours possible de demander aux passants (évitez de préférence les mamies en fourrure, pas toujours dispos). C'est souvent une excellente occasion de faire connaissance.

Venise est un vrai labyrinthe. C'est souvent un pur plaisir de se perdre dans le dédale des ruelles. Certes, mais lorsqu'on a faim, et que l'on cherche désespérément une *osteria*, qui pourtant, on en est sûr, était bien là hier... le plaisir tourne court. Les murs, comme par enchantement, semblent bouger dès que vous avez le dos tourné ! D'autant que la numérotation des rues suit la seule logique du quartier, ne s'arrête pas à la dernière maison, se poursuit autour de la place, traverse les cours (voir ci-dessus). Sans parler d'une certaine dose de patience et d'une pointe d'humour (pour ne pas devenir hystérique lorsque vous repassez pour la quinzième fois au même endroit).

Cartes

Pour faciliter vos trajets, il est aussi indispensable de vous procurer une carte détaillée de la ville avec un index complet des noms de rues alors que les Vénitiens se contentent d'indiquer le nom du quartier et le numéro de la maison.
La carte proposée par l'office de tourisme dans le kit (payant) ne donne que les orientations générales. Quand vous achetez une carte, assurez-vous qu'il s'agit d'une édition assez récente. *Attention,* les plus joliment présentées ne sont pas forcément les plus complètes. Voici quelques cartes que nous avons testées pour vous.
– Carte de l'*Institut géographique d'Agostini :* une bonne carte de Venise. Elle est la plus complète et se déplie facilement. Existe également en version waterproof, mais seulement pour le centre-ville.
– Carte *Litografia Artistica Cartografica :* carte de Venise et de sa lagune.
– Carte *City Map Mondadori :* elle est plastifiée et inclut seulement le centre-ville. Existe en version française.
On peut se les procurer soit à la librairie *Mare di Carta* dans le quartier Santa Croce, soit à la librairie française à Castello (voir les adresses dans la rubrique « Achats » correspondant à ces quartiers).

PHOTOS

Que vous soyez des partisans du « tout-numérique » ou des fidèles défenseurs de l'argentique, vous serez comblés. La lumière à Venise est très particulière, et l'air chargé de l'humidité de la lagune permet souvent de faire des photos magnifiques. En plus des monuments célèbres, Venise offre un décor unique d'enchevêtrements de canaux, de palais se reflétant dans l'eau, ou encore de scènes de rue pittoresques. Le soir, quand la lumière décline, l'atmosphère change complètement : les ruelles se font plus sombres et plus inquiétantes, le calme reprend ses droits pour laisser la Sérénissime s'endormir. Bref, les occasions de « mitrailler » ne manquent pas.
Un conseil pour les inconditionnels de l'argentique : pensez à prendre des pellicules de sensibilités différentes. On a tout intérêt à assurer son équipement avant le départ et à être vigilant pour éviter tout désagrément.
Sachez en revanche qu'il est interdit de prendre des photos, même sans flash, dans les églises et les musées de la ville.

POSTE

Timbre

– Il existe un timbre *Posta prioritaria* obligatoire vers les pays européens (0,65 €) qui permet d'envoyer une lettre en un temps record (2 à 3 jours). Pour l'Italie (0,60 €) : compter une journée.
Vous pouvez acheter vos timbres *(francobolli)* à la poste centrale ou dans les bureaux de tabac signalés par un grand « T » blanc sur fond noir. Ces derniers sont obligés de les vendre, mais bien souvent ils vous diront qu'ils n'en ont pas. Le timbre ne doit pas rapporter assez ! Le libellé des adresses en Italie est du même type que le nôtre. Les boîtes aux lettres, de couleur rouge, sont disséminées un peu partout dans la ville.
– Enfin, pour se faire adresser du courrier en poste restante, tenir compte des délais d'acheminement et demander à l'expéditeur de rédiger l'enveloppe avec la mention : *Signore ou Signora X, Fermo posta, Posta centrale di Venezia.*
– Pour tout autre renseignement, n'hésitez pas à contacter le *call center* (☎ 803-160). Des opérateurs parlant aussi bien l'italien que l'anglais et le français répondent à vos questions de 8h à 20h *(ou ● info@poste.it ●).*

Code postal

Voici les codes postaux des différents *sestieri* (quartiers administratifs) de Venise et des îles :
– San Marco 30124
– Dorsoduro 30123
– San Polo 30125
– Santa Croce 30135
– Cannaregio 30121 (du n° 1 au n° 3554)
30131 (au-delà du n° 3554)
– Castello 30122 (du n° 1 au n° 3600)
30132 (au-delà du n° 3600)
– Lido 30126
– Giudecca 30133
– Murano 30141
– Burano 30012

POURBOIRE

La tradition de la *mancia* (la manche, en quelque sorte...), qui voulait que l'on donne un pourboire aux sacristains qui montraient les peintures des églises, se perd peu à peu dans les brumes de la lagune. Aujourd'hui, les sacristains ont été remplacés par des tirelires électriques qui permettent d'admirer les chefs-d'œuvre sans forcer la main.
En revanche, la grande majorité des restos comptent le couvert et le service à part. Personne ne vous obligera à donner un pourboire, à moins que la tête du serveur vous plaise, ou que plus simplement vous ayez bien mangé. Mais les Français ont une telle réputation de radinerie (si, si !) qu'un petit geste fera peut-être changer cette image que nous trimballons depuis des lustres !

SANTÉ

Carte européenne d'assurance maladie

Pour un séjour temporaire à Venise, pensez à vous procurer la carte européenne d'assurance maladie. Il vous suffit d'appeler votre centre de sécurité sociale (ou se connecter au site internet de votre centre, encore plus rapide !) qui vous l'enverra sous une quinzaine de jours. Cette carte fonctionne avec tous les pays membres de l'Union européenne (y compris les 12 petits derniers), ainsi qu'en Islande, au Liechtenstein, en Norvège et en Suisse. C'est une carte plastifiée bleue du même format que la carte Vitale. Attention, elle est valable un an, gratuite et personnelle (chaque membre de la famille doit avoir la sienne, y compris les enfants). Conservez bien toutes les factures pour obtenir le remboursement au retour.

SITES INTERNET

- ●*routard.com* ● Tout pour préparer votre périple. Des fiches pratiques sur plus de 180 destinations, de nombreuses informations et des services : photos, cartes, météo, dossiers, agenda, itinéraires, billets d'avion, réservation d'hôtels, location de voitures, visas... Et aussi un espace communautaire pour échanger ses bons plans, partager ses photos ou trouver son compagnon de voyage. Sans oublier *Routard mag*, ses reportages, ses carnets de route et ses infos pour bien voyager. La boîte à outils indispensable du routard.
- ● *touristie.com* ● En français. Site régulièrement remis à jour. Une mine d'infos avec des rubriques très complètes sur la littérature, le cinéma, la gastronomie, les personnages célèbres... Possibilité de réserver en ligne des hôtels, une voiture, des billets d'avion ainsi que les entrées dans les musées. Une carte générale divisée par régions vous aidera à vous situer. Indispensable avant de foncer vers la « Botte » !
- ● *turismovenezia.it* ● En anglais et en italien. Le site de l'office de tourisme. Pour tout savoir sur la ville. Très complet et remis à jour régulièrement.
- ● *actv.it/home.php* ● En anglais et en italien. Site incontournable si vous voulez tout savoir sur les moyens de transport à Venise. Carte des *vaporetti* très bien faite.
- ● *paginegialle.it* ● Version en français. Correspond à nos Pages jaunes. Très utile pour chercher une adresse.
- ● *e-venise.com* ● En français. Un très bon aperçu de la Sérénicime réalisé par des passionnés.
- ● *comune.venezia.it* ● Le site officiel de la municipalité de Venise. On regrette cependant que certaines infos ne soient pas toujours actualisées.

- **doge.it** • En anglais et en italien. Un site complet sur Venise. Le plus : la visite virtuelle des quartiers de San Polo, Santa Margherita, Rio Nuevo et San Barnaba. Un lien pour trouver une chambre disponible à la dernière minute. Pratique !
- **hellovenezia.it** • En anglais et en italien. Infos sur les activités culturelles de Venise. Lien également avec le site de l'*ACTV* pour les horaires des moyens de transport.
- **gondolavenezia.it** • En anglais et en italien. Vous saurez tout sur les gondoles. Un historique en 7 chapitres vous explique l'histoire des gondoles avec vieilles photos à l'appui, ainsi que les trajets et tarifs.
- **unospitedivenezia.it** • Le calendrier des manifestations culturelles, des expos et les horaires de musées.
- **salve.it** • En anglais et en italien. Site officiel du projet *Mose* qui vise à limiter la montée des eaux dans Venise. Un site clair et bien conçu.

TABAC

L'Italie compte parmi les pays d'Europe à avoir interdit la cigarette dans TOUS les lieux publics (restos, cafés, bars et discothèques). Si les partisans du *vietato fumare* se réjouissent de pouvoir désormais dîner sans craindre l'asphyxie, les accros au tabac ont, quant à eux, la vie dure. Aussi étrange que cela puisse paraître, cette loi est scrupuleusement respectée par la population. Alors, à bon entendeur… D'autant plus qu'en cas d'infraction, une grosse amende vous attend : 27 € à la moindre cigarette allumée (275 € s'il y a des enfants ou des femmes enceintes à proximité). Quant aux restaurateurs, ils encourent une peine de 2 200 € s'ils ne font pas respecter cette loi dans leur établissement.

Le moment est donc venu de faire connaissance avec les autres fumeurs agglutinés sur le trottoir face à l'établissement (pratique somme toute plutôt sympathique aux beaux jours mais beaucoup moins en hiver, quand le mercure flirte avec les dessous du zéro).

TÉLÉPHONE, TÉLÉCOMMUNICATIONS

Téléphone

Venise n'échappe pas à la « téléphomania aiguë ». L'évolution des techniques aidant, certains bloquent désormais les ponts pour envoyer une photo d'eux à leurs amis au travail, et livrer leurs commentaires en direct (mais sont-ils vraiment les seuls à agir ainsi ?).

Même avec le dernier gadget à la mode, ne comptez donc pas impressionner un Italien, pour qui le must reste encore de descendre le Grand Canal à bord de son *motoscafo* (canot à moteur) privé en tenant le volant de façon nonchalante, tout en téléphonant avec l'autre main, le regard imperturbable.

Les cartes prépayées

Elles s'avèrent très utiles pour les réservations de restos (surtout en période de Carnaval) ou de visites guidées, ou tout simplement pour un rendez-vous galant. Vous l'insérez dans votre portable et en 2 mn vous avez une ligne italienne. Coût de la communication bien moins élevé qu'avec son portable étranger (voir plus loin le chapitre « Informations et adresses utiles »).

Les cabines téléphoniques

Même si celles-ci tendent de plus en plus à disparaître, on en trouve encore quelques-unes. Elles fonctionnent avec des cartes magnétiques qui s'achètent dans les bureaux de poste, les tabacs (signalés par un « T » blanc sur fond noir) et quelques bars-restaurants ; il existe aussi des distributeurs automatiques de cartes. Ne pas oublier de plier le coin en plastique de la carte pour téléphoner (gage que la carte n'a jamais été utilisée) et d'appuyer sur la touche « OK » après avoir composé le numéro de votre correspondant. On peut également téléphoner dans les centres *Telecom Italia* ou à la poste centrale.

Appels internationaux
– *Renseignements :* ☎ 1240.
– *Appel en PCV :* ☎ 15 ou 170.
Italie ➙ *France :* 00 + 33 + numéro à 9 chiffres de votre correspondant (c'est-à-dire le numéro à 10 chiffres sans le zéro).
– *Codes des autres pays francophones :* Belgique, 32 ; Luxembourg, 352 ; Suisse, 41 ; Canada, 1.
France ➙ *Italie :* 00 + 39 + 0 + 41 (pour Venise) + numéro de votre correspondant (6 ou 7 chiffres).
Italie ➙ *Italie :* principaux indicatifs de villes italiennes, à faire précéder d'un 0.
– Un conseil : sur place, n'appelez pas de votre hôtel ou d'un poste privé, vous auriez la mauvaise surprise de voir votre communication majorée de près de 70 % !

Internet

Vous trouverez désormais des centres Internet dans tous les quartiers. Généralement ouverts tous les jours, ils ferment leurs portes vers 21h ou minuit. Un minimum de 15 mn de connexion est demandé. Sinon, si vous vous transportez à travers le monde avec votre portable, vérifiez que votre hôtel fait bien l'objet d'une connexion wi-fi. En regardant les pictos récapitulatifs des hôtels, on a un doute.

TOILETTES PUBLIQUES

Il existe quelques toilettes publiques très propres disséminées en ville. On les trouve clairement indiquées et elles proposent des sanitaires bien sûr, mais également un espace pour langer bébé. L'accès coûte 1 € et une dame-pipi se charge de vous rendre la monnaie au cas où vous n'auriez pas l'appoint. Gratuit avec la *Venice Card*. Vendent également une sorte de « carte d'abonnement » à 5 €. Mais avec tous les bars que vous rencontrerez sur votre route, entre deux visites de musées eux-mêmes bien équipés, vous pourrez certainement contourner le problème (mais pas l'édicule, messieurs, ici, ça ne se fait pas !).

TRANSPORTS

Déplacements

Pour vos pérégrinations dans Venise, en plus de vos pieds, vous disposez de trois moyens différents : le *vaporetto*, le taxi-bateau et bien sûr la gondole.
À noter : ces transports aquatiques, ainsi que les nombreux et inévitables escaliers que l'on trouve partout, rendent Venise très difficilement praticable en fauteuil roulant. Les plans de l'office de tourisme signalent toutefois les aires équipées. Quant aux parents qui auraient l'idée de venir là avec des poussettes, qu'ils se préparent à des exercices difficiles...
Monter avec ses bagages dans un bateau, au milieu des ménagères transportant leurs provisions et des habitués voyageant le nez plongé dans leur journal, n'est pas très compliqué. Seule la place risque de vous manquer.

Le *vaporetto*

Il en existe de plusieurs types : le *motoscafo,* la *motonave* et le *vaporetto* proprement dit.

Ce dernier est un gros bateau qui avance lentement et permet donc de profiter du paysage (surtout sur le Grand Canal). Il y a des places sur le pont et à l'avant, très convoitées par beau temps, mais il est impératif de rester assis pour ne pas gêner les manœuvres. Les jours de pluie, ou de grand froid, vous pouvez vous réfugier à l'intérieur de la cabine en veillant à céder votre place aux personnes âgées ou handicapées. Les Vénitiens apprécieront le geste, et vous remarquerez que le personnel à bord témoigne pour eux d'un très grand respect.

Il existe une quinzaine de lignes pour relier les différents points de la ville et les îles. La plus mythique est toujours la ligne 1, qui parcourt le Grand Canal dans toute sa longueur. C'est l'idéal pour admirer les palais. La ligne 2, quant à elle, permet d'avoir une très belle vue d'ensemble de Venise. Attention, la nouvelle ligne 3 n'est réservée qu'aux résidents.

Le *motoscafo* est un bateau plus bas sur l'eau, plus étroit et moins confortable. Ça tombe bien, vous n'y resterez pas trop longtemps car la plupart sont directs ou bien s'arrêtent moins souvent que les *vaporetti*. Ces mêmes bateaux vous transporteront aussi dans les îles. Pour les plus lointaines, vous emprunterez une *motonave*, sorte de grand paquebot (tout est relatif !). Leur fréquence est d'environ 15 mn (variable selon les lignes). On ne va pas vous détailler les horaires, car ils changent selon la saison. Ces derniers sont affichés au niveau de chacun des embarcadères. Pratique, un écran lumineux vous signale également l'horaire du prochain passage.

Il existe deux services nocturnes, « N », qui fonctionnent de 23h30 à 4h environ. L'un relie le Lido à l'île de la Giudecca en passant par le Grand Canal (San Marco, Rialto, piazzale Roma...). Le *vaporetto* glissant entre les palais blafards, vous ferez alors l'expérience inoubliable de la beauté de Venise dans le calme de la nuit. L'autre service part des Fondamenta Nove pour rejoindre Murano, Burano, Treporti et Punta Sabbioni. Le service est assuré toutes les 20 mn pour le premier. Fréquence beaucoup plus faible pour le second. Renseignez vous si vous ne voulez pas rester en rade.

Pour finir, il n'y a pas de problèmes de sécurité. Veillez toutefois à ne pas tomber dans l'eau (on dénombre une petite dizaine de chutes par an !), et attendez la fin de la manœuvre pour rejoindre la terre ferme.

Le taxi-bateau

À réserver à ceux qui ont de gros moyens. ATTENTION ! Les prix pratiqués sont complètement délirants. On raconte que tous les chauffeurs de taxis à Venise sont millionnaires et qu'ils ont toujours un bras dehors pour montrer leur dernière Rolex. Admettez toutefois que leurs bateaux sont splendides, tout en bois verni avec des chromes et des cuivres étincelants. Vous comprendrez dès lors que le moindre trajet dépasse les 60 €.

La gondole

Sans la *gondola,* Venise ne serait pas vraiment Venise. À l'amarre, elles hochent la tête comme si, en signe de bienvenue, elles s'inclinaient respectueusement devant les visiteurs. La gondole est une barque à fond plat, relevée à l'avant et à l'arrière. L'originalité principale réside dans le fait qu'elle est asymétrique (très frappant si vous avez l'occasion d'en voir une en cale sèche). Cette forme particulière autorise une navigation avec un seul aviron, tout en conservant une embarcation parfaitement stable et maniable. Le coup de rame se fait en trois temps, en appui sur la *forcola,* une pièce de noyer ou de cerisier taillée d'un seul bloc. Le premier sert à entrer la rame dans l'eau, le deuxième assure la propulsion mais tend à faire tourner à bâbord, le troisième sort la rame de l'eau en corrigeant ce mouvement. La différence entre le premier et le troisième temps est que le mouvement du gondolier fait tourner le manche de la rame de telle sorte que le tolet soit horizontal à la fin. Cela

explique qu'il est difficile de manœuvrer ces engins ! La position du gondolier n'est pas anodine : il en existe une pour chaque direction.
La couleur noire des gondoles fut décidée par mesure d'austérité, il y a plusieurs siècles. En effet, les riches Vénitiens concouraient entre eux pour posséder la gondole la plus somptueusement décorée ; beaucoup se ruinèrent à ce petit jeu. À la proue se situe le *ferro*, élément décoratif en forme de « peigne métallique » qui représente les six *sestieri* (quartiers) de Venise ; le septième signe, sur le côté opposé, représenterait l'île de la Giudecca. Accessoirement, le poids du *ferro* compense celui du *gondoliere* (gondolier). Certaines gondoles ont aussi des décorations (« les chevaux de mer ») en cuivre sur les flancs. On construit encore trois ou quatre gondoles par an dans les derniers *squeri* (ateliers spécialisés) de Venise. La fabrication prend environ un an et nécessite un travail que seuls quelques artisans maîtrisent encore.
– Pour ceux qui voudraient en savoir plus sur les artisans qui participent à la construction des gondoles, voici les coordonnées de leur association : **El Felze,** *San Marco 430.* ☎ *041-520-03-31.* ● *elfelze.com* ●

L'art de (se faire !) mener en bateau

Historiquement, les gondoliers étaient devenus des confidents pour les nobles vénitiens. Aujourd'hui, ils forment encore un corps très fermé où la tradition se perpétue de père en fils. Véritable symbole de Venise, ce qui est désormais une attraction pour touristes est aussi devenu une activité lucrative. Ne pas prendre de gondoles dans le quartier San Marco (avec des gondoliers qui chantent des chansons napolitaines) ; préférer celles qui sont à l'écart des quartiers touristiques.
Les prix pratiqués sont élevés et officiels : 80 € en journée (6 personnes maximum) ; 100 € de 20h à 8h, pour un tour de 40 mn ; 20 mn supplémentaires coûtent respectivement 40 et 50 € en plus. Y aller tôt le matin, vers 9h, quand les gondoliers n'ont pas encore de clients. Il y a plus de 400 gondoliers dans Venise, qui se partagent une dizaine de stations. Vous trouverez la liste et les itinéraires à l'office de tourisme.

Comment « gondoler » pour pas cher ?

Le *traghetto* est un service de navette traditionnelle qui permet d'aller d'une rive à l'autre du Grand Canal. Ces gondoles publiques assurent du matin au soir la traversée pour 0,50 € par personne ! Une façon d'avoir droit à un petit tour en gondole et même plusieurs sans se ruiner ! La traversée, assez courte, permet au moins de prendre une photo amusante. En général, on ne s'assoit pas dans les *traghetti,* il vaut mieux avoir le pied marin (évitez de vous accrocher à votre voisin au risque de tout faire chavirer !).
On trouve ces *traghetti* à une dizaine de points différents du Grand Canal. Ils sont indiqués par des pancartes situées dans les rues proches de l'embarcadère. Du nord au sud, ces gondoles relient dans les deux sens : la gare et les *fondamenta San Simeon Piccolo* ; la gare et *San Marcuola* ; la *Ca' d'Oro* et le *campo della Pescheria* ; le *campo San Silvestro* (200 m au sud du Rialto, à la hauteur de la *calle Paradiso*) et les *fondamenta del Carbon* ; *San Tomà* et le *palazzo Mocenigo* ; la *Ca' Rezzonico* et le *campo San Samuele* ; la *chiesa della Salute* et le *campo Santa Maria Zobenico* (aussi appelé *del Giglio*) et enfin, la Dogana di Mare à San Marco Giardinetti.
Voici, à titre indicatif, les horaires des services de *traghetto* :
– *Gare Santa Lucia :* 7h45-13h45 du lundi au samedi, 8h45-13h30 les dimanche et jours fériés.
– *Santa Sofia :* 7h30-20h30 du lundi au samedi, 8h-19h les dimanche et jours fériés.
– *Al Carbon :* 8h-14h tous les jours sauf dimanche et jours fériés.
– *San Tomà :* 7h-21h du lundi au samedi, 8h-20h les dimanche et jours fériés.
– *San Samuele :* 7h40-13h15 tous les jours sauf dimanche et jours fériés.

– *Santa Maria del Giglio* : tous les jours, 8h-19h de mars à octobre, 8h-18h de novembre à février.

URGENCES

■ *Numéro d'urgence commun à tous les pays de l'UE en cas d'agression ou de problèmes :* ☎ 112.
■ *Police* (polizia) *:* ☎ 113.
■ *Pompiers* (vigili del fuoco) *:* ☎ 115.
■ *Urgences Venise :* ☎ 041-52-30-000.
■ *Urgences Lido :* ☎ 041-52-61-750.
■ *Urgences Mestre :* ☎ 041-98-89-88.
■ *Idroambulenze* (ambulance) *:* Venezia, ☎ 041-52-30-000. Venezia Lido, ☎ 041-52-65-900.
■ *Guardia Medica* (permanence médicale) *:* centre historique et *Giudecca,* ☎ 041-52-94-060.

VÊTEMENTS ET ÉQUIPEMENT

Attacher une attention particulière à ce que l'on met dans sa valise est une condition importante du succès du séjour. On va généralement à Venise pour une très courte durée (en moyenne 3 ou 4 jours), et le voyage peut être vraiment gâché parce qu'on ne s'est pas bien préparé. Pour la durée de votre séjour, abandonnez le look et préférez le confort, l'idéal étant quand même de privilégier un certain « chic décontracté » plutôt qu'un véritable « laisser-aller », si vous voulez passer de la visite d'une église à celle d'un resto un peu classe en passant par une marche d'une demi-journée dans une île.

Emporter de bonnes chaussures de marche qui ont déjà servi et dans lesquelles on se sent bien, ainsi que de bonnes chaussettes, et même du talc et de la crème pour les pieds (attention aux ampoules !). Pensez à prendre des vêtements très chauds si vous partez pendant l'hiver : le vent a vite fait de vous glacer les os. Équipez-vous également d'un anorak et de gants si vous visitez les églises en plein hiver, elles sont vraiment glaciales. Même en été, le pull n'est pas de trop, car il fait vite frisquet le soir sur les *vaporetti.* Prévoir aussi un parapluie ou un imperméable pendant la saison humide, et emporter des bottes pendant la période des hautes eaux (voir, dans la rubrique « Environnement », le paragraphe sur l'*acqua alta*).

Une tenue décente est de toute façon requise pour pénétrer dans les églises (les shorts sont à proscrire). Pour les dames, veillez à ce que les chemisiers couvrent la gorge et les épaules. À défaut, munissez-vous d'un foulard que vous nouerez avant d'entrer.

Enfin, n'oubliez pas qu'en période de Carnaval on peut toujours trouver de quoi se déguiser sur place (mais c'est très cher !). Reportez vous à la rubrique « Carnaval » (plus loin). En fouillant dans vos vieux placards, vous trouverez sûrement une tenue adéquate. Ne faites pas mentir les Vénitiens qui disent que les Français sont ceux qui font le plus d'efforts pour se déguiser.

Par contre, en dehors du Carnaval, prouvez-leur aussi que vous les aimez et les respectez, en soignant votre tenue. Vous n'en serez que mieux accueillis, partout !

HOMMES, CULTURE ET ENVIRONNEMENT

BOISSONS

Vins

On ne pouvait rêver mieux que le vin pour inaugurer cette rubrique « Hommes, culture et environnement ». L'Italien en général, et le Vénitien en particulier, est un grand amateur et buveur de vin. En Italie, on boit les vins plutôt jeunes et, contrairement à la France, on n'attache qu'une importance toute relative à l'année de production. Ne vous posez donc pas trop de questions existentielles en poussant la porte d'un *bacaro*, un de ces bars à vin où l'on boit l'*ombra* accompagnée de *cicchetti* : comme les habitués qui, debout, grignotent un petit en-cas, demandez un verre d'une des cuvées proposées à l'ardoise...

> **MARCHE À L'OMBRE !**
>
> *On doit une des plus belles inventions vénitiennes aux vendeurs qui servaient autrefois du vin sur les places (campi) de la ville. Ceux de la place Saint-Marc auraient pris l'habitude d'installer leur étalage à l'ombre du campanile. Au fur et à mesure que la journée avançait, ils tournaient avec le soleil pour garder le vin au frais. À l'époque, on buvait donc* all'ombra *(à l'ombre). Le langage évoluant, l'*ombra *est devenue le petit verre que l'on prend à l'apéritif. Qu'importe, à l'heure où certains commencent à faire un* giro di ombre *(le tour des bistrots !) le soleil tape déjà moins fort.*

Voilà quand même, pour vous aider, surtout si vous ne parlez pas le vénitien ni même l'italien, l'ABC de la culture viticole en Vénétie.

L'Italie a mis de l'ordre dans ses vins en 1963, en créant deux qualités qui correspondent à nos appellations contrôlées : les *DOC (denominazione di origine controllata)* et les *DOCG (denominazione di origine controllata e garantita)*. Les vins de la seconde famille sont les meilleurs mais aussi, bien entendu, les plus chers. Les grands vins se trouvant généralement près de leur lieu d'origine, il est de votre intérêt de consommer local.

Sachez tout de même, avant de vous lancer, qu'un vin blanc doux se dit *amabile*, nouveau *novello*, aigre *aspro*, et que l'aspirine se dit *aspirina* !

Lexique de l'œnologue averti

– **A** comme **Amarone :** vin rouge de bonne garde, semblable, en plus sec, au *Recioto della Valpolicella*. Un vin très alcoolisé pas si lointain du porto. A régulièrement les faveurs du *Gambero Rosso*, qui publie tous les ans un guide des vins italiens.

– **B** comme **Bardolino :** vin rouge léger provenant de la région du lac de Garde. Se boit jeune et frais. Accompagne très bien le *risotto* ou l'incontournable *polenta* ; ... ou comme **Bianco di Custoza :** provenant de vignes poussant au bord du lac de Garde, c'est un vin blanc sec et rond sentant... les fleurs fraîches.

– **C** comme **Clinton :** vin complètement illégal qui aurait des effets semblables à l'absinthe. Aussi ne faut-il pas trop en abuser... contrairement paraît-il à un certain Bill, qui en reçut plusieurs caisses généreusement offertes par les producteurs, après son accession à la présidence des États-Unis.

– **D comme *Do Mori*** (San Polo 429 – Calle dei do Mori) *:* une des plus belles et des plus anciennes *osterie* de Venise avec *Alla Vedova* (Cannaregio 3912 – Ramo Ca' d'Oro). Un endroit à fréquenter le soir à partir de 18h, quand une foule d'habitués se presse au zinc. Les amateurs de très bons vins pourront goûter au verre à de petites merveilles… non vénitiennes comme l'*ornellaia* (très bon vin de table de la province de Livourne), le *trignanello* (vin de table de Toscane) et autres *barolo*… Suffisamment rares (et chers !) pour mériter d'être mentionnés.

– **F comme *Fragolino* :** ressemble comme deux gouttes d'eau au Clinton. Vin tout aussi illégal, que vous aurez, cependant, plus de chances de trouver dans les *osterie* et autres *bacari*. On en trouve du très bon, notamment à San Trovaso (Dorsoduro, 992) dans la *Cantina-Schiavi*. Un petit délice qui, au nez, évoque la fraise – d'où son nom – que vous trouverez tantôt en rouge, tantôt en blanc (notre préféré). Se boit comme digestif, accompagné de *biscottini* comme les *bussolai, buranei* et autres *croccantini*.

– **M comme *Maraschino* :** liqueur à base de cerises sauvages et acidulées.

– **P comme *Prosecco* :** appelé tantôt *Prosecco di Conegliano*, tantôt *Prosecco di Valdobbiadene*, c'est un vin sec très fruité ou un mousseux qui appartient alors à la famille des *spumante* (mousseux). Décliné de mille façons, on le retrouve partout.

– **S comme *Soave* :** vin blanc de qualité variable. Aussi est-il préférable de privilégier le *Soave Classico* (sous appellation) et plus encore le *Recioto di Soave*.

– **V comme *Valpolicella* :** vin de Vénétie (région de Vérone). D'un rouge rubis, odorant, fruité, il est capable du pire comme du meilleur.

Apéritifs

Depuis des centaines d'années, certains Vénitiens font la tournée des *bacari* et rentrent chez eux légèrement *rosti* (ivres morts, en fait !). C'est une tradition qui existe encore aujourd'hui, surtout à l'époque du Carnaval. Allez-y doucement quand même !

– ***Spritz* :** une véritable institution à Venise. Apéritif vénitien à base de vin blanc, plutôt amer avec du Campari, doux avec de l'Aperol et de l'eau de Seltz, accompagné d'une olive ou bien d'une rondelle de citron ou d'orange. À boire en terrasse, de préférence, pour prolonger le plaisir du moment. Le meilleur se confectionne avec du *prosecco*.

– ***Bellini* :** inventé par le célèbre Arrigo Cipriani. Ce qui ne signifie pas, comme vous le lirez ou entendrez dire un peu partout, que le meilleur bellini se boit forcément au mythique *Harry's Bar* (vu les prix pratiqués, ce serait logique, pourtant). À base de *prosecco* et de jus de pêche blanche fraîchement pressée, selon la tradition. Un must qu'on peut trouver en bouteille toute l'année, mais question goût, ça change.

– ***Sgroppino* :** c'est un digestif. L'essayer, c'est l'adopter. À base de sorbet au citron, de vodka et de *prosecco*. Très apprécié à la fin d'un repas copieux, car il est très rafraîchissant. Dans les mariages, on le sert entre les *primi* et les *secondi*.

Café

Il est inutile d'insister sur la renommée du café italien. Selon certains, les premières graines de caféier, cet arbre merveilleux, auraient été introduites en Europe par des marchands vénitiens, et le premier *caffè* aurait ouvert ses portes dans la cité des Doges, dès 1640. Ce qui est sûr, c'est que les Italiens sont imbattables pour sa préparation. Et dans ce domaine, la médiocrité ne pardonne pas : un café est bon ou mauvais.

Rares sont les Italiens qui, au bar, demandent tout simplement un *espresso*. Certains le souhaitent *macchiato* (« taché » d'une goutte de lait froid, tiède ou chaud). Le café au lait se dit : *caffè latte*. À ne pas confondre avec le fameux *cappuccino* qui doit être mousseux et saupoudré, si on le demande, d'un peu de chocolat. Sublime quand il est bien préparé !

Si, en hiver, vous trouvez que les cafés avalés sur le pouce ne vous réchauffent pas, achetez vite une écharpe ou un bonnet. À moins que vous ne commandiez le *caffè corretto*, c'est-à-dire « corrigé » d'une petite *grappa*, une eau-de-vie de raisin que les Vénitiens réservent aux jours de grand froid. Une invention de fonctionnaires désireux de ne pas évoquer cet alcool, paraît-il (mais on veut bien le croire).

Uva alla grappa

Spécialité de Venise. À la fin d'un repas, on vous proposera peut-être des raisins secs gonflés dans la *grappa d'uva*, une eau-de-vie maison qui peut monter jusqu'à 70° et qui devient alors une vraie bombe ! La *grappa* se décline elle aussi sur plusieurs modes, selon la distillation ou les parfums incorporés. Les plus aventureux pourront tenter la *grappa alla liquirizia* (réglisse). Dévastateur !

Chocolat

La *cioccolata calda* est, pour certains, meilleure que le *cappuccino* qui, dans bien des endroits touristiques, se transforme de plus en plus en un banal café au lait. Ce chocolat chaud réalisé dans les règles de l'art est extrêmement onctueux. En plus, si vous le souhaitez, on vous rajoutera de la *panna montata*, de la crème chantilly locale... Un vrai régal, à déguster à la petite cuillère.

Eau

Dans les restaurants, on vous proposera toujours de l'eau minérale. Précisez *naturale* ou *liscia* si vous souhaitez de l'eau plate ; sinon, on vous servira d'office de l'eau gazeuse *(frizzante)*. Pour l'eau du robinet, si vous y tenez absolument, demandez l'*acqua del rubinetto* (mais c'est plutôt mal vu, et ça vous catalogue *illico turisto*).

CAFÉS ET BARS

Même sans comprendre la langue, tout bon visiteur sait qu'à un moment ou à un autre de son séjour, il devra sacrifier à l'*ombra*, tradition qui remonterait au XIIIe s (voir plus « eau », pardon, plus haut, la rubrique « Vins »).
Depuis, on boit plutôt le blanc pendant la journée, dans les nombreux *bacari* (bars à vin) de la ville, en grignotant un petit morceau *(cicchetto)*, devant le comptoir. Mais on y va aussi pour boire un café, du *cappuccino* à l'*espresso* serré, ou bien une *spremuta*, jus de fruits frais, accompagné de délicieuses douceurs, et ce, à toute heure de la journée. Les Vénitiens sont encore très attachés à cette vieille tradition. Venise compte un très grand nombre de bars et de cafés, et il y en a pour tous les goûts. Le plus souvent, les consommations se prennent au comptoir, car s'asseoir à l'intérieur ou en terrasse a pour fâcheuse conséquence de doubler le prix.
Venise n'est pas spécialement le genre de ville qui vit la nuit. Très peu d'endroits restent ouverts tard le soir. Il y a cependant quelques zones un peu plus animées que d'autres. Les jeunes Vénitiens se retrouvent autour du campo Santa Margherita dans le Dorsoduro, un des endroits les plus vivants de la ville, et dans le quartier de Cannaregio. Dans le quartier San Marco, c'est autour du campo San Luca que l'on trouvera quelques adresses sympathiques. La vie vénitienne débute très tôt le matin. Dès l'aube, le marché du Rialto commence à s'animer. La plupart des petits commerces alimentaires ouvrent vers 8h.
La sortie O-BLI-GA-TOIRE consiste à se balader (eh oui ! *ancore*) à la nuit tombée et à s'enfoncer dans les petites rues sombres par lesquelles on est passé pendant la journée (absolument méconnaissables).

CARNAVAL

Il commence traditionnellement 12 jours avant le Mardi gras. Vient de l'italien « carnelevare », qui signifie « sans viande », car la période suivant le Mardi gras est une période de jeûne. Au temps de sa gloire au XVIIIe s, avant de disparaître provisoirement avec la chute de la République, le Carnaval s'étalait sur 6 mois, du 1er dimanche d'octobre au Carême. Pendant toute sa durée, tous les Vénitiens, quelle que soit leur condition sociale, se déplaçaient revêtus d'un *tabarro* (sorte de longue cape) et le visage masqué par la *bauta* (masque blanc pourvu d'un voile noir surmonté d'un petit tricorne). Tout devenait permis, chacun étant l'égal de son voisin. Le petit marchand pouvait s'introduire dans la conversation des aristocrates, et vice versa. Il n'y avait plus d'autorité, plus de soumission. Progressivement, le masque ne suffit plus ; vint alors le temps du travestissement. Chacun pouvait s'inventer un personnage, en recourant aux trésors de la *commedia dell'arte*. La folie gagnait lentement la place Saint-Marc et les quartiers environnants. Toute la ville se transformait en une gigantesque scène de théâtre où l'on dansait et chantait. Venise était alors la ville de toutes les séductions.

Il existait – à son âge d'or – plusieurs sortes de déguisements bien codifiés. Le costume le plus connu était celui du *mattaccino*. Mais 1797, l'année de tous les malheurs pour Venise, marqua la fin des festivités. Le dernier carnaval sombra dans la débauche et les dépenses fastueuses.

À la fin des années 1970, il fut tout à coup remis à l'honneur. Les premières éditions ont renoué avec la spontanéité et la magie de l'époque. Le succès fut immédiat. Mais, trop vite, la fête est devenue un enjeu économique pour les commerçants. Le Carnaval y a perdu son caractère et son éclat, même si l'on peut encore glaner dans la brume et le froid quelques images sympathiques. Malheureusement, le meilleur côtoie bien souvent le pire. Aux fastueux costumes magnifiquement ouvragés s'ajoutent les plus délirantes panoplies.

> **DES ŒUFS QUI NE SENTENT PAS QUE LA ROSE !**
>
> *À partir du XIIIe s, les jeunes gens avaient l'habitude de se déguiser en clowns et de s'adonner au célèbre « jeu des œufs ». Ce jeu consistait à lancer avec une fronde des œufs remplis d'eau de rose à toutes les femmes que les mattaccini trouvaient belles. Celles qui ne leur plaisaient pas recevaient sur leurs costumes des œufs pourris. Ce jeu devint tellement populaire que le gouvernement – après plusieurs interventions sans effet – décida de protéger le passage des femmes sur la place Saint-Marc en étendant des filets le long des Procuratie.*

Seuls les enfants tirent leurs épingles du jeu, parce qu'un enfant déguisé, c'est encore une innocence bien mignonne ! L'après-midi et le soir, des spectacles se déroulent sur la place Saint-Marc, parfois très impressionnants. Le dernier soir, un feu d'artifice assez incroyable illumine le Grand Canal. Et parfois, la nuit tombée, quelques projecteurs dessinent de jolies arabesques sur les murs des palais. La fréquentation touristique atteint alors des records à cette période, même si l'essentiel de la fête se passe loin des regards de la foule et qu'il faut payer très cher pour avoir son entrée dans les fêtes privées. Les prix de base gonflent et les chambres libres se font extrêmement rares. Dommage pour l'esprit de carnaval...

Où louer un costume de carnaval ?

Bien comparer les prix entre ces différentes adresses.

■ **Atelier Flavia :** Castello, Santa Marina, 6010. ☎ 041-528-74-29. ● veni ceatelier.com ● À partir de 240 € env pour être tout beau (ou belle) pour la fête.

■ Voir aussi le magasin *Tragicomica* (zoom C4, *212*) à la rubrique « Achats » du chapitre « San Polo et Santa Croce ».
■ Autre bel atelier à proximité : **Atelier Pietro Longhi,** San Polo, 2580. ☎ 041-714-478. • pietrolonghi.com • Tout près de l'église *des Frari.*
■ Voir encore l'**Atelier Nicolao** (zoom D3, *22*) : calle Bagatin, Cannaregio, 5565. ☎ 041-520-97-49.

CINÉMA

Ah ! Venise ! Ses petits ponts, ses gondoliers, ses pigeons, son Carnaval, vous croyez la connaître déjà par cœur, pour l'avoir rêvée depuis le fond d'un fauteuil ? Alors, flash-back !

Palme d'or en 1952, l'**Othello** d'Orson Welles (où il joue lui-même le rôle du Maure) dévoile quelques images de la lagune même si elle n'en est pas le sujet principal. Deux ans plus tard, Luchino Visconti tourne *Senso,* sur la décadence de sa propre classe, l'aristocratie. Une histoire de passion humaine et de conflits sociaux à la fin du XIXᵉ s alors que les Autrichiens occupent la Sérénissime. Il récidive à Venise en adaptant superbement le court roman de Thomas Mann, *Mort à Venise,* filmé dans un luxueux palace au Lido, une magnifique histoire de passion, de désir et une réflexion sur l'âge et la beauté dans une société sur le déclin, son thème de prédilection.

Dans la comédie dramatique **Vacances à Venise** de David Lean, on suit Katherine Hepburn dans des tribulations balnéaires sur la plage du Lido avec un antiquaire vénitien. L'histoire d'un gondolier amoureux (joué par Alberto Sordi, drôle et émouvant) est racontée par Dino Risi dans *Venise, la lune et toi* tourné en 1957. En 1962, c'est au tour de Joseph Losey d'entrer dans la légende : dans *Eva,* il met en scène un écrivain qui rencontre à Venise une courtisane dont il tombe amoureux. Superbe scène tournée à la terrasse du café *Lavena* sur la place Saint-Marc. L'année suivante, changement de ton et d'époque : Gianfranco di Bosi signe *Le Terroriste* qui se passe pendant l'hiver 1943. Dans une Venise sombre, aux ruelles désertes, à l'opposé des clichés touristiques, des résistants s'opposent à propos d'otages retenus par l'occupant allemand pour faire cesser les sabotages. Plus drôle et plus léger, le couple dansant Fred Astaire-Ginger Rogers s'aime, se sépare et se retrouve dans *Top Hat* avec, à la fin, une Venise de carton-pâte d'un kitsch remarquable.

Pour tourner un des grands films du « maître de Cinecittà », que l'affiche présentera sous le double titre : *Casanova-Fellini,* Donald Sutherland s'est même fait limer les dents. Personnage enlaidi, mythomane, marionnette vide et froide, il devient sous la caméra de Federico Fellini le « héros » du « sperme froid » selon les propres mots du maître ! Dans des décors reconstitués en studios à Cinecittà, un film visionnaire très impressionnant. Le célèbre coureur de jupons avait déjà fait l'objet, en 1969, d'un film réalisé par Luigi Comencini qui, tout au contraire, avait reconstitué fidèlement la vie (dissolue) en Italie au XVIIIᵉ s. Dans son film *Casanova, un adolescent à Venise,* il narre l'enfance du séducteur et prédit au jeune homme libertin un monde décevant et factice où tout est théâtre et comédie des apparences. En 1976, c'est Joseph Losey avec l'opéra filmé *Don Giovanni,* interprété divinement par Ruggero Raimondi, qui fait une large place dans le film à la Sérénissime.

N'oublions pas, côté séducteurs en plus ou moins grande forme, *Le Guignolo* dans lequel Belmondo, sous la direction de Georges Lautner, survole Venise suspendu à un hélicoptère, habillé d'un sexy caleçon à pois. Plus tard, il enjambe les balcons du *Danieli* ! Michelangelo Antonioni tourne en 1982 *Identification d'une femme,* une histoire de quête et de passion sur fond de Grand Canal. Au passage de la gondole, belles images du palais Gritti. En 1988, l'église Saint-Barnabé cache une crypte où est enterré un chevalier à l'occasion d'*Indiana Jones et la dernière croisade.* Action garantie sous et sur les canaux.

Dans un genre on ne peut plus différent, *La Courtisane,* tournée en 1998, nous plonge dans la Venise du XVIᵉ s. Un fait réel qui donne lieu à une très belle reconstitution historique. Déjà, Mauro Bolognini avait filmé cette période avec Laura Antonelli dans *La Vénitienne* (1986), dont quelques scènes mirent en émoi la censure italienne. Dans la tradition des comédies anglaises, **Blame it on the Bellboy** (1992) où un agent immobilier, un tueur à gages et un homme s'offrant une aventure extraconjugale sont logés dans le même hôtel à Venise. Le réceptionniste, pas très doué avec les patronymes anglais, se mélange les pinceaux en leur donnant leurs messages. Quiproquo et *tutti quanti* s'ensuivent. Une comédie menée tambour battant par Mark Herman, surtout connu pour avoir réalisé *Les Virtuoses*. Dans **Pain, Tulipe et Comédie,** une petite comédie attachante, on assiste avec jubilation à l'escapade vénitienne d'une ménagère modèle qui n'arrive plus à quitter la ville... Ne passons surtout pas à côté de **Tout le monde dit : « I love you »** où la poursuite de Julia Roberts par Woody Allen dans le dédale des canaux vaut le coup d'œil à elle seule. Quant à Brian De Palma, c'est lui qui filme en 2004 le Carnaval de Venise (en partie en studio...) dans **Toyer,** avec Juliette Binoche, pour une histoire de psychopatho-serial-killer.

Mais, parmi les productions du nouveau millénaire, on retiendra surtout l'adaptation du **Marchand de Venise** par Michael Radford, avec Al Pacino, Kate Blanchett, Ian McKellen et Joseph Fiennes. On peut également citer **Braquage à l'italienne,** film de 2003, ou encore le dernier James Bond **Casino Royale** (dont une scène est tournée au *Danieli*). Enfin, la sortie du film sur la vie du grand compositeur baroque, **Antonio Vivaldi, un prince à Venise** en 2007...

On ne vous cache pas que la plupart de ces films ne sont plus à l'affiche depuis un bon bout de temps, mais on peut tout de même les trouver facilement en DVD ou dans les vidéoclubs.

> **VOIR BOND À VENISE...**
> **ET PUIS MOURIR !**
>
> *En 1963, Terence Young permet, avec Bons baisers de Russie, à Sean Connery d'embrasser Daniela Bianchi sous le pont des Soupirs. Un grand moment... car les femmes dans la vie de Bond ont une espérance de vie limitée.*
>
> *Lewis Gilbert, en 1979, fait frémir la Sérénissime avec Roger Moore dans le rôle du célèbre agent 007 qui revient cheveux aux vents pour Moonraker. Belle course-poursuite à bord d'un bateau-taxi dépassant largement la limitation des 8 km/h autorisés dans la lagune.*
>
> *Et en 2004, au Danieli, c'est un autre Bond, rajeuni, viril, qui remettra ça. Venise d'un Bond à l'autre, c'est épuisant !*

CLIMAT

Venise subit à la fois les caprices du climat méditerranéen et la rudesse du climat continental, celui-là même qui fut fatal au héros de *Mort à Venise*. Les températures sont souvent très élevées durant les mois de juillet et août, voire étouffantes en raison de l'humidité et du sirocco qui souffle sur la lagune (sans parler des moustiques !). Dans ce cas, pointer son nez à l'avant des *vaporetti* pour rechercher un peu de fraîcheur reste le seul salut (et encore). Quant aux trois mois d'hiver, le thermomètre passe fréquemment sous la barre du zéro et la bora vous glace jusqu'aux os les jours de grand vent. En fait, les mois les plus doux et donc les plus agréables sont mai et octobre. Le mois de novembre vous réserve aussi bien un temps parfaitement dégagé qu'un brouillard à couper au couteau. Mais il faut avouer que Venise sous la pluie ou dans la brume peut avoir un charme fou. Sans parler de la neige, dont l'arrivée inattendue sur les ponts et les places vous vaudra peut-être un de vos plus beaux souvenirs.

COMMEDIA DELL'ARTE

L'origine de la *commedia dell'arte* remonte au Moyen Âge, où les farces se jouaient dans divers dialectes italiens. Le genre n'apparaît qu'au milieu du XVIe s, dans la

GRAPHIQUE CLIMATIQUE

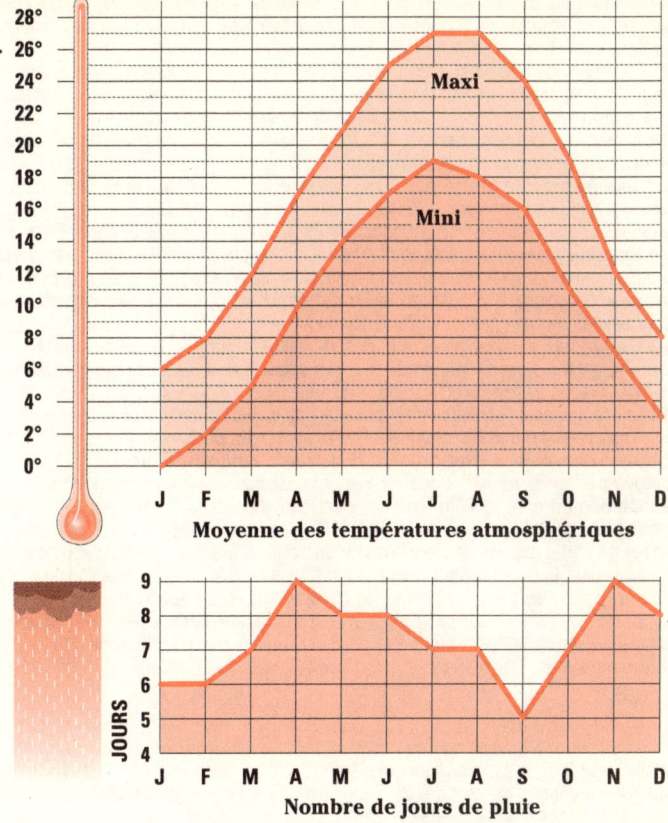

Moyenne des températures atmosphériques

Nombre de jours de pluie

VENISE

région de Padoue. Il s'agit de théâtre improvisé mais, pour la première fois, professionnel. Les comédiens de la troupe doivent broder autour de thèmes récurrents : mariages contrariés, conflits de générations, poursuites, bastonnades, rendez-vous secrets... où l'amour finit toujours par triompher. Les comédiens virevoltent, gambadent, dansent, se travestissent et les scènes sont entrecoupées d'intermèdes comiques qui n'ont rien à voir avec l'intrigue (les *lazzi*). Jouées à l'origine sur les places des marchés, les pièces deviennent si populaires qu'elles ont bientôt accès à des théâtres, puis aux cours d'Europe. En effet, nul besoin de comprendre ce qui est dit ! Louis XIV finit par chasser les « comédiens italiens » parce qu'ils se seraient moqués de Madame de Maintenon. Dès la Régence, ils font naturellement leur réapparition. Les visages, cachés par des demi-masques en cuir, hormis des rôles d'amoureux, sont simplement maquillés. Important : les femmes sont jouées par... des femmes, à une époque où elles étaient pourtant interdites sur scène. Les troupes sont généralement composées de 6 à 12 comédiens incarnant des stéréotypes.
– **Arlequin :** le valet rusé, roublard, coureur de jupons (parfois au langage obscène) et bon vivant. Au départ son costume est grisâtre et rapiécé, pour devenir peu à peu l'ensemble de losanges colorés qu'on lui connaît.

– **Brighella :** fait aussi partie de la catégorie des *zanni*, les serviteurs. Il cherche à régenter la maison en en faisant le moins possible. Son nom viendrait de *briga* qui signifie « querelle » en italien.
– **Pulcinella (Polichinelle) :** a un masque noir avec un nez crochu. Il possède la gestuelle vive, caractéristique des origines napolitaines du personnage. Il est facilement moqueur et imite son maître à qui il joue des tours pendables.
– **Colombine :** soubrette maligne à la langue bien pendue, intelligente, coquette, elle favorise les amours de sa maîtresse.
– **Pantalone :** le type même du vieux marchand vénitien (dont il parle le dialecte) ; riche et avare, il s'amourache de jeunes filles. Vêtu d'un manteau noir, de bas rouges et de chaussons, il porte un masque à long nez, moustache et barbiche.
– **Le Docteur :** ami de Pantalone, médecin, il emploie des mots savants toujours hors de propos (et souvent en latin farfelu). Originaire de la riche Bologne, pédant, orgueilleux et obèse, il est représenté par un habit noir avec une fraise. Son masque est pourvu d'un nez charnu et d'un énorme poireau.
– **Le Capitaine :** vantard, alors que c'est en fait un couard et un piètre amant. Son costume est aussi entièrement noir et son masque est caractérisé par d'imposantes moustaches.

La *commedia dell'arte* reflétait en les exagérant les particularités locales, importantes dans une Italie très régionalisée. Les dialectes en particulier étaient objets de moquerie d'une ville à l'autre : on rit de l'accent vénitien à Florence, de l'accent bolognais à Venise et de l'accent de Bergame des serviteurs à peu près partout ! Devenu vulgaire et répétitif après deux siècles, le théâtre italien fut réformé en vingt ans, à grand-peine, par **Goldoni** (1707-1793), les acteurs refusant d'apprendre du texte. En 1750, il expose sa théorie du théâtre dans *Il Teatro Comico*. L'auteur vénitien (voir plus loin : « Littérature ») parvint finalement à imposer des pièces avec une approche plus psychologique des personnages *(La Locandiera, Les Rustres)* et fit peu à peu tomber les masques tout en gardant une certaine légèreté (la trilogie de *La Villégiature*). C'est la fin de la *commedia dell'arte* qui influença à jamais le théâtre européen, jusqu'au cinéma d'un certain Charlie Chaplin.

CUISINE

L'Italie, tout le monde le sait, occupe une place de choix dans le hit-parade des meilleures cuisines du monde. Et c'est davantage pour la préparation des hors-d'œuvre *(antipasti)* ou des pâtes que pour celle des plats de viande ou de poisson que l'on attribue une valeur à tel restaurant plutôt qu'à tel autre.

Comment manger à l'italienne ?

La carte des restaurants se divise en 5 grands chapitres : les *antipasti, il primo, il secondo, i contorni* et *i dolci*. Il faut faire un choix en sachant que les Italiens eux-mêmes, en dehors de certains repas de fête, se contentent d'*antipasti* et d'un plat selon leur faim. Sinon, gare à la ceinture, et surtout car on marche suffisamment à Venise pour digérer, à l'addition finale ! La cuisine de Venise est liée au XVIIIe, le siècle de sa splendeur. Grâce à son commerce avec les ports d'Orient, la *Serenissima* fut une des premières à utiliser les épices dans ses recettes.
Sa grande spécialité reste la cuisine de poisson qui se décline des *antipasti* au *primo* et *secondo piatto*. On y ajoute une autre spécialité vénitienne : l'encre de seiche *(nero di sepia)* qui entre dans la composition des *risotti* et des pâtes. On en trouve généralement en sachet dans les supermarchés.

Antipasti (hors-d'œuvre)

Présentés sur une table, souvent à l'entrée du restaurant, ces hors-d'œuvre sont toujours très tentants. Charcuteries (saucissons, *prosciutto, bresaola*, etc.), légumes de saison comme les artichauts ou les asperges, poivrons, aubergines et courgettes grillés, fruits de mer et petits poissons marinés *(sardines in saor)*, ou encore la *granseola* (araignée de mer), servie avec une fine sauce huile d'olive-citron... Ces mises en bouche varient selon les établissements et en fonction du marché, mais ce sont les hors-d'œuvre à base de poisson qui restent, comme à l'*Antica Sacrestia*, la grande spécialité vénitienne. Avant de vous servir, vérifiez bien si ces *antipasti* sont à discrétion ou débités selon la quantité. Vous éviterez ainsi une surprise désagréable au moment de l'addition.

Il primo (premier plat)

La place d'honneur revient à la *pasta.* C'est pourquoi nous lui avons consacré une rubrique spéciale (voir plus loin). Vous verrez souvent sur le menu l'expression « bis » ou « tris ». Il s'agit de plats plus consistants avec deux ou trois sortes de pâtes dans la même assiette.

Le *risotto* est plus répandu que la *pasta* dans le Nord, et vous devriez vous régaler à Venise. C'est le plat emblématique, celui dont le ratage ou la réussite fait la réputation de l'établissement. Le riz *(riso)* est cuisiné avec des fruits de mer, des petits légumes, des champignons, et agrémenté d'un peu de crème fraîche ou d'une pointe de safran qui rappelle son origine exotique ou mieux encore à l'encre de seiche *(alle nero).*

Les *minestre* (soupes), souvent faites suivant d'anciennes recettes du terroir, sont excellentes. La plus célèbre est le *minestrone*, à base de légumes, mais on vous en proposera bien d'autres à Venise : la *pasta-fagioli*, reconstituante l'hiver (haricots rouges, lard et tagliatelles, entre autres), qu'on vous servira froide en été, mais aussi le bouillon de riz aux petits pois *(risi e bisi)*, sans parler des soupes de poisson...

Les vrais *gnocchi* restent ceux confectionnés à base de pommes de terre *(gnocchi di patate).* Mais vous trouverez nombre de variantes, dont certains *gnocchi* occasionnels à base de fromage *(di ricotta)* et d'épinards *(verdi)*, ou de semoule *(alla romana).* C'est un plat consistant, comme *la pasta.*

Le *risi e bisi* était le plat d'ouverture du repas du Doge lors de la fête de Saint-Marc. Si vous n'êtes pas des fanas du riz, goûtez plutôt au *pasticcio* de poisson, une sorte de lasagne aux fruits de mer et crustacés !

Il secondo (second plat)

Étant donné l'importance du *primo*, le plat de viande ou de poisson ne joue pas le même rôle que dans nos menus. Le veau *(vitello)* apparaît sur bien des cartes et dans des préparations très variées : en paupiettes *(involtini)*, en escalope *(scaloppina)* ou bouilli.

Le foie *(fegato)*, les tripes *(trippa)*, les côtes de porc *(costoletta)*, le lapin *(coniglio)*, le lièvre *(lepre)* figurent eux aussi souvent sur les cartes.

Le poisson reste une des principales « attractions » du marché du Rialto (sur la façade de la *Pescheria*, une plaque mentionne toujours les longueurs minimales des poissons vendus au détail)... L'encre de seiche *(nero di seppia)* est fréquemment utilisée comme sauce pour accompagner les plats de pâtes et le poisson, et le résultat peut être somptueux. La *baccala mantecato*, spécialité vénitienne à base de morue, est une vraie institution familiale. Elle offre autant de préparations qu'il y avait autrefois de villages : tout dépendait de la durée de la macération des filets de poisson sec dans l'huile d'olive, et des petits secrets de chaque mère de famille ou de chaque cuisinier...

À Venise, comme dans toute la Vénétie, on vous servira souvent, avec la viande, la fameuse *polenta* : autrefois plat du pauvre, il est devenu un des incontournables locaux.

I contorni (légumes)

Les *secondi* sont toujours servis sans garniture. Il faut donc commander celle-ci à part et la payer en supplément. On vous proposera, selon la saison, des pommes de terre, des légumes ou des salades. Mais très souvent, il s'agit de légumes grillés (poivrons, aubergines, courgettes). Quant à la *verdura cotta,* il ne s'agit pas de salade mais de légumes cuits, servis avec de l'huile d'olive et du citron.

I dolci (desserts)

Les Italiens ne mangent pas beaucoup de sucreries en fin de repas, mais les préfèrent faites à la maison, ou alors ils les mangent dans l'après-midi. Ne manquez pas les *cantuccini,* gâteaux secs aux amandes que l'on trempe dans le *vino santo* ou le *fragolino,* ou encore les *pan dei Dogi* (pain des Doges). Quant au *tiramisù,* ce gâteau à base de mascarpone (crème épaisse), avec ses biscuits imbibés de café, qu'on sert saupoudré de cacao, on le donnait aux femmes de Trévise qui venaient d'accoucher pour les remettre sur pied. Essayez de reconnaître les meilleurs pour ne pas repartir déçu.
Comment parler des *dolci* sans évoquer les glaces *(gelati)* si réputées ? Entre deux visites d'églises et de musées, vous pourrez déguster à Venise un cornet au parfum souvent original.

Pizza

Autant le savoir, on ne vient pas à Venise pour manger une pizza. Tout le monde pourtant apprécie de se retrouver, un jour, devant une des descendantes de celle qui naquit, il y a bien longtemps, dans les quartiers pauvres de Naples où c'était la nourriture principale des dockers (en 2008, certains fêtaient avec éclat ses 60 ans ! L'anniversaire de son arrivée sur l'île ? Des noms ! Des noms !). La pâte, agrémentée d'un petit quelque chose suivant la richesse du moment (huile, tomate, fromage...), que l'on roulait sur elle-même, constituait le casse-croûte de midi. Elle a fait du chemin depuis : il y aurait, d'après les spécialistes, 182 façons de la préparer. Les pizzerias déclinent une vingtaine de versions différentes avec les noms des produits qui entrent dans leur composition, ce qui facilite le choix. Les bonnes pizzas sont, bien sûr, cuites au feu de bois.

Pasta (les pâtes)

La *pasta* est toujours servie comme *primo piatto* (entre les *antipasti* et le second plat). Mais on peut aussi, surtout pour les petits appétits, la considérer comme plat de résistance. En tout cas, jamais comme accompagnement. Madonna !
On ne va pas vous énumérer toutes les sortes de pâtes (il y en a 245), ni toutes les recettes, d'autant que leurs formes et la façon de les préparer varient selon les régions. La préparation la plus simple est *al burro* (au beurre) ou *al pomodoro* (sauce tomate) ; mais il y a surtout, à Venise, les sauces *vongole* (aux coques, un délice !), *al nero di seppia* (au noir de seiche), *con le sarde* (fenouil, sardines fraîches et anchois)...
Dans certains restaurants, il est possible d'obtenir un assortiment des différentes préparations de la maison. Dans ce cas, demandez un *assaggio* (dégustation). Le petit tableau ci-dessous pourra vous aider dans votre choix.

Pâtes sans œufs	Pâtes aux œufs
spaghetti : long et rond	*fettuccine* : long et plat
bucatini : spaghetti géant avec un tout petit trou	*tagliatelle* : plat et long (!)
ziti : spaghetti géant avec un grand trou	*tonnarelli* : spaghetti carré, blanc ou vert
rigatoni : court, en forme de polochon	*lasagne* : large, long, plat et en pile, blanc ou vert
penne : sorte de tuyau biseauté	*cannelloni* : en forme de polochon fourré
conchiglie : en forme de coquillage	*ravioli* : en forme de coussin, fourré

puntine : petits points
farfalle : papillons
maccheroni : macaroni
fusilli : pâtes en forme de spirale

tortellini : en forme d'anneau, fourré
tortelloni : la taille au-dessus, fourré
quadrucci : voir *fettuccine*
capellini : petits cheveux

Comment manger à la vénitienne ?

La cuisine vénitienne peut s'enorgueillir d'une tradition ancestrale et sa longue histoire est intimement liée à celle de la Sérénissime. C'est pourquoi on retrouve dans la gastronomie vénitienne des saveurs et des goûts orientaux, que l'on rencontre rarement ailleurs en Italie. En premier lieu, il s'agit d'une cuisine de marins, et même de bateau, nécessitant de jouer aussi bien la conservation que l'économie : on ne jetait rien. Le reste du temps, on se souvenait quand même des traces laissées par les grands anciens : c'était pas Byzance tous les jours, mais les fêtes permettaient de renouer avec les grandes traditions, alliant le faste à la simplicité, le rustique au raffiné : c'est à Venise que la fourchette fut inventée, au XIe s, par une dogaresse (la femme du doge).

Bien sûr, vous pourrez manger à Venise la traditionnelle *pasta,* en privilégiant toutefois les *bigoli in salsa,* gros spaghettis creux accompagnés d'une sauce à base de sardines et d'oignons, les spaghettis aux palourdes chers à Hugo Pratt ou les gnocchis à la vénitienne, amenés par les envahisseurs venus d'Europe centrale, mais il serait dommage de passer à côté des autres spécialités locales. Comme le *risi e bisi,* associant petits pois, jambon, lardons et riz, mijotés dans un consommé de poulet, ou la *pasta-fagioli,* à base de gros haricots rouges et de pâtes, sans parler de toutes ces autres soupes utilisant les légumes de saison chers aux gourmets vénitiens habitués du marché du Rialto.

La qualité des produits est la base même du plaisir de la table pour un Vénitien. C'est au Rialto qu'il (ou elle) va chercher poissons et crustacés, fruits et légumes qui arrivent chaque matin par la mer, en provenance pour les premiers des fermes piscicoles de la lagune, les « valli da pesca », pour les autres, des îles voisines. Sant'Erasmo, le potager de Venise, est la plus grande de la lagune : tout au long de ses côtes alternent vergers, potagers et petits vignobles.

Suivez le regard des gourmets vénitiens guettant l'arrivée sur le marché du premier légume printanier, du premier fruit tant attendu à la sortie de l'hiver ! Si vous vous demandez pourquoi ils se ruent sur le *radicchio trevigiano* (qui n'a rien à voir avec la salade que l'on connaît en France), les *spareselle,* asperges miniatures, ou les « castraure », petits artichauts printaniers, goûtez-les au restaurant, et vous comprendrez !

Dans les restaurants aux alentours du marché, goûtez le *fritto misto* (friture mélangée de plusieurs variétés des produits de la mer : calamars, sole, lotte...) accompagné de *sarde in saor* (sardines macérées avec des petits oignons, des raisins secs et des pignons). Ou encore les seiches farcies, plat qui exige du temps, à moins que vous aussi ne succombiez devant les *moleche,* ces petits crabes frits entiers, pour n'en faire qu'une bouchée.

Quant au foie à la vénitienne, c'est une spécialité délicieuse quand elle est bien préparée... et quand on aime les oignons, car tout le monde n'apprécie pas ce mélange du foie et de l'oignon qui se pratiquait déjà dans l'Antiquité. Un plat servi avec l'incontournable polenta.

Plus subtil, le canard rôti, qui constitue le clou du dîner de la fête du *Redentore* (voir la rubrique « Fêtes ») ou le célébrissime *carpaccio,* qu'on sert aujourd'hui un peu partout recouvert de parmesan émincé, idée de génie due à un restaurateur de renom, Giuseppe Cipriani. Celui-là même qui fonda des lieux comme le *Harry's Bar* et la *Locanda Cipriani* : pour faire plaisir à une comtesse au régime, il eut l'idée du filet de bœuf cru taillé en tranches fines et arrosé d'une sauce aussi colorée que savoureuse, qu'il baptisa du nom d'un peintre redevenu à la mode.

Les *bacari,* pour accompagner les vins servis au verre à l'apéritif, servent quelques *tramezzini,* petits sandwichs originaux bien souvent, et surtout de délicieux *cicchetti*, à déguster debout au comptoir. Typiques et savoureux, il y en a pour tous les goûts : charcuterie locale, *crostini di baccalà mantecato* (pain grillé avec cette fameuse crème de morue dont chaque établissement garde la recette, et qui remonte à la grande époque de la navigation vénitienne, quand les bateaux revenaient chargés de... stockfish), et bien sûr de croustillantes croquettes de thon, de riz et de viande.

On pourrait continuer, mais on vous gâcherait le plaisir de découvrir vous-même à quel point les Vénitiens sont créatifs aux fourneaux, quand ils le veulent. Dommage qu'il faille désormais payer si cher pour profiter des meilleurs talents de la ville !

Petit lexique culinaire

Acciughe	anchois
Aglio	ail
Baccalà	morue
Brodetto	soupe de poisson
Carciofi	artichauts
Casalinga	comme à la maison, « ménagère »
Contorno	garniture de légumes
Dolci	desserts
Fegatini di pollo	foies de volaille
Formaggio	fromage
Frutti di mare	fruits de mer
Gamberi	crevettes
Gamberoni	langoustines
Gelato	glace
Ortaggi	légumes
Pane	pain
Pasticceria	pâtisserie
Pesce	poisson
Pollo	poulet
Pomodoro	tomate
Riso	riz
Sarde	sardines
Seppia	seiche
Spumone	glace légère aux blancs d'œufs
Tiramisù	gâteau à base de mascarpone et de biscuits imbibés de café
Torta	raviolis farcis d'herbes et de fromage frais
Vitello	veau
Vongole	palourdes ou clovisses
Zuppa	soupe

Le succès du *slow food*

De plus en plus de restaurants vénitiens affichent désormais l'autocollant *slow food* (reconnaissable au symbole du petit escargot). Ce mouvement, né en Italie en 1989 (le siège de l'association est aujourd'hui à Bra, dans le Piémont), a décidé de défendre les valeurs de la cuisine traditionnelle, et notamment celle des petites *trattorie* du terroir. Il est grand temps de sauvegarder les bons produits du terroir et les plats de tradition !

Le retour du « bien-manger » et la volonté de préserver la biodiversité sont apolitiques. Le *slow food* n'est pas contre la modernisation, à condition qu'elle soit au service du goût.

Les restaurants estampillés *slow food* (on en a sélectionné certains dans ces pages) ne sont pas bon marché, car ils privilégient justement la cuisine dite du marché. La carte est parfois absente (le patron déclame alors ce qu'il a le jour même dans ses fourneaux) et, surtout, on prend le temps de manger... et d'apprécier. Petite précision : pour faire fuir les hordes touristiques, certains n'hésitent pas à en rajouter,

parlant le vénitien plus encore que l'italien, refusant toute traduction dans les menus en vitrine, s'excusant même de ne savoir faire ni les pizzas ni les frites. Ce qui réjouit les Vénitiens, qui savent qu'ils ont certes besoin des touristes pour (sur)vivre, mais gardent pour eux les bonnes adresses et ne les partagent qu'avec les connaisseurs. À bon entendeur, salut !
Pour plus d'informations sur ce mouvement, mieux vaut encore acheter le guide remis à jour chaque année, disponible sur Internet ou dans les librairies italiennes, ou consulter le site ● slowfood.com ●

Restaurants

Vous risquez bien d'être désorienté les premiers jours devant la variété des enseignes : *ristorante, trattoria, tavola calda, osteria, rosticceria, pizzeria,* etc.
– Le *caffè* et la *latteria* vendent des gâteaux et des sandwichs *(tramezzini)*. À noter aussi que l'on peut acheter des pizzas dans certaines boulangeries *(panetteria)*.
– La *trattoria* est un restaurant pas cher à gestion (souvent) familiale où l'on cuisine de façon simple. Attention : la carte n'offre pas un grand choix de plats, mais ceux-ci peuvent se révéler très goûteux.
Tout comme l'*osteria* qui, à l'origine, était un endroit modeste où l'on allait pour prendre un verre et qui proposait un ou deux plats pour accompagner la boisson... Cependant l'appellation a été récupérée par des restaurateurs pour redonner le goût d'antan tout en appliquant des tarifs pas si modestes que ça...
– La *tavola calda* est une sorte de cantine jouant la carte restauration rapide, offrant des plats cuisinés (parfois depuis plusieurs jours) à des prix très abordables. Possibilité de déjeuner sur place.
Semblable mais encore différente, la *rosticceria* correspond au traiteur français, à la différence près que l'on peut, parfois, s'asseoir.
– Une vraie *pizzeria* ne possède que le four à pizzas, même si, de plus en plus, on peut consommer autre chose.
– Côté qualité, les bonnes adresses à prix corrects se font rares. On en a encore déniché quelques-unes, du côté de *Cannaregio, Castello* ou *Santa Croce*. Sachez qu'autour de San Marco vous ne ferez que des repas basiques et plutôt chers, en dehors des rares exceptions que nous vous signalons. Le surgelé se retrouve régulièrement dans l'assiette et les portions sont de plus en plus chiches. Et là où l'on mange à peu près correctement, l'addition fait fondre le portefeuille !

ÉCONOMIE

La Vénétie fait partie des régions les plus riches d'Italie, et même d'Europe. La Sérénissime fut à la grande époque un carrefour marchand d'envergure internationale, asseyant son autorité sur une grande partie de la Méditerranée orientale. Même si le quartier du Rialto, jadis plaque tournante du commerce, s'est transformé peu à peu en « marché à souvenirs », l'économie ne se porte pas si mal. Les autorités ont progressivement négocié la reconversion de la cité en donnant la priorité au développement du tourisme, qui emploie aujourd'hui près de la moitié de la population – hôtellerie, restauration, agences de voyages, banques...
Ce n'est pas tant la ville qui s'enrichit, manifestement, que certains de ses habitants, ce que le touriste dépense pendant son séjour n'allant que dans une faible mesure dans les caisses de la ville. Si le tourisme est lucratif pour les commerçants, il n'en reste pas moins que la spéculation sur les prix de location des murs a engendré une mutation des petits commerces, dont beaucoup ont dû fermer les portes pour laisser la place aux marques habituelles et aux inévitables boutiques de masques.
En dehors de ce secteur, la région vit grâce à la présence du port de Marghera et des zones industrielles qui l'entourent. Pétrochimie, métallurgie, construction navale et industrie mécanique sont la base de l'économie régionale. On doit y ajou-

ter les dentelles de Burano et la verrerie de Murano, connues dans le monde entier, qui emploient à elles deux près de 6 000 personnes.

ENVIRONNEMENT

Venise souffre depuis de longues années de la négligence des autorités et des industriels, plus que du manque de civisme des visiteurs. L'historien d'art René Huyghe, un ardent défenseur de la ville, avait déjà senti la chose : « Précieuse Venise, devenue encore plus précieuse depuis que les menaces pesant sur son avenir et déjà sur son présent ont été dénoncées et ont ému le monde entier ».

Pollutions en tout genre

– Les pigeons contribuent à dégrader les édifices, leurs déjections acides abîment la pierre déjà fragilisée. Par pitié, arrêtez de les nourrir ! Déjà, depuis avril 2008, il est absolument interdit aux marchands de graines de vendre leurs sachets place Saint-Marc. Mais ne soyez pas trop inquiet pour eux (on parle des vendeurs !). Ils vont vite se rattraper dans la vente de chapeaux de joker ou de souvenirs en tout genre. Et des pigeons pour en acheter, il y en aura toujours !
– Les grandes industries chimiques de Mestre-Marghera sont à l'origine d'une partie importante de la pollution aquatique de la lagune. Paradoxalement, on a laissé s'installer l'un des plus grands complexes industriels d'Italie dans l'un des sites les plus fragiles sur le plan écologique. Complètement aberrant.
Par ailleurs, le sel et l'humidité ambiante agressent en permanence les façades et soubassements des palais et abîment toutes les sculptures extérieures.

Venise coule-t-elle ?

On a tous entendu et lu beaucoup de choses sur l'enfoncement de Venise (25 cm depuis le début du XXe s). Il faut savoir que les énormes quantités de rejets toxiques attaquent les soubassements de la ville.
C'est surtout la quantité d'embarcations en tout genre qui sont les premiers responsables : *vaporetti, lancioni*-bateaux privés, grand tourisme pour transport de groupes, mais aussi bateaux d'approvisionnement de la ville et taxis. Quant aux ambulances et bateaux de la police, vous n'aurez aucun mal à les repérer. La coque des bateaux publics a été spécialement étudiée pour la navigation dans Venise, et leur vitesse est limitée à 5 km/h. Il y a quelques années, il y eut des grèves dans les transports publics à cause des quantités d'amendes qu'ils avaient reçues pour excès de vitesse. Vous savez sûrement que, pour les Italiens, détourner « gentiment » la loi est un sport national !
Citons aussi au banc des accusés le pompage de l'eau douce dans la nappe phréatique qui se trouve sous la lagune, et qui, malgré les fréquentes injections de ciment, a englouti la cité, même si le problème a bien été freiné depuis.
Pour mieux faire connaître l'état de l'environnement lagunaire aux Vénitiens mais aussi aux touristes, la mairie a ouvert un centre d'informations. *La Casa della Laguna (zoom B-C2)* fonctionne dans celle qui fut la maison du bourreau à Venise au temps de la Sérénissime. Elle est située à Santa Croce 1704, près du *campo San Zan Degolà* (traduisez Saint-Jean de la Décollation !). Arrêt *vaporetto* n° 1 : San Marcuola. Infos en italien et en anglais. Intéressant pour apprendre quels sont les projets en cours ainsi que pour se documenter sur les excursions d'écotourisme et les découvertes des ruines et des monastères sur les îles. Horaires restreints, appeler avant d'y aller : ☎ 041-275-95-67 ou 041-524-03-96.

Acqua alta

Venise a régulièrement les pieds dans l'eau. Sous l'action conjuguée des grandes marées, des courants et du vent, la mer pénètre dans la lagune et inonde complètement la ville (on appelle cela une *acqua alta*). Ce phénomène, qui se produit en moyenne cent fois par an (de manière plus ou moins prononcée) et qui se déroule généralement de début novembre à fin avril, est très spectaculaire (surtout place Saint-Marc, le point le plus bas de Venise). Il fait le bonheur des photographes et des voyagistes japonais qui enregistrent leurs plus forts taux de réservation pendant cette période ! Malheureusement, l'agrandissement des trois passes de la lagune (pour laisser entrer les gros bateaux) facilite l'accès de la marée et augmente chaque année la fréquence et l'importance des *acque alte*.

Même si elles sont souhaitables pour brasser et « purifier » l'eau des canaux, elles endommagent les fondations des maisons et peuvent même paralyser la ville. Ainsi, le 4 novembre 1966, la place Saint-Marc s'est retrouvée sous plus de 1,94 m d'eau (un record !), et toute la cité a connu une panne générale d'électricité. Depuis, les Vénitiens sont avertis du danger par une sirène qui retentit 6h avant les grands débordements.

Depuis des dizaines d'années, on ne compte plus les études et les projets émis par les spécialistes du monde entier pour sauver Venise, et la disparition de ces sommes fabuleuses est un sujet de railleries courant chez les Vénitiens. Le projet le plus raisonnable a consisté à surélever les sols des parties les plus basses de la ville et à rehausser les quais, comme à San Marco, mais ces travaux sont désormais interrompus en vue d'un projet plus ambitieux.

Faut-il sauver Moïse ?

Ce projet « pharaonique », baptisé *Mose* (Moïse, bien connu pour se tirer d'affaire quand il s'agit d'eau !), consiste en rien de moins qu'ériger un barrage flottant (constitué de 79 parois mobiles) sur les trois portes d'accès à la lagune : les passes du Lido, de Malamocco et de Chioggia. Mais ces barrages ne devraient fonctionner qu'en cas de montée des eaux menaçante, disparaissant dans les profondeurs le reste du temps. Une maquette grandeur nature d'un élément a été construite (pour la bagatelle de 1 million de dollars). Le feu vert pour la réalisation de ce projet, qui devrait faire la fortune des entreprises ayant enlevé le morceau, a été donné par Berlusconi, et la poursuite des travaux reconfirmée par Romano Prodi. Les travaux devraient s'achever en... 2010.

Seulement, les écologistes et de nombreux Vénitiens de tous bords sont contre : selon certains, dont des scientifiques indépendants, cette solution n'est valable que sur du court terme (50 ans tout au plus) et surtout, en cas de ratage, mettrait définitivement en péril le site historique de Venise. Les intérêts politiques sont à l'heure actuelle plus que divergents et la polémique est loin d'être apaisée.

– Pour en savoir plus sur le projet *Mose,* vous pouvez vous rendre au **centre d'information Puntolaguna :** *San Marco, 2949, près du campo Santo Stefano. Rens au* ☎ *041-529-35-82 ou sur • salve.it • Ouv lun-ven 14h30-17h30 et le matin sur rdv.*

– Enfin, en réponse aux lecteurs prévenants qui nous demandent les coordonnées des magasins vendant des bottes appropriées pour l'*acqua alta,* voici deux adresses près du pont du Rialto : *Amorino* (chausseur qui se trouve sur le pont même) *et La Friulana* (Rialto 86), une fois passé le pont en allant vers le piazzale Roma. On y trouve toutes les pointures et même... trois hauteurs différentes !

Venise restaurée ?

Face aux périls qui menacent Venise, de nombreuses associations se sont créées dans le monde entier, afin de participer financièrement à la préservation de ce patrimoine universel. Grâce à elles, plusieurs dizaines de palais et d'églises ont été « sauvés des eaux » et des centaines de tableaux ont été restaurés. Parmi ces institutions figure le Comité français pour la sauvegarde de Venise, qui compte à son actif plusieurs travaux. Même s'il faut encourager ces initiatives privées, on reste tout de même étonné par le manque d'engagement sincère des autorités. Les experts se succèdent, les dossiers s'accumulent... et Venise se dégrade chaque année.

Une constatation que masquent les multiples travaux entrepris dans toute la ville par des particuliers pour restaurer, à grands coups de subventions, une maison dite de famille qui, une fois remise aux normes, deviendra probablement une suite de logements loués à prix d'or à la semaine ou au mois, ce qui fait tout à la fois le désespoir des Vénitiens qui ne trouvent plus à se loger et le bonheur des visiteurs qui peuvent désormais avoir le sentiment de passer une semaine à Venise « chez l'habitant ».

La gestion des déchets

C'est un problème qui dure depuis des siècles. Au XVIIIe s déjà, les immondices étaient déposées à même le sol et enlevées par les habitants des îles voisines quand ils avaient besoin de fumier ! Aujourd'hui, les choses ont bien changé, les éboueurs passent tous les matins collecter les sacs-poubelles (laissés par les Vénitiens devant leur porte avant 8h), les déposent dans des chariots dont le contenu est ensuite déversé dans une barque. Les ordures sont finalement brûlées dans un incinérateur à l'extrême ouest de l'île de la Giudecca. Le coût d'une telle collecte est très élevé : de l'ordre de 4 000 € par an pour un restaurant. Et, depuis 2008, Venise connaît à son tour le tri collectif !

GÉOGRAPHIE ET URBANISME

Situation

Venise se trouve au centre d'une lagune de 50 km de long environ et de 15 km de large. La commune est un ensemble très compact : elle regroupe près de 118 îlots très rapprochés, reliés par 160 canaux. Elle est séparée de la mer Adriatique par une bande sableuse. On y accède par 3 passages : le *Porto del Lido,* le *Porto Malamocco* et le *Porto di Chioggia*. Des chenaux profonds, naturels et artificiels, permettent la navigation. Des piliers de bois balisent le passage. En dehors de Venise et des îles avoisinantes, il existe de nombreux îlots non habités. À chaque île de la lagune correspondait une des fonctions de la cité. Cette organisation permettait ainsi d'isoler et donc de maîtriser chaque secteur d'activité : San Servolo et son hôpital psychiatrique (fermé en 1979) ; San Michele, l'île-cimetière où repose, entre autres, Igor Stravinsky ; Sant'Erasmo, le « potager de Venise » ; Murano où, en 1308, s'installent les verriers pour éviter les incendies dans le centre-ville ; Burano, haut lieu de la pêche et de la dentelle ; San Francesco del Deserto, l'île-monastère...

Les constructions sur pilotis

À l'origine, la ville s'est constituée avec la venue, sur des terres émergées, de colonies fuyant les Barbares. Puis, avec la concentration des populations, le centre de la ville s'est développé. Mais la surface marécageuse rendait les constructions difficiles. Il était donc nécessaire de consolider le terrain afin qu'il puisse supporter le poids des bâtiments. La ville de Venise repose ainsi en partie sur des pilotis. La technique consistait à enfoncer dans le sol des troncs d'arbres (rouvre, aulne et mélèze) pour y construire par-dessus une plate-forme, avant d'entamer les travaux du bâtiment proprement dits.
On peut voir ainsi sur le Grand Canal plusieurs palais qui s'affaissent. Cela s'explique par le fait que les pieux qui les soutenaient étaient enfoncés seulement sous les murs porteurs. Au fil des modifications intérieures, la répartition des masses s'est trouvée modifiée alors que les soubassements n'avaient pas été conçus pour.

Venise : histoire d'eau !

Historiquement, toute la vie de la cité s'organise autour de l'eau. Aujourd'hui encore, le Grand Canal reste l'artère principale. Quelque 45 petits canaux y débouchent et toutes les embarcations le parcourent pour passer d'un point de la ville à un autre. Sans oublier les 447 ponts en pierre, en fer ou en bois qui semblent maintenir cette structure flottante (448 depuis l'installation critiquée du petit dernier, près de la gare).

Venise est divisée en six *sestieri* (quartiers administratifs). Ce partage remonterait au XIIe s, pour faciliter la levée des impôts nécessaires à la guerre contre Byzance. Mais cette division n'a pas eu de véritable répercussion sur l'urbanisme. En fait, la ville s'organise

> **VAGUES DE PROTESTATION !**
>
> *On accuse les bateaux à moteur de faire des vagues qui découvrent régulièrement les pilotis des maisons, alors qu'ils doivent normalement rester immergés pour ne pas se décomposer. Ce n'est pas tant le problème que les vagues découvrent les pilotis (ceux qui jalonnent les canaux ou ceux d'amarrage, pas ceux qui soutiennent les palais et qui sont fichés dans le sol des îlots), c'est plutôt que les remous vont ronger les rives des canaux et provoquer l'effondrement des briques des rives et des fondations !*

autour des *campi*, ces places qui constituent les vrais centres de la vie communautaire. La fonction première du *campo* était de fournir les maisons avoisinantes en eau potable. Venise a beau être la ville la plus « aquatique » du monde, elle ne possède pas de sources naturelles. Le *campo* abritait donc une gigantesque citerne souterraine qui servait à recueillir les eaux de pluie et couvrait jusqu'à 100 m^2 de superficie. Les curieux remarqueront qu'une poulie est accrochée en haut des maisons qui bordent les places : celle-ci permettait de remonter l'eau directement du puits vers la cuisine, située au dernier étage pour éviter les odeurs (il fallait y penser !). Ce système ingénieux perdit son utilité dès la fin du XIXe s, avec la mise en place des premières canalisations d'eau potable reliées à la terre ferme. Aujourd'hui, les margelles des puits (fermés hermétiquement) constituent un témoignage fidèle de l'art vénitien ; elles sont, en effet, constituées par des chapiteaux de colonnes romaines. Il en existe d'autres de style gothique ou byzantin.

Et la lumière fut...

L'éclairage public fut mis en place dès 1732, mais les lanternes étaient trop espacées pour avoir une réelle utilité. Dans l'obscurité, seuls les Vénitiens trouvaient leur chemin. Aussi, un corps de guides nocturnes, munis de chandelles, avait été créé pour guider les étrangers dans la ville. Puis l'électricité a permis de rendre l'éclairage performant, mais on peut regretter le temps où Venise n'était éclairée que par des candélabres, quand la lumière ambrée devait ajouter au mystère de la ville.

HISTOIRE

Dès 1300 av. J.-C., la lagune, milieu ô combien mouvant, semble avoir été habitée. Ses premiers occupants étaient les Vénètes, un peuple indo-européen, vivant tranquillement en petites communautés, au sein de l'Empire romain puis de l'Empire byzantin. Tout s'est gâté aux Ve et VIe s, quand les Barbares ont pointé le bout de leur nez. Les habitants de la Vénétie trouvèrent tout naturellement refuge sur ces lagunes, pas spécialement hospitalières, mais sur lesquelles les armées d'envahisseurs ne pouvaient prendre pied. Venise ne s'est pas imposée du premier coup et on ne sait pas très bien quand et comment la ville a été créée, mais il semble que ce soit vers 810 que le centre politique de la lagune se soit déplacé d'Héraclée (où a été nommé le premier doge en 697) à Venise même. Les armées carolingiennes menaçaient et on jugea que l'îlot du Rivo Alto (le Rialto) offrait plus de sécurité.

À partir de cet embryon de ville, une cité marchande va rapidement se développer tirant profit de sa situation, entre les Empires franc et byzantin, entre Occident et Orient. Habiles diplomates, les Vénitiens, bien que dépendant de Byzance, instaurent à la fin du Ier millénaire une cité-État quasi autonome. Leur capital initial est le sel des salines de Chioggia (au sud de la lagune). Ils établissent des comptoirs un peu partout autour de la Méditerranée mais aussi en Europe occidentale et s'affirment comme les premiers marchands d'Europe, concurrencés par Gênes, (l'autre) république marchande qui joue dans la même catégorie. Les Vénitiens, mieux placés sur l'Adriatique pour atteindre le Levant, dopent leur flotte marchande au cours du XIIe s en créant l'Arsenal, qui alimente la machine de guerre économique.

La 4e croisade (1201-1204)

Le passage d'une dimension régionale à la dimension mondiale (du moins à l'échelle du monde connu au Moyen Âge) se fait par une sorte de hold-up. La 4e croisade est l'occasion pour les Vénitiens de faire des affaires en or : les croisés étant dans l'obligation de louer leurs bateaux pour se faire transporter jusqu'en Terre sainte, les Vénitiens ont la brillante idée de les faire payer avant le départ. La confiance règne... N'ayant pas assez en poche, les croisés se font ainsi forcer la main pour aller piller Zara (l'actuelle Zadar en Croatie), une malheureuse ville qui n'avait rien demandé. Sur leur lancée, les croisés se détournent de leur but initial, l'Égypte et la Palestine, pour mettre le cap sur Constantinople et pillent la ville en avril 1204. Celui qui tire alors les ficelles est le vieux doge Enrico Dandolo qui, bien que quasi aveugle, voit parfaitement le bénéfice que Venise peut retirer de l'opération.

Du coup, avec ses nouvelles possessions (la côte dalmate – actuelle Croatie –, la plupart des îles grecques, dont la Crète qui sera, avec Chypre plus tard, son grenier à blé), Venise monopolise une grande part du commerce mondial de l'époque. Cela ne durera que trois ou quatre siècles... une paille ! Il faudra que, d'un côté, l'Empire ottoman s'empare de la presque totalité des possessions vénitiennes en Méditerranée orientale et que, de l'autre, le centre de l'économie mondiale se déplace vers l'ouest, après la découverte du Nouveau Monde, pour que Venise perde son rang et commence à décliner.

Une puissance mondiale

Ayant acquis cette nouvelle dimension, Venise doit adapter ses institutions. Le système complexe qui régule l'administration de la cité, avec la place prépondérante du Grand Conseil (émanation de l'aristocratie vénitienne), est amélioré au XIIIe s. Car ce n'est plus seulement une cité marchande qui a des intérêts économiques à défendre, c'est quasiment un empire colonial et donc militaire, même s'il n'y eut pas de vraies colonies de peuplement. Un empire qui doit sans cesse lutter pour étendre puis garder ses possessions. Un coup c'est à gauche qu'il faut regarder (la grande rivale, Gênes, puis la Lombardie), un autre c'est à droite (les Turcs). Au XVe s, la puissance vénitienne est à son apogée : les Vénitiens ont à la fois un empire maritime unique qui s'étend jusqu'à Chypre et des possessions terrestres, qui vont jusqu'à la basse vallée du Pô. L'ensemble des revenus annuels la situe au même niveau que le duché de Bourgogne, les royaumes de France et d'Angleterre. On estime alors à quelque 6 000 les vaisseaux marchands en exercice pour le compte de Venise, galères mises à part. Le commerce et la finance sont florissants, les Vénitiens sont les premiers banquiers du monde et ils attirent un grand nombre de nationalités, ce qui fait de la République un carrefour culturel.

Le début du déclin

À partir de ce moment, la Sérénissime va littéralement s'épuiser à batailler sur tous les fronts. D'un côté, la vie intellectuelle de la cité est de plus en plus brillante, les arts sont à leur sommet et le prestige culturel de la ville fascine l'Europe entière. Mais de l'autre, il faut produire des efforts incessants face à la marée montante des Ottomans : en 1571, la bataille de Lépante (aujourd'hui Naupacte, au nord-est de

Patras, en Grèce) en est l'illustration. Venise fournit plus de la moitié des 200 galères de la coalition chrétienne forte de 35 000 rameurs et de 40 000 soldats. Certes, les Turcs sont battus, ils perdent 116 galères, mais ils n'en reconstruisent pas moins du double, très vite, dans les arsenaux de Constantinople... Le rouleau compresseur turc est en marche. Un siècle plus tard, après une résistance désespérée de 25 ans, la plus belle possession de Venise en Méditerranée, la Crète, est définitivement perdue. Et l'Espagne et le Portugal ont depuis longtemps dépassé Venise avec les nouveaux marchés obtenus depuis 1492.

La richesse de Venise n'est plus qu'une façade, la ville s'endette pour maintenir son train de vie fastueux. Mais cela ne l'empêche pas de devenir la capitale européenne des plaisirs, le Carnaval, au XVIIIe s, pouvant durer jusqu'à six mois... Le tourisme de l'époque, que personne n'oserait alors qualifier de sexuel et qui, surtout, ne porte pas encore ce nom devenu vite commun, naît alors à Venise, avec tous les dégâts collatéraux qu'il génère (ne dit-on pas que 10 000 courtisanes exerçaient à cette époque dans Venise ? Obligées d'exhiber leur poitrine, elles contraient certaines mœurs – dites alors contre nature – qui avaient tendance à se propager dans la Sérénissime, plus si sereine que ça ?). L'aristocratie européenne ne voit pas qu'autour d'elle le monde change.

Qui a dit que Venise n'était pas en Italie ?

Le dernier doge, 120e de la série, Ludovico Manin, démissionne quand Bonaparte déclare la guerre à Venise en 1797. Finie l'indépendance que les Vénitiens avaient toujours connue. Le traité de Campo-Formio, la même année, donne Venise à l'Autriche qui, à l'exception des années 1805-1814 (retour de Napoléon qui puise dans les trésors de la cité) et 1848-1849 (insurrection conduisant à la création éphémère de la seconde république de Venise), administre sagement la cité (on ne s'y amuse plus vraiment). Celle-ci n'est plus alors que l'ombre de ce qu'elle a été.

Petit à petit, les Vénitiens se tournent, non sans difficultés, vers l'avenir : le train relie bientôt Venise au reste de l'Italie géographiquement et politiquement, et, grâce à Napoléon III qui organise une consultation en 1866, les Vénitiens choisissent le rattachement au nouvel État italien. Nouveau port (la *Marittima*), nouveau pont routier, travaux visant à rendre la ville plus salubre, tout est fait pour que la cité retrouve une nouvelle jeunesse avec le développement du tourisme, culturel cette fois, qui va réveiller la belle endormie.

Principales dates historiques

450 env : fuyant l'incursion des Barbares, les Vénètes se réfugient dans la lagune.
697 : changement de régime, celui des Maîtres de la lagune est remplacé par celui des Doges. Élection du premier doge, Paoluccio Anafesto.
812 : Venise devient une province byzantine.
1000 : Venise prend ses distances avec l'Empire byzantin et commence à bâtir son propre empire. C'est vers cette époque que l'on institue la fête des noces symboliques du doge et de la mer.
1172 : alors que les premières croisades ont commencé, la République conforte ses institutions avec la création du Grand Conseil qui affaiblit le pouvoir du doge.
1204 : prise et sac de Constantinople à l'occasion de la 4e croisade. Les Vénitiens, dans le partage entre croisés, obtiennent le monopole du commerce et rapportent chez eux un trésor fabuleux.
1271-1295 : voyage de celui qui restera le plus célèbre des marchands vénitiens, Marco Polo, jusqu'en Asie.
1347-1348 : la peste noire sévit et fait des ravages à Venise.
1378-1381 : Chioggia (au sud de la lagune) est occupée par la flotte génoise. Venise sort victorieuse des combats et devient la plaque tournante du commerce mondial.

1453 : prise de Constantinople par les Turcs (Mehmet II). Certaines possessions vénitiennes passent aux mains des Ottomans.
1463 : la Sérénissime attaque les Turcs, dont l'expansion menace ses intérêts.
1476 : devant les succès de l'ennemi, Venise décide de demander la paix au sultan turc, mais perd en contrepartie certains de ses territoires.
1492 : découverte de l'Amérique par Christophe Colomb (petit rappel au cas où vous l'auriez oublié).
1500 : l'expédition de Vasco de Gama ouvre la route maritime des Indes. Cette période marque le début d'une dure concurrence sur le commerce des épices avec l'Orient. Le monopole des marchands vénitiens est gravement menacé.
1508 : ligue de Cambrai ; le pape, l'Empire germanique, l'Espagne et Louis XII (pour la France) s'unissent pour diviser l'Empire vénitien. La ville parvient à préserver ses possessions mais ressort très affaiblie du complot.
1537 : après plus de 60 ans de paix avec les Turcs, le combat reprend.
1570 : les Turcs s'emparent de Chypre, possession vénitienne depuis près d'un siècle.
1571 : victoire navale de Lépante. Une alliance conclue avec le pape et l'Espagne permet d'infliger une sévère défaite aux Turcs.
1575-1577 : peste terrible à Venise, qui fait près de 50 000 victimes.
1606 : conflit avec la politique de l'Église. La République est excommuniée par le pape.
1640 : reprise des hostilités avec l'Empire ottoman. La Crète tombe finalement aux mains des Turcs en 1669.
1684 : Venise recouvre le Péloponnèse, qu'elle perd en 1718. L'économie de la ville reste cependant forte, soutenue par une intense activité des comptoirs de change et des banques.
1789 : élection de Ludovico Manin, dernier des 120 doges qui se sont succédé à la tête de la Sérénissime.
1797 : fin de la République. Le 12 mai, Bonaparte entre en vainqueur à Venise. Le dernier doge abdique. Bonaparte livre la ville à l'Autriche par le traité de Campo-Formio et partage avec elle les possessions de la Sérénissime.
1805 : annexion de la Vénétie à l'Empire napoléonien.
1815 : Venise repasse sous domination autrichienne.
1848-1849 : soulèvement contre les Autrichiens. Daniele Manin tente d'instaurer une république indépendante.
1866 : la Vénétie est rattachée par plébiscite au royaume d'Italie.
1966 : *acqua alta* (inondation) qui plonge Venise sous plus d'un mètre d'eau. L'Unesco prend en charge la sauvegarde de la ville. Création d'associations dans le monde entier pour participer financièrement aux restaurations des palais et des œuvres d'art.
1996 : le théâtre de la Fenice est ravagé par un incendie. Un drame lyrique, salué avec émotion dans le monde entier.
2003 : c'est au tour du moulin Stucky (sur l'île de la Giudecca) d'être ravagé par les flammes alors qu'il était en pleine restauration. Inauguration officielle en revanche du nouveau théâtre de la Fenice après 7 ans de travaux.
2005 : élection à la mairie de Venise de Massimo Cacciari en mars (déjà en poste de 1995 à 2000).
2006 : inauguration en grande pompe du *palazzo Grassi* abritant la collection privée de François Pinault.
2007 : rachat de la *Douane de mer* par François Pinault à la ville de Venise.

LITTÉRATURE

Depuis le XVIe s (et jusqu'au XVIIIe s), Venise est le plus important centre éditorial italien, en promouvant sa production en Italie tout en important de la littérature étrangère.

L'activité théâtrale reste des plus productive : **Carlo Goldoni** (1707-1793) transformera le théâtre (inspiré principalement de la *commedia dell'arte*) grâce à ses comédies comme **La Locandiera** (1753), **Il Campiello** (1756) et **Baroufe à Chioggia** (1762). À la *commedia dell'arte,* il préfère la comédie de caractère, à la fiction, il oppose la vie. Sur scène, il fait jouer des personnages tirés de la réalité dans les décors du quotidien. Il mélange les genres, le tragique et le comique. Son souhait est de toucher à l'intimité et à la complexité de la vie. Il ne laisse pas de place à l'improvisation et proscrit le masque qui nuit à l'action. Cela lui a finalement valu l'hostilité de ses compatriotes, qui préféraient la *commedia dell'arte* ! Son œuvre est considérable (150 pièces, dont 11 en dialecte vénitien). Installé à Paris, il y meurt dans l'indifférence et l'indigence.

Toujours à Venise, en 1725, voit le jour une des figures qui a beaucoup marqué l'imaginaire européen : **Giacomo Casanova,** l'espion et le séducteur par excellence, ce qui lui a valu, dénoncé par un mari jaloux, de séjourner dans les « Plombs » (anciennes prisons) du palais ducal. Cela dit, il est un des rares à s'en être évadé. C'est en français qu'il rédigera ses *Mémoires*, à la fois libertins et politiques, exilé en Bohême. Un James Bond avant la lettre ? Venise ne semble pas très fière de ce personnage haut en couleur, ne lui accordant qu'une petite plaque commémorative sur un mur de la *calle Malipiero* (dans laquelle il naquit), juste à l'angle avec la *salizzada Malipiero* (en venant du débarcadère du *traghetto* San Samuele, prendre la 1ʳᵉ à droite ; zoom C4).

MÉDIAS

Programmes en français sur TV5

TV5MONDE est reçue dans le pays par câble, satellite et sur Internet. Retrouvez sur votre télévision : films, fictions, divertissements, documentaires – qui témoignent de la diversité de la production audiovisuelle en langue française – et des informations internationales.

Le site • tv5.org • propose de nombreux services pratiques aux voyageurs (• tv5.org/voyageurs •) et vous permet de partager vos souvenirs de voyage sur • tv5.org/blogosphere •

Pensez à demander dans votre hôtel sur quel canal vous pouvez recevoir TV5MONDE et n'hésitez pas à faire vos remarques sur le site • tv5.org/contact •

Journaux et livres

Comme tout bon Vénitien, lisez le matin votre journal en terrasse, dans un café. Deux grands quotidiens nationaux se partagent le marché : *Il Corriere della Sera* et *La Repubblica.* Mais il existe une myriade de journaux locaux, concernant aussi bien toute la grande région *(La Stampa)* que la ville elle-même. À Venise, *Il Gazzettino* et *Nuova Venezia* ont trouvé chacun leurs lecteurs. La presse spécialisée talonne de près ces journaux généralistes puisque *La Gazzetta dello Sport* arrive en troisième position des ventes (sur près de 90 titres pour un lectorat qui oscille entre 5 et 6 millions), avec plus de 450 000 exemplaires.

Petit coup de cœur pour le *Gazzettino Illustrato,* d'une qualité constante, qui s'occupe, entre autres sujets d'actualité, de mettre l'accent sur des thématiques spécifiquement vénitiennes.

Dans les kiosques, les librairies françaises, les centres culturels, vous trouverez une sélection des quotidiens et hebdomadaires français. Certaines librairies du centre ont un rayon d'ouvrages en français avec un bon choix de livres de poche.

Radio

Il existe plus de 1 300 stations de radio, pour la plupart locales, réparties sur tout le territoire. La radio d'État, la *RAI (Radio Audizione Italia),* est toute-puissante, mais on compte des dizaines de radios plus originales. De plus, sur les grandes ondes, selon l'endroit où l'on se trouve, on peut parfois capter certaines stations françaises telles que *RMC, Europe 1, France Inter,* etc. La réception n'est pas fabuleuse cependant. *Radio Vaticana* diffuse des informations en français, plusieurs fois par jour.

Télévision

On aurait pu quasiment glisser ce chapitre au niveau pollution visuelle, vu l'état actuel de la télévision italienne. Difficile de parler de celle-ci sans évoquer le groupe Fininvest de Silvio Berlusconi (voir ci-dessous). Le monopole d'État ayant été levé en 1975, les chaînes privées ont envahi le petit écran. C'est en 1970 que Silvio Berlusconi a pris le contrôle de *Canale 5,* puis au début des années 1980, il s'est porté acquéreur de *Italia 1* et de *Rete-Quattro,* regroupés sous Mediaset.
La pub est omniprésente et, pour lui échapper, les Italiens zappent *(fare una carrellata).* Comme les Français, direz-vous. Mais peu de chance de tomber sur un bon filon, surtout à certaines heures de grande écoute.
Les émissions politiques sont plus toniques que chez nous et font parfois carrément penser à une foire d'empoigne.

Liberté de la presse

La liberté de la presse souffre depuis de nombreuses années de la mainmise de Silvio Berlusconi sur les médias. Aujourd'hui, Président du Conseil, il reste directeur du groupe Mediaset, qui réunit trois chaînes de télévision privées nationales. Il est aussi propriétaire de Mondadori, le plus grand éditeur du pays.
Romano Prodi avait promis, lors de son élection, de modifier la loi sur le conflit d'intérêts, dite Gasparri, votée en 2004. Celle-ci avait donné le droit à Silvio Berlusconi de gouverner sans être contraint de vendre ses trois chaînes commerciales. Ce texte, fait sur mesure pour le « Monsieur Télévision », reste en vigueur et peut toujours s'appliquer aux dirigeants italiens.
Ce texte a été réalisé en collaboration avec ***Reporters sans frontières.*** Pour plus d'informations sur les atteintes aux libertés de la presse, n'hésitez pas à les contacter :

■ **Reporters sans frontières :** *47, rue Vivienne, 75002 Paris.* ☎ *01-44-83-84-84.* • *rsf@rsf.org* • *rsf.org* • Ⓜ *Grands-Boulevards ou Bourse.*

PATRIMOINE CULTUREL

ARCHITECTURE

De l'église *Santa Maria Assunta,* construite au VIIe s, aux œuvres les plus récentes, Venise contient les témoignages des grandes influences architecturales.
Après la chute de Rome, la ville se peuple progressivement, et c'est l'Empire byzantin qui influence les premières constructions. Pas étonnant donc que la basilique Saint-Marc *(basilica di San Marco),* édifiée au IXe s à la gloire du saint patron de la ville, rappelle l'architecture de Sainte-Sophie à Istanbul. Les fameux chevaux de Saint-Marc ont même été volés à Constantinople ! Mais Venise ne se contente pas des influences extérieures et réinvente elle-même le style byzantin. On parle alors de la période vénéto-byzantine (jusqu'à la fin du XIIIe s). C'est à cette époque que sont construits les premiers palais et maisons patriciennes sur le Grand Canal. Si le fond du dessin des demeures reste byzantin, les riches marchands décorent fastueusement les façades et l'intérieur (palais *Farsetti* et *Loredan*). Ce même mélange architectural se retrouve dans d'autres édifices de l'époque comme l'église *Santa Maria e San Donato* de Murano.

La période gothique qui commence alors va mettre Venise sous influence nord-européenne. Historiquement, c'est le début du déclin de Byzance. Les églises monastiques des *Frari* et de *Santi Giovanni e Paolo* sont, avec le palais des Doges, les œuvres gothiques les plus magistrales. Les petites fenêtres à arcades cèdent la place aux rosaces, corniches et portails découpés comme de la précieuse dentelle. Les façades sont recouvertes de marbre aux teintes variées et parfois d'or (d'où le nom de *Ca' d'Oro* donné à l'un des palais du Grand Canal). Toutes ces constructions illustrent l'enrichissement des marchands vénitiens, mais aussi l'ouverture et l'importance que prend Venise sur la scène internationale : ses façades ne témoignent plus d'une attitude renfermée, mais au contraire d'une disposition presque conquérante.

La Renaissance atteint enfin la ville au milieu du XVe s. Les architectes Lombardo, Sansovino et bien sûr Palladio, à qui l'on doit les fameuses villas palladiennes *(of course !)*, donnent à Venise un nouveau visage, à la hauteur d'une des villes les plus peuplées du monde à l'époque. Là encore, la Sérénissime ne se contente pas d'une simple greffe architecturale et apporte sa touche au style Renaissance.

Enfin, au XVIIIe s, se développent le baroque et le néoclassicisme. Au même moment, la République, après les siècles d'or (XVIe et XVIIe s), a de plus en plus de difficultés à préserver sa suprématie. Menacée, appauvrie par des guerres coûteuses, elle décide quand même de s'embellir à nouveau. Les plus grandes familles font construire des palais grandioses et en confient la décoration à de grands artistes comme Tiepolo. L'élégance rococo s'impose au travers des églises de *San Stae*, de la *Pietà* ou des *Gesuati*. La république de Venise s'éteint en 1797, avec l'arrivée de Napoléon (*scusate,* il s'appelait encore Bonaparte, à l'époque !). Les constructions postérieures ne seront plus que de malheureux pastiches des édifices anciens, sans véritable originalité. Toutefois, elles s'intègrent bien dans le décor existant.

PEINTURE

Pour les amoureux de la peinture, Venise regorge de magnifiques trésors. Si beaucoup de tableaux sont conservés dans les musées, on en trouve aussi sur leur lieu d'origine : dans les églises (retables et tableaux religieux pour l'essentiel) et les *scuole.* Ces institutions essentielles de la vie vénitienne, placées sous la protection d'un saint patron, étaient à l'origine des associations laïques de bienfaisance et d'assistance aux pauvres, créées par de riches Vénitiens qui prenaient en charge la charité. Ces *scuole* ont profondément marqué la peinture vénitienne. En effet, afin d'assurer cette charité (nourrir les pauvres, prendre en charge les orphelins et soigner les handicapés), elles recevaient des dons et certaines sont devenues très riches.

DES PEINTRES À BONNE ÉCOLE !

S'installant dans les plus beaux bâtiments de la ville, les scuole *se sont lancées dans le mécénat d'artistes. Des peintres devenus célèbres comme Véronèse, Carpaccio ou Titien vont, grâce à leurs mécènes, rester à Venise pour y exercer leur talent. Ils décorent les* scuole, *les églises et les palais. Ils vont imposer de nouvelles techniques, notamment dans l'emploi des couleurs, et devenir des références pour toute la Renaissance italienne. Il y aura 200* scuole *au XVIe s.*

La peinture vénitienne a subi une double influence : celle des mosaïques, d'une part, qui constituent le premier art pictural ; celle de la ville même, d'autre part, qui donne à la peinture sa douceur. Au XVe s, deux familles de peintres, les Vivarini et les Bellini, rompent avec le style gothique (tons contrastés et lignes décoratives) et forment le début de l'école vénitienne. On représente désormais des sujets et plus seulement des idées. La peinture vénitienne atteint son apogée au XVIe s avec trois peintres majeurs : Titien (vers 1490-1576), le Tintoret (1518-1594) et Véronèse (1528-1588), qui auront un grand nombre d'élèves. Ces peintres innovent en jouant sur les effets d'optique et sur les réductions d'objets. Désormais, le personnage et l'espace forment un tout indissociable. Au même moment se développe la technique du portrait, qui constitue un genre à part : l'homme devient un sujet d'étude, et on lui préfère une position de trois quarts plutôt que de profil. Les peintres de toute l'Europe, de Rubens à Van Dyck, du Greco à Vélasquez, de Poussin à Fragonard seront influencés par ces maîtres vénitiens (notamment Titien et ses élèves).

Alors que sa suprématie politique commence à être menacée, Venise supplante Florence et Rome dans le domaine des arts. Puis cette peinture s'affadit, et la plupart des peintres vénitiens du XVIIe s manquent d'inspiration. Dans un dernier élan artistique, le XVIIIe s renoue avec la beauté : Tiepolo (1696-1770) peindra de magnifiques plafonds et Il Canaletto (Antonio Canal, 1697-1768) représentera admirablement les scènes de la vie quotidienne à Venise.

Quelques noms de la peinture vénitienne

On ne peut citer tous les grands noms de la peinture vénitienne, mais vous trouverez ci-dessous les incontournables qui nous ont particulièrement touchés. Prenez le temps de voir au moins l'essentiel, en évitant l'overdose de « vierges à l'enfant », toujours possible à Venise.

Gentile Bellini (1429-1507)

Frère de Giovanni, il fut sans doute plus influencé que ce dernier par Mantegna. C'est le portraitiste et le peintre des grandes fêtes de Venise, celui des grandes peintures-récits, commandées par les *scuole*, qui rivalisaient entre elles pour obtenir le meilleur artiste capable de retracer la vie de leurs saints patrons. Il est aussi le plus orientaliste des peintres de l'école vénitienne, ayant travaillé à Constantinople.

Giovanni Bellini (1430-1516)

Ayant subi la double influence de Mantegna (son beau-frère) et d'Antonello de Messine, Giovanni Bellini est célèbre pour ses nombreuses *Vierge à l'Enfant* et pour ses *Pietà* qui transmettent un réel sentiment de mélancolie. Ami de Dürer, fondateur, avec son frère Gentile, de la peinture vénitienne du XVIe s, par un nouveau langage centré sur la couleur et la lumière, il dirigea un atelier d'où sortirent deux peintres parmi les plus célèbres du *Cinquecento* : Giorgione et Titien. Giovanni Bellini introduit la tradition des grands formats, les *teleri,* qui vont à Venise remplacer les grandes fresques.

Vittore Carpaccio (vers 1465-1525)

C'est un de nos peintres préférés, celui que les ouvrages de référence sur Venise ont souvent occulté, et à qui une grande exposition par siècle ne suffit pas pour lui rendre un hommage mérité : la dernière, à l'hiver 2005, à l'*Accademia*, était remarquable, digne de celle, plus lointaine, qui inspira certainement à Cipriani un plat qui porte désormais son nom... le *carpaccio* ! Il est, plus sérieusement, renommé pour ses grandes représentations de Venise, où le jeu des couleurs et la liberté l'emportent sur le souci du détail de Gentile Bellini. Son œuvre la plus célèbre reste le cycle de *La Légende de sainte Ursule* (musée de l'*Accademia*), composé de 9 toiles, qui connut et connaît toujours un très grand succès. Il est le premier peintre à juxtaposer des épisodes d'une légende sacrée à la vie quotidienne du peuple de Venise. Il exécutera de nombreuses toiles pour les *scuole,* les plus fameuses étant toujours visibles à la *scuola San Giorgio degli Schiavoni* (Castello).

Giorgione (vers 1477-1510)

Même si l'on dispose de très peu de documents sur sa vie, ce peintre, né à Castelfranco Veneto, a toujours été encensé, malgré le petit nombre d'œuvres que l'on peut lui attribuer avec certitude (il mourut très jeune de la peste, et une trentaine de tableaux seulement ont pu être authentifiés). Les historiens d'art considèrent qu'aucun autre artiste de sa génération n'eut une telle influence. Il fut, comme Titien, un élève de Giovanni Bellini. Quelles sont les caractéristiques de son œuvre ? Une tendance réaliste transmise par les écoles allemande et flamande, celle-ci étant très prisée au début du XVIe s (le passage de Dürer à Venise vers 1494 a beaucoup marqué les peintres de l'époque) ; un intérêt prononcé pour la nature, les paysages qui ne sont plus un arrière-plan, mais font intrinsèquement partie de la peinture ; enfin, une nouvelle approche de la couleur. Elle devient, avec ce peintre, un moyen d'expression fondamental. Ses glacis à la luminosité mystérieuse lui ont valu le surnom de « Vermeer de la Renaissance ».

La Tempête, un des chefs-d'œuvre de l'art vénitien, attire à l'*Accademia* non seulement tous les amoureux de Giorgione, mais également tous ceux qui, après avoir lu le polar du même nom, dû à la plume de Juan Manuel de Prada, veulent essayer à leur tour de résoudre le mystère du tableau : qui est la femme à l'enfant ? Qui se cache derrière le passant ? Quel lourd secret cache ce ciel d'orage ?

Titien (vers 1490-1576)

Contrairement à Giorgione, Titien a vécu très âgé, ce qui lui permit de réaliser une œuvre importante et de parvenir à une gloire qui égala presque celle de Michel-Ange. Il honora les commandes des plus grands, du pape Paul III, qui le reçut à Rome, à François Ier et à Charles Quint.

Né en Vénétie, à Pieve di Cadore, au pied des Alpes, Tiziano Vecceli, connu sous le nom de Titien, fut l'élève de Giovanni Bellini. Sa peinture des fresques (hélas disparue) du *Fondaco dei Tedeschi*, exécutée avec Giorgione, le rendit célèbre. Il imposa ensuite sa marque en substituant au fondu de Giorgione des masses équilibrées, en alliant sens du concret et somptuosité : à l'atmosphère rêveuse du premier, il oppose une interprétation plus directe de la réalité.

Vient ensuite la série des chefs-d'œuvre religieux : l'*Assomption* (église des Frari), la *Présentation de la Vierge au Temple (Accademia),* la *Madonna di Ca' Pesaro* (Frari), etc. Déjà, dans ce dernier tableau, il se permet d'ignorer les règles traditionnelles de la composition : la Vierge n'est plus au centre, comme c'était toujours le cas, mais sur le côté, et les deux saints intercesseurs ne sont pas placés de façon symétrique ; par ailleurs, la Vierge et les saints ont les mêmes proportions que les membres de la famille Pesaro. L'homme a une si haute conscience de lui-même qu'il ose côtoyer les figures divines sans craindre de profaner la représentation sacrée. De cette disposition originale naît un ensemble particulièrement vivant.

Peu à peu, au milieu du siècle, Titien est gagné par le maniérisme, le goût des couleurs fortes et des formes étirées. Il donne alors le primat à la couleur sur la forme. À la fin de sa vie, Titien s'oriente vers une exaltation intérieure que l'on ressent grâce à des couleurs assourdies. Devant ses dernières œuvres, comme l'*Annonciation* (église San Salvatore), le *Martyre de saint Laurent* (aux Gésuiti) et surtout la *Déposition* (à l'*Accademia*), à laquelle il songeait pour sa sépulture et qui fut terminée par Palma le Jeune, on est saisi par une gravité plus profonde. L'imposant décor architectural de cette œuvre ultime apporte une sérénité solide, un peu hors du temps. Titien exerça une influence sur les plus grands peintres, de Véronèse à Rubens et à Vélasquez... Goethe écrira de lui : « À la fin de sa vie, il s'était mis à peindre symboliquement ce qu'il peignait autrefois concrètement, il ne représentait plus le velours, mais l'idée du velours. »

Tintoret (le ; 1518-1594)

Fils d'un teinturier vénitien, d'où son surnom, on dit de lui qu'il avait la couleur de Titien et le dessin de Michel-Ange... Élève du premier, il le quitte après avoir reçu la révélation de Michel-Ange et des maniéristes. Il orientera définitivement son art vers l'expression dramatique et les grands effets lumineux. Toute sa carrière se déroule à Venise. Pendant 23 ans, il va peindre pour la *Scuola Grande di San Rocco,* où fougue et lyrisme trouvent leur apothéose dans la *Crucifixion* (voir le chapitre « San Paolo et Santa Croce »). Autre ensemble de chefs-d'œuvre : au palais des Doges où il décore la salle du Sénat, la salle du Grand Conseil. *La Gloire du Paradis* est sa dernière œuvre la plus importante, où il s'est lui-même représenté, vieillard au regard angoissé. Le Tintoret, qui peignait avec une rapidité étonnante, si bien que l'on est tenté parfois de croire certaines toiles inachevées, utilise les apports du maniérisme et affectionne les figures sinueuses et tourmentées. Le visage est toujours clair sur un fond toujours sombre. Tintoret influença de nombreux peintres, en particulier le Greco qui adoptera sa façon d'allonger les lignes.

Paolo Véronèse (1528-1588)

Paolo Caliari, dit Véronèse, se forme dans un milieu fidèle à la tradition de Bellini tout en étant sensible à la peinture du Corrège. Il quitte Vérone et s'installe à Venise en 1555, où il travaille d'abord pour le palais ducal. Il décore ensuite l'église San Sebastiano qui est pour lui l'équivalent de la *Scuola San Rocco* pour le Tintoret. Après s'être attelé aux plafonds de la bibliothèque Saint-Marc, Véronèse séjourne à Rome où il découvre Raphaël.

Véronèse montre une prédilection pour les grandes compositions religieuses, non par conviction chrétienne, mais parce qu'elles permettent de disposer des foules bigarrées avec des compositions étonnantes, abondantes et fastueuses par le rythme des colonnades et des vastes portiques. Ainsi, il se place lui-même dans les *Noces de Cana* (Louvre) dans un *concertino* avec ses confrères : Titien (à la contre-basse), le Tintoret (au violoncelle) et Bassano (à la flûte). Pour la commande de *La Cène*, tableau central de toute visite à l'*Accademia*, il place également son auto-portrait au milieu de chiens, de bouffons et d'Allemands faisant partie de la suite de Jésus. Une telle inconvenance provoque sa comparution devant le tribunal de l'Inquisition pour outrage. Devant la volonté du peintre de ne rien changer à sa composition, on décida de modifier le titre du tableau qui devint *Le Repas chez Lévi*. À la mort de Titien, Véronèse devient le peintre officiel de la République, ce qui lui permet de donner libre cours à de grandes scénographies.

Il travaille de nouveau pour le palais des Doges ; sa virtuosité brillante excelle dans l'*Apothéose de Venise*, œuvre pleine d'imagination et de lumière. Véronèse n'est pas un peintre dramatique mais un contemplatif dégageant une impression de luminosité et d'harmonie. On a dit qu'il fut le premier peintre « pur », c'est-à-dire indifférent à la réalité de ce qu'il peint. C'est le dernier peintre de la Venise du XVIe s, somptueuse et encore glorieuse.

Giambattista Piazzetta (1682-1754)

Caractéristique de sa peinture : son intérêt pour la vie populaire et le retour au clair-obscur dont il sait aussi s'affranchir pour retrouver la transparence des couleurs vives. Son chef-d'œuvre est sans doute *La Gloire de saint Dominique* à l'église *Santi Giovanni e Paolo*. L'élan extatique de ses personnages est mis en valeur par une heureuse orchestration des couleurs. Il enseigna dans une école qui allait devenir l'Académie de peinture et de sculpture.

Giambattista Tiepolo (1696-1770)

Il fut le chef de file de la peinture italienne du XVIIIe s, maître du baroque. Il a subi l'influence de Piazzetta (à qui il doit la structuration de ses compositions), de Véronèse et de Sebastiano Ricci. Il était lui aussi doté d'un sens formidable de la couleur, peignant avec une facilité extraordinaire. Il réalisa d'importants travaux à Milan, Würzburg et Madrid où le roi Charles III fit de lui son peintre attitré. C'est sans doute le dernier survivant des grandes écoles italiennes. Il décora également de nombreux palais, dont la villa Pisani à Stra, au bord du canal del Brenta, et orna plafonds et murs d'allégories parfois assez délirantes, où évoluent divinités, anges et amours. La vitalité ornementale et chromatique de la tradition vénitienne atteint ici

son apogée. La peinture de Tiepolo est remplie de volupté et de joie de vivre. Ainsi le *Martyre de saint Barthélemy,* réalisé vers 1720 pour l'église San Stae, ressemble, en dépit des préparatifs sinistres, à une scène de ballet...
La maîtrise de la lumière est la composante de tout son œuvre. Elle se traduit par des ciels clairs, parcourus de nuages blancs... Cette caractéristique n'est pas sans rappeler Véronèse, mais ici le dessin est plus nerveux, léger comme l'air.

Canaletto (1697-1768)

Ah ! Les *Vedute* (littéralement les vues de Venise) de Canaletto, qui restituent si bien l'atmosphère de la ville au XVIIIe s, véritable témoignage historique de la cité à cette époque, par leur souci du détail, la minutie de leurs compositions ! Sa particularité : il vécut longtemps en Angleterre. Il faut dire que les Anglais affectionnaient beaucoup ses peintures, qu'ils achetaient en grand nombre (ce qui explique le peu de tableaux de Canaletto à voir à Venise).

Francesco Guardi (1712-1792)

C'était le beau-frère de Tiepolo. Précurseur de l'impressionnisme, qui utilise toutes les variations de la lumière, il nous charme par ses *Caprices,* véritable interprétation de la vie vénitienne où les gondoliers ne sont suggérés que par des touches colorées. Un charme aérien, une légèreté incomparable se dégagent de ses peintures.

SCULPTURE

Antonio Canova (1757-1822)

Même si sa carrière a atteint son apogée dans la ville de Rome, le sculpteur est originaire de la Vénétie et c'est à Venise qu'il s'éteint. De son enfant prodige de la sculpture, Venise ne garde que quelques œuvres : le *Dédale et Icare* au musée Correr et l'*Hector* au Palais Treves. Le sculpteur a été une des plus importantes figures du néoclassicisme italien et étranger (pour l'anecdote, il était le favori de Napoléon...).

Andrea Verrochio (1435-1488)

Pas un Vénitien, certes, mais il est célèbre à Venise pour une statue qui amuse toujours autant les vieux habitants. Son maître en sculpture fut Donatello. Sous la protection, plus tard, de Laurent de Médicis, il réalisa de nombreux travaux, dont le mausolée de Jean et Pierre de Médicis, à San Lorenzo. Il est surtout célèbre pour sa statue de Colleoni, à côté de l'église de *Santi Giovanni e Paolo.* Et il fut, ce qui est non négligeable, le maître de Léonard de Vinci !

PETITE CHRONOLOGIE ARTISTIQUE

– *828 apr. J.-C. :* première phase de construction de la basilique Saint-Marc, les Vénitiens y déplacent le corps du saint, d'Alexandrie d'Égypte.
– *976 apr. J.-C. :* destruction de l'église Saint-Marc lors d'un grand incendie qui s'étend du palais des Doges à l'église.
– *1063 :* reconstruction de la basilique Saint-Marc.
– *de 1172 à 1178 :* construction du palais des Doges.
– *1430 :* naissance de Giovanni Bellini.
– *Vers 1465 :* naissance de Carpaccio.
– *1488 :* le *Triptyque* de Bellini à l'église Santa Maria dei Frari.
– *Vers 1490 :* naissance de Titien à Pieve di Candore.
– *1516 :* mort de Giovanni Bellini.
– *1518 :* *L'Assomption de la Vierge* de Titien, à l'église Santa Maria Gloriosa dei Frari.

– *1518 :* naissance de Jacopo Robusti dit (le) Tintoret.
– *1539 :* la *Présentation de la Vierge au Temple* de Titien à l'*Accademia*.
– *1555 :* Veronèse arrive à Venise.
– *1562 :* l'*Annonciation* de Titien à l'église San Salvatore.
– *1562-1563 :* toile des *Noces de Cana* (Véronèse) commanditée pour le réfectoire du convent bénédictin de San Giorgio Maggiore.
– *1565 :* la *Crucifixion* du Tintoret à l'École de San Rocco.
– *1576 :* mort de Titien.
– *1577 :* un incendie détruit une partie du palais des Doges et de ses peintures (de Bellini, Pordenone, Titien...).
– *1588 :* mort de Véronèse.
– *1594 :* mort du Tintoret.
– *1649 :* la famille Bon commande la construction du Ca' Rezzonico à l'architecte baroque Baldassare Longhena.
– *1682 :* naissance de Giambattista Piazzetta.
– *1696 :* naissance de Giambattista Tiepolo.
– *1697 :* naissance de Antonio Canal (dit Il Canaletto).
– *1712 :* naissance de Francisco Guardi.
– *1722 :* le *Martyre de saint Barthélémy* exposé à l'église de San Stae.
– *1751 :* Giambattista Rezzonico rachète le Ca' Rezzonico et charge Giorgio Masari de la fin des travaux.
– *1754 :* mort de Giambattista Piazzetta.
– *1756 :* les travaux du palais Ca' Rezzonico se terminent.
– *1757 :* naissance d'Antonio Canova à Passago.
– *1768 :* mort d'Il Canaletto.
– *1770 :* mort de Tiepolo à Madrid.
– *1792 :* mort de Francisco Guardi.
– *1793 :* *Amour et Psyché* de Canova, actuellement au Louvre.
– *1812 :* Canova imagine Pauline Borghese en *Vénus sortant du bain*.
– *1822 :* mort de Canova à Venise.
– *14 juillet 1902 :* le campanile de la place Saint-Marc s'écroule.
– *2006 :* réouverture du *Palazzo Grassi*.

MUSÉES, ÉGLISES ET MONUMENTS

– **Visites :** voir la rubrique « Horaires ». Se reporter également aux informations concernant les différents *pass* de la rubrique « Budget » pour les 16 églises payantes. Concernant les expositions temporaires (et Dieu sait si elles sont nombreuses !), se renseigner à l'office de tourisme dès votre arrivée.
– **Tarifs :** ils sont assez élevés. Certains musées pratiquent tout de même des réductions : elles sont généralement accordées aux moins de 14 ans, aux étudiants (jusqu'à 29 ans et sur présentation de la carte d'étudiant internationale), aux ressortissants de l'Union européenne de plus de 65 ans. Mais attention, ce n'est pas systématique, surtout dans les musées privés ! Heureusement, il existe plusieurs cartes ou *pass* avantageux pour ceux qui ont l'intention de visiter un maximum de monuments. Voir la rubrique « Budget ».
– **Monuments fermés :** il y a toujours des musées ou des églises fermés pour cause de restauration. Dans ces cas-là, les monuments sont emmaillotés dans des coffrages de bois ou de tissu, eux-mêmes parfois décorés d'un trompe-l'œil représentant la façade. Ce qui est tout à la fois instructif pour le visiteur et bien pratique, quand les travaux n'en finissent pas, pour permettre aux ouvriers de pouvoir travailler tranquillement. Nous ne pouvons indiquer les restaurations en cours (sauf quand elles durent très longtemps) car, bien sûr (et malheureusement), nous ne passons pas 365 jours par an à Venise ! C'est pourquoi nous comptons une fois de plus sur la compréhension de nos lecteurs.

– *Quelques précisions :* beaucoup de monuments sont équipés d'audioguides (ou même, plus rarement, de vidéoguides !) en location, qui donnent en français des explications sur le lieu. Il n'est pas rare non plus de trouver des feuillets en français (à rendre après la visite !).
Dans les églises toujours, certains tableaux sont complètement dans l'ombre. On ne peut les voir qu'en mettant une petite pièce dans un tronc qui commande une minuterie électrique. Enfin, petites précautions pour ne pas retourner à l'hôtel : Messieurs, pas de short ; Mesdames, pas de jupe au-dessus du genou, et évitez les épaules nues, sinon on ne vous laissera pas entrer !

PERSONNAGES CÉLÈBRES

– *Saint Marc ou san Marco* (Ier s) : un des quatre évangélistes. Il a fondé l'Église d'Alexandrie. Sa dépouille aurait été transportée au IXe s à Venise, dont il est devenu le saint patron.
– *Marco Polo* (1254-1324) : membre d'une riche famille de négociants, il part à 17 ans en Chine, où il sert pendant plus de 15 ans l'empereur mongol Kubilay. Fait prisonnier pendant 3 ans, lors de la guerre de Gênes, il rassemble ses souvenirs dans le *Livre des merveilles du monde* ou *Il Milione*.
– *L'Arétin* (1492-1556) : né en Toscane, cet écrivain turbulent (on l'a surnommé le « Fléau des princes »), se réfugie à Venise en 1527 ; la Sérénissime est bonne fille et le protège, même quand il continue à se déchaîner dans ses écrits ou à vivre dans la débauche. On lui doit des sonnets luxurieux, des pièces, des dialogues dits licencieux (dans *I Ragionamenti*, il s'étend longuement sur la profession de courtisane) mais aussi, nul n'est parfait, des hagiographies...
– *Claudio Monteverdi* (1567-1643) : ce musicien n'est pas vénitien d'origine, mais il fut le maître de la chapelle Saint-Marc à partir de 1613 et pendant 30 ans. Il composa pour les fêtes de la ville et finit par entrer dans les ordres. Il est enterré dans l'église des Frari.
– *Casanova* (1725-1798) : Giacomo pour les intimes, le Vénitien par excellence, bien sûr, que l'on salue bien bas...
– *Albinoni* (1671-1751) : né dans une famille vénitienne noble et fortunée, appelé le « Dilettante vénitien », Tomaso Albinoni fut un grand compositeur de sonates et de concertos. Mais, ironie du sort, son œuvre la plus connue, l'*Adagio*, n'est en fait qu'un pastiche bricolé au début du XXe s par son biographe ou par un compositeur facétieux, les avis divergent !
– *Antonio Vivaldi* (1678-1741) : ce Vénitien, tout d'abord destiné à une carrière religieuse (il fut dispensé de ses obligations ecclésiastiques pour raisons de santé), fut professeur de violon à l'*Ospedale della Pietà* (hôpital de la Pitié), puis violoniste à la basilique Saint-Marc. Il fixa la forme du *concerto*. *Les Quatre Saisons*, son œuvre la plus célèbre, ne représentent qu'une infime partie de sa production musicale très abondante (par exemple, 456 *concerti* pour divers instruments, dont la moitié pour le violon). On l'appelait « le Prêtre roux », et sa technique au violon faisait dire de lui qu'il avait passé un pacte avec le diable...
– *Hugo Pratt* (1927-1995) : le « maestro » de la bande dessinée italienne a passé son enfance à Venise, où, tel Corto Maltese, son héros de papier le plus célèbre, il revint toujours, entre deux voyages à travers le monde. De 1970 à 1994, il loua le dernier étage d'une maison située au Lido, au bout du village de Malamocco, un lieu épargné par les touristes.
– *Massimo Cacciari* (1944) : maire-philosophe de la ville de 1993 à 2000, réélu en 2005. Il perpétua une tradition qui veut que Venise, contre tout le reste de la Vénétie, soit un bastion de la gauche. Ce professeur d'esthétique, ancien soixante-huitard, est célèbre pour ses formules lapidaires, se disant par exemple prêt à jouer « n'importe quel rôle, concierge ou maire » pour défendre Venise, ou bien refusant de rejoindre un parti : « Non merci, je suis déjà riche par ma famille. » Il a été élu député européen en 1999 sur la liste de Romano Prodi.

POPULATION

L'agglomération vénitienne englobe le centre historique, Murano, Burano, Torcello, le Lido et les faubourgs de Mestre et de Marghera. On compte environ 269 000 habitants au total : 60 000 pour Venise elle-même, 32 000 pour les îles et 177 000 pour la terre ferme. C'est beaucoup et peu à la fois. Il faut savoir, en effet, que Venise se dépeuple au profit de la terre ferme (facilités de transport, prix du logement, etc.) et que la tendance ne semble pas s'inverser. C'est sans doute l'un des dangers qui guettent la cité des Doges. Dans les années 1950, on comptait le double d'habitants dans le centre ancien. Pas question pour autant de séparer politiquement la lagune de la terre ferme, la dernière consultation populaire ayant tranché.

Aujourd'hui, la population de Venise est l'une des plus âgées d'Italie (53 ans de moyenne). Plusieurs raisons expliquent ce phénomène. Pollutions, incurie, spéculation immobilière et afflux massif de touristes contribuent, peu à peu, à transformer Venise, non pas en une ville-musée comme le craignaient certains, mais en un *Veniceland*, ce qui est pire, sauf aux yeux des amateurs de parcs d'attractions. Le prix du mètre carré continue de grimper, notamment dans le quartier du Dorsoduro, très prisé par les Américains. Devant une telle envolée des prix, les jeunes sont condamnés à cohabiter ou partent sur le continent pour se loger. Les Vénitiens qui habitent encore dans le centre paient la moindre réparation un prix exorbitant, et les autorisations de travaux sont délivrées au compte-gouttes, ce qui n'empêche pas certains de n'en faire qu'à leur tête, comme dans un polar de Donna Leon. L'important n'est-il pas que la ville se rénove, à grands coups de subventions, désormais, que des appartements vétustes soient transformés peu à peu, même pour devenir des résidences secondaires louées le reste du temps à des visiteurs de passage ? Les puristes regretteront la perte d'identité de certains quartiers, d'autres joueront l'instinct de survie.

Les jours de forte fréquentation, il faut savoir qu'on compte près de 200 000 personnes nouvelles dans la ville, d'où l'idée émise par certains d'un « octroi » aux portes de la ville ! Plus facile à réaliser, un péage pour les automobilistes passant le pont de la Liberté est envisagé... Environ 3 millions et demi de touristes par an sur l'ensemble de la commune, et 14 millions qui ne restent qu'une journée, ça fait du monde !

Des quartiers comme Cannaregio deviennent des déserts urbains, malgré certaines rénovations exemplaires, tandis que celui de l'*Accademia* devient très huppé. La population se constitue essentiellement de saisonniers, d'étudiants ou de Vénitiens d'adoption qui occupent leur demeure quelques mois dans l'année. Environ 70 % des personnes qui travaillent à Venise n'y habitent pas, 20 000 viennent et travailler chaque jour. La transhumance quotidienne atteint un tel degré aujourd'hui que l'on déconseille de se trouver autour du *piazzale Roma* vers 8h30 ou vers 18h, et même d'emprunter les *vaporetti* en partance le matin ou allant dans cette direction en soirée, à moins d'avoir des nostalgies du métro aux heures de pointe.

SAVOIR-VIVRE

Pas question ici de jouer aux donneurs de leçons. On a eu juste envie de rappeler quelques principes de base de la vie en société et qui prennent à Venise toute leur dimension. Dans les ruelles où l'on ne circule qu'à la queue leu leu, ayez, par exemple, la gentillesse de respecter le code de bonne conduite en laissant les personnes âgées passer les premières. Par mauvais temps, attention aux parapluies tenus trop bas. Etc, etc. C'est tout bête, mais ça facilite grandement le séjour.

Vous n'en admirerez que plus les Vénitiens (et leur conscience des réalités économiques) qui ont la patience d'endurer les troupeaux agglutinés derrière leur guide, brandissant en signe de ralliement un fanion frappé aux armes d'un tour-opérateur, un parapluie fermé ou même un plumeau à poussière (véridique !).

Le savoir-faire du savoir-vivre

Sans vouloir gâcher vos vacances, voilà quelques conseils de base qui aideront tout à la fois à la préservation de Venise, au respect de ses habitants et de sa lagune.
– Évitez de vous asseoir sur les ponts pour déjeuner ou de bloquer le trafic en vous arrêtant en plein milieu d'une rue *(calle)*. Pendant que vous êtes en vacances, de nombreux Vénitiens sont appelés à se déplacer à pied dans la ville à cause de leur travail. Alors, gardez votre droite et n'oubliez pas de demander pardon si vous bousculez quelqu'un, ça fait toujours bon effet ! Dans les *vaporetti*, essayez de ne pas bloquer la sortie, de chaque côté, et souvenez-vous de laisser descendre les passagers avant de monter à bord.
– En raison du problème de la gestion des déchets, les impôts pour l'incinération des ordures sont très élevés à Venise. Rappelez-vous que ce sont les habitants qui paient pour toutes les immondices produites par les touristes. Donc, ne jetez pas vos ordures par terre ou (pire encore !) dans l'eau.
– L'image romantique de Venise a dû, de tout temps, composer avec le côté mercantile de nombre de ses habitants, d'un jour ou de toujours. Même si l'on interdisait aux marchands ambulants leur lot de contrefaçons, de tabliers faussement érotiques, de chapeaux ridicules, d'autres viendraient, qui continueraient de faire du pont du Rialto ou des abords de la place Saint-Marc des lieux infréquentables en pleine journée. Sans parler des boutiques de masques et de souvenirs à quatre sous, qui ont remplacé les échoppes d'autrefois.
– On ne le répétera jamais assez : évitez autant que possible de visiter Venise aux périodes les plus bondées. Il n'y a vraiment que les amoureux à pouvoir espérer croire être seuls au monde, à Venise, dès les premiers beaux jours. Les prix sont nettement plus élevés pendant le Carnaval, de Pâques au mois de juin, en septembre, en octobre et pendant les fêtes de fin d'année. Hors saison, faites l'expérience, vous découvrirez des gens très sympathiques, qui prennent le temps de vous parler.
– Les splendeurs de Venise, celles qui font tout son charme, ne se résument pas au pont du Rialto et à la place Saint-Marc. Bien au contraire. Si, pour jeter un coup d'œil au pont des Soupirs, il faut désormais lutter contre une foule munie de cornets de glace et de caméscopes, la beauté envoûtante de cette ville vous surprendra vraiment dès que vous sortirez des sentiers battus. Allez flâner du côté de Sant'Alvise, de San Francesco della Vigna, aux abords de la via Garibaldi. Allez admirer le coucher de soleil à Punta della Dogana, à la Salute. Profitez des paysages de la lagune nord et sud avec la placide île de la Giudecca. On peut vous assurer, si vous lisez attentivement les chapitres qui vont suivre, que vous n'aurez qu'une envie : revenir pour en découvrir davantage !
– Les musées de Venise sont nombreux, mais ils n'ont pas tous la chance d'être aussi médiatisés que le palais des Doges, l'*Accademia* ou le palais Grassi. Alors informez-vous, dès votre arrivée, sur les expositions temporaires en cours. Sachez profiter des heures creuses pour fuir la foule, à la belle saison du moins, car c'est un régal de pouvoir tout visiter, sans se presser, hors saison.
– Sachez enfin que la mairie a créé un service pour tous ceux qui pensent avoir été roulés par une catégorie commerçante de Venise. Vous pourrez ainsi faire une réclamation et porter plainte (pas d'anonymat, s'il vous plaît). Tous les opérateurs parlent plusieurs langues et vous garantissent une intervention immédiate. ☎ 041-52-9-8-710 ou 739. • complaint.apt@turismovenezia.it •

SITES INSCRITS AU PATRIMOINE MONDIAL DE L'UNESCO

Organisation
des Nations Unies
pour l'éducation,
la science et la culture

En coopération avec
le centre du patrimoine mondial de l'UNESCO

Pour figurer sur la Liste du patrimoine mondial, les sites doivent avoir une valeur universelle exceptionnelle et satisfaire à au moins un des dix critères de sélection.

La protection, la gestion, l'authenticité et l'intégrité des biens sont également des considérations importantes.
Le patrimoine est l'héritage du passé dont nous profitons aujourd'hui et que nous transmettons aux générations à venir. Nos patrimoines culturel et naturel sont deux sources irremplaçables de vie et d'inspiration. Ces sites appartiennent à tous les peuples du monde, sans tenir compte du territoire sur lequel ils sont situés. Pour plus d'informations • whc.unesco.org •
Fondée au Ve s, Venise est devenue une grande puissance maritime au Xe s. Extraordinaire chef-d'œuvre architectural dans son ensemble, Venise et sa lagune sont classées depuis 1987.

SPECTACLES

Même si Venise est déjà un spectacle en soi, elle propose une activité culturelle foisonnante. Pour connaître le programme durant votre séjour, vous trouverez dans les hôtels (de plus de 3 étoiles) le fascicule gratuit **Un Ospite di Venezia,** très bien fait (en anglais et en italien). On peut aussi se procurer, auprès de l'office de tourisme, le trimestriel **Eventi e Manifestazioni,** un guide très complet et gratuit lui aussi.
La musique occupe à Venise une place de choix. On a d'ailleurs l'habitude de dire qu'elle est ici chez elle. Au XVIIIe s, il y avait quatre conservatoires annexés aux grands hôpitaux de Venise, ayant chacun sa spécialité. La Pietà était renommée pour la musique symphonique, les Mendicanti pour la qualité des voix. En dehors des salles publiques, la rue constituait une scène immense où s'installaient de nombreux orchestres improvisés. Aujourd'hui, cette tradition continue, surtout sur la place Saint-Marc. À Venise, il y a presque tous les soirs un concert de musique classique dans les théâtres, dans les églises comme San Zaccaria, les Frari, ou encore dans les *scuole* ou à l'Ateneo. On peut y entendre de la musique symphonique, de la musique de chambre, du chant, et même du jazz.
Pour les amateurs d'opéra, assister à une représentation à la *Fenice* ajoute au bonheur du séjour, à condition d'avoir réservé sa place longtemps à l'avance, évidemment. Avec *Musica a Palazzo,* c'est une heureuse initiative qui s'est mise en place, puisque ce sont les palais vénitiens qui ouvrent leurs portes le soir et présentent des opéras dans leur décor grandiose. Les représentations y sont assez intimes, parfois on change de pièces du palais à chaque acte. Cela vous laissera un souvenir merveilleux à un prix abordable (dans les 40 €). Renseignement aux offices de tourisme.
Le théâtre constitue le second pilier culturel de Venise. On comptait, au XVIIIe s, sept salles spacieuses et fréquentées, quand Paris n'en possédait que trois. Quatre de ces théâtres étaient consacrés à l'opéra, les trois autres à la comédie. Mais il fallait encore ajouter les salles privées et les théâtres ambulants.
Venise a connu tout d'abord le triomphe de la *commedia dell'arte* jusqu'au XVIIIe s (voir plus haut à la rubrique du même nom). Elle était créée à partir d'un canevas sommaire. Les interprètes recevaient de brèves instructions sur leur rôle, puis improvisaient. Les acteurs, au visage masqué, étaient à la fois mimes, acrobates, danseurs, musiciens, poètes et comédiens. Le peuple vénitien fuyait la tragédie et pouvait ainsi satisfaire son penchant naturel pour la drôlerie. Mais le genre s'essouffla. Les personnages devinrent trop artificiels, les situations usées et les acteurs médiocres. C'est alors qu'est apparu Goldoni, qui a momentanément réconcilié les Vénitiens avec le théâtre écrit (voir plus haut rubrique « Littérature »).

Salles de spectacles

∞ **Teatro Goldoni** *(zoom D4)* : calle Goldoni, San Marco, 4650 B. ☎ 041-240-20-11 *(attention, la billetterie ferme généralement 3 sem en août).* • teatro

stabileveneto.it • *Saison oct.-mai.* Répertoire vénitien classique, et quelques créations.
∞ **Teatro La Fenice** *(zoom C-D4) :* campo San Fantin, San Marco. Pour les résas : ☎ 041-24-24 (call center vénitien) tlj 7h30-20h. Différents points de vente de billets : biglietteria Campo S. Fantin, 1965 (tlj 10h-18h), piazzale Roma (tlj 8h30-18h30) et Ferrovia Scalzi (tlj 8h30-18h30) • teatrolafenice.it • *Ouv 2h avt chaque représentation. L'opéra fait le plein à chaque représentation, résa conseillée longtemps à l'avance.* Incontournable pour tout ce qui est concerts symphoniques, musique de chambre, opéras et ballets.
∞ **Teatro Fondamenta Nove** *(plan général D-E2) :* fondamenta Nove, Cannaregio, 5013. ☎ 041-522-44-98. *Près de l'église des Jésuites.*

SPORTS ET LOISIRS

Pour ceux qui ne sont pas totalement exténués après une journée de marche et qui souhaiteraient exercer leur sport favori, les possibilités sont limitées.
– Dans le centre historique de Venise, vous pourrez faire votre *jogging.* Le plus agréable est de courir le long des Zattere, sur la Giudecca ou encore dans les *giardini pubblici* à l'est du Castello.
– Les fanas d'*aviron* seront comblés. C'est le sport le plus populaire à Venise. Toute l'année, les équipages s'entraînent pour le *Vogalonga*, régate historique à Venise. *Le club se situe sur les* Fondamenta Nove, *près de la calle delle Cappuccine, au 6576 A, en face de l'île San Michele (*☎ *041-522-20-39).*
– Pour *se baigner,* il existe bien la piscine du *Cipriani* sur la Giudecca (pour un routard de luxe !), mais on n'oserait vous la conseiller. Préférez la piscine *Sant'Alvise (Cannaregio 3161)* ; vous pouvez acheter un ticket pour la journée ; c'est déjà très cher. Mieux vaut aller au Lido par temps de grande chaleur (ou encore sur l'île de Sacca Fisola, île assez moche, il faut le reconnaître, mais avec une belle piscine). En été, les plages publiques du centre du Lido sont bondées. Cependant vous pourrez faire de grandes balades à *vélo* qui vous permettront de rejoindre des coins plus tranquilles ; il est possible d'en louer dès l'arrivée sur l'île. Il y a de plus un *golf* de 18 trous au sud de l'île, un club d'*équitation* et des courts de *tennis.* Voir le chapitre « Les îles du Sud » pour plus de renseignements.

UNITAID

Les Nations Unies ont voté en 2000 un plan, appelé « Objectifs du millénaire », visant à diviser par deux l'extrême pauvreté dans le monde (plus d'un milliard d'individus vivent avec moins de 1 $ par jour), à soigner tous les êtres humains du sida, du paludisme et de la tuberculose, et à mettre à l'école primaire tous les enfants du monde d'ici 2015. Les États ne fourniront que la moitié des besoins requis (c'est-à-dire 40 des 80 milliards de dollars nécessaires). C'est dans cette perspective qu'a été créée, en 2006, UNITAID, qui permet l'achat de médicaments contre le sida, la tuberculose et le paludisme. Aujourd'hui, plus de 30 pays se sont engagés à mettre en œuvre une contribution de solidarité sur les billets d'avion afin de financer UNITAID. Cette taxe obligatoire est de l'ordre de 1 à 4 € par billet d'avion en classe économique, et s'applique à tous les trajets au départ de France depuis 2006. Les frais de gestion sont réduits à 3 % des sommes collectées grâce à l'hébergement de l'OMS et une organisation particulièrement efficace. Grâce aux 300 millions de dollars récoltés en 2007, UNITAID a déjà engagé des actions en faveur de 100 000 enfants séropositifs en Afrique et en Asie, de 65 000 malades du sida, de 150 000 enfants touchés par la tuberculose, et fournira 12 millions de traitements contre le paludisme. Le *Guide du routard* soutient, bien entendu, la réalisation des objectifs du millénaire et tous les outils qui permettront de les atteindre ! Pour en savoir plus : • unitaid.eu •

INFORMATIONS ET ADRESSES UTILES

Pour se repérer, voir le plan général de la ville et le zoom en fin de guide.

L'arrivée à Venise

En train

🚆 Ne pas descendre à la gare de Mestre, sur le continent, même si la gare s'appelle Venezia-Mestre, mais au terminus à **Santa Lucia** qui est la gare principale *(plan général A3)* : ☎ 89-20-21, *tlj 8h-22h en été, jusqu'à 21h en hiver.*
On y trouve une consigne à bagages manuelle en face du quai 14 ; une annexe de l'office de tourisme, ainsi qu'un (tout petit, queues fréquentes !) *centre d'information sur les hôtels* (bureaux situés juste à côté de l'office de tourisme). Possibilité de connaître les disponibilités et de réserver. Pratique quand on débarque sans réservation, mais faut pas rêver, surtout en saison !
Distributeurs d'argent *Bancomat* dans le grand hall. Vente de cartes téléphoniques au kiosque de change. W-c payants. Salle d'attente fermée de 21h à 7h.
Si vous n'avez pas de billet de **retour**, renseignez-vous tout de suite pour éviter de revenir plus tard. Petit avertissement au passage : si vous devez partir de la gare principale de Mestre pour une autre destination et que vous êtes à Santa Lucia (terminus de la ligne), pensez à quitter celle-ci une bonne quinzaine de minutes avant l'heure marquée sur votre billet. Celle-ci correspondant à l'heure de départ de Venezia-Mestre et pas de Venezia-Santa Lucia.
Attention : la plupart des billets émis en France ne permettent pas de modifier la date de retour à la gare de Venise. Il vous faudra alors acheter un nouveau billet sur place. Bon à savoir avant de réserver !
La gare donne sur le Grand Canal : on est tout de suite dans l'ambiance vénitienne ! En sortant, nombreux embarcadères de bateaux (arrêt *Ferrovia*).

En avion

✈ **L'aéroport Marco Polo** est situé à l'est de Mestre, un peu après Mestre-Tessera, à 13 km de Venise. ☎ 041-260-92-60 *(infos générales).* • *veniceairport.it* •
Pour ceux qui souhaiteraient visiter la Vénétie en voiture, plusieurs agences de location dans le hall (sensiblement aux mêmes prix). Faites votre petite étude de marché cependant. Distributeurs automatiques *Bancomat*. Bureau de poste et selfs au niveau des départs. Office de tourisme dans le hall des arrivées *(tlj 9h-21h ; accueil en français : ☎ 041-529-87-11).* Consigne à bagages *(ouv 6h-21h).* Pour les téméraires qui arriveraient à Venise sans réservation, il y a un bureau de l'*Associazione Veneziana Albergatori* dans le hall d'arrivée de l'aéroport, qui peut vous aider à trouver une chambre en fonction de votre budget. ☎ *041-541-50-17. Tlj 10h-23h. Prix du service : 2 €.*
Pour rejoindre Venise depuis l'aéroport, plusieurs possibilités, à choisir surtout en fonction de votre lieu de destination, du prix et du temps dont vous disposez :

L'ARRIVÉE À VENISE

➢ **En bus :** deux solutions pour se rendre directement à Venise, au terminus, piazzale Roma, près de la gare *(plan général A3)*.
– Le bus orange régulier *(ACTV,* ligne n° 5), qui s'arrête assez souvent. Le trajet coûte 2 €. On doit prendre ses bagages avec soi dans le bus. Départ ttes les 30 mn 5h25-21h25. Trajet : 40 mn.
– La navette bleue *(ATVO,* ligne n° 35 ; *rens :* • *atvo.it* • *ou* ☎ *042-138-36-72),* plus confortable, avec une soute pour les bagages, est également plus rapide. Compter 3 € le trajet. Les bagages sont compris dans le prix. Départs ttes les 30 mn 8h20-0h10. Trajet : 20 mn.
Pour les deux compagnies, les billets s'achètent dans le hall des arrivées de l'aéroport, au bureau *ATVO* ou au bureau de l'office de tourisme, juste à côté, mais il y a aussi des distributeurs automatiques, près des emplacements réservés aux bus. On trouvera les horaires affichés sur les bornes d'arrêt. Les 2 bus ont comme terminus le *piazzale Roma (plan général A3)* où l'on trouve une annexe de l'office de tourisme. Idéal donc pour tous ceux qui ont trouvé à se loger à San Polo ou Santa Croce et même plus loin, car il y a 2 embarcadères de *vaporetti* presque en face de l'arrêt de bus : vous trouverez là des navettes qui vous mèneront un peu partout dans Venise. Pas besoin donc de prendre un taxi-bateau pour vous déposer dans la ville (sauf si vous voulez déjà entamer sérieusement votre budget). Gare sinon aux nombreux racoleurs qui rôdent autour de piazzale Roma à la recherche du pigeon !
Pour le retour à l'aéroport, c'est facile : les bus orange et bleu partent du même endroit que celui où ils vous déposent. Ticket pour les bus bleus (directs) à aller chercher au bureau *ATVO* tout proche (pancarte bien visible). Au piazzale Roma, vous trouverez même un bus qui dessert l'aéroport de Trévise pour les vols de la compagnie *low-cost* Ryanair. Horaires de bus en fonction des vols. Prix : 6 €.
Il est également possible de se rendre à Mestre en bus bleu *(ATVO,* ligne n° 2 ; terminus : gare ferroviaire) ou orange *(ACTV,* ligne n° 15). Compter environ 2,50 € et une vingtaine de minutes. En revanche, si vous souhaitez aller directement dans un des campings de Mestre *(Venezia* et *Rialto),* prendre le bus orange n° 5 *(ACTV)* qui s'arrête à proximité de ces établissements.

➢ **En bateau** ou **waterbus** *(Alilaguna Lines) :* sortir de l'aéroport, prendre à gauche sous le passage couvert, continuer sur 200 m environ jusqu'à la « darsena » (la darse, quoi !) où l'on trouve l'embarcadère Alilaguna et les arrêts de taxis-bateaux. Un mode d'accès idéal pour ceux qui séjournent dans le quartier de Cannaregio ou dans les environs de la place Saint-Marc. ☎ *041-523-57-75.* • *alilaguna.it* • Plus cher que la formule bus (12 € pour un trajet aéroport-piazza San Marco), mais arrivée impressionnante tout à côté de la place. Horaires de départ variables suivant la saison ; env ttes les heures 6h15-0h15 sur la ligne rouge et ttes les heures aussi sur la ligne bleue 9h45-23h45. Les billets sont en vente dans le hall des arrivées (bureau *ATVO* ou au kiosque de l'office de tourisme), ou dans le bateau directement et en espèces, avec un petit supplément.
Trajet : 1h10 pour San Marco, via Murano et le Lido (lignes rouge et bleue).
Pour Cannaregio, prendre la ligne bleue : on arrive aux *Fondamenta Nove (plan général E2)* en 40 mn, et toujours pour 12 €. Bien préciser votre arrêt au capitaine. ATTENTION, ne pas confondre avec les taxis-bateaux *(watertaxi* en bois verni), absolument hors de prix.

En voiture

La route qui mène vers le pont de la Liberté *(ponte della Libertà)* qui relie Venise à la terre ferme est bien souvent encombrée en saison. Les parkings sont par ailleurs très chers. Si vous possédez une réservation, sachez que de nombreux hôtels ont des accords avec la compagnie qui gère les parkings et qu'ils délivrent des bons de réduction (de 10 à 20 % environ selon la saison). Faire bien attention néanmoins que cette réduction soit effectivement appliquée. Pour ceux qui n'ont pas de réservation, il y a plusieurs possibilités :

– Le parking le moins cher est celui situé à droite en sortant de la gare à *Mestre*. Le meilleur plan quand on est en voiture. Faire seulement très attention à ne pas se tromper de direction après le péage, en sortant de l'autoroute : la gare de Mestre *(Ferrovia)* est très mal indiquée (tout petit logo représentant une locomotive) ; on a vite fait de suivre l'autre panneau indiquant Mestre et de se retrouver embarqué pour un tour de ville avant de pouvoir revenir sur la gare. Pour une journée, jusqu'à minuit, 4,50 ou 5 € (selon la taille de la voiture). Parking clos. Le seul inconvénient, c'est que vous devrez prendre le premier bus ou un train pour rejoindre Venise. Si vous choisissez de continuer en train, départ toutes les 10 mn, de 5h à minuit, de la gare centrale de Mestre pour la gare Santa Lucia. Pas bien cher.
– Un autre parking à Mestre, le *parking Candiani*, à proximité de la piazza Ferretto, mais il coûte deux fois plus cher.
– *Parkings de l'aéroport Marco Polo* : là, de 10 à 15 € pour 24h max selon l'emplacement des parkings. ☎ 041-541-59-13. De l'aéroport, accès facile et bon marché en bus (voir plus haut).
– *Parking de Fusina,* un peu loin de tout, à 5 km au sud de la Malcontenta (prendre la route de Padoue et la quitter quand la villa Malcontenta est annoncée). ☎ 041-547-01-60. *Env 9 € les 12h, et 15 € les 24h.* Vedettes toutes les heures en été pour Venise (ligne Fusina-Zattere), 8h-22h30 env (départs moins nombreux hors saison). Également un vaste camping, genre camp de passage avec tous les services sur place.
– *Parking de San Giuliano* : à proximité des campings de Mestre (campings *Venezia* et *Rialto*). ☎ 041-532-26-32. *Ouv 8h-20h. Env 9 € pour 24h (tarif voiture).* Vaporetto pour le piazzale Roma. Parking ouvert, où les camping-cars sont admis.
– Pour ceux qui ne voudraient pas laisser leur voiture trop loin, *parking du Tronchetto* : ☎ 041-520-75-55. En empruntant le pont de la Liberté, juste avant d'arriver à Venise, suivre les flèches à droite « Tronchetto ». Énorme île artificielle. Il y a toujours le risque (minime mais pas inexistant) de se retrouver sans roues et sans autoradio... Mais juste à côté, garage à étages gardé et payant. Compter 40 € pour 24h. Il y a également plusieurs parkings couverts sur le piazzale Roma *(plan général A3),* pas loin de la gare ferroviaire. Toujours complets, et hors de prix. Le parking communal, derrière l'office de tourisme, ouvert 24h/24 *(résas possibles au ☎ 041-272-73-08),* revient à près de 24 € par tranche de 24h (et c'est le même prix si vous ne restez que quelques heures, inutile d'insister !). Pour les handicapés (GIC ou GIG), l'accès au parking est gratuit pour les 6 premières heures (mais il faut réserver).

Se déplacer dans Venise

Le *vaporetto* n° 1 emprunte le Grand Canal et fait beaucoup d'arrêts. Les *motoscafi* n°s 41 et 42 (nombreux arrêts), 51 et 52 (plus petits et plus rapides que le *vaporetto*) font la boucle de la ville. Le *vaporetto* n° 2 passe par le Grand Canal, en s'arrêtant moins que le *vaporetto* n° 1. Pour plus d'informations, se reporter aux rubriques « Budget » et « Transports » dans « Venise utile ». On conseille d'acheter tout de suite un billet de transport à la journée ou un forfait de 3 jours (pas de forfaits à la semaine). On les trouve à chaque guichet devant les embarcadères.

Adresses utiles

Offices de tourisme (IAT)

– *Standard commun :* ☎ 041-529-87-11. • info@turismovenezia.it • turismovenezia.it •
Ils sont faciles à trouver, pratiques et proposent un kit « guide facile » en français comprenant un plan de ville (certes, approximatif) et les horaires des musées et des

monuments. Prix : 2,50 €. Donnent aussi des informations sur les expos temporaires et les manifestations particulières, une liste d'hôtels (mais pas de réservation jusqu'à présent)... Organisent des excursions du centre historique (San Marco, Cannaregio...). Vendent des cartes téléphoniques, les billets *ACTV* pour les *vaporetti*, *ATVO* (navette aéroport) et les billets du bateau-bus *Alilaguna*. Aussi les cartes *Venice Card, Rolling Venice*.

Dans Venise

i Gare ferroviaire Santa Lucia (plan général A3, **1**) : Cannaregio. Dans le hall de la gare, minuscule bureau juste avant de sortir par la porte de gauche. Tlj 8h-18h30.
i Piazzale Roma (plan général A3, **2**) : au rez-de-chaussée du grand bâtiment du garage ASM, juste à l'arrivée à la gare routière. Tlj 9h30-16h30.
i Venice Pavilion (zoom D4, **3**) : palazzina del Santi (Giardini Reali), San Marco, 30124. Tlj 10h-18h. Joli bâtiment en bordure du Grand Canal.
i Piazza San Marco (zoom D4, **4**) : place Saint-Marc, San Marco 71 F. Tlj 9h-15h30. Incontournable.

Dans les environs de Venise

i Aéroport Marco Polo : Tessera, 30030. Dans le hall d'arrivée. Tlj 9h30-19h30. Bon accueil.
i Cavallino Treporti : à Punta Sabbioni, 30013. Ouv slt l'été, 10h-16h.
i Lido : Gran Viale 6 A, Lido di Venezia, 30126. Ouv slt l'été, 9h30-12h30 et 15h30-18h.

Informations pratiques

Se reporter à la rubrique « Budget » de « Venise utile » pour connaître tous les *pass* et cartes donnant droit à l'accès à certains monuments à des prix avantageux.
– Si vous restez assez longtemps à Venise, procurez-vous plusieurs fascicules, dont **Un Ospite di Venezia.** En anglais et en italien uniquement. Distribution gratuite dans tous les hôtels de plus de 2 étoiles, dans certains restaurants ou • unospite divenezia.it • Il est édité tous les mois par l'association des portiers d'hôtels et des clés d'or de Venise. On y trouve toutes les manifestations du moment, les horaires d'ouverture les plus à jour (quoique, même eux ont du mal), les tarifs officiels pour les gondoles et les taxis, les horaires des avions, des bus et des *vaporetti,* les horaires des offices religieux... Pour le reste, faites la part des choses, car les hôtels et les restos cités ont mis la main au portefeuille pour y figurer. Ce n'est pas forcément un gage de qualité.
– Pour les jeunes de passage, jouer plutôt la carte **Venezia News.** Ce mensuel est quasiment impossible à trouver après la 1re semaine du mois en cours, car il a un succès fou. Les articles sont en italien avec traduction en anglais. Si vous avez la chance d'en trouver un (en kiosque ou dans la plupart des bars et des cafés), vous aurez en main toutes les activités du mois, y compris celles de Marghera et de Mestre. Qu'il s'agisse de cinéma, de théâtre, de musique classique ou contemporaine, tout y est. Les restaurants les moins chers, les concerts, les horaires des *vaporetti,* des bus et des principaux trains y figurent. Il y a même les adresses des pharmacies de garde !
– **Eventi e Manifestazioni** est un fascicule très pratique distribué gratuitement dans (et par) les offices de tourisme. Tous les horaires des principaux musées, des églises, et le programme des expos temporaires, des concerts, etc. C'est là aussi un complément indispensable à la lecture de ce guide, puisqu'il est censé vous tenir au courant de l'actualité (et des prix) du moment. Mais les ouvertures reportées de musées, comme les changements de prix de dernière minute, arrivent quand même à les surprendre, ce qui devrait nous consoler !

Visites guidées en français

Avouez-le, vous avez beau regarder d'un œil amusé les bataillons japonais courant derrière leur guide ou même des petits groupes moins policés rassemblés autour d'une jeune femme expliquant en différentes langues les secrets de la place Saint-Marc, il vous est arrivé d'avoir envie d'un guide pour partir à la découverte de tel ou tel musée, ou de tel ou tel quartier. Si vous êtes plus de trois ou quatre, afin de rentabiliser le prix de la visite, pourquoi ne feriez-vous pas appel à un des guides français autorisés appartenant à la très officielle association des *Guides de Venise* ? C'est une Venise bien vivante, à la fois insolite et instructive, gourmande et rassurante que vous découvrirez, au départ généralement d'une place Saint-Marc que vous regarderez déjà avec d'autres yeux.

– Contact : **Christine Adam,** ☎ 0039-041-52-04-187. L'idéal est de lui envoyer un mail en pensant à vous y prendre à l'avance (surtout en pleine saison) : ● christine.adam2@tele2.it ● Faute de disponibilité, elle vous aiguillera vers une de ses collègues. Compter autour de 130 € la visite, le matin ou le soir.

Postes

✉ **Poste principale** (poste restante ; zoom D3) : salizzada Fondaco dei Tedeschi San Marco. ☎ 041-271-71-11 ou 803-160 pour les infos concernant le fonctionnement de la poste. Tlj sf dim 8h30-19h. Installée dans le *Fondaco dei Tedeschi*. C'est ici que les collectionneurs trouveront leurs plus beaux timbres. Y aller, ne serait-ce que pour admirer la cour intérieure. Voir la rubrique « À voir » dans le quartier de San Marco.

✉ **Postes annexes :** pour la plupart ouv lun-ven 8h30-14h ; sam 8h30-13h. Attention, la tendance, ici comme ailleurs, est à la fermeture de certaines annexes.

– Piazzale Roma, Santa Croce 510 (plan général A3). ☎ 041-521-29-23.
– Barbaria de le Tole, Castello 6674 (plan général E3). ☎ 041-528-62-43.
– Fondamenta Zattere, Dorsoduro, 1507 (plan général B5). ☎ 041-520-05-65.
– Campo San Polo, San Polo, 2022 (zoom C3). ☎ 041-520-03-15.
– Lista di Spagna, Cannaregio, 233 (plan général B2). ☎ 041-716-594. Au fond d'une petite ruelle, sur la droite en venant de la gare, juste avant le campo Geremia.
– Calle dell'Ascensione, juste à côté de la place Saint-Marc (piazza San Marco ; zoom D4).

Consulats

■ **Consulat de France** (plan général E3, 6) : situé près du campo Santa Maria Formosa, palazzo Morosini, ramo del Pestrin, Castello, 6140. ☎ 041-522-43-19. Prendre la calle Longa depuis le campo Santa Maria Formosa et la 1ʳᵉ à gauche, puis tout au bout sur la gauche ; au 2ᵉ étage. Ouv lun et jeu 14h-16h, mar, mer et ven 9h-12h, sur rdv. Le consulat peut, en cas de difficultés financières, vous indiquer la meilleure solution pour que des proches puissent vous faire parvenir de l'argent.

■ **Consulat du Luxembourg :** ponte dell'Angelo, Castello, 5312. ☎ 041-522-20-47 ou 📱 348-828-03-29. Lun-ven 9h-12h.

■ **Consulat de Suisse** (plan général A3) : Dorsoduro, 810. ☎ 041-522-59-96. Consul honoraire.

Internet

On trouve des Points Internet à tous les coins de *calle,* ou presque, donc pas de problème si vous n'arrivez pas à vous connecter à votre hôtel, ce qui dans ce domaine est de plus en plus rare, car la plupart des hôtels sont aujourd'hui équipés wi-fi. Venise, d'ailleurs, devrait entièrement être équipée lors de votre passage.

ADRESSES UTILES 101

Banques

Généralement ouvertes du lundi au vendredi 8h30-13h30, 14h45-15h45 (!), avec des différences de quelques minutes de l'une à l'autre. Certaines n'ouvrent que le matin. La grande majorité ont un distributeur automatique.

■ Nombreuses banques le long de calle larga XXII Marzo, San Marco. **Banca d'America e d'Italia** (zoom D4, **13**) : n° 2216. ☎ 041-520-07-66.
■ **American Express** (zoom D4, **15**) : salizzada San Moise, San Marco, 1471. ☎ 041-520-08-44. Lun-ven 9h-17h30 ; sam 9h-12h.
■ **Banca Antoniana Popolare Veneta** (zoom C3, **16**) : calle di Mezzo, San Polo, 1339.
■ **Banca Popolare di Novara** (plan général C2, **17**) : calle del Pistor, Cannaregio, 1907.
■ Nombreux **distributeurs automatiques Bancomat** le long de strada Nova, Cannaregio (zoom D2-3), ainsi que sur la ruga d'Orefici, à deux pas du pont du Rialto (zoom D3).

Téléphone

■ **Vodafone** (zoom D3, **7**) : San Marco, 5170. À l'angle du campo San Bartolomeo et de la salizzada Pio X. Tlj 10h-13h, 14h30-19h30. Vente de cartes prépayées pour téléphones portables. À l'ouverture de la carte, 5 € ; puis cartes-recharges 10-25 €.

Transports

■ **Gare ferroviaire Santa Lucia** (plan général A3) : Cannaregio. ☎ 89-20-21. • trenitalia.it • Tlj 8h-21h (22h en été).
■ **Gare routière** (plan général A3) : piazzale Roma, terminal des bus. ☎ 041-24-24. • actv.it • Tlj 6h-22h. Plans, tarifs et horaires des bateaux ou des bus à votre disposition.
✈ **Aéroport Marco Polo :** ☎ 041-260-61-11 ou 041-260-92-60. • venice airport.it •
■ **Objets trouvés :** ACTV (vaporetti), piazzale Roma, Santa Croce. ☎ 041-272-21-79. Pour tout objet perdu dans un vaporetto, bien sûr. ☎ 041-785-238 (pour les trains), ☎ 041-272-27-23 (pour les bus) et ☎ 041-260-92-22 (pour l'aéroport). Sinon, au bureau de police (vigile urbani) du piazzale Roma : ☎ 041-522-45-76.

Compagnies aériennes

■ **Air France :** aéroport Marco Polo. Résas : ☎ 848-884-466. Tlj 5h-20h30.
■ **Alitalia :** composer le ☎ 06-222 pour rens et résas.

Santé

En cas de gros pépin de santé, on conseille de faire jouer son assurance pour être rapatrié.

■ **Hôpital Civil** (Ospedale civile ; plan général E3) : campo Santi Giovanni e Paolo, Castello. ☎ 041-529-41-11.
■ **Hôpital Umberto I de Mestre :** ☎ 041-260-71-11.
■ **Docteur Alberto Dea** (zoom C3) : San Polo, 477. ☎ 041-522-19-12 ou 528-93-18. Tout près du Rialto, avec une pharmacie à côté. Un médecin jeune et compétent qui parle le français.
■ **Pharmacies :** ouv 9h-12h30, 15h30-19h30 (souvent 20h en été), avec de petites variations. Attention, dès cam ap-m, il faut s'adresser aux pharmacies de garde (en italien : farmacie di turno) et s'attendre à une majoration du prix des médicaments. Regarder sur la vitrine la liste des pharmacies de garde.

Garages

Nous avons quand même pensé à ceux qui ont la mauvaise idée de venir en voiture. En cas de panne, voici une sélection des garages les plus sérieux.

- **Citroën :** via Martiri della Libertà, 404, Mestre. N° Vert : ☎ 1678-600-19.
- **Fiat Bolzan :** via Mestrina, 87, Mestre. ☎ 041-97-45-04.
- **Ford :** via Martiri della Libertà, 114, Mestre. ☎ 041-531-63-34.
- *Peugeot Bacchin S.R.L. :* bv Ca' Marcello, Mestre. ☎ 041-531-52-60. Fax : 041-531-53-64.
- *Renault SOCAR :* via Fratelli Bandiera, Marghera, 47. ☎ 041-93-08-88.

OÙ DORMIR À VENISE ?

Nous avons choisi d'insérer la rubrique « Où dormir ? » avant la présentation de la ville quartier par quartier. En effet, vous ne vous y rendrez a priori qu'une seule fois... à moins, bien sûr, que les ronflements du voisin vous rendent malade, que le patron se mette à jouer de la mandoline à partir de minuit, ou que vous décidiez d'essayer plusieurs adresses. Les prix que nous vous indiquons pour les hôtels, notamment dans la catégorie luxe, sont à revoir à la baisse hors saison, bien sûr ; consultez leur site internet pour profiter des occasions du moment.
Précisons à nouveau ici qu'il faut, par prudence, **réserver plusieurs semaines à l'avance, et même plusieurs mois parfois pour certaines chambres d'exception (les terrasses donnant sur les toits de la basilique, par exemple...).**

Où camper autour de Venise ?

Pas très difficile de trouver des campings *(campeggio)* si vous n'êtes pas trop difficile vous-mêmes, surtout en pleine saison ; mais, dans le lot, se cachent quelques perles : on fait confiance à votre sagacité pour les découvrir, plus côté îles bien sûr que côté continent. À vous de bien choisir votre point de chute, si c'est encore possible :
– *À Mestre*, sur le continent. Les campings situés sur la commune de Mestre se trouvent sur la SS 14 qui relie Mestre à l'aéroport. On vous les signale pour l'aspect pratique plus que pour leur charme. Il est facile de rejoindre Venise en bus (n° 5, toutes les demi-heures). On arrive au terminal du piazzale Roma *(plan général A3)*. L'inconvénient, c'est qu'on est tributaire des horaires de bus, notamment le soir pour rentrer. Tous les campings donnent à l'arrivée un petit fascicule avec horaires et renseignements pratiques. Organisez donc votre visite de la ville en conséquence.
– *Sur le Litorale di Cavallino,* presqu'île située à l'est de Venise, au-dessus du Lido. Plus éloigné que Mestre, mais assez facile d'accès par les *vaporetti* des lignes *ACTV*. Deux embarcadères sur le littoral de Cavallino : Punta Sabbioni (ligne LN) et Treporti (lignes LN et 13). Les deux lignes rejoignent Fondamenta Nove en passant par Burano et Murano. On peut aussi prendre le bateau LN (escale au Lido) avant d'arriver à l'arrêt San Zaccaria, juste à côté de la place Saint-Marc. Des bus relient Jesolo à punta Sabbioni et à Treporti.
Les campings sont très, très peuplés en saison. En contrepartie, l'endroit se prête à merveille à la découverte de la nature à pied, à vélo et en bateau, surtout au printemps, lors de la floraison du « limonium », une fleur endémique qui couvre les marécages de sa couleur pourpre. Demander auprès des offices de tourisme le dépliant *Itinerari di Cavallino Treporti*, qui propose 19 parcours différents. On peut aussi se renseigner à l'association *FIAB (Amici della Bicicletta)* qui organise des tours à vélo au départ de Treporti : ☎ 041-921-515 ou ● fiab-onlus.it ●
– *Au Lido di Venezia :* avec un peu de chance, il vous restera une place au camping le plus recherché des habitués.
– Pour ceux qui restent très peu de temps à Venise, **possibilité de poser une caravane ou un camping-car au parking du Tronchetto,** tout près de Venise (prendre la sortie sur la droite, à la fin du ponte della Libertà, juste avt d'arriver piazzale Roma ; ☎ 041-520-75-55). Il y a des sanitaires. Dispose d'environ 3 500 places de parkings couverts pour voitures (compter 19 € les 24h), ainsi que d'une aire de stationnement pour les camping-cars (22 € les 12 premières heures, puis 17 € les 12 heures suivantes), équipée de colonnes de distribution d'électricité et d'eau potable et

d'un puits pour les eaux usées. Du *Tronchetto*, on rejoint facilement le centre historique par le *vaporetto* n° 2.
– Un conseil : à Venise, comme il y a beaucoup d'eau (ce n'est pas un scoop !), certains campings sont parfois un peu envahis de moustiques : mieux vaut prévoir un bon répulsif.

À Mestre et Marghera

Camping Rialto : *via Orlanda, 16, 30030 Campalto Mestre.* ☎ *041-900-785.* • *info@campingrialto.com* • *campingrialto.com* • *À 200 m du camping Venezia, en direction de l'aéroport. Juste devant le camping, arrêt des bus n°s 5 et 19. Ouv fév-nov. Voiture et 2 adultes : 27 €.* Camping 1 étoile, 18 000 m², 125 emplacements. Simple, mais le moins cher de Venise. Gestion familiale, à la bonne franquette. Attention à l'invasion de moustiques.

Camping Venezia : *via Orlanda, 8 C, 30170 Campalto Mestre.* ☎ *041-531-28-28.* • *info@veneziavillage.it* • *veneziavillage.it* • *Le plus proche de Venise, sur la SS 14 (direction aéroport ou Trieste), entre San Giulano et Campalto. Bus pour Venise (n°s 5 et 19) ttes les 30 mn ; arrêt à 150 m du camping. Ouv tte l'année. Env 35 € en été pour 2 pers avec voiture et tente. Propose aussi des bungalows 2-4 pers. ½ pens à 63 €/j./pers ; mieux vaut réserver à l'avance. Réduc de 10 % aux lecteurs de ce guide.* Camping 2 étoiles. Surface de 18 000 m² pour une soixantaine d'emplacements. Bien équipé. Bon accueil, plein de bons conseils.

Camping Fusina : *via Moranzani, 93, 30030 Fusina-Marghera.* ☎ *041-547-00-55.* • *info@camping-fusina.com* • *camping-fusina.com* • *Dans un cul-de-sac, tout au bout de la SP 23 qui se prend à la Malcontenta (voir « Les villas » en fin de guide). 30-35 € pour 2 pers avec tente et voiture.* C'est le camping apparemment le plus tranquille, mais il est tout près de la zone industrielle de Marghera (et si le vent est mal orienté...). Bon à savoir, également : une fois qu'on y est, on est quasiment tributaire, à moins de refaire 10 km en voiture, de la liaison Fusina-Venise (en bateau).

Sur le Litorale di Cavallino

Près de 30 campings se succèdent tout le long du Litorale di Cavallino – et encore, on n'a pas compté ceux de Lido Jesolo, plus éloignés ! Nous vous en avons sélectionné quelques-uns, indiqués selon leur proximité du débarcadère de Punta Sabbioni. Tous sont grands et bien équipés, la plupart dans la pinède. Si vous arrivez en voiture, forcément par Jesolo, cherchez-les donc dans l'ordre inverse. Un seul de ces campings *(Union Lido)* se trouve directement sur la route (SP 42 ou via Fausta), les autres sont à 1 ou 2 km de cet axe rectiligne et sont bien indiqués.

Camping Miramare : *via lungomare Dante Alighieri, 29, punta Sabbioni, 30010 Cavallino.* ☎ *041-966-150.* • *info@camping-miramare.it* • *camping-miramare.it* • *Tout proche de l'arrêt du bateau (5 mn à pied en prenant la route sur la droite). Ouv 15 mars-la Toussaint. Pour 2 pers avec voiture et tente 46 € en saison.* Pas trop grand : 16 000 m² (130 emplacements et une trentaine de bungalows). Navette pour aller à la plage qui se trouve à 1,5 km. Accueillant. En période estivale, séjour minimum de 2 nuits exigé. Arriver avant midi si l'on veut avoir une place. Surtout, ne pas confondre avec un camping du même nom à Sottomarina près de Chioggia, vous auriez un choc en arrivant !

Camping Marina di Venezia : *via Montello, 6, Treporti, Punta Sabbioni, 30010 Punta Sabbioni.* ☎ *041-530-25-11.* • *camping@marinadivenezia.it* • *marinadivenezia.it* • *À un peu plus de 1 km du débarcadère de Punta Sabbioni. Ouv de fin avr à fin sept. Pour 2 pers avec* voiture et tente 30-43 € selon saison. Fermé à la circulation des voitures 13h-15h. Plus de 300 bungalows. Restos, 2 marchés, 4 bars, tennis, piscine, cinéma... Assez cher, mais c'est un 4-étoiles. Propose 550 000 m² pour 2 900 emplacements ! Très belle plage « privée ». Animation et même une église. Le grand luxe, quoi ! Attention : séjour minimum de 2 nuits au camping et de 4 nuits en bungalow.

✗ *Camping Ca' Savio :* via Ca' Savio, 77, 30013 Cavallino. ☎ 041-966-017 ou 570. ● info@casavio.it ● casavio.it ● À 3,5 km de Punta Sabbioni. Ouv fin avr-fin sept. Pour 2 pers avec voiture et tente 38 € en pleine saison. Un 3-étoiles, mais assez quelconque. En tout 270 000 m² pour 1 100 emplacements. Et bungalows également à tous les prix. Restos, plage et piscine, tennis, location de vélos...

✗ *Camping Al Boschetto :* via delle Batterie, 18, Ca' Savio, 30010 Cavallino. ☎ 041-966-145. ● info@alboschetto.it ● alboschetto.it ● À 4,5 km de Punta Sabbioni. Ouv de fin avr à mi-sept. Pour 2 pers avec tente et voiture 42 €. Une cinquantaine de bungalows. Un 3-étoiles de 70 000 m² pour 350 emplacements. Resto, plage privée, terrain de basket et de tennis. À l'heure de la sieste et après 22h, on est prié de chuchoter : avis aux fêtards noctambules ! Séjour minimum de 2 ou 3 jours hors saison et de 5 jours au plus fort de l'été.

✗ *Camping Ca' Pasquali :* via Poerio, 33, 30013 Cavallino. ☎ 041-966-110. ● info@capasquali.it ● capasquali.it ● À 6,5 km de Punta Sabbioni. Ouv de fin avr à mi-sept. Pour 2 pers avec voiture et tente 18-41 € selon saison. Camping de 90 000 m² avec 440 emplacements. Resto, plage, piscine et cinéma (3-étoiles) ! Également des mobile-homes pour 4 à 6 personnes (appelés ici « maxi-caravan ») à louer à la semaine.

✗ *Camping Union Lido :* via Fausta, 258, 30013 Cavallino Treporti. ☎ 041-257-51-11. ● info@unionlido.com ● unionlido.com ● À 9 km de Punta Sabbioni. Ouv début mai-fin sept. Pour 2 pers avec tente et voiture 28-47 €. Bungalows également au confort variable. Camping 4 étoiles. En tout, 510 000 m² pour plus de 3 000 emplacements. Dans un complexe touristique organisé autour d'un hôtel. Restos, magasins d'alimentation, minigolf, tennis, billard, tir à l'arc... Bien sûr, plage privée et piscine.

✗ *Camping San Marco :* via del Faro, 10, 30013 Cavallino. ☎ 041-968-163. ● info@campingsanmarco.it ● campingsanmarco.it ● Pas très loin de Porto Jesolo, à 14 km de Punta Sabbioni. Ouv 24 avr-21 sept. Pour 2 pers avec voiture et tente 16-32 € selon saison et type d'emplacement. Env 12 maxi-caravanes ainsi que 8 petits appartements en location, bien équipés, pour 6 à 7 pers. En tout, 20 000 m² pour 140 emplacements. Un camping 1 étoile qui en vaut 3 ! Plage privée, restos, supermarché, douches chaudes gratuites, machines à laver, beaucoup d'arbres donc beaucoup d'ombre et très, très propre. Mais c'est le plus éloigné des campings de Cavallino, à 1h de bus/vaporetto de Venise (bus toutes les demi-heures, de 6h à 23h).

Au Lido di Venezia

✗ *Camping San Nicolo' :* via dei San Micheli, 14, 30126. ☎ 041-526-74-15. ● info@campingsannicolo.com ● campingsannicolu.com ● Le Lido est très bien desservi en vaporetto (ligne 1 en particulier). À la descente du bateau, prendre un bus (A ou B) et descendre à l'arrêt San Nicolo (10 mn), puis marcher 200 m. Ouv 24 avr-30 sept. Pour 2 pers avec voiture et tente 30-43 € selon saison. Un tout petit camping super mignon, très ombragé, très calme et très fonctionnel, chaleureusement recommandé par les habitués ! En tout, 5 000 m² pour 50 emplacements. Des fleurs, des bananiers, des chèvrefeuilles, des vignes... partout, des tables et bancs en bois pour le petit déj, une grande tente pour pouvoir préparer sa popote et manger au sec en cas d'orage (eh oui ! faut prévoir). Très propre, et prix vraiment raisonnables vu l'emplacement.

Où dormir à Mestre, à Marghera ou à Treporti ?

Pas vraiment romantique, mais incontestablement moins cher que dans les endroits plus prisés du centre historique et, en plus, accès facile à Venise en bus ou en train. Autre intérêt : accès très rapide aux autres villes de Vénétie, dont Padoue et Trévise, les plus proches. Mestre est une ville très vaste, dont de nombreux quartiers s'étendent jusqu'à l'aéroport. Les deux hôtels que nous indiquons sont situés dans le centre. Quant à Marghera, c'est une ville surtout connue pour son complexe industriel et pétrolier, mais son centre, à l'écart de cette zone, est tranquille.

À Mestre

Hotel Da Tito : via Cappuccina, 67, 30172. ☎ 041-531-45-81. ● datito@tin.it ● hoteldatito.com ● De la gare ferroviaire, prendre à droite puis la grande avenue à gauche. Le bus n° 7 s'arrête devant l'hôtel et rejoint Venise (piazzale Roma) en 10 mn. Fermé quelques jours à Noël. Doubles 70-85 € selon saison. Pas de petit déj (bar juste en face). Petit hôtel familial aux allures un peu blockhaus, mais une trentaine de chambres convenables, bien équipées et sans prétention. Quelques triples et quadruples à prix intéressant. Parking surveillé à disposition. Accueil prévenant.

Hotel Paris : viale Venezia, 11, 30175. ☎ 041-92-60-37. ● info@hotelparis.it ● hotelparis.it ● À 200 m de la gare : prendre à gauche, puis la première à droite. Dans une rue tranquille. Bus n° 2 devant la gare ttes les 10 mn pour Venise. Doubles 95-160 € selon saison, petit déj compris. Parking gardé. Réduc de 10 % accordée à nos lecteurs sur présentation de ce guide « in alta stagione » (à préciser au moment de la résa !). Accueil en français du sympathique *Signore* Armando. Parking gardé.

À Marghera

Antica Villa Graziella : via Luigi Coletti, 6, 30175. ☎ 041-92-16-55. ● villa@villagraziella.com ● villagraziella.com ● À 800 m de la gare de Mestre ; accès à Venise par le bus n° 6. Dès l'arrivée à Marghera, c'est bien indiqué ; elle se trouve à côté du château d'eau. Doubles 54-96 € selon saison. Petit déj-buffet 6 €. Réduc de 10 % au-delà de la 2ᵉ nuit en hte saison, sf j. fériés et Carnaval, sur présentation de ce guide. Dans une maison bourgeoise toute de jaune vêtue, avec un jardinet fleuri devant. Chambres claires. Très propre, accueil souriant.

À Treporti

Hotel La Rondine : via Fausta, 60, Punta Sabbioni 30010. ☎ 041-96-61-72 ou 041-96-62-84. ● info@hotellarondine.it ● hotellarondine.it ● À 1 km du débarcadère de Punta Sabbioni. Ouv tte l'année sf mai. Double avec petit déj copieux 84 €. Réduc de 10 % nov-avr aux lecteurs de ce guide. Petit hôtel situé en bordure de la route qui traverse le littoral de Cavallino. Bon, la station-service sur le devant n'est pas très décorative, mais ce n'est pas l'essentiel. Chambres assez petites mais très correctes, avec AC et TV. Bon accueil, la patronne et quelques membres du personnel parlent le français. Fait aussi resto.

Où dormir à Venise, en auberge de jeunesse ou maison d'accueil ?

Compter, selon la saison, **entre 40 et 100 €** *à deux,* en moyenne. Difficile de trouver plus correct et moins cher... Auberges de jeunesse ou maisons d'accueil, à vous de choisir.

Ostello Venezia *(auberge de jeunesse ; plan général D6,* **40***) :* fondamenta delle Zitelle, Giudecca, 86. ☎ 041-523-82-11. ● aig.veneto@libero.it ● ostellionline.org ● *Vaporetti nos 2, 41 ou 42, arrêt Zitelle. En sortant de la gare de Santa Lucia, l'embarcadère se situe juste à gauche. Ouv 7h-minuit ; pas d'accès aux chambres 9h30-13h30. Fermé les 2 dernières sem de déc. Compter 21-26 €/pers, petit déj compris. Pour avoir une place, on conseille de déposer sa carte des AJ (obligatoire, mais vendue sur place env 18 € et valable 1 an) tôt le mat. Repas autour de 10 €.* Installée dans les anciens entrepôts de céréales, cette auberge est moderne, très propre, et peut accueillir 260 pensionnaires. Lits superposés, répartis en dortoirs de 10 à 16 personnes. Filles et garçons séparés. Casiers qui ferment à clé. De l'AJ, on peut aussi retenir une place dans les autres auberges qui sont toutes reliées au même terminal de l'ordinateur. C'est pratique et pas cher. Accès Internet gratuit (19h-21h sauf le dimanche) dans le centre culturel *CZ 95,* Giudecca 95, à proximité. Le centre culturel propose de nombreuses activités : concerts, expos, ciné-club, rencontres littéraires. Programmation : ● cz95.org ●

Residenza Junghans *(plan général C6,* **43***) :* terzo ramo della Palada, Giudecca, 394. ☎ 041-521-08-01. ● info@resindenzajunghans.com ● resindenzajunghans.com ● *Vaporetti nos 2, 41 ou 42, arrêt Palanca. Prendre le passage à hauteur du 423 fondamenta del Porte Lungo, puis passer le petit pont pour accéder au fondamenta della Palada (c'est le grand bâtiment blanc). Double 90 € (en saison, et sans petit déj). Ttes les chambres avec sdb. De mi-juil à mi-sept, 220 places supplémentaires.* Cette résidence universitaire toute neuve propose toute l'année une soixantaine de places pour les gens de passage. Chambres nickel de 1 ou 2 lits avec ameublement en bois clair très fonctionnel. Salle de TV à l'étage et, au rez-de-chaussée, distributeur de café et de sucreries. Possibilité d'utiliser la cuisine pour préparer son petit déj. Au dernier étage, grande terrasse avec une vue superbe sur Venise. Accueil cordial. – En été, on peut aussi louer des chambres dans 2 autres résidences à Venise même.

Foresteria Chiesa Valdese *(plan général E3,* **41***)* calle lunga Santa Maria Formosa, Castello, 5170. ☎ 041-528-67-97. ● foresteriavenezia@diaconiavaldese.org ● foresteriavenezia.it ● *Vaporetti nos 1, 2, 41, 42, 51 ou 52, arrêt San Zaccaria. Réception tlj 10h-13h, 18h-20h. Dortoir 23-33 €/pers ; doubles avec ou sans sdb 60-88 € ; chambres familiales (4 lits ou plus) avec sdb à partir de 115 €. Petit déj inclus. Draps fournis. On vous demandera probablement de verser un acompte. Obligation de quitter les lieux ts les mat 9h-13h pour le nettoyage.* Situé dans le *palazzo Cavagnis,* un énorme palais vénitien du XVIe s. C'est la maison d'accueil de l'église vaudoise et méthodiste. Une salle à manger immense sert de lieu de vie commune, des peintures anciennes ornent le plafond de certaines chambres du 1er étage... Très propre et spacieux. Les chambres du 2e étage totalement rénovées offrent un plus grand confort. Réfrigérateurs à disposition. Personnel très gentil. Pas de couvre-feu, on vous donne la clé. Épicerie, boulangerie tout à côté.

Santa Fosca *(plan général C2,* **42***) :* fondamenta Daniel Canal, Cannaregio, 2372. ☎ 041-71-57-75. ● cpu@santafosca.it ● santafosca.it ● *Vaporetto no 82, arrêt San Marcuola. Après avoir franchi le portique au bout de la rue, on arrive sur une petite cour ; entrée aprbc une superbe porte en pierre. Accueil et résa 8h-12h, 17h-20h (en été, jusqu'à 0h30). Fermé 2 sem à Noël. Dortoir 18-20 € (draps fournis). Double 50 €*

avec douche et w-c. Petit déj non inclus. Réduc aux détenteurs des cartes Rolling Venice, ISIC, et aux moins de 26 ans. Une précision : vous devez quitter votre chambre tlj 9h-12h (9h-15h l'été), tant pis pour la grasse mat' (!) ; l'été, couvre-feu 0h30. Cette auberge tenue par des jeunes sympathiques et accueillants reçoit des étudiants de tous les pays. Ce n'est pas le grand luxe, mais c'est très propre. Au total, 135 places en dortoirs et chambres doubles. Possibilité d'utiliser la cuisine (seulement l'été). L'ambiance est conviviale, voire festive.

▲ *Istituto Provinciale per l'Infanzia* (plan général E4, **44**) : calle della Pietà, Castello, 3701. ☎ 041-244-36-39. • info@pietavenezia.org • pietavenezia.org • Vaporetto n° 1, arrêt San Zaccaria. Doubles sans sdb 65-98 €, petit déj inclus. La plus chère, mais aussi la plus récente de toutes, et la plus nickel dans le genre. Pour accéder à la réception, il faut monter au 3ᵉ étage (ascenseur). Chambres aménagées aux derniers étages du complexe historique formé par l'église de *Santa Maria della Pietà* et l'Institut pour l'enfance, d'où la grande terrasse, idéale en été, qui domine toute la ville. Chambres très correctes de un à plusieurs lits. Bar qui sert également de salle pour le petit déj.

▲ *Circolo Anspi* (plan général C1, **45**) : fondamenta Madonna dell'Orto, Cannaregio, 3512. ☎ 041-71-99-33. • casaxferie@circoloanspivenezia.191.it • Juste à côté de l'église della Madonna dell'Orto *(arrêt vaporetto)*. Doubles 52-64 € sans ou avec sdb. Une maison paroissiale (vous la trouverez dans la liste de l'office de tourisme répertoriée en fait sous le nom *Patronato Pio X*) dans laquelle vous avez une entière liberté sur les horaires. Deux chambres en hiver, et une dizaine de début juillet à septembre. Pas de petit déj, mais une cuisine qu'on peut utiliser en été.

▲ *Domus Civica* (plan général B3, **46**) : San Polo, 3082. ☎ 041-72-11-03. • info@domuscivica.com • domuscivica.com • À pied depuis la gare ou vaporetto n° 2, arrêt San Tomà. À l'angle de la calle Sachere et de la calle Cimesin. Fermé oct-mai. Dortoir 22-27 €/pers. Couvre-feu vers 0h30. Réduc avec les cartes Rolling Venice et ISIC. Immeuble cossu, à deux pas de l'église des Frari. 125 lits au total. Douches communes (ce qui ne signifie pas que tout le monde se douche en même temps !). Très propre. Petit déj en face.

Où dormir dans un couvent ?

Si vous rêvez de pouvoir dormir dans un couvent à Venise, et à prix doux, votre souhait est facile à réaliser. Le premier, du moins, puisqu'il suffit de se conformer aux règles conventuelles, mais le second devient plus difficile car les prix, en pleine saison, passent souvent de la catégorie « prix moyens » à « plus chic ». Mieux vaut donc compter *entre 80 et 120 €, pour deux, selon la saison.*

Dans le quartier du Dorsoduro

▲ *Istituto Suore Salesie* (plan général D5, **47**) : rio terrà dei Catecumeni, Dorsoduro, 108. ☎ 041-522-36-91. • vecatecumeni@salesie.it • Arrêt Salute, vaporetto n° 1. Attention, le nom de ce couvent n'est pas indiqué sur la porte d'entrée. Ouv surtout juin-juil et début sept (le reste de l'année, selon disponibilité). Résa conseillée longtemps en avance. Simple 50 € ; double 72 €, avec ou sans sdb. Petit déj inclus. Couvre-feu 23h. CB refusées. Les sœurs, fort sympathiques mais plutôt âgées, préfèrent accueillir des femmes calmes et respectueuses du silence qui règne dans les lieux (à vous de voir, donc !). En couple, c'est possible, avec ou sans la bague au doigt ! Le cloître sur lequel donnent les chambres est de toute beauté.

▲ *Istituto Canossiano San Trovaso* (plan général B5, **49**) : fondamenta delle Eremite, Dorsoduro, 1323. ☎ 041-240-97-13 ou 11. • cvenezia@fdcc.org • Fermé 1 sem fin déc et 1 sem à la mi-août. Réception ouv lun-ven 8h-18h30 (sam 18h). Une pers 65 € ; double 100 €. Prix identiques tte l'année. Possibilité d'utiliser la cuisine pour se préparer le petit déj. Couvre-feu vers minuit. Dans ce beau couvent joliment restauré, une soixantaine de chambres d'une propreté irréprochable et très calmes, autour de deux cours. Toutes disposent d'une salle de bains et d'une écritoire (ambiance studieuse !). Celles du 1er étage ont un petit balcon.

▲ **Istituto Don Orione Artigianelli** (plan général C5, 48) : campo di Sant' Agnese, Dorsoduro, 909 A. ☎ 041-522-40-77. • info@donorione-venezia.it • donorione-venezia.it •

Cette institution religieuse se trouve le long des Zattere, juste à côté de l'église des Gesuati. Arrêt Zattere, lignes nos 51, 52 ou 2. Double avec petit déj 140 €. Couvre-feu 1h30, et strictement non-fumeur. Le cadre est vraiment splendide : deux cloîtres datant du XVe s. Chambres de 1 à 3 lits avec salle de bains et air climatisé. Celles qui se trouvent dans la partie restaurée (avec une touche assez contemporaine) sont vraiment nickel et d'une blancheur immaculée. L'une de nos meilleures adresses pour son charme, sa propreté, son accueil et sa situation.

Dans les quartiers de San Marco et du Castello

▲ **Patronato Salesiani** (plan général G4, 67) : calle San Doménico, Castello, 1281. ☎ 041-240-36-11. • info@salesianivenezia castello.it • salesianiveneziacastello.it • Vaporetti nos 1, 41, 42, 51 ou 52, arrêt Giardini. Ouv tte l'année. Réception 9h-12h30. Double 96 €. Petit déj inclus. Possibilité de ½ pens 64 €/pers. CB refusées. À côté des jardins de la Biennale et de la maison natale de Tiepolo. L'institut héberge des étudiants durant l'année scolaire, mais une partie est toujours réservée pour les touristes. Places supplémentaires disponibles pendant les vacances. Chambres restaurées, très propres, toutes avec douche et w-c. Ambiance patronage (pour ceux qui ont connu). Les enfants jouent dans la cour sous l'œil bienveillant du curé. Sérénité et joie de vivre règnent dans ces lieux.

▲ **Domus Ciliota** (zoom C4, 68) : calle delle Múneghe, San Marco, 2976. ☎ 041-520-48-88. • info@ciliota.it • ciliota.it • Vaporetto n° 2, arrêt San Samuele ; ou vaporetto n° 1, arrêt Sant'Angelo. Ouv tte l'année. Résa conseillée. Doubles avec sdb 90-140 € selon saison. Petit déj compris. AC, minibar. Environ 70 lits dans un ancien couvent, bâtisse à la façade anonyme, devenu un hôtel tout confort, aux chambres sans charme particulier, mais grandes, sobres et très propres, de 1, 2 ou 3 lits. Personnel charmant. Deux salles communes au rez-de-chaussée, et une magnifique cour intérieure pleine de jolies fleurs.

Location d'appartements dans le centre de Venise, depuis Paris

Un bon moyen pour faire des économies et apprendre à se débrouiller comme un autochtone (courses au marché, retour en vaporetto, etc.) quand on veut séjourner à Venise plusieurs jours. Plus zen, moins stressant, plus authentique. Moins cher aussi, au bout du... compte. Pensez-y, la différence n'est pas négligeable du tout, surtout si vous êtes entre amis ou en famille ! Bon, d'accord, faut penser à descendre la poubelle tôt le matin, faut pas faire de bruit après une certaine heure, car la voisine se couche tôt, et on ne peut rien dire si la télé du voisin du dessus vous fait participer malgré vous aux jeux idiots du début de soirée, tandis que vous êtes en train de préparer une pasta maison ou une salade d'une fraîcheur et d'une saveur réconfortantes, sans parler des petits artichauts ou des fruits qu'on ne peut trouver qu'au marché du Rialto. (Voir la rubrique « Hébergement » dans « Venise utile » en début de guide.)

Où dormir à l'hôtel, de prix moyens à plus chic ?

Les adresses qui suivent atteignent des prix moyens à plus chic (du côté de San Marco et de l'*Accademia*, parfois plus). Mais elles peuvent devenir relativement bon marché pour les chambres de 3 ou 4 personnes. Attention, réservez longtemps à l'avance si vous voulez être sûr d'avoir un lit ! Et pensez bien à demander dès la réservation quelles sont les réductions proposées à nos lecteurs, quand il y en a (voir la rubrique « Budget » dans « Venise utile »). Si vous payez « cash », comme on vous le fera comprendre parfois, vous pourrez même obtenir « un prix d'ami » !

Dans le quartier du Dorsoduro

Locanda Ca' Foscari (zoom B4, 50) : calle della Frescada, Dorsoduro, 3887 B. ☎ 041-710-401. • info@locandacafoscari.com • locandacafoscari.com • Vaporetti n°s 1 ou 2, arrêt San Tomà. Couvre-feu 1h. Attention, résa conseillée longtemps à l'avance, car c'est une adresse très prisée et il n'y a qu'une dizaine de chambres. On vous demandera de verser des arrhes par mandat international. Doubles avec lavabo 66-85 €, avec sdb 75-105 € (plus spacieuses), petit déj inclus. Également quelques chambres pour 3-4 pers à prix intéressants. Atmosphère pension de famille dans un quartier d'étudiants. Le patron officie avec sa femme, ex-prof de français, et sa tante dans une ambiance assez décontractée.

Hotel Galleria (zoom C5, 51) : rio terrà Antonion Foscarini, Dorsoduro, 878 A. ☎ 041-523-24-89. • galleria@tin.it • hotelgalleria.it • Vaporetti n°s 1 ou 2, arrêt Accademia. Juste à gauche en quittant le débarcadère. Réception au 1er étage. Doubles avec sdb et vue 140-180 € (sinon, compter 115-130 €). Très bien situé et calme. Une dizaine de chambres dans une maison du XVIIe s pleine de charme (tapisseries à grosses fleurs, tapis et parquet). Celles donnant sur le Grand Canal (n°s 4, 5, 7, 8, 9 et 10) valent vraiment le coup (mais ce ne sont pas les plus grandes). Bien sûr, la vue se paie. Petit déj servi dans les chambres.

Hotel Alla Salute da Cici (plan général C5, 53) : fondamenta di Ca' Balà, Dorsoduro, 222. ☎ 041-523-54-04. • info@hotelsalute.com • hotelsalute.com • Vaporetto $n°$ 1, arrêt Salute. Non loin de la fondation Guggenheim et de l'église Santa Maria della Salute. Fermé de mi-nov à janv, mais ouv env 10 j. à Noël. Doubles 90-160 € ; pour 3-4 pers grandes chambres 150-190 €. Le bâtiment donne sur un petit canal bien tranquille. L'entrée n'est pas sans majesté. La plupart des chambres (50 au total) ont incontestablement du caractère. Celles qui ont été restaurées disposent de l'AC. Mais attention, quelques chambres donnant sur l'arrière sont petites et n'ont pas grand-chose de vénitien (un peu frustrant et, surtout, rapport qualité-prix moins intéressant...).

Locanda San Trovaso (plan général B5, 52) : fondamenta delle Eremit, Dorsoduro, 1350-1351. ☎ 041-277-11-46. • info@locandasantrovaso.com • locandasantrovaso.com • Doubles avec sdb et vue 60-200 € ; moins cher sans la vue. Petit déj inclus. Six chambres d'hôtes, élégantes et simples, dans un style vénitien classique. Pas de grande recherche d'originalité mais, si vous cherchez la vue à tout prix (c'est le cas de le dire) les prix seront en conséquence.

Dans les quartiers de San Polo et de Santa Croce

Hotel Dalla Mora (plan général B4, 56) : salizzada San Pantalòn, Santa Croce, 42. ☎ 041-710-703. • hoteldallamora@libero.it • hoteldallamora.it •

Vaporetti n°s 1, 2, 51 ou 52, arrêt Piazzale Roma. Fermé janv. Doubles 40-100 €, petit déj compris. Petit hôtel 1 étoile au bord d'un rio. Prix très doux pour des chambres un peu petites mais propres et claires. Le cadre est simple, agréable, et la plupart des chambres ainsi que la grande terrasse ont vue sur l'eau. Une bonne petite adresse au calme.

≜ **Casa Peron** (plan général B4, **55**) : salizzada San Pantalòn, Santa Croce, 84. ☎ 041-710-021. • casaperon@libero.it • casaperon.com • Vaporetti n°s 1, 2, 51 ou 52, arrêt Piazzale Roma. Fermé 15-31 janv. Doubles 60-100 €, avec ou sans sdb et, selon saison, petit déj inclus. Une chambre dispose d'une petite terrasse, et la plupart sont climatisées. Décoration simple, mais très propre. Le patron, qui parle le français, travaille avec sa femme et son fils. Un bon rapport qualité-prix et un accueil prévenant.

≜ **Hotel Alex** (zoom C3, **57**) : rio terrà Frari, San Polo, 2606. ☎ 041-523-13-41. • info@hotelalexinvenice.com • hotelalexinvenice.com • Vaporetti n°s 1 ou 2, arrêt San Tomà. Juste à côté de l'église des Frari. Entrée sous des arcades. Doubles sans sdb 40-80 €, avec sdb 60-108 €. Chambres intéressantes pour 3-4 pers. Petit déj compris. CB refusées. Bien situé, dans une maison ancienne. Une dizaine de chambres correctes mais pas très spacieuses (vous êtes à Venise, ne l'oubliez pas !). Si vous ne trouvez rien ailleurs...

≜ **Pensione Guerrato** (zoom D3, **58**) : calle drio la Scimia, San Polo, 240 A. ☎ 041-522-71-31 ou 041-528-59-27. • hguerrat@tin.it • pensioneguerrato.it • Vaporetti n°s 1 ou 2, arrêt Rialto. À 2 mn du Rialto, juste à côté du marché aux légumes (doubles vitrages, donc pas de bruit). Réception au 1er étage. Fermé 10 janv-6 fév. Doubles 80-160 €, petit déj compris, les chambres les plus chères étant au dernier étage et climatisées. Mobilier et livres anciens décorent l'hôtel, installé dans un palais vénitien. Petit déj dans une belle salle baignée de musique lyrique. Pas mal de charme, donc. Roby et son beau-frère Piero vous réservent un accueil chaleureux, dans un français chantant, et un peu avec les mains...

≜ **Hotel Falier** (plan général B4, **78**) : salizzada San Pantalòn, Santa Croce, 130. ☎ 041-710-882. • reception@hotelfalier.com • hotelfalier.com • Vaporetti n°s 1, 2, 41, 42, 51 ou 52, arrêt Piazzale Roma. Doubles avec sdb 80-200 € selon saison. Réduc de 10 % pour les porteurs de ce guide à la réservation. TV satellite, AC et téléphone. Un hôtel d'une petite vingtaine de chambres, toutes très cosy. Au rez-de-chaussée, elles sont tout de même un peu sombres. Au dernier étage, petite chambre avec terrasse pour prendre le petit déj (pas top, ce dernier, par contre !) sur les toits et grand lit confortable. Agréable jardin sous la glycine. On y parle le français.

≜ **Albergo Doge** (plan général B3, **59**) : Lista Vecchia dei Bari, Santa Croce, 1222. ☎ 041-524-21-92 ou 041-717-212. • hoteldoge@libero.it • albergodoge.com • Vaporetto n° 1, arrêt Riva de Biasio. Doubles 70-260 € selon saison, petit déj inclus. Un hôtel joliment restauré avec, de-ci de-là, quelques poutres apparentes qui donnent un petit charme. Une dizaine de chambres avec bains et climatisation. Certes, elles ne sont pas toutes très spacieuses, mais elles sont agréables et arborent de belles couleurs au goût du jour. Bon accueil, et l'on pourra même vous donner quelques tuyaux. Une adresse au rapport qualité-prix intéressant en basse saison (les prix chutent de plus de la moitié). Calme, car dans une rue un peu à l'écart, et très proche de la gare (il suffit de traverser le *ponte degli Scalzi* et vous y êtes).

Dans le quartier de Cannaregio

≜ **Hotel Villa Rosa** (plan général B2, **60**) : Lista di Spagna, calle della Misericórdia, Cannaregio, 389. ☎ 041-716-569. • villarosa@ve.nettuno.it • villarosahotel.com • Vaporetti n°s 1, 41, 42, 51, 52 ou 2, arrêt Ferrovia. Doubles 60-150 € selon saison, petit déj inclus. Prix avantageux pour les triples (80-

170 €). Une trentaine de chambres, toutes avec salle de bains, TV satellite, AC et téléphone. De beaux tissus colorés recouvrent les murs, chaque chambre ayant sa nuance de couleur. Certaines ont même une petite terrasse. Le patron, très sympa, parle le français et n'hésite pas à plaisanter avec ses clients. Son hôtel est d'après lui le meilleur 1-étoile de Venise, et c'est sans doute vrai. Bref, une adresse qui a un petit charme certain.

▲ **Casa Boccassini** (zoom E2, *61*) : *calle del Fumo, Cannaregio, 5295.* ☎ *041-522-98-92.* • *info@hotelboccassini.com* • *hotelboccassini.com* • *Vaporetti n°s 41, 42, 51 ou 52, arrêt Fondamenta Nove. Fermé 10 déc-10 fév. Doubles 70-140 €, petit déj compris.* Un hôtel à l'écart de l'agitation touristique, donc dans un quartier très calme. L'ambiance est familiale et l'on prend le temps de donner des renseignements aux clients, et en français s'il vous plaît. Ici, toutes les chambres sont différentes, la déco toujours soignée. Si vous aimez le mobilier baroque, c'est la chambre n° 6 qu'il vous faut ! Quant à la 8, elle donne sur le jardin. Jolie cour intérieure fleurie où l'on peut prendre le petit déj. Voilà une adresse simple et agréable. On s'y sent vraiment bien.

▲ **Hotel Bernardi Semenzato** (zoom D2-3, *62*) : *calle dell'Oca, Cannaregio, 4366.* ☎ *041-522-72-57.* • *info@hotelbernardi.com* • *hotelbernardi.com* • *Vaporetti n° 1, arrêt Ca' d'Oro. Fermé 10-31 janv. Doubles sans lavabo 50-75 €, avec sdb 70-115 €.* Hôtel dans une ruelle typique d'un quartier populaire, qui compte une trentaine de chambres. La plupart sont climatisées. Celles situées au niveau de la réception sont plutôt classiques. En revanche, dans l'annexe récente, elles sont plus spacieuses et décorées avec de beaux meubles vénitiens. Deux d'entre elles ont même un lit à baldaquin.

▲ **Hotel Rossi** (plan général B2, *63*) : *Lista di Spagna, Cannaregio, 262.* ☎ *041-715-164.* • *info@hotelrossi.ve.it* • *hotelrossi.ve.it* • *À 5 mn de la gare. Vaporetti n°s 1, 2, 41, 42, 51 ou 52, arrêt Ferrovia. Fermé en janv. Dans une impasse donnant sur la Lista di Spagna, à gauche juste avt d'arriver sur le campo San Geremia. Doubles avec lavabo 64-77 €, avec douche 77-92 €. Petit déj inclus. Réduc de 10 % sur présentation de ce guide.* On pénètre dans la ruelle par une belle porte gothique à arc d'ogive. Hôtel d'une quinzaine de chambres, avec un simple lavabo pour les moins chères, salle de bains pour les autres. Certaines peuvent accueillir 3 ou 4 personnes. Les chambres sont propres, calmes et climatisées. Déco réduite au strict minimum. Le patron, un vieux monsieur adorable, parle le français.

▲ **Albergo Santa Lucia** (plan général B2, *65*) : *calle della Misericórdia, Cannaregio, 358.* ☎ *041-715-180.* • *info@hotelslucia.com* • *hotelslucia.com* • *Vaporetti n°s 1, 2, 41, 42, 51 ou 52, arrêt Ferrovia. Fermé déc-janv. Doubles sans sdb 50-90 €, avec sdb 90-115 € selon saison. Petit déj inclus.* Petit immeuble moderne sans charme. Comme l'accueil est charmant, passons. Les chambres sont propres et simples, sans grands efforts de déco. On aimerait bien des couleurs un peu plus chatoyantes. En revanche, aux beaux jours, il est bien agréable de prendre calmement le petit déj dans la cour. Demandez si possible une chambre au fond du couloir (loin de la réception et du salon télé).

▲ **Hotel Adua** (plan général B2, *66*) : *Lista di Spagna, Cannaregio, 233 A.* ☎ *041-716-184.* • *aduahotel@libero.it* • *aduahotel.com* • *À 5 mn de la gare Santa Lucia. Vaporetti n°s 1, 2, 41, 42, 51 ou 52, arrêt Ferrovia. Doubles 50-140 €. AC et TV satellite. Petit déj 7,50 €.* Petit hôtel tout simple, comme les chambres d'ailleurs (des murs blancs), mais bien situé. La plupart d'entre elles donnent sur la rue Lista di Spagna (passante en journée). Un petit peu cher tout de même en période touristique, mais très avantageux hors saison.

▲ **Hotel Eden** (plan général C2, *80*) : *rio terrà Maddalena, Cannaregio, 2357.* ☎ *041-524-40-03.* • *info@htleden.com* • *htleden.com* • *Vaporetti n°s 1 ou 2, arrêt San Marcuola. Fermé les 3 dernières sem de janv. Doubles 50-230 € selon saison, petit déj compris. Téléphone, AC, coffre-fort et TV.* Sur le campiello Volto Santo, dans un quartier peu agréable. L'hôtel donne sur une cour minuscule avec un vieux puits. Juste une dizaine de chambres dont une seule a la dou-

Dans le quartier de San Marco

Autour de la *piazza San Marco* (place Saint-Marc), les prix sont un peu plus musclés que dans les autres quartiers de la ville. On peut sans hésiter relever de quelques dizaines d'euros la partie supérieure de la fourchette des catégories, du moins pour la pleine saison. Comme partout, les prix chutent avec les températures.

* *Ca'Leon d'Oro* (zoom D3, **64**) : sottoportico del Pirieta, San Marco, 5303. ☎ 041-241-38-95. • venezia.leondoro@libero.it • venezialeondoro.it • Vaporetti n°s 1 ou 2, arrêt Rialto. Doubles avec sdb et petit déj 80-280 € selon saison. Cinq chambres d'hôtes seulement dans ce petit immeuble tout à côté du Rialto. Les chambres sont très simplement décorées, seuls les meubles vénitiens rompent la monotonie. Mais elles sont confortables et propres. Pour le même prix, l'une d'elles dispose d'une terrasse privée, avec vue au loin sur les toits de la basilique. Pour l'avoir, réservez longtemps à l'avance, très longtemps !

* *Albergo San Samuele* (zoom C4, **72**) : salizzada San Samuele, San Marco, 3358. ☎ 041-522-80-45. • info@albergosansamuele.it • albergosansamuele.it • Vaporetti n° 2 arrêt San Samuele ou n° 1 arrêt San Angelo. Doubles sans sdb 50-100 €, avec sdb 60-160 € ; pas de petit déj. Dans l'un des rares quartiers calmes de San Marco. Cet hôtel compte une dizaine de chambres pas trop petites et qui sont d'un classique agréable, gentiment décorées de tapisseries rouges pimpantes. Calme et propre. Attention, en saison, on risque de vous demander de réserver pour un minimum de 4 à 5 nuits, ce qu'on appelle ici un « grand week-end ».

* *Hotel Ai Do Mori* (zoom D4, **74**) : calle Larga, San Marco, 658. ☎ 041-520-48-17 ou 041-528-92-93. • reception@hotelaidomori.com • hotelaidomori.com • Vaporetti n°s 1, 2, 41, 42, 51 ou 52, arrêt San Zaccaria. Doubles 50-140 € selon saison ; également chambres pour 3-5 pers. Pas de petit déj. TV, AC. Difficile d'être plus au centre de Venise. Très pratique, mais il faudra compter avec le bruit dans la journée. Doubles vitrages quand même. Un petit bijou se niche au 3e étage, la *camera del pintor*, une petite chambre double avec terrasse privée et une vue unique sur les dômes de la basilique Saint-Marc. Le parfait nid d'amour. Réserver 6 à 8 mois à l'avance pour l'obtenir. Et puis il y a aussi l'annexe, avec ses 5 chambres calmes et très sympas : poutres apparentes, parquet et belles couleurs à chaque fois différentes. Accueil chaleureux et expansif de la proprio.

* *Casa Arte* (zoom C4, **76**) : calle del Fruttaròl, San Marco, 2901. ☎ 041-520-08-82. • info@casaarte.info • casaarte.info • Vaporetti n° 1, arrêt San Angelo ou Accademia ou n° 2 arrêt San Samuele ou Accademia. Doubles 100-190 € selon saison, petit déj inclus. TV, AC. Une maison d'hôtes dans un quartier de San Marco plutôt calme, à l'écart de l'agitation touristique. Les chambres portent des noms de peintres célèbres. Toutes très classes et spacieuses, décorées avec soin dans un style vénitien assumé : tapisseries rouges ou jaunes aux murs. Beaucoup de chaleur. Une suite pour 5 personnes sous les combles. Si complet (6 chambres seulement), une annexe 150 m plus loin, mais là, chambres bien trop classiques.

Dans le quartier du Castello

* *Hotel La Residenza* (plan général F4, **77**) : campo Bandiera e Moro, Castello, 3608. ☎ 041-528-53-15. • info@venicelaresidenza.com • venicelare

sidenza.com • Vaporetti n°s 1, 41 ou 42, arrêt Arsenale. En hte saison, l'hôtel ne prend les résas qu'à partir de 4 nuits (dommage). Doubles 80-180 € selon saison, petit déj inclus. Dans l'ancien palais Gritti-Badoer, près de l'église San Giovanni in Bragora où fut baptisé Vivaldi. Un très bel hôtel de 15 chambres, complètement restaurées, avec une façade gothique du XVe s et un balcon central byzantin aux cinq fenêtres. On prend son petit déj dans un vaste salon couvert de fresques du XVIIIe s. Ce palais, avec tentures et moulures au plafond, abrite des chambres claires très confortables. Superbes meubles peints. Bref, beaucoup de classe et de charme.

▲ *Locanda Silva* (zoom E3, **69**) : fondamenta del Rimedio, Castello, 4423. ☎ 041-522-76-43. • info@locandasilva.it • locandasilva.it • Vaporetti n°s 1, 2, 41, 42, 51 ou 52, arrêt San Zaccaria. Fermé janv. Doubles avec lavabo 60-85 €, avec sdb 80-120 €. Petit déj inclus. Réduc de 10 % aux porteurs de ce guide sur résa pour plus de 3 nuits consécutives. Cet hôtel de 23 chambres conviendra à tout le monde. Mobilier et déco que vous ne prendrez pas en photo, mais établissement très propre. Quelques chambres donnent sur le canal, qui peut être un peu bruyant. Quelques triples et quadruples. Rien de très original, mais les prix restent corrects. Accueil aimable en français.

▲ *Albergo-pensione Doni* (plan général E4, **70**) : calle del Vin, Castello, 4656. ☎ 041-522-42-67. • albergodoni@libero.it • albergodoni.it • Vaporetti n°s 1, 41, 42, 51, 52 ou 2, arrêt San Zaccaria. Fermé les 3 dernières sem de janv. Doubles sans sdb 60-95 €, avec sdb 80-120 € selon saison. Superbe façade avec des fenêtres dans le plus pur style véneto-byzantin. Il y a 13 chambres au total (cela dit pour les superstitieux). Les meilleures donnent sur le canal, mais sont sans salle de bains, et un peu bruyantes tout de même, les livreurs se pointant de bon matin ! Atmosphère familiale.

▲ *Casa Linger* (plan général F4, **71**) : salizzada Sant'Antonin, Castello, 3541. ☎ 041-528-59-20. • hotelcasalinger@hotmail.it • Vaporetti n°s 1, 41 ou 42, arrêt Arsenale. Doubles sans sdb 40-90 €, avec sdb 80-130 € selon saison. Pas de petit déj. Petit hôtel familial d'une dizaine de chambres au charme un tantinet douillet. Pour les chambres sans bains, les sanitaires sur le palier sont impeccables. L'escalier est raide, mais vous êtes récompensé à l'arrivée par l'accueil chaleureux des propriétaires. Choisissez si possible les chambres avec vue sur les toits du Castello. Celles donnant sur la rue ont un tout petit balcon. Bon rapport qualité-prix.

▲ *Hotel Riva* (zoom E4, **92**) : Ponte dell'Angelo, Castello, 5310. ☎ 041-522-70-34. • info@hotelriva.it • hotelriva.it • À deux pas de la piazza San Marco. Fermé 15 nov-31 janv. Doubles 80-130 € avec ou sans sdb, selon vue et saison. Petit déj inclus. Un petit hôtel familial tout en hauteur, simple et bien tenu. Les chambres ne sont pas très grandes, mais celles du 1er étage sont hautes de plafond et l'hôtel est on ne peut mieux placé.

▲ *Alloggi Barbaria* (plan général E3, **89**) : calle de le Capucine, Castello, 6573. ☎ 041-522-27-50. • info@alloggibarbaria.it • alloggibarbaria.it • Doubles 70-150 € selon saison, petit déj compris. TV satellite. Verre de bienvenue offert à nos lecteurs. Six chambres seulement dans cette maison d'hôtes aux murs blancs. Des chambres simples, nettes et fonctionnelles. Toutes avec salles de douche très bien équipées. Peu de charme, mais pratique quand on veut visiter les îles, et quasi bon marché. Demander une chambre donnant sur l'arrière pour profiter du beau magnolia (surtout au printemps quand il est en fleur). Petit déj en terrasse.

▲ *Hotel Alla Fava* (zoom D3, **73**) : campo della Fava, Castello, 5525. ☎ 041-522-92-24. • info@hotelallafava.com • hotelallafava.com • Vaporetti n°s 1 ou 2, arrêt Rialto. Doubles 50-250 € selon saison, petit déj inclus. Prix très honnêtes… en basse saison. Les chambres, hautes de plafond, sont d'une blancheur impeccable, d'une douce sobriété, et confortables. Quelques-unes avec du parquet, des tapis au sol, de beaux lits en bois sculpté ont vraiment du charme. Attention cepen-

Où dormir chic, et même très, très chic, à Venise ?

Cette ville unique au monde fourmille d'établissements exceptionnels à des prix moins exceptionnels (parfois même aberrants). Beaucoup vont à Venise pour fêter un événement particulier. Nous avons donc sélectionné quelques adresses haut de gamme qui offrent un bon rapport qualité-prix, surtout en moyenne saison, évidemment. Certaines sont de véritables coups de cœur. D'autres sont citées surtout pour leur renommée, leur décor ou leur classe, en souhaitant que votre budget vous permette un jour d'y descendre.

Certains palais abritent désormais des chambres sophistiquées, sobres et élégantes, où moderne et ancien se mélangent judicieusement : ces hôtels ultra-chic au look design branché font partie des adresses d'exception pouvant nous faire croire, le temps d'un court séjour, que nous sommes un brin fashion et exceptionnels nous aussi ! Les prix s'envolent vite à des niveaux ahurissants (plus de 400 € la chambre), négociables à la baisse hors saison et en semaine.

Pour vous aider dans votre choix, nous indiquons les prix approximatifs pour 2 personnes. Mais certains hôtels cités proposent des réductions importantes en basse saison (de 15 à près de 50 %). N'hésitez pas à discuter les prix, surtout si vous restez plus de 4 nuits. « Con pagamento contanti », autrement dit si vous payez en liquide, vous aurez des arguments frappants en faveur d'une nette diminution. Et si une réduction vous est offerte grâce à ce guide, demandez-la bien dès la réservation.

Dans le quartier de Cannaregio

Domus Orsoni (plan général B2, **91**) : Cannaregio, 1045. ☎ 041-275-95-38. ● info@domusorsoni.it ● domusorsoni.com ● Vaporetti n°s 42 ou 52, arrêt Ponte delle Guglie. Prendre la fondamenta di Cannaregio, puis emprunter le sottoportico dei Vedei. Doubles avec petit déj 100-250 € selon saison. Dans l'ancienne maison de maître du XIXe s de la fabrique de mosaïques Orsoni (qui fonctionne toujours à côté). Cinq chambres d'hôtes aménagées au 1er étage avec un ameublement design aux tons clairs, décorées chacune (y compris les salles de bains) par un céramiste différent. L'ensemble, résolument contemporain, est très réussi et dégage une impression de grande sérénité. Le hall d'entrée au rez-de-chaussée abrite différentes réalisations en mosaïques. Petit déj dans une salle à manger très sobre, ou aux beaux jours en terrasse. Vous vous en doutez, il faut réserver longtemps à l'avance pour en profiter.

Palazzo Abadessa (zoom D2, **87**) : calle Priuli, Cannaregio, 4011. ☎ 041-241-37-84. ● info@abadessa.com ● abadessa.com ● Vaporetto n° 1, arrêt Ca' d'Oro (avec ponton privé pour les arrivées en taxi depuis l'aéroport). Doubles 150-300 € selon saison, suite jusqu'à 400 €. Douze chambres de charme dans un palais des XVIe et XVIIe s. Maria Luisa Spagnolo et Battista Rosi en sont les heureux propriétaires et les hôtes très chaleureux. Entrée majestueuse, surtout pour qui arrive de nuit (un palais illuminé comme pour une fête !). Raffiné mais pas coincé, un lieu vivant, où les fresques du XVIIe, les lustres de Murano s'accommodent des touches de confort ou de fantaisie apportées pour (et par) les hôtes du temps présent. Petit jardin pour boire un verre au calme.

Dans les quartiers de San Marco et du Castello

Albergo Al Piave (plan général E3, 79) : ruga Giuffa, Castello, 4838/40. ☎ 041-528-51-74. • info@hotelalpiave.com • hotelalpiave.com • Vaporetti n°s 1, 2, 41, 42, 51 ou 52, arrêt San Zaccaria. Fermé de début janv jusqu'au Carnaval. Résa conseillée 1-2 mois à l'avance. Doubles 110-230 € selon saison. Verre de bienvenue offert à nos lecteurs. Dans une ruelle étroite et charmante. Les responsables de cet hôtel refait à neuf parlent bien le français. En haute saison, il faut rester au minimum 2 nuits. Cependant les chambres, une quinzaine, sont assez cosy et toutes impeccables, avec salle de bains, coffre et climatisation.

Hotel Bridge (plan général E4, 83) : calle Drio la Chiesa, Castello, 4498. ☎ 041-520-52-87. • info@hotelbridge.com • hotelbridge.com • Résa conseillée longtemps à l'avance. Doubles avec sdb 110-240 € selon saison, petit déj compris. AC, TV, minibar. Un hôtel au calme et très bien situé en plein centre qui compte une quinzaine de chambres (certaines sont quand même vraiment exiguës). Les unes ont une déco typiquement vénitienne, tandis que les autres ont opté pour un style plus florentin. Poutres en bois apparentes dans la plupart d'entre elles, très beaux tissus. Les chambres mansardées du dernier étage sont adorables, mais en haut d'un escalier interminable et vertigineux. Le jeune couple gérant parle très bien le français. Attention, c'est souvent complet.

Hotel Flora (zoom D4, 84) : San Marco, 2283 A. ☎ 041-520-58-44. • info@hotelflora.it • hotelflora.it • À 2 mn de la pl. Saint-Marc. Vaporetti n°s 1 ou 2, arrêt Vallaresso. Accès par la calle larga XXII Marzo, ruelle à côté du bijoutier Bulgari. Doubles 140-310 € selon confort et saison. Hôtel romantique à souhait et calme situé dans un vieux palais vénitien du XVIIIe s, dans un cadre idyllique (délicieux petit jardin). Recommandé aux amateurs de tentures murales aux tons pastel et de meubles d'antiquaires. Toutes les chambres ont une déco personnalisée, au charme un peu suranné, voire franchement rétro. Celles qui donnent sur le jardin sont au même prix que les autres. Adorable salon, bar et salle à manger. Service stylé. Accueil plein d'affabilité.

Dans les quartiers de San Polo et de Santa Croce

Hotel San Cassiano (zoom C3, 85) : Ca' Favretto, calle della Rosa, Santa Croce, 2232. ☎ 041-524-17-68. • info@sancassiano.it • sancassiano.it • Vaporetto n° 1, arrêt San Stae ou Rialto. Fléché depuis la calle della Regina. Doubles 130-500 € selon saison. Prix fortement négociables en basse saison. 10 % de réduc sur présentation de ce guide dès la résa. Une quarantaine de chambres, dont 7 avec vue sur le Grand Canal. Ces dernières sont à éviter si vous cherchez le calme. Accueil très professionnel dans un décor de rêve. Parfait pour les amoureux. Il n'y a pas d'ascenseur, mais l'hôtel, au hall somptueux, a équipé 2 magnifiques chambres à 3 lits pour l'accès des handicapés. Remarquez les belles feuilles en verre sur les lampadaires vénitiens qui ornent chaque chambre.

Dans le quartier du Dorsoduro

La Calcina (plan général C5, 54) : Zattere ai Gesuati, Dorsoduro, 780. ☎ 041-520-64-66. • info@lacalcina.com • lacalcina.com • Vaporetti n°s 2, 51 ou 52, arrêt Zattere. Selon saison et vue, doubles avec sdb 150-250 €, petit déj-buffet inclus. Également suites et appartements dans l'annexe. Une adresse paisible pour ceux qui recherchent le calme dans un quartier résidentiel. Ce fut la maison de John Ruskin, critique d'art et écrivain anglais. Il rédigea ici ses Pierres de Venise. L'hôtel a été entièrement refait, avec marbre et

OÙ DORMIR CHIC, ET MÊME TRÈS, TRÈS CHIC, À VENISE ?

décoration moderne de très bon goût dans des tons clairs. L'endroit n'a rien d'un palais vénitien (la maison date du XIXe s), mais l'on s'y sent bien. L'accueil est souriant (on parle le français) et la propreté rigoureuse. Fait également restaurant.

▲ **Hotel Agli Alboretti** (zoom C5, **81**) : rio terrà Antonio Foscarini, Dorsoduro, 884. ☎ 041-523-00-58. • info@aglialboretti.com • aglialboretti.com • Vaporetti n°s 1 ou 2, arrêt Accademia. Fermé de janv jusqu'au Carnaval. Doubles 123-200 € selon confort, petit déj compris. Idéalement situé à deux pas du musée de l'Accademia. Dans une vénérable demeure vénitienne, une vingtaine de chambres climatisées qui, bien qu'un peu petites, arborent un charme classique et cosy. Vous serez normalement accueilli dans un français impeccable. On peut prendre son petit déj dans un agréable patio, protégé du soleil par une tonnelle.

▲ **Hotel Locanda San Bárnaba** (plan général B4, **90**) : calle del Traghetto, Dorsoduro, 2785. ☎ 041-241-12-33. • info@locanda-sanbarnaba.com • locanda-sanbarnaba.com • Vaporetto n° 1, arrêt Ca' Rezzonico. Doubles standard 120-180 €, juniors suites 180-230 € selon saison, petit déj compris. Un palais du XVIe s, dans une petite rue bien au calme qui part du campo San Bárnaba vers l'embarcadère. Une adresse qui, bien que n'ayant pas de vue particulière à offrir, ne manque pas de charme. L'ensemble se compose d'une quinzaine de chambres (dont une en rez-de-chaussée) toutes différentes, meublées sobrement et avec goût. Elles s'ordonnent autour de l'ancienne salle de bal du palais. Une d'entre elles (la plus chère) a conservé les fresques du XVIIIe au plafond et dispose d'une splendide mezzanine. Élégante salle à manger, et petit jardin pour les beaux jours. Accueil très affable dans un beau hall d'entrée.

▲ **Pensione Accademia** (zoom C4-5, **82**) : fondamenta Bollani, Dorsoduro, 1058. ☎ 041-521-01-88. • info@pensioneaccademia.it • pensioneaccademia.it & Vaporetti n°s 1 ou 2, arrêt Accademia. Résa 3 mois à l'avance, surtout si l'on vient pour un w-e. Doubles 90-200 €, doubles supérieures 165-330 € selon saison. Une trentaine de chambres dans une superbe villa du XVIIe s, coincée au confluent de deux canaux. Petit jardin privé donnant sur le Grand Canal, avec quelques tables pour prendre un verre dehors. Accueil professionnel. Une adresse, dans l'ensemble, qui présente beaucoup d'attrait.

▲ **Ca' Maria Adele** (zoom D5, **88**) : Dorsoduro, 111. ☎ 041-520-30-78. • info@camariaadele.it • camariaadele.it • & Vaporetto n° 1, arrêt Salute. Doubles avec vue 90-400 € ; chambres à thème 400-900 €. Petit déj compris. Un verre de bienvenue est offert à nos lecteurs. À l'ombre de la basilique Santa Maria della Salute, une maison noble du XVIe s, entièrement réaménagée et décorée par ses nouveaux propriétaires. Rejetons d'une grande famille vénitienne, ils lui ont donné le prénom de leurs grand-mères. Des chambres classiques et confortables, pour les moins chères, mais aussi des chambres à thème, pour un séjour « luxe, confort et volupté » garanti. Chambre du Doge ou du Maure, chambre nuptiale ou orientale, à chacun son rêve.

▲ **DD. 724** (plan général C5, **94**) : ramola Mula, Dorsoduro, 724. ☎ 041-277-02-62. • info@dd724.it • dd724.it • Doubles standard 260-300 € ; juniors suites 350-500 €. Petit déj compris. Verre de bienvenue offert. Seulement 6 chambres dans une ruelle calme de Dorsoduro. L'adresse de cette « charming house » lui sert aussi de nom, tout simplement. La jeune propriétaire des lieux semble vouloir s'affranchir des codes et standards vénitiens. Et elle s'en tire merveilleusement bien. Son « palais » est recouvert en maison d'hôtes soignée où toute référence avec les traditions a été gommée. Déco résolument moderne, tableaux contemporains, mobilier épuré de bois foncé habillent les chambres chic aux teintes beige-gris. Petit déj dans une salle mansardée. Pour autant, accueil simple, généreux.

▲ **Ca'Pisani Hotel** (plan général C5, **86**) : rio terrà Antonio Foscarini, Dorsoduro, 979. ☎ 041-240-14-11. • info@capisanihotel.it • capisanihotel.it • Doubles standard 196-500 € ; juniors suites 234-600 €. Grand palais vénitien aux murs rose pastel du XVIe s où tout a été savamment étudié pour un résultat design ultrasophistiqué. Quelques tableaux du mouvement futuriste italien sont accrochés sur les murs. Les chambres étalent sans complexe des mélanges de matières les plus variées : lignes métalliques du mobilier et chaleur de lits de bois foncés, marbres bruns pailletés très originaux dans les salles de bains et lumière tamisée.

Où dormir au Lido, de prix moyens à très chic ?

Une villa au Lido, ça vous dirait ? Aussi bien qu'un hôtel à Venise même, si on aime le calme, les balades matinales en vélo. Et ceux qui viennent à Venise en voiture peuvent y dormir pour économiser le prix du parking au Tronchetto et profiter de la plage. On peut emprunter le bac n° 17 jusqu'au Lido et loger, si l'on n'a pas envie de s'offrir une des villas, dans l'un des nombreux autres hôtels de l'île (le Lido n'est qu'à une quinzaine de minutes de la place Saint-Marc). Quelques-uns ont des parkings privés, compris dans le prix de la chambre. Sinon, on peut toujours trouver un endroit pour se garer. Attention, durant la Mostra de Venise, les prix grimpent vertigineusement et les hôtels sont réservés plusieurs mois à l'avance.

▲ *Villa delle Palme :* via Enrico Dandolo, 12. ☎ 041-242-02-36. • info@hotelvilladellepalme.com • hotelvilladellepalme.com • *Doubles 80-250 € selon saison, petit déj compris. Accès Internet. Parking.* Voilà un hôtel plein de charme et de classe, installé dans une belle villa blanche du début du XXe s dont l'architecture originale a été merveilleusement restaurée ! Toutes les chambres sont parfaitement équipées, avec salle de bains, AC, TV satellite. Éviter les chambres en sous-sol sans vraies fenêtres. Les murs sont entièrement recouverts de très beaux tissus verts, histoire de recréer l'atmosphère des palais vénitiens. Quelques-unes ont même un petit balcon pour admirer tranquillement le jardinet planté de palmiers. Ravissante salle bleutée pour prendre le petit déj et s'assurer d'un réveil tout en douceur ! Et que dire du belvédère offrant une vue imprenable sur le Lido et, au loin, Venise (à ne pas rater au coucher du soleil !) ? Le patron parle le français. Un hôtel qui respire vraiment le calme et la sérénité.

▲ *Hotel Villa Cipro :* via Zara, 2. ☎ 041-731-538. • info@hotelvillacipro.com • hotelvillacipro.com • *Doubles 80-240 € selon saison.* Encore une jolie villa récemment restaurée, certes plus classique mais également très élégante dans son environnement boisé et avec sa belle pelouse. Chambres agréables et confortables. Celles sur l'avant sont très lumineuses, sur l'arrière plus au calme, et les chambres du second bénéficient même d'une terrasse. À vous de choisir. Petit déj aux beaux jours dans le jardin ou sur la terrasse. Accueil souriant, et parking privé pour les clients.

LE GRAND CANAL

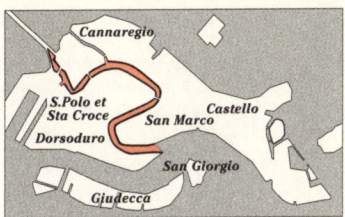

LE GRAND CANAL

« La plus belle rue que je crois être en tout le monde », écrivait déjà Commynes au XVe s. Et Dieu sait qu'il n'y avait pas autant de palais aussi somptueux à cette époque. Le Grand Canal est toujours l'artère principale de Venise, où les embarcations en tout genre circulent toute la journée. Les Vénitiens ont traduit dans leur langage l'importance qu'il a pour eux : ils l'ont qualifié de « grand », certes, mais ils l'ont surtout appelé « canal » (*canalazzo* en vénitien), lui donnant le même titre que celui de Cannaregio et celui de la Giudecca, les autres voies d'eau se contentant du terme « rio » (c'est déjà ça). Historiquement, les bateaux de marchandises l'empruntaient pour se rendre au Rialto, le quartier des marchands. Aussi a-t-on pu comparer le Grand Canal aux « docks » d'une zone portuaire. Long de 3,8 km, large de 70 m et profond par endroits de 5 m, il prend la forme d'un S renversé.

Au départ du S, à la hauteur de la gare, le nouveau pont tant attendu (depuis le début du nouveau millénaire) et tant critiqué (il a coûté une fortune et son utilité est déjà remise en question) va permettre de déverser chaque jour le trop-plein de visiteurs en provenance de Mestre et des environs. Trois autres ponts l'enjambent *(degli Scalzi, Rialto, dell'Accademia)* pour relier entre elles les deux parties de la ville, chacune divisée en trois *sestieri* (quartiers). D'ailleurs, on dénommait autrefois les responsables des *sestieri* en fonction de leur appartenance à l'une ou l'autre : les *ultra* s'occupaient des quartiers de la rive droite et les *citra* de ceux de la rive gauche.

LES « CENT » PALAIS

Les familles les plus fortunées se devaient d'avoir un palais sur le Grand Canal. Un tel emplacement offrait en effet toutes les facilités pour le commerce. Le palais servait à la fois de siège social et d'habitation. Certaines demeures ont ainsi perdu la dénomination de palais pour celle de *Casa, Ca'* en abrégé (d'où, par exemple, la contraction « Ca' d'Oro »). Très vite, les Vénitiens ont compris l'importance que pouvait avoir l'aspect extérieur du bâtiment auprès de la clientèle. Les quelque 100 palais qui bordent le Grand Canal ont été construits sur une période de 500 ans. Ainsi, retrouve-t-on l'histoire de la cité grâce aux demeures qui intègrent tous les styles et toutes les influences.

Cependant, l'agencement intérieur des palais est conçu sur le même modèle. Le rez-de-chaussée n'est qu'un hall d'entrée qui occupe toute la surface du bâtiment. On peut y entrer aussi bien par une *calle* (rue) que par le Grand Canal où un ponton, signalé par des *paline* (jalons) colorées et frappées du blason familial, permet d'amarrer son embarcation. Le plus souvent, la façade se compose d'un portique qui servait à décharger les navires, et d'une ou deux *torricelle* (petites tours). Le

Fondaco dei Turchi en est la meilleure illustration. Juste au-dessus, à l'entresol, on trouve des petits bureaux ou des salons. Le premier étage, appelé *piano nobile*, est le véritable lieu de vie de la demeure.

L'ensemble des pièces est organisé autour d'un hall richement décoré, le *portego*, qui servait à exposer les marchandises. Certains palais ont un deuxième *piano nobile* situé au-dessus du premier. Cette organisation intérieure se retrouve sur la façade. Au centre, on peut voir les larges fenêtres du *portego* ; de part et d'autre, des fenêtres plus petites correspondent aux autres pièces. Au total, l'ensemble des ouvertures sur la façade a une superficie supérieure à celle des murs pleins, dans le but d'alléger l'esthétique mais aussi la construction et de rendre l'intérieur plus lumineux. Le plus souvent, le palais a une double face : l'une décorée à l'aide d'un placage, côté Grand Canal, l'autre plus sobre, côté rue.

L'ENVERS DU DÉCOR

La plupart des palais ont été construits en brique. C'était à l'époque le matériau le moins cher, le plus facile à travailler et à véhiculer, et, surtout, le plus léger. En effet, la construction sur pilotis imposait d'utiliser les matériaux les moins lourds (voir la rubrique « Géographie et urbanisme » dans « Hommes, culture et environnement »). Toute l'ingéniosité des architectes vénitiens a permis d'édifier des palais qui sont debout, pour certains, depuis près de 700 ans. Alors, pourquoi pas 700 de plus ? Les modifications ultérieures ont altéré les fondations. Le luxe et le faste d'antan ont disparu. Seule la façade subsiste. Quelques particuliers les habitent encore, mais ils ne peuvent assumer la charge financière de l'entretien et des réparations. En les regardant, on n'imagine pas toujours le froid et l'humidité qui y règnent. Plusieurs palais sont occupés par l'administration ou ont été rachetés par des fondations. Ils ne connaîtront pas la chance d'une nouvelle vie, voire d'une nouvelle gloire, comme c'est le cas aujourd'hui du *palazzo Grassi* (ou, devrait-on dire, comme certains qui le cherchent désespérément : le « palais Pinault » ?), devenu dès sa réouverture une des attractions principales de la ville.

Pour assister à ce fabuleux film où les spectateurs défilent devant les images, et non l'inverse, le mieux est de s'installer à l'avant des *vaporetti* n°s 1 ou 2. Mais attention, un seul passage ne suffira pas. N'hésitez pas à recommencer plusieurs fois. Prenez une carte pour circuler librement. Pour commencer à comprendre Venise, il faut d'abord s'excentrer, prendre d'abord le 2, depuis la gare, faire le grand tour de Venise, l'aborder de loin, timidement, essayer de la deviner, fragile, menacée, puis revenir au point de départ pour prendre cette fois, en bon touriste, le *vaporetto* n° 1, plus tranquille, pour voir de près ces palais, ces églises, ces musées dont nous allons pouvoir vous parler tout à loisir dans les pages qui suivent.

En pleine journée, la promenade dure près de 45 mn. Mais le moment où vous replongerez vraiment dans l'atmosphère envoûtante de Venise, c'est la nuit. Quelques palais sont encore éclairés à l'intérieur, et les ombres qui se détachent alimentent le mystère.

Pour vous aider dans votre visite, nous reproduisons une carte du Grand Canal, situant les palais. La description (de la gare à San Marco) commence par la rive gauche du Grand Canal et finit par la rive droite. Seuls les palais les plus remarquables y sont décrits. En outre, certains sont aujourd'hui des musées et font donc l'objet d'une description dans la rubrique « À voir » de chaque quartier.

RIVE GAUCHE

🛈 **Palazzo Calbo Crotta** *(plan, 1)* : après le pont des Scalzi. Il abrite aujourd'hui l'*hôtel Principe*. Une partie du mobilier visible à la Ca' Rezzonico provient de ce palais.

🕴 **Palazzo Labia** (plan, 2) : XVIIIe s. Au pied du campanile de l'église San Geremia, à l'angle du Grand Canal et du canal de Cannaregio. L'actuel *siège de la RAI,* la télévision publique italienne (voir « Cannaregio », « Le quartier de la gare »).

🕴 **Palazzo Correr-Contarini** (plan, 3) : crépi rosé, on ne parle jamais ici de rose décrépi. Demeure du patricien vénitien Teodoro Correr, dont la collection de peinture est visible en partie au *musée Correr.*

🕴 **Palazzo Vendramin-Calergi** (plan, 4) : abrite aujourd'hui le *casino d'hiver.* L'un des joyaux des constructions Renaissance de Venise (voir « Cannaregio », « Du ponte delle Gúglie à la Ca' d'Oro »).

🕴 **Palazzi Marcello** (XVIIe s), **Erizzio alla Maddalena** (XVe s) et **Soranzo** (XVIe s ; plan, 5) : forment un même ensemble. Juste après le casino.

🕴 **Palazzo Barbarigo** (plan, 6) : XVIe s. L'une des rares façades conservant les décorations de fresques. Du moins quelques fragments bien visibles.

🕴 **Palazzo Gussoni-Grimani della Vida** (plan, 7) : XVIe s. Au croisement du Grand Canal et du *rio di Noale.* La façade était autrefois recouverte de fresques du Tintoret.

🕴 **Palazzo Fontana-Rezzonico** (plan, 8) : XVIe s. Construit par une riche famille de marchands. Le comte Carlo Rezzonico, qui y est né, devint le pape Clément XIII.

🕴 **Ca' d'Oro** (plan, 9) : XVe s. À gauche de l'embarcadère du même nom. Il doit son nom aux dorures qui décoraient sa façade (voir « Cannaregio », « Du ponte delle Gúglie à la Ca' d'Oro »). Elles ont été vendues par son propriétaire en 1846.

🕴 **Palazzo Michièl dalle Colonne** (plan, 10) : fin XVIIe s. Caractéristique par son portique du rez-de-chaussée tout le long de la façade.

🕴 **Ca' Baglioni da Mosto** (plan, 11) : XVIIe s. Au milieu d'un groupe d'édifices, bordée par deux canaux. L'une des plus anciennes demeures du Grand Canal. Le palais abritait au XVIIe s la plus célèbre auberge de Venise, où rois et princes venaient loger. Il conserve encore des éléments caractéristiques de la maison-entrepôt (portique, arcs byzantins du 1er étage).

🕴 **Fondaco dei Tedeschi** (plan, 12) : XVIe s. Situé juste après le *rio* du même nom. Imposant édifice, loué à l'époque par la République à des commerçants allemands pour y entreposer des marchandises. Autrefois décoré par des fresques de Titien et de Giorgione (voir « San Marco », « De la place Saint-Marc au Rialto »). C'est aujourd'hui la poste centrale.

🕴 **Ponte di Rialto** (plan, 13) : voir « San Polo et Santa Croce », « Du pont du Rialto à la Ca' Pesaro ».

🕴 **Palazzo Dolfin-Manin** (plan, 14) : XVIe s. Situé juste avant le *rio* San Salvador (premier *rio* après le Rialto). Élégant portique à six arcades au rez-de-chaussée. Le dernier doge de Venise, Ludovico Manin, y habitait. Cet édifice, entièrement restauré, abrite aujourd'hui la *Banque d'Italie.*

🕴 **Palazzi Loredan** et **Farsetti** (plan, 15) : XIIe-XIIIe s. Caractéristiques par leurs fenêtres à arcades tout le long du 1er étage. La *mairie* est aujourd'hui installée dans ces deux bâtiments.

🕴 **Palazzo Grimani** (plan, 16) : XVIe s. À l'angle du Grand Canal et du *rio* di San Luca. Construit sur la *riva del Carbon,* où avait lieu le commerce du charbon. Réalisé par Sanmicheli. Un des palais les plus imposants du Grand Canal. Il abrite actuellement le siège de *la cour d'appel.*

🕴 **Palazzo Corner-Contarini dei Cavalli** (plan, 17) : XVe s. Juste après le *rio* di San Luca. Bel alignement de six fenêtres à ogives au 1er étage, seul élément d'origine. Le nom provient des chevaux sculptés sur la façade.

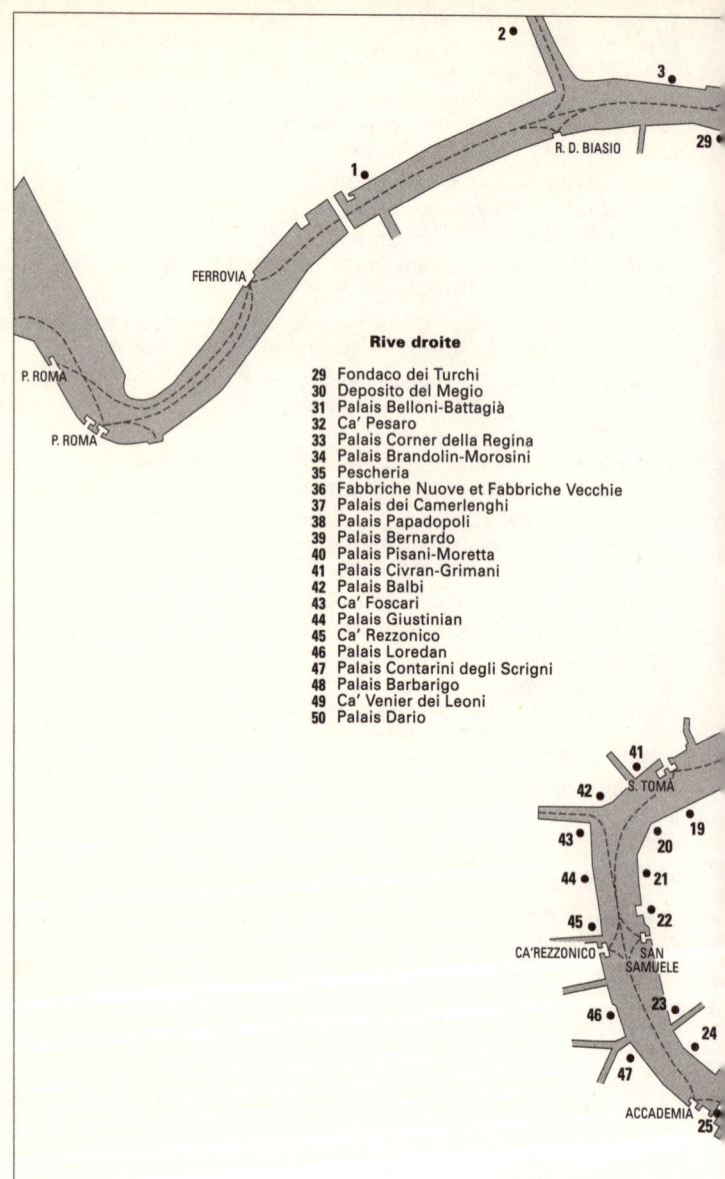

Rive droite

29. Fondaco dei Turchi
30. Deposito del Megio
31. Palais Belloni-Battagià
32. Ca' Pesaro
33. Palais Corner della Regina
34. Palais Brandolin-Morosini
35. Pescheria
36. Fabbriche Nuove et Fabbriche Vecchie
37. Palais dei Camerlenghi
38. Palais Papadopoli
39. Palais Bernardo
40. Palais Pisani-Moretta
41. Palais Civran-Grimani
42. Palais Balbi
43. Ca' Foscari
44. Palais Giustinian
45. Ca' Rezzonico
46. Palais Loredan
47. Palais Contarini degli Scrigni
48. Palais Barbarigo
49. Ca' Venier dei Leoni
50. Palais Dario

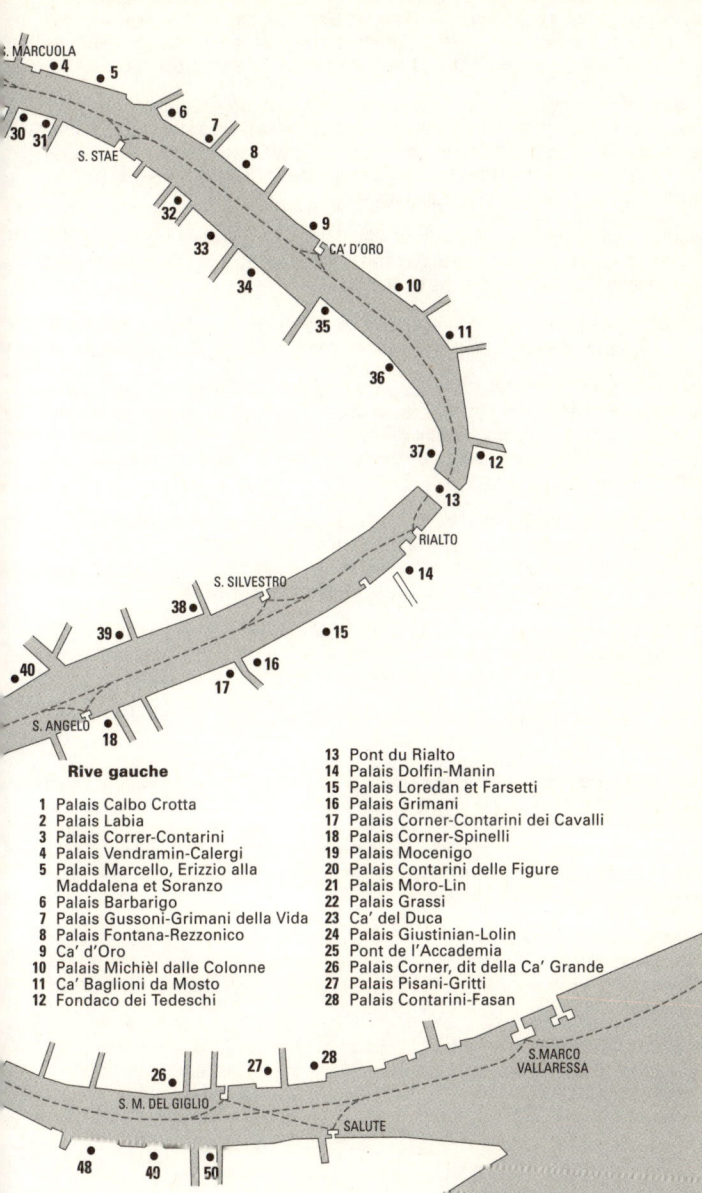

Rive gauche

1 Palais Calbo Crotta
2 Palais Labia
3 Palais Correr-Contarini
4 Palais Vendramin-Calergi
5 Palais Marcello, Erizzio alla Maddalena et Soranzo
6 Palais Barbarigo
7 Palais Gussoni-Grimani della Vida
8 Palais Fontana-Rezzonico
9 Ca' d'Oro
10 Palais Michièl dalle Colonne
11 Ca' Baglioni da Mosto
12 Fondaco dei Tedeschi
13 Pont du Rialto
14 Palais Dolfin-Manin
15 Palais Loredan et Farsetti
16 Palais Grimani
17 Palais Corner-Contarini dei Cavalli
18 Palais Corner-Spinelli
19 Palais Mocenigo
20 Palais Contarini delle Figure
21 Palais Moro-Lin
22 Palais Grassi
23 Ca' del Duca
24 Palais Giustinian-Lolin
25 Pont de l'Accademia
26 Palais Corner, dit della Ca' Grande
27 Palais Pisani-Gritti
28 Palais Contarini-Fasan

LE GRAND CANAL

Palazzo Corner-Spinelli (plan, 18) : fin XVe s. Juste avant l'embarcadère Sant'Angelo. Construit par Codussi. Base en pierre. La façade a inspiré la construction de nombreux autres palais, notamment le palais Vendramin-Calergi (le casino). C'est aujourd'hui le siège des célèbres *tissus Rubelli* (soie, velours, etc.).

Palazzo Mocenigo (plan, 19) : édifice composé de quatre bâtiments des XVIe, XVIIe et XVIIIe s, situé en face de l'embarcadère San Tomà (à ne pas confondre avec le palais du même nom situé dans Santa Croce). Les façades sont décorées de lions en relief. Les deux maisons du centre sont réunies dans un même ensemble. La famille Mocenigo a donné sept doges à la cité.

Palazzo Contarini delle Figure (plan, 20) : XVIe s. Il tire son nom des deux statues placées au-dessus de la porte d'entrée. Attribué à Scarpagnino. Intéressant pour sa fenêtre du premier en forme de temple.

Palazzo Moro-Lin (plan, 21) : XVIIe s. Construction massive, surnommée *le palais aux 13 fenêtres* (13 par étage). Rez-de-chaussée en brique percé par sept arcades.

Palazzo Grassi (plan, 22) : XVIIIe s. En face de la Ca' Rezzonico, juste avant l'embarcadère San Samuele (voir « San Marco », « Autour des campi Santo Stefano et Sant'Angelo »). Palais abritant désormais l'une des plus belles collections de peintures et sculptures contemporaines au monde, visibles seulement lors d'expos temporaires.

Ca' del Duca (plan, 23) : XVe s. À l'angle du Grand Canal et du rio del Duca. Construction inachevée. L'ensemble a été remanié au XIXe s. Sur le côté droit, on peut encore voir une partie des colonnes et de la base en pierre de ce qui devait être un palais digne du Grand Canal. Titien y avait un atelier en 1514.

Palazzo Giustinian-Lolin (plan, 24) : XVIIe s. Juste avant le rio San Vidal. Premier palais réalisé par Longhena. Caractéristique par ses deux obélisques. Il abrite aujourd'hui une fondation chargée de développer l'étude de la musique.

Ponte dell'Accademia (plan, 25) : voir « Dorsoduro », « Le quartier de l'*Accademia* ».

Palazzo Corner, dit **della Ca' Grande** (plan, 26) : XVIIIe s. Juste après le jardin de la *Casina delle Rose,* avant l'embarcadère Santa Maria del Giglio. Il tire son nom de ses dimensions importantes. Construit pour une puissante famille fortunée qui n'avait pas hésité à s'opposer à l'achèvement du palais qui abrite aujourd'hui la Fondation Guggenheim, de peur d'avoir la vue obstruée. C'est aujourd'hui le siège du *conseil de la province de Venise.*

Palazzo Pisani-Gritti (plan, 27) : XVe s. L'actuel *hôtel Gritti,* l'un des palaces somptueux de Venise. Derrière la fenêtre quintuple d'une façade plutôt austère, on trouve quelques-unes des plus belles suites de l'hôtel. Ernest Hemingway en fut un client régulier.

Palazzo Contarini-Fasan (plan, 28) : XVe s. Quatrième façade après le rio dell'Albero, en face de la Salute. Appelé aussi *Demeure de Desdémone,* noble Vénitienne victime de la jalousie de son mari et héroïne de la tragédie de Shakespeare *Othello.*

RIVE DROITE

Fondaco dei Turchi (plan, 29) : XIIIe s. Voir « San Polo et Santa Croce », quartier de la Ca' Pesaro vers le piazzale Roma. Le bâtiment, de style véneto-byzantin, a été abusivement restauré à la fin du XIXe s. Il abrite le *musée d'Histoire naturelle.*

🏃 **Deposito del Megio** *(plan, 30)* : XVe s. Juste après le *Fondaco dei Turchi*. Construction en brique apparente. La République y entreposait grains et farine pour les périodes de disette. Le lion de Saint-Marc est une reproduction de l'original, détruit en 1797.

🏃 **Palazzo Belloni-Battagià** *(plan, 31)* : XVIIe s. Juste avant le rio Tron. Construction de Longhena. La façade est décorée d'éléments plutôt lourds, conformément à la mode de l'époque. Caractéristique par les deux obélisques qui le surmontent (ce serait le signe que le palais abritait un amiral de la République).

🏃 **Ca' Pesaro** *(plan, 32)* : XVIIe-XVIIIe s. Après l'embarcadère San Stae. Voir « San Polo et Santa Croce », « De la Ca' Pesaro vers le piazzale Roma ». L'un des plus beaux palais du *Settecento*.

🏃 **Palazzo Corner della Regina** *(plan, 33)* : XVIIIe s. Palais situé après la Ca' Pesaro. Il tient son nom de Caterina Cornaro, reine de Chypre, née en 1454 dans l'édifice construit précédemment au même endroit.

🏃 **Palazzo Brandolin-Morosini** *(plan, 34)* : XVe s. En face de la Ca' d'Oro. Intéressant pour ses deux loggias superposées.

🏃 **Pescheria** *(plan, 35)* : XXe s. Après le rio della Beccaria. Une des constructions les plus récentes du Grand Canal (1907). Sous les arcades et le *campo* voisin est installé le marché au poisson. Voir aussi « San Polo et Santa Croce », quartier du Rialto rive droite.

🏃 **Fabbriche Nuove** et **Fabbriche Vecchie** *(plan, 36)* : XVIe s. Après le rio della Pescheria. Ces deux imposants bâtiments se distinguent par leurs longs portiques au niveau inférieur. Ils avaient été construits pour abriter l'administration du commerce et les bureaux du tribunal. Aujourd'hui un marché coloré de fruits et légumes s'y trouve. La *cour d'assises* est installée dans les *Fabbriche Nuove* (le premier des deux édifices).

🏃 **Palazzo dei Camerlenghi** *(plan, 37)* : XVIe s. Situé juste avant le pont du Rialto. Construit en suivant la courbe du Grand Canal. Il devait abriter l'administration du Trésor au temps de la République vénitienne.

🏃 **Palazzo Papadopoli** *(plan, 38)* : XVIe s. Au-delà du Rialto, après le rio dei Meloni. Construction classique surmontée de deux obélisques.

🏃 **Palazzo Bernardo** *(plan, 39)* : XVe s. Juste après le rio della Madonnetta. Une des plus belles constructions gothiques du Grand Canal, très bien conservée. Façade proche de celle de la Ca' d'Oro.

🏃 **Palazzo Pisani-Moretta** *(plan, 40)* : XVe s. Près du rio San Polo. Habitation privée. Magnifique salle de réception décorée par Tiepolo et Véronèse, où des bals ont encore lieu. À noter, un 2e étage plus élevé que le 1er et deux très belles loggias (grandes fenêtres).

🏃 **Palazzo Civran-Grimani** *(plan, 41)* : XVIIe s. Devant l'embarcadère San Tomà. Intéressant pour ses hautes fenêtres à arcades tout au long de la façade.

🏃 **Palazzo Balbi** *(plan, 42)* : XVIe s. Situé à l'angle du Grand Canal et du rio Foscari, aussi appelé le tournant du Grand Canal. Construction blanche dans le style Renaissance. L'abondante décoration annonce l'influence baroque. Récemment restauré, il abrite le siège du *conseil régional de Vénétie*.

🏃 **Ca' Foscari** *(plan, 43)* : XVe s. Juste après le palais Balbi. Belle et grande demeure vénitienne où est installée aujourd'hui l'*université d'économie et de commerce de Venise*. Henri III y a séjourné en 1574, au début de son règne.

🏃 **Palazzo Giustinian** *(plan, 44)* : XVe s. Dans la continuité de la façade de la Ca' Foscari, ce qui forme un imposant alignement. Wagner y a vécu pour composer une partie de *Tristan et Iseult*.

❧ **Ca' Rezzonico** *(plan, 45) :* XVIIe-XVIIIe s. Voir « Dorsoduro », « Le quartier de la Ca' Rezzonico ».

❧ **Palazzo Loredan** *(plan, 46) :* XVe s. Deuxième palais après le rio Malpaga, en face de la Ca' del Duca. Appelé aussi « palais de l'ambassadeur » *(dell'Ambasciatore),* car il fut le siège de l'ambassade d'Autriche au XVe s.

❧ **Palazzo Contarini degli Scrigni** *(plan, 47) :* XIVe-XVIe s. À l'angle du rio San Trovaso et du Grand Canal. Ensemble formé de deux palais. La famille Contarini, propriétaire de nombreux palais, possédait aussi celui-ci. La fabuleuse collection de tableaux a été léguée en 1838 au *musée de l'Accademia.* À noter : l'observatoire astronomique sur le toit.

❧ **Palazzo Barbarigo** *(plan, 48) :* XIXe s. Après le rio San Vio, sur le campo du même nom. Décoré de mosaïques, il abrite le magasin d'exposition d'une verrerie.

❧ **Ca' Venier dei Leoni** *(plan, 49) :* XVIIIe s. Siège de la *collection Peggy Guggenheim.* Vaste jardin intérieur. Voir « Dorsoduro », « Le quartier de la Salute ».

❧ **Palazzo Dario** *(plan, 50) :* XVe s. À l'angle du Grand Canal et du rio delle Torreselle. Jolie façade asymétrique, incrustée de marbres polychromes. Cheminées caractéristiques de l'architecture vénitienne. Mais ne vous fiez pas trop à cette apparente beauté, car depuis 1487, le palais serait maudit ! Séquence frisson : de maladies étranges en faillites, de meurtres en suicides ou accidents non moins bizarres, les murs de cette somptueuse bâtisse porteraient malheur à ses occupants. Le dernier en date, un milliardaire impliqué dans des affaires de corruption, a mis fin à ses jours en 1993. De quoi devenir superstitieux ! Woody Allen – un amoureux de Venise – avait envisagé de l'acheter. Quand on lui a parlé de la malédiction qui touche tous les propriétaires du palais, il a renoncé à son projet.

SAN MARCO

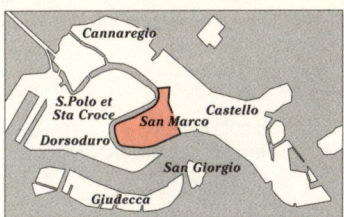

SAN MARCO

Code postal : 30124

Le *sestiere* de San Marco (autrement dit, le quartier Saint-Marc) est le centre historique de la cité des Doges. Ce fut le quartier du pouvoir politique, mais aussi celui des cérémonies et des processions majestueuses. C'est le cœur toujours bien vivant de la Sérénissime, là où s'étire la célèbre place Saint-Marc *(piazza San Marco)*. Perspective parfaite et monuments imposants traduisent la puissance passée de la ville, fermée par une basilique aux mélanges de styles époustouflants, rencontre de l'Orient et de l'Occident. Aujourd'hui, le *sestiere* est investi par les gondoliers en chapeaux de paille et pulls à rayures, les pigeons qui volent vers la place Saint-Marc, les touristes en balade et vice versa, les pigeons n'étant pas toujours ceux que l'on imagine... Bon, on va arrêter là, avec les pigeons, car il y a bien d'autres choses à dire et à photographier autour de la place, à commencer bien sûr, par ses extraordinaires musées, églises et palais. On y circule assez difficilement pendant la journée, quelle que soit la saison. Les jours d'*acqua alta* n'étant pas forcément les pires, quand chacun, chaussé de bottes, doit emprunter les passerelles de bois installées ici très vite... Durant le Carnaval, c'est un autre flux qui est à craindre : la municipalité est même obligée d'instaurer des sens uniques pour piétons !

> **PIGEONS AUX AMENDES**
>
> *Depuis le printemps 2008, un règlement interdit de nourrir les pigeons de la place. Sale coup pour ceux qui vendaient des graines à prix d'or et pour les touristes se faisant photographier avec des pigeons plein les bras... Au passage, sachez que nourrir ces sacrés oiseaux était jusqu'alors toléré sur la place Saint-Marc mais que, ailleurs, vous risquiez déjà une forte amende. Certes, les petites bêtes à plumes font partie du mythe, mais faut pas pousser.*

Au fil des ans, le quartier ressemble de plus en plus à la vitrine bariolée d'un gigantesque magasin : le triangle d'or qui s'étend entre la place Saint-Marc, le pont du Rialto et le pont de l'*Accademia* a dû rendre plus d'un commerçant milliardaire (amusez-vous à compter le nombre de fourrures au mètre carré dès la première neige et les colliers exhibés aux premiers rayons du soleil !). Si vous voulez faire le bonheur de votre moitié ou du reste de la famille, posez-vous un instant au *Caffè Florian*, sur la place, tôt le matin ou en fin de journée. Une adresse qui défie le temps.

En revanche, la nuit, ce quartier reste l'un des endroits les plus enchanteurs qui soient, l'un des plus propices à faire miroiter nos fantasmes. Au hasard d'un détour, on entendra la musique monter d'une église où un petit concert est donné (Vivaldi, tiens, on parie ?), on verra des ombres inquiétantes se projeter sur les murs d'une ruelle tortueuse, on goûtera au charme discret des balades où le moindre bruit met les sens en éveil. Bref, vous l'avez compris, ce bonheur-là, il faut vraiment l'avoir vécu une fois dans sa vie.

Où manger ?

Soyons honnêtes, s'il ne tenait qu'à nous, on vous emmènerait directement visiter les musées, quitte à vous faire marcher ensuite pour trouver une bonne adresse à quelques pas de là. Mieux vaut donc se reporter, si l'on tient à bien manger, aux adresses du bas de Cannaregio, près du Rialto, et du Castello, près de la place Saint-Marc, qui ne dépendent pas administrativement du *sestiere* de San Marco.

De bon marché à prix moyens

|●| **Osteria Alla Botte** (zoom D3, *102*) : *San Bartolomeo, San Marco, 5482.* ☎ *041-520-97-75. Ouv 10h-15h, 18h-23h (dim 10h-15h slt). Fermé jeu. Menu 18 €.* Cadre rustique d'une petite *trattoria* baignée par une musique rock ou parfois plus jazzy. Ambiance jeune dans une atmosphère gentiment alternative. On y mange des *cicchetti* autour d'un *prosecco* dans la journée, ou alors des plats classiques au déjeuner. Une adresse décontractée et authentique.

|●| Pour manger rapidement tout près de la place Saint-Marc : allez dans la **calle delle Rasse** (plan général E4), entre le campo San Zaccaria et le palais des Doges. Vous trouverez pas mal de snack-bars et de *pasticcerie* qui servent des sandwichs copieux et d'énormes parts de pizza. Une bonne petite adresse au n° 4540, **Birreria Forst** (plan général E4, *141*). Voir le quartier du Castello.

|●| **Rosticceria San Bartolomeo** (zoom D3, *100*) : *calle della Bissa, San Marco, 5424 A.* ☎ *041-522-35-69. Tlj 9h30-21h30. Menus 15-17 € ; carte 22 €. Café offert aux porteurs de ce guide.* Un self-service pour déguster assis ou au comptoir des spécialités siciliennes, à commencer par de délicieuses *mozzarelle in carrozza*. Un en-cas constitué de deux tranches de pain, entre lesquelles on place de la mozzarella avec des anchois (ou du jambon) et que l'on fait frire après avoir recouvert le tout de jaune d'œuf délayé. Goûtez aussi aux succulents *arancini*, boulettes de riz farcies avec du ragoût de viande ou du jambon et du fromage. On les roule dans la chapelure, on fait frire et le tour est joué. Et bien sûr, grand choix de *cicchetti* et autres *tramezzini*. Beaucoup de choix, il y en a pour tous les goûts ! Également une salle au premier pour manger plus confortablement mais un peu plus cher.

|●| **Moscacieka** (zoom D4, *160*) : *calle dei Fabbri, San Marco, 4717.* ☎ *041-520-80-85. Entre la place Saint-Marc et le Rialto. Ouv 10h-minuit, mais cuisine slt le midi jusqu'à 15h, le soir 18h-23h. Fermé dim. Plats au tableau 9-10 €.* Dans ce pub aux plafonds en pierre voûtés, on fait rimer *vini* avec *primi* ou *secondi* et *birre* avec *bruschette*. Idéal pour un p'tit creux en milieu de journée, dans un quartier où tout est hors de prix. Ambiance jeune et décontractée, et musique à fond les manettes. Le nom du pub vient de ces drôles de mouches aux yeux bandés qui pendent au plafond... accompagnées d'une tortue à roulettes et d'un Pinocchio en bois. Les serveurs sont sympas mais peu disponibles... Normal, il y a beaucoup de monde !

De prix moyens à plus chic

|●| **Osteria A La Campana** (zoom D4, *103*) : *calle dei Fabbri, San Marco, 4720.* ☎ *041-528-51-70. Tlj sf dim 12h-15h, 19h-22h. Fermé 2 sem en janv et 2 sem*

en août. Menus 17-20 € le midi ; carte 40 € le soir. Apéritif maison offert le soir sur présentation de ce guide. Une osteria toute simple : murs lambrissés de bois, quelques photos et des masques, mais discrets. Plats typiquement vénitiens à tester, très appréciés aussi bien par les Vénitiens que les lecteurs de ce guide. Essayez donc les spaghettis complets aux anchois, pas mal du tout. Le midi, pas de carte. Le serveur vous annonce à la volée les plats du jour, vous choisissez, et c'est parti ! Service rapide, car beaucoup d'habitués, de travailleurs du quartier, entre 13h et 15h.

|●| *Osteria Da Carla « con cucina »* (zoom D4, **101**) : San Marco, 1535. ☎ 041-523-78-55. Depuis la place Saint-Marc, prendre la direction de l'Accademia puis, sur la droite, la rue Frezzeria ; à 50 m env sur la gauche, passer sous le sottoportego Corte Contarina ; c'est juste en face (mur jaune paille). Tlj sf dim 12h-15h, 18h30-21h. Fermé de mi-déc à mi-janv. Carte env 40 €. Un tout petit resto au look moderne, tenu par deux jeunes femmes et fréquenté par les commerçants et employés du quartier. On peut aussi y grignoter un *tramezzino* ou des *cicchetti* dès 8h du matin (si vous avez marché dès l'aube !). Prix un peu élevés, proximité de Saint-Marc oblige, mais portions très correctes. Service un peu brusque, il faut que ça tourne !

Chic

|●| *Ristorante Al Giglio* (zoom C4, **118**) : campo Santa Maria Zobenigo, San Marco, 2477. ☎ 041-523-23-68. Fermé lun en nov-déc, tlj en janv. Ouv tlj le reste de l'année jusqu'à 22h. Carte 50-60 €. Dans une salle aux tons jaunes très rococo, avec surcharge de rideaux et grosse tapisserie aux murs, un resto chic et de qualité. Portions copieuses et savoureuses. Goûtez les poissons grillés ou les coquilles Saint-Jacques, un délice. Le tiramisù est à tomber. Service un brin guindé à la hauteur du cadre, mais efficace et très aimable.

Où boire un verre de vin en mangeant sur le pouce ?

🍷 *Enoteca Al Volto* (zoom D4, **161**) : calle Cavalli, San Marco, 4081. ☎ 041-522-89-45. Tlj sf dim 10h-14h30, 17h-22h30. Carte 20-30 €. CB refusées. Œnothèque donc, où l'on peut déguster tranquillement vins excellents et délicieux *cicchetti*. Le cadre est intime, tout de bois vêtu, jusqu'au plafond, entièrement recouvert d'étiquettes de bouteilles. Portions que l'on aimerait un peu plus généreuses tout de même. Petite table à l'entrée, près du bar, très conviviale.

Où prendre un verre et sortir le soir ?

Avec la flambée des prix des loyers qui fait fuir les jeunes et une population dont la moyenne d'âge dépasse les 50 ans, il ne faut pas s'étonner de déambuler dans les rues désertes après 22h. Dès les beaux jours, la ville reprend vie. Il est alors possible, en cherchant bien, de trouver quelques endroits animés les vendredi et samedi soir. Seulement, ça ferme tôt (1h voire 2h maximum) ! Et ce n'est pas à San Marco que les jeunes Vénitiens se ruent. Vous trouverez sûrement votre bonheur dans des quartiers un peu plus excentrés (voir « Où prendre un verre ? » dans le Castello, Cannaregio et surtout le Dorsoduro...).

🍷 *Bacaro* (zoom D4, **162**) : salizzada San Moisè, San Marco, 1345. ☎ 041-296-06-87. Entrée sous les arcades à gauche de la librairie. Tlj 9h-2h. Un endroit branché pour boire son *spritz* à l'*Aperol* parmi les « shoppeuses » chic et les commerçants *fashion* du quartier. Déco très minimaliste. La salle bourdonne autour du joli et original bar ovale tout en petite mosaïque rouge. C'est le « cœur » battant autour duquel on prend place pour déguster son verre. Tables à l'arrière pour un repas rapide à midi. Carte variée et bonne œnothèque. Les prix des cocktails restent sages comparés à ceux de son voisin, le *Harry's Bar*. Et c'est nettement moins attrape-touriste. Une bonne surprise à côté de la place Saint-Marc.

▼ **Harry's Bar** *(zoom D4, 165)* : calle Vallaresso, San Marco, 1323. ☎ 041-528-57-77. *Ouv 10h30-23h.* Le bar aussi mythique que le *Florian* depuis qu'Hemingway y inventa la recette du *Montgomery* à quinze contre un : quinze mesures de gin contre une de *Martini* (détonant...). Le soir, les Américains s'y retrouvent en pèlerinage, la larme à l'œil. Contentez-vous d'un apéritif (déjà très cher) jusqu'à 20h, car le resto est inabordable. Ou faites-vous inviter par un(e) milliardaire pour déguster un *carpaccio*, invention du maître des lieux, le célèbre Cipriani. Prendre un verre à une table coûte 15 % de plus qu'au comptoir. Ambiance surfaite et un peu vieillotte.

▼ **Centrale** *(zoom D4, 192)* : piscina Frezzaria, San Marco, 1659. ☎ 041-296-06-64. • *info@centrale-lounge. com* • *Tlj sf mar 18h-2h.* Bar-resto au top de la branchitude, vieux murs de brique et salle donnant dans un canal rappellent qu'on est dans un ancien palais. Mais rien de rétro ne subsiste. Le bar encastré dans des briques de verre change de couleur toutes les 2 mn, canapés chic et ambiance feutrée. Excellents et inventifs cocktails, et desserts sublimes à prix abordables. Possibilité de faire un vrai repas très tard mais assez cher. Seul regret, une atmosphère un peu trop surfaite.

▼ **Devil's Forest** *(zoom D3, 168)* : calle Stagneri, San Marco, 5185. ☎ 041-520-06-23. *Tlj jusqu'à 0h30.* Un pub au look irlandais, au cadre bien léché, près du campo San Bartolomeo. *Guinness* à la pompe, mais pas vraiment l'ambiance dublinoise, sauf en cas de diffusion d'un match de *Champion's League* d'une équipe italienne sur les écrans de TV. Allergiques au foot, il vous reste les fléchettes ou le backgammon. À midi, vous pouvez y avaler une soupe réconfortante ou un *Irish stew*.

Où boire un chocolat ou un café dans un cadre historique ?

☕ **Caffè Florian** *(zoom D4, 250)* : piazza San Marco, San Marco, 56. ☎ 041-520-56-41. • *info@caffeflorian.com* • *Tlj sf mer 9h30-minuit. Fermé la 3ᵉ sem de déc.* Compter 9 € le chocolat chaud en salle et 6 € le café. Allez-y très tôt le matin ou tard le soir. Qui à Venise n'est pas allé un jour s'asseoir dans cet établissement mythique et ultra-chic ? Sous les vénérables arcades de la place Saint-Marc, le *Florian* étire sa terrasse en plein air dès que le printemps arrive. Mais, plus que les musiciens jouant du classique sur une estrade, c'est l'intérieur qui vaut le coup d'œil, avec ses petits salons XVIIIᵉ s, ses chaises et banquettes en velours rouge, ses plafonds à moulures et ses guéridons de marbre, auxquels viennent s'ajouter quelques œuvres d'art contemporaines, déstabilisant ainsi totalement le visiteur déjà éberlué. Le fin du fin, c'est quand le serveur (au moins trilingue) vous apporte votre tasse sur un plateau en métal argenté. Attention, la 1ʳᵉ consommation est majorée de 6 € quand l'orchestre joue.

☕ **Gran Caffè Quadri** *(zoom D4, 251)* : 120-123, Galleria San Marco. ☎ 041-522-21-05. *Sur la piazza San Marco, juste en face du* Florian. *Tlj 9h-minuit.* Propose une grande gamme de cafés de toutes sortes. Il fait aussi resto (très cher, bien présenté, mais petites portions !). C'était le café des Autrichiens, alors que le *Florian* accueillait les nationalistes italiens. Décor d'une grande beauté théâtrale, surtout la salle à l'étage avec vue sur la place. En terrasse, les prix ne sont pas loin de tripler.

☕ **Caffè Lavena** *(zoom D4, 252)* :

piazza San Marco, San Marco, 133/134. ☎ 041-522-40-70. Face au Caffè Florian. Tlj 9h30-0h30. Fermé mar en nov. Cadre très classique. Très cher si vous vous installez à une table en terrasse (et encore plus si un orchestre joue quelques notes !), mais au comptoir, excellent chocolat chaud à prix encore abordable.

Achats

❀ **Murano Art Shop** (zoom D4, **200**) : frezzeria San Marco, San Marco, 1232. ☎ 041-523-38-51. Tlj 10h-20h30. On ne vous surprendra pas en disant qu'ici les artisans (14 en tout) s'inspirent de la tradition vénitienne. Plein de masques accrochés au plafond, et superbes chats bottés articulés. Accueil à géométrie variable (si vous êtes en short, passez directement !).

❀ **Il Tempio della Musica** (zoom D3, **203**) : ramo del Fondaco dei Tedeschi, San Marco, 5368. ☎ 041-523-45-52. Tout proche du pont du Rialto. Fermé dim. Comme son nom l'indique, magasin spécialisé. Bon choix de musique classique, d'opéras italiens et de jazz. On peut vous conseiller sur place.

❀ **Fabris** (zoom D-E4, **204**) : piazza San Marco, 20. ☎ 041-522-12-45. Fermé dim. Si vous cherchez du linge de maison hors du commun et des broderies à rapporter chez vous, voilà l'adresse où il faut impérativement vous rendre. Vous ne serez pas déçu. D'autres magasins en ville portent le même nom, mais n'appartiennent pas à la même famille.

❀ **Livio De Marchi Scultore** (zoom C4, **205**) : salizzada San Samuele, San Marco, 3157 A. ☎ 041-528-56-94. Sur la calle qui mène au palais (palazzo) Grassi. Fermé dim. Des caleçons et soutiens-gorge qui sèchent sur un fil, des chapeaux et manteaux pendus à un clou et de magnifiques fauteuils en forme de livres empilés. On n'aurait jamais cru que le bois puisse cacher autant de formes... Le sculpteur travaille aussi le verre, demande touristique oblige. Inabordable, mais vaut le détour.

❀ **Alberto Valese-Ebru** (zoom C4, **207**) : campo Santo Stéfano, San Marco, 3471. ☎ 041-523-88-30. Fermé dim. Alberto a été le premier artisan de la ville à reprendre l'ancienne tradition vénitienne du papier marbré. Il a ensuite appliqué cette technique à toutes sortes de matériaux, comme la soie, le bois ou le plâtre. Les résultats sont toujours aussi fascinants.

À voir

Autour de la piazza San Marco

Vaporetti n°s 1 et 2, arrêt Vallaresso San Marco ou n°s 41, 42, 51 et 52, arrêt San Zaccaria. Sa réputation n'est plus à faire : avec ses deux espaces formant équerre, c'est l'une des places les plus célèbres du monde. Vous noterez d'ailleurs que c'est la seule *piazza* de Venise. Toutes les autres sont appelées *campo*. Son caractère unique provient de la beauté des édifices qui la bordent et de l'élégance des lourds drapés qui l'habillent. Basilique Saint-Marc *(basílica di San Marco)*, palais des Doges *(palazzo Ducale)*, tour de l'Horloge *(torre dell'Orologio)* et un autre campanile sont autant de merveilles architecturales que vous visiterez dans une atmosphère de faste ou de recueillement... C'est aussi le théâtre permanent de toute la vie publique de la cité. Il faut y venir tôt le matin ou le soir, après le départ des touristes d'un jour, pour en apprécier toute la majesté.

🌟🌟🌟 **Basilica di San Marco** *(plan général et zoom D-E4)* : sur la place Saint-Marc. ☎ 041-522-52-05. • basilicasanmarco.it • Lun-sam 9h45-17h ; dim et j. fériés 14h-17h. L'hiver, horaires parfois restreints l'ap-m. Entrée libre à l'intérieur de la basilique. Attention, avt même de faire la queue pour entrer, pensez à laisser vos sacs (à dos, à main, qu'importe) à la consigne, dans une petite rue sur la gauche, comme un panneau l'indique.

Quelques œuvres en retrait à l'intérieur sont en accès payant. Accès aux loggias au-dessus de la façade et au musée Marciano payant : 3 €. Avr-oct, visite guidée gratuite en V.O. lun-sam vers 11h : rdv devant le petit kiosque dans le grand vestibule d'entrée de la basilique. Un conseil, préférez la visite quand la lumière artificielle vient éclairer les mosaïques recouvertes d'or, spectacle époustouflant. Éclairage en sem 11h30-12h30, w-e tte la journée.

SI VOUS EN AVEZ DÉJÀ PLEIN LES BOTTES...

La place Saint-Marc étant le point le plus bas de Venise, elle se retrouve la première sous les eaux quand la lagune déborde. Elle a été, et devrait être encore, progressivement surélevée pour éviter les inondations les plus fréquentes. Le dallage est constitué de pierres volcaniques poreuses qui laissent suinter l'eau à chaque marée haute. En fonction de la saison, pensez à emporter des bottes, car on en a rapidement jusqu'aux genoux. Mais les Vénitiens, véritables marchands du temple, ont toujours des paires de bottes (fluos !) à vendre aux touristes désorientés.

Édifiée au XIe s en remplacement d'une autre basilique construite pour abriter le corps de saint Marc. Sa relique, du moins. En l'an 828, deux marchands vénitiens, envoyés en mission à Alexandrie, en Égypte, par le doge de l'époque, dérobèrent le corps momifié de saint Marc, objet d'une très grande vénération. Ils ne trouvèrent rien de mieux, pour le soustraire à la vigilance des gardiens, que de couvrir la dépouille de l'évangéliste syrien de morceaux de lard salé. Les musulmans laissèrent filer la très vénérable momie vers Venise et « à partir de cette date, la cité des Doges et l'évangéliste furent inséparables ».

La façade

On voit clairement dans l'architecture même de la basilique les liens qui unissaient Venise et Constantinople. D'abord par sa forme en croix grecque, sur le modèle des églises orientales. Puis par les ajouts, à partir du XIIe s, de plaques de marbre et de matériaux précieux pillés lors des expéditions de la Sérénissime. L'édifice, au départ en brique, s'est enrichi au fil des siècles pour devenir un des plus beaux mélanges de styles au monde (byzantin, islamique, gothique, Renaissance...). Sur la façade principale, on trouve cinq portails ornés de mosaïques de style oriental, derrière lesquels se profilent les dômes recouverts de plaques de plomb.

Le portail le plus intéressant est celui de gauche, dédié à saint Alipius. Il abrite la seule mosaïque originale de la façade, représentant « la Translation du corps de saint Marc » (l'arrivée du corps à Venise, autrement dit !) et permet de voir la basilique telle qu'elle se présentait au XIIIe s, avant l'ajout d'éléments gothiques. Les quatre autres portails comportent des mosaïques du XVIIe s pour les plus anciennes (à l'exception de celles de l'entrée principale, refaites au XIXe s). Les bas-reliefs des trois arcs qui forment le portail central méritent un peu d'attention. Y sont représentés : les mois, les signes du zodiaque, les 13 corps de métiers traditionnels et d'autres détails que nous vous laissons découvrir. Ce superbe livre d'images a été gravé dans la pierre au milieu du XIIIe s par des artistes anonymes. On dit que le vieillard avec ses béquilles représenté sur la gauche serait l'architecte de la basilique.

L'étage supérieur de la façade est constitué d'une terrasse d'où le doge assistait aux cérémonies et aux fêtes données sur la place. Au centre, quatre célèbres chevaux de bronze (les originaux ont été ramenés à l'intérieur de la basilique, au musée Marciano, pour éviter la corrosion) ; ils furent volés à l'hippodrome de Constantinople lors de la 4e croisade. En 1797, Bonaparte les emporta à Paris pour orner l'arc de triomphe du Carrousel. Ils retrouvèrent leur place en 1815, mais leurs yeux en rubis avaient disparu (encore une autre copie qui se retrouve cette fois-ci au-dessus du Carrousel).

Ceux qui ont de bons yeux reconnaîtront dans les quatre scènes surmontant la balustrade : la *Descente de Croix*, la *Descente aux limbes,* la *Résurrection* et l'*Ascension*.
N'oubliez pas d'aller voir, piazzetta dei Leoncini, la façade nord, remarquable par sa *porta dei Fiori* surmontée d'une *Nativité*.
La façade sud, quant à elle, ouvre sur la *piazzetta* et sur la lagune. Devant le baptistère se dressent deux pilastres de marbre, chefs-d'œuvre de l'art syrien du VIe s. Ce sont les trophées pris à Saint-Jean-d'Acre après la victoire des Vénitiens sur les Génois en 1256. L'une de ces deux stèles, dite « pierre du ban », servait de piédestal pour proclamer les décrets et les lois. De Syrie provient probablement aussi le groupe des Tétrarques, sculpté au IVe s dans un bloc de porphyre rouge. Qui sont ces hommes prêts à se donner l'accolade : des empereurs ou des Sarrasins inquiets après avoir voulu s'emparer de la relique de saint Marc ? Ils sont là, en exil depuis des siècles, gardant leur mystère.

Le narthex (le grand vestibule d'entrée)
Toutes les mosaïques qui tapissent les parois ont trait à l'Ancien Testament, alors que celles de l'intérieur de la basilique racontent des épisodes du Nouveau Testament. Sur la droite, la coupole de la Création est représentée comme une bande dessinée à lire dans le sens inverse des aiguilles d'une montre. Suit l'histoire du Déluge avec l'arche de Noé. Avec l'arc dit « du Paradis », dû à des cartons du Tintoret et de Titien, nous quittons temporairement l'Ancien Testament. Nous le retrouvons avec la tour de Babel, sur l'arche suivante, l'histoire d'Abraham et celle de Joseph qui se poursuit après le comptoir de vente. La dernière coupole est consacrée à l'histoire de Moïse.
– Dans le narthex, sur la droite, se trouve l'escalier qui conduit à la galerie supérieure et au **musée Marciano.** Vous y admirerez de près les quatre fameux chevaux qui, dans l'histoire, voyagèrent tant contre leur gré. Vous pouvez aussi voir d'en haut l'intérieur de la basilique ou la place Saint-Marc, et ce, loin de la foule des piétons.

L'intérieur de la basilique
L'affluence fait perdre à ce lieu, en pleine journée, son côté mystérieux. On doit suivre la foule des visiteurs le long du chemin balisé par des tapis qui préservent le pavement ancien. Ne boudons pas pour autant notre plaisir, ce qu'on voit est extraordinaire.
Les fastueuses mosaïques (plus de 8 500 m^2) et les marbres les plus rares habillent l'ensemble des volumes intérieurs. Ces mosaïques sur fond d'or (d'où le surnom d'« église d'Or ») furent exécutées fidèlement d'après la tradition orientale codifiée au mont Athos. Derrière l'autel, le *retable d'Or* (la **Pala d'Oro**) est un extraordinaire ouvrage d'orfèvrerie où sont enchâssés des émaux représentant la vie de Jésus et des apôtres (*visite payante : 1,50 € ; 9h45-17h, 16h en hiver*).
– Les amateurs d'orfèvrerie religieuse ne manqueront pas la visite (2 €) du **Trésor** : calices, reliquaires, brûle-parfum, coffrets, etc., finement ciselés et ornés de pierres précieuses. Objets rapportés principalement de Constantinople à l'issue de la 4e croisade.

🕍 Les Procuratie *(zoom D4) :* ce sont les bâtiments qui marquent les contours de la place Saint-Marc. Ils furent construits pour installer les appartements et les bureaux des procurateurs, les dignitaires de la République qui secondaient le doge et s'occupaient de l'administration de la ville. Les *Procuratie Vecchie* (au nord de la place) furent édifiées au XVIe s et comptent une cinquantaine d'arcades qui s'étendent sur 150 m. Par souci de modernisation, mais aussi en raison du manque de place, les procurateurs ordonnèrent la poursuite des travaux. Les *Procuratie Nove* (au sud) furent construites au début du XVIIe s, en reprenant le même schéma que l'autre façade. Au fond de la place, à l'ouest, on trouve les *Fabbriche Nove* où Napoléon Ier, alors roi d'Italie, installa son palais royal (qui s'étendait d'ailleurs de l'aile ouest à toutes les *Procuratie Nove*, occupant l'actuel *musée Correr*). Pour bénéficier d'une grande salle de bal avec vue sur la place, il n'hésita pas à faire détruire l'église San Gimignano ! Actuellement, les Procuratie abritent toujours des bureaux et divers musées (voir plus bas). Sous les arcades, vous trouverez de nombreuses boutiques (essentiellement des bijouteries, c'est surprenant !) et quelques prestigieux cafés devant lesquels de petits orchestres de chambre jouent à la belle saison.

– **Avant de s'élancer à l'assaut des monuments de la place Saint-Marc, voici quelques infos utiles.** Pour la visite du musée Correr, du palais des Doges, du Musée archéologique national et des salles monumentales de la bibliothèque nationale Marciana, il n'existe qu'un seul ticket commun (valable 3 mois). Si vous souhaitez visiter uniquement l'un d'entre eux, vous paierez donc le même prix : 12 € ; réduc. Carte Rolling Venice acceptée. Accès avec le Museum Pass (voir la rubrique « Budget » dans « Venise utile »). On vous conseille d'acheter votre ticket au musée Correr, beaucoup plus calme que le palais des Doges. Les billets pour la visite guidée de la tour de l'Horloge s'achètent ici aussi.

🍴 **Museo Correr** (zoom D4) : au fond de la place, à l'opposé de la basilique Saint-Marc. ☎ 041-240-52-11. • museicivicivenezia ni.it • Avr-oct, tlj 9h-19h. Nov-mars, tlj 9h-17h. Fermeture des guichets 1h avt. Fermé à Noël et le Jour de l'an. Une cafétéria au décor très agréable, un vestiaire et une librairie sont à la disposition des visiteurs. Fiches explicatives sur les œuvres dans chaque salle.
Le musée Correr constitue une excellente introduction à l'histoire de la ville. En tout, près de 50 salles vous attendent ! Les œuvres qu'il renferme ont été léguées en 1830 par Teodoro Correr, qui appartenait à l'une des plus anciennes familles vénitiennes.

Le 1er étage
La visite débute par l'ancienne salle de bal (lorsqu'elle est ouverte). Un brin d'imagination, et vous voilà emporté par le faste des soirées animées par un orchestre juché sur les deux loggias... Puis on traverse la salle du trône et la salle à manger, de facture néoclassique. On accède alors à une série de salles qui exposent successivement quelques œuvres majeures du sculpteur Canova, toutes sortes de documents concernant les doges et l'histoire de la navigation vénitienne : magnifiques mappemondes

MAIS OÙ EST PASSÉ NAPOLÉON ?

C'est peu dire que l'empereur des Français n'a pas laissé ici un bon souvenir. Essayez de demander à voir sa statue (en empereur romain, en plus !) ramenée ici contre le gré des habitants de la ville et coincée dans un renfoncement, au fond de la salle de bal. Les gardiennes du musée trouvent toujours une bonne excuse pour vous faire passer dans la salle à côté, de façon plus ou moins aimable. Essayez, on vous dit...

anciennes, maquettes de bateaux, etc. Admirer les énormes lanternes qui ornaient la proue des galères et les globes terrestres du XVIIe s. Les numismates trouveront également leur bonheur avec une belle collection de pièces. Dans les salles du fond, impressionnante exposition d'armes et d'armures. Non, la visite n'est pas terminée. Retour en arrière pour découvrir un ensemble de petites salles consacrées aux petits bronzes et à la civilisation vénitienne avec différents objets de la vie quotidienne, notamment des jeux de société (à ne pas manquer !). La salle 45 est consacrée au *Bucentaure*, le fameux navire sur lequel le doge célébrait les noces de Venise avec la mer. On y trouve notamment le portillon en bois sculpté et doré représentant saint Marc, patron de la ville. C'est de là que le doge jetait l'anneau, symbole du mariage. C'est peu dire qu'on va ramer, pour le reconstruire à l'identique : pas facile de trouver les 15 millions d'euros nécessaires à la reconstruction de ce monument (34,80 m de long, 7,30 m de large, 8,30 m de haut). S'il est reconstruit un jour, ce n'est pas ici que vous pourrez l'admirer, mais à l'Arsenal, évidemment...

Le 2e étage
Il est occupé par une pinacothèque (*quadreria*) rassemblant des œuvres majeures de la peinture vénitienne depuis la fin du XIIIe s jusqu'au XVIe s. Il faut au moins

s'arrêter devant les œuvres les plus marquantes. La salle 30 abrite une étonnante *Pietà* de 1468, œuvre de Cosme Tura. Quelques enjambées plus loin (salle 32, l'une des rares à avoir gardé son architecture d'origine – début XVIe s), on admirera le plan de Venise dessiné par Jacopo de Barbari. Ce document, gravé à Nuremberg vers 1500, reproduit la cité des Doges telle qu'elle était il y a six siècles.

Dans la salle 34, on découvre une *Pietà et trois anges* d'Antonello da Messina (1475), malheureusement très endommagée par le temps et les restaurations successives. Il s'agit de la seule œuvre du peintre que l'on trouve à Venise, ville dont la culture figurative était pourtant très influencée par lui. Les historiens de l'art pensent que le peintre sicilien fut l'un des premiers à introduire la peinture à l'huile, jusque-là apanage de l'art flamand.

La salle 36, consacrée à la famille Bellini, peut être l'occasion d'une pause, notamment devant le fameux *Portrait du doge Mocenigo* de Gentile, sans oublier le *Christ mort soutenu par deux anges*.

Les salles suivantes permettent d'admirer un petit chef-d'œuvre de Carpaccio connu sous le nom de *Deux dames vénitiennes*. On a pensé pendant longtemps que ce tableau représentait deux courtisanes attendant le client. Profonde méprise : on sait aujourd'hui qu'il s'agit de deux sœurs de très bonne famille (leur blason figure sur le vase) attendant le retour de leurs époux partis à la chasse. Mais les couples ne sont pas près d'être réunis : les maris se trouvent à Malibu, aux États-Unis, sur la partie supérieure du tableau. Ce dernier appartient à la collection Paul Getty.

Dans la partie consacrée à la peinture flamande, ne manquez pas *L'Adoration des mages* de Pierre Bruegel le Jeune (1600 environ) et *La Madonna del latte* de Dirck Bouts, belle scène intimiste, peinte vers 1440.

🗝 **Museo Archeologico** (Musée archéologique ; zoom D4) **:** piazza San Marco, 52. Entrée par le musée Correr (même ticket, mêmes horaires d'ouverture). Accès avec le Museum Pass. ☎ 041-522-59-78. Visite guidée gratuite en été, sam 11h (en anglais) et 12h (en italien), et dim 10h30 et 15h (en anglais), 11h30 et 17h (en italien). Collection de sculptures, de poteries, etc., grecques et romaines, ainsi qu'une petite collection d'art égyptien. Si vous avez du temps devant vous...

🗝 **Biblioteca nazionale Marciana** (appelée aussi Biblioteca Vecchia ; zoom D4) **:** piazza San Marco, 52. Entrée par le musée Correr (même ticket, mêmes horaires d'ouverture). Accès avec le Museum Pass. Ce bâtiment, construit par Sansovino au XVIe s, abrite une bibliothèque qui ne compte pas moins de 500 000 volumes. On ne visite que les deux salles monumentales.

🗝 **Torre dell'Orologio** (tour de l'Horloge ; zoom D4) **:** c'est l'édifice qui se dresse au bout des Procuratie Vecchie. ☎ 041-522-49-51. • museiciviciveneziani.it • Résa obligatoire : ☎ 041-520-90-70. Visite guidée en français lun-mer 13h, 14h et 15h ; jeu-dim 9h, 10h et 11h. Entrée : 12 €. Billet en vente au musée Correr.

Après dix années de travaux, ce monument familier rythmant la vie des Vénitiens est revenu se fondre dans le paysage. La construction de la tour commença en 1496 et fut complétée par l'adjonction de deux parties latérales en 1506. La terrasse qui surmonte le tout ne fut ajoutée que bien plus tard, en 1755. Juste au-dessus de l'arc qui ouvre vers les *Mercerie* se trouve la grande horloge. Elle indique les heures, les phases de la lune, la course du soleil par rapport aux signes du zodiaque et les saisons. C'est cette fameuse horloge que cet iconoclaste de Bond (James de son prénom) fracasse dans le second film de la série tourné ici...

On raconte que le Sénat fit crever les yeux des deux horlogers qui avaient mis son mouvement au point, afin qu'ils n'en divulguent pas le secret de fabrication. Une chose, en tout cas, crève les yeux : la même légende court partout en Europe, à propos d'horloges semblables. Un peu plus haut, on retrouve le lion, emblème de Venise, puis les célèbres Maures (*Mori* en italien) qui frappent les heures sur une cloche à l'aide de maillets. Le nom *Mori* viendrait du fait que le bronze utilisé pour le coulage de ces deux statues est particulièrement foncé.

Palazzo Ducale (palais des Doges ; plan général et zoom E4) : ☎ 041-271-59-11. ● museiciviciveneziani.it ● Avr-oct, tlj 9h-19h. Nov-mars, tlj 9h-17h. Dernière entrée 1h avt fermeture. Fermé 25 déc et 1er janv. Entrée : 12 € ; réduc. Petit rappel : le billet inclut la visite du musée Correr, du Musée archéologique et de la bibliothèque nationale Marciana. Accès avec le Museum Pass (voir la rubrique « Budget » dans « Venise utile »). Audioguides : 5,50 €. Visites guidées : 7 €. Pour celles en français, téléphoner ou demander à l'entrée, car les horaires changent souvent. Dans chaque salle, des panneaux explicatifs en français détaillent les œuvres. Cafétéria et librairie.

Chef-d'œuvre du gothique vénitien. Le volume imposant de la résidence des doges échappe à l'impression de lourdeur grâce à un habile procédé architectural : l'inversion des masses. Cette technique place aux niveaux supérieurs les volumes pleins, tandis que les galeries inférieures bénéficient d'une grande finesse de décor. Cela augmente la légèreté de l'ensemble, qui a l'air de reposer comme par miracle sur de fines colonnettes. Un palais « tête à l'envers », en somme. D'énormes pieux de mélèze soutiennent sa masse au fond de la lagune.

Le palais n'était pas seulement la résidence du doge. En fait, ses appartements (au 1er étage) ne représentaient qu'une infime partie du bâtiment. Les trois quarts étaient occupés par les organes politiques et judiciaires de l'État (le Conseil des Dix, les Quarante, le Sénat, le Grand Conseil...). La police secrète y avait également ses bureaux. Quant au célèbre pont des Soupirs, il mène directement aux prisons. La visite du palais s'articule autour de ces trois grands espaces : les appartements, les salles institutionnelles et la prison.

– On pénètre dans le palais par la porte del Frumento, en face du bassin de Saint-Marc (basino San Marco). Cour intérieure magnifique avec son élégante aile Renaissance, la façade de l'Horloge et les puits aux margelles de bronze. Leur présence à l'intérieur du palais permettait une surveillance permanente de l'approvisionnement en eau potable (rare à Venise). La pollution des puits était d'ailleurs passible de la peine de mort.

– Pour accéder aux salles, empruntez le 1er escalier à droite. On arrive sur les loges, magnifique dentelle de piliers qui donne sur la cour intérieure. C'est ici que s'ouvre l'inquiétante gueule de lion (bocca di leone) encastrée dans le mur. Elle servait de boîte aux lettres pour recueillir les dénonciations. Elles furent anonymes jusqu'au XIVe s, puis, bon nombre d'innocents étant condamnés, on exigea une signature. Ceux qui dénonçaient à tort risquaient la peine de mort. Le nombre de lettres diminua alors considérablement... À côté, la scala d'Oro (escalier d'Or) aux plafonds généreusement stuqués mène aux appartements du doge, première étape de la visite. Les feuilles d'or de l'escalier sont en vrai métal de 24 carats.

Les appartements du doge

Les premières salles des appartements n'avaient rien de très privé, puisque venait s'y mêler la vie publique du doge. Les appartements plus intimes se trouvent repoussés un peu plus loin. Et le doge n'y pénétrait qu'après avoir déposé les insignes du pouvoir. Pas facile de s'imaginer comment vivait le doge ici, les salles ne renfermant aucun mobilier. Restent les splendides décorations et peintures des salles.

➤ **La salle des Scarlatti**
Notez le plafond sculpté, et une remarquable Vierge à l'Enfant de Titien.

➤ **La salle du Bouclier**
C'est ici que le doge recevait ses hôtes. On exhibait le blason du doge en charge. Cette salle a la forme traditionnelle des demeures vénitiennes les plus anciennes. Les cartes peintes sur les murs visaient à impressionner les visiteurs à l'époque de la toute-puissance de la Sérénissime.

➤ **La salle Grimani**
Une salle dominée par la figure du lion de Saint-Marc, que l'on retrouve sous le pinceau de Vittore Carpaccio (Le Lion marchant). Le lion ailé étant bien sûr le symbole de Marc l'évangéliste.

À VOIR

➤ La salle des stucs
À la différence des autres, elle est décorée de statues. Ne soyez pas surpris de découvrir un portrait du roi de France Henri III attribué au Tintoret. Il faisait alors une petite pause à Venise en 1574 avant de se rendre en France pour son couronnement.

➤ La salle des philosophes
Une de nos préférées pour la seule curiosité qu'elle abrite. Prenez la petite porte sur le mur de droite qui mène à l'escalier privé du doge. Montez quelques marches et retournez-vous. Émerveillement ! *Saint Christophe* peint par Titien. L'originalité vient du fait que le saint traverse la lagune de Venise à pied, image insolite et interprétation très personnelle du peintre.

➤ La salle Corner
Remarquez la frise sur la cheminée, les anges ailés chevauchant des dauphins aux mâchoires carnassières. Salle destinée à la vie privée du doge.

➤ La salle des portraits
Une très touchante *Pietà* de Bellini, le Christ mort soutenu par Marie, saint Jean et d'autres saints.

Les salles institutionnelles
Reprendre la *scala d'Oro* (escalier d'Or) jusqu'en haut. Dans le vestibule, plafond du Tintoret *(La Justice offrant balance et épée au doge)*. Les visiteurs y faisaient antichambre avant d'être reçus. L'un d'eux a même gravé son nom sur une vitre en patientant.

➤ La salle de l'Anticollège
Elle renferme la célèbre œuvre de Véronèse, *L'Enlèvement d'Europe* (remarquable luminosité). Du Tintoret toujours, série de scènes mythologiques *(La Forge de Vulcain, Mercure et les Trois Grâces, Ariane retrouvée...)*.

➤ La salle du Collège
Organe suprême de la République, composé du doge et de ses six conseillers (les sages), du président du Conseil des Dix et du grand chancelier. On y recevait les ambassadeurs. Admirez l'immense toile de Véronèse, *La Victoire de Lépante,* symbolisant (pour la dernière fois) la suprématie maritime de Venise en Méditerranée. Plafond sculpté et doré avec peintures allégoriques du même artiste *(Mars et Neptune, Venise trônant avec Justice et Paix,* etc.).

➤ La salle du Sénat
Le Sénat détenait le pouvoir législatif. Dans cette salle, on assiste au triomphe du baroque. Plafond sculpté et doré, imbattable dans le genre pompeux et chargé. Ça en devient beau dans la démesure décorative. Au milieu du plafond, fresque du Tintoret, *Triomphe de Venise.* Afin de limiter la longueur des interventions, les deux horloges servaient à rappeler aux participants des débats le temps qui passait inexorablement.

➤ La salle du Conseil des Dix
De l'autre côté de l'escalier d'Or. Le Conseil des Dix (ils étaient 17 !), sorte de service secret doté de pouvoirs judiciaires, avait été créé pour déceler les nombreux complots tramés ici et là. Il avait la faculté de révoquer le gouvernement et même le doge en personne. Toiles de Véronèse et de Zelotti.

➤ L'Armurerie (Armeria)
Impressionnante panoplie d'armes et de techniques anciennes dans l'art d'étriper son adversaire. Curieuses épées avec arme à feu incorporée et ancêtre de la mitrailleuse à 10 canons. Ne manquez pas la superbe ceinture de chasteté en fer, recto et verso (!). Redescendre maintenant vers la salle du Grand Conseil.

➤ La salle du Grand Conseil
La plus vaste du palais (plus de 50 m de long). On s'y sent d'ailleurs tout petit ! Le Grand Conseil, sorte de parlement, a compté plus de 2 000 membres au XVIe s. Les plus fameux artistes (le Tintoret, Palma le Jeune, Véronèse, Bassano) réalisèrent les fresques du plafond. Mais ce qui retient le visiteur ici, c'est avant tout la gigantesque toile du fond, *Le Paradis,* réalisée par le Tintoret en 1590. Probablement la plus grande huile sur toile au monde (22 m sur 7 m !), avec un nombre incroyable de personnages. Au plafond, dans l'ovale, *l'Apothéose de Venise* par Véronèse.

Sous le plafond, une frise où figurent les portraits des doges. Parmi eux, celui de Marino Falier, voilé de noir. En 1354, Falier fut élu à l'âge de 70 ans à la fonction suprême. Quelques mois après, il fut destitué et décapité sur les marches de l'escalier qui avait servi de décor à son couronnement. Son crime : avoir conspiré pour conclure une paix infamante avec Gênes et avoir voulu renverser les institutions républicaines pour les remplacer (soit-disant, car la vérité historique n'a jamais été établie) par un gouvernement personnel et autocratique. À Venise, on ne plaisantait pas avec les conspirateurs, fussent-ils chargés des plus hautes fonctions !

Presque par hasard, avant de rejoindre les prisons, on passe par une petite salle où sont exposées quelques peintures pas du tout négligeables puisqu'il s'agit des seules œuvres de Jérôme Bosch que l'on peut trouver en Italie. Une des plus fortes surprises que réserve le palais. Ces admirables peintures de Bosch, devant lesquelles beaucoup passent sans les voir, pressés d'atteindre l'enfer des prisons, sont axées sur les vertus morales et politiques de la Sérénissime. Elles dénoncent les vices, tentations et péchés humains. La plus fascinante est sans doute Le Paradis, avec un étrange tunnel débouchant sur la lumière. On peut aussi se délecter de La Chute des damnés et des Ermites ainsi que du Christ rallié de Quentin Metsys. Quand « les damnés rencontrent les bénis », cela donne une toile d'une extraordinaire violence. Vision moderne et terrifiante des Enfers.

Les Prigioni Nuove

La visite se conclut par la découverte des *Prigioni Nuove* (les prisons nouvelles) que l'on atteint par un dédale d'étroits couloirs et la traversée du célèbre pont des Soupirs (*ponte dei Sospiri*). Ces fameux soupirs poussés par les prisonniers qui voyaient le ciel pour la dernière fois, si l'on en croit les auteurs romantiques (voir plus loin). Les « prisons nouvelles » vinrent suppléer aux « Plombs » (l'ancienne prison, appelée ainsi car elle était sous les toits couverts de plomb) lorsque ces derniers se révélèrent insuffisants. Casanova, lui, fut détenu au dernier étage des Plombs, d'où il s'évada, comme le savent toutes ses admiratrices, le 31 octobre 1755. Attention, la fin de la visite vous projette sans ménagement dans l'univers très mercantile de la librairie ! Mais, qui sait, peut-être dénicherez-vous là quelques trésors d'édition…

La sortie

En sortant, vous apercevrez l'escalier des Géants, flanqué de Mercure (le Commerce) et de Neptune (la Mer) illustrant les origines de la richesse de Venise, placée sous la protection particulière du lion de l'Évangéliste. L'intronisation des doges se déroulait sur cet escalier. On termine par la *porta della Carta,* parée des statues des vertus. Sur les montants du portail étaient affichés décrets gouvernementaux et ordres d'exécution. Au-dessus, sculpture du doge Foscari à genoux devant le lion ailé de saint Marc, dans un décor ciselé représentatif du gothique flamboyant.

Les secrets du palais des Doges : *rens ☎ 041-271-59-11 ; résas (pour le lendemain en saison) ☎ 041-520-90-70. Visite guidée tlj en français 10h20, 12h et 12h25 (aussi en italien et anglais à d'autres heures). Entrée : 16 € ; réduc. Carte Rolling Venice acceptée. Le billet donne droit à la visite du palais des Doges, mais celle-ci est à faire dans la foulée. Compter 1h pour la partie des secrets. Résa possible par Internet • musercivveneziani.it • : cela vous évite de faire la queue. On vous recommande particulièrement cette visite guidée en petits groupes pour découvrir les passages secrets et les dessous de l'administration de la cité. Non seulement vous visiterez des lieux qui ne font pas partie du parcours autorisé au grand public (bureaux des fonctionnaires, archives secrètes, salles de justice, cachots, salles de torture, locaux de la police secrète du Conseil des Dix, combles), mais vous apprendrez des tas de choses passionnantes sur l'histoire de la Sérénissime, État de droit à la modernité étonnante : son fonctionnement particulier, la puissance de son administration, les mécanismes institutionnels compliqués pour équilibrer pouvoirs et contre-pouvoirs, les complots, les trahisons et les tragédies qui émaillèrent la longue histoire de la République. Visite captivante, on le redit.*

🏃 **Ponte dei Sospiri** (pont des Soupirs ; zoom E4) : construit vers 1602, le pont des Soupirs est sans doute le pont le plus célèbre de Venise (après le Rialto). Il reliait les locaux des juges d'instruction du palais des Doges aux « prisons nouvelles ». Les condamnés pouvaient ainsi se rendre directement du tribunal aux prisons, sans passer par la case départ... Les « soupirs » s'échappant du pont renommé n'étaient donc point ceux d'amoureux en extase mais plutôt ceux des prisonniers franchissant le *rio* et contemplant une dernière fois Venise à travers le treillis des fenêtres.

Vous pouvez l'admirer depuis le pont *della Paglia*. Mais vous ne serez sûrement pas les seuls... En attendant de grappiller un peu d'espace pour prendre une photo, vous pourrez tenir compagnie à Noé dans son ivresse. Le patriarche titubant y est en effet représenté, soutenu par ses fils, à l'angle du palais des Doges.

🏃🏃 **Campanile** (zoom D-E4) : ☎ 041-522-40-64. *Avr-juin, tlj 9h-17h. Juil-sept, tlj 9h-20h. Oct-mars, tlj 9h-16h45. Attention, horaires slt indicatifs, car ils peuvent changer : ouv souvent plus tard l'été, et en fonction des conditions météo. Fermé 20 j. après Noël pour divers travaux de maintenance. L'accès (8 €) se fait par un ascenseur. Audioguide : 3 €. Éviter la visite le w-e, car l'attente est fort longue.*

La première construction de la tour remonte au IXe s. Elle prit sa forme actuelle au XVIe s. Ce fut le premier monument de la place Saint-Marc. Haut de 98 m, l'ensemble fut entièrement reconstitué en l'état, après sa chute le 14 juillet 1902 (probablement par solidarité avec la Bastille !). En s'écroulant, le monument ne fit qu'une seule victime : un chat. Il était 10h du matin, pourtant.

On entre par la *Loggetta*, dont l'origine remonte à 1540. Elle fut détruite par l'effondrement du campanile et reconstruite pierre par pierre, conformément à l'original. Elle servait de corps de garde pendant les sessions du Grand Conseil. Les quatre statues de l'entrée représentent *Minerve, Mercure, Apollon* et *la Paix*.

Au sommet du campanile, splendide panorama sur la ville et sur les îles environnantes. Attention, pensez à prendre une petite laine : il fait souvent plus frais en haut.

Galilée ne s'y était pas trompé : c'est en partie de ce poste d'observation qu'il faisait des essais avec sa lunette astronomique. Chacune des cinq cloches qu'abrite le campanile avait, au temps de la République, une signification particulière. Elles pouvaient indiquer le début et la fin des réunions du gouvernement comme annoncer une exécution capitale.

Si le temps est couvert, vous pouvez éviter les frais et la fatigue de la grimpette ! Mais profitez d'une éclaircie pour jeter un œil dès que possible au paysage toujours changeant des toits vénitiens dont vous découvrirez vite une des composantes : les célèbres *fumaioli*, ces élégantes cheminées qui s'évasent vers le haut pour éviter les retombées de scories incandescentes qui pourraient embraser la ville. On les voit à profusion dans les tableaux de Carpaccio.

Au pied du campanile, sur le côté droit, remarquer le système qui mesure le niveau de la marée. Quand le voyant rouge s'allume, l'alerte est donnée ; chacun doit alors prendre ses dispositions !

🏃🏃 **La piazzetta San Marco** ou *piazzetta dei Leoni* (zoom E4) : « le vestibule de la place Saint-Marc » est la petite place accolée à la piazza San Marco. Si elle n'est pas aussi majestueuse que sa grande sœur, elle offre néanmoins une vue magnifique sur l'île de San Giorgio Maggiore et la pointe de la Douane. D'un côté, elle est bordée par le *palais des Doges*, et de l'autre par la bibliothèque *Marciana*. Au bord du *Molo*, le quai envahi par les marchands ambulants qui donne sur la lagune, s'élèvent deux colonnes monolithiques rapportées d'Orient en 1125. Une troisième était prévue, mais elle est tombée à la mer lors de son transbordement. Ces deux colonnes portent les emblèmes des patrons de la ville : saint Théodore terrassant un crocodile, et le lion ailé de saint Marc qui est censé tenir un livre ouvert en temps de paix et un livre fermé en temps de guerre. Les Italiens superstitieux ne passent jamais entre ces deux colonnes, car c'est là qu'on exécutait les condamnés à mort ! Sur le quai, à droite en quittant la *piazzetta*, se tient la *Zecca*, l'ancien palais de la

Monnaie. Il est important de rappeler que les pièces frappées à Venise circulaient dans toute l'Europe et qu'elles contribuaient à faire rayonner l'image de la cité. Aujourd'hui, on y a installé les salles de lecture de la bibliothèque.

🚶 **Museo Diocesano** *(Musée diocésain ; zoom E4) : fondamenta Sant'Appolonia, Castello, 4312.* ☎ *041-522-91-66. Tlj 10h-18h, mais horaires et prix variables lors des expos temporaires. Entrée payante.* Il est installé au 1er étage du charmant petit cloître roman de Saint-Apollon, à l'abri de l'agitation de la place Saint-Marc. Ce musée abrite une collection d'objets liturgiques dont de belles pièces en orfèvrerie ainsi que des sculptures en bois des XIVe s et XVIe s, dont deux impressionnants Jésus crucifiés.

De la place Saint-Marc au Rialto

🚶 **Les Mercerie :** cette enfilade de rues compose l'artère commerçante la plus active de Venise et relie la place Saint-Marc au pont du Rialto. À l'époque des doges, on vendait de tout dans les *Mercerie*. C'était d'ailleurs le seul endroit de Venise où les commerces n'étaient pas groupés par spécialités. C'était donc, en un sens, le « souk » de la ville. Les *Mercerie* portent trois noms différents. À partir de la place Saint-Marc, elles prennent le nom de *Merceria dell'Orologio* (la rue commence sous le porche de la tour de l'Horloge). Plus loin, on débouche sur le *campo San Zulian*, qui donne son nom au deuxième tronçon de la rue. En continuant, on atteint enfin le *campo San Salvador*. Les magasins qui bordent cette rue sont assez beaux, mais on vous rappelle tout de même que vous êtes en plein quartier touristique. Les articles sont donc souvent beaucoup plus chers qu'ailleurs. Pour rejoindre le Rialto à partir de la place Saint-Marc, empruntez ces rues et faites en chemin quelques-unes des visites qui suivent.

🚶 **Chiesa Santa Maria della Fava** *(zoom D3) : calle della Fava, San Marco.* ☎ *041-522-46-01. Vaporetti nos 1 ou 2, arrêt Rialto. Lun-sam 9h30-12h, 16h30-18h15. Entrée libre.* On raconte qu'une pâtisserie du quartier fabriquait des petits douceurs en forme de fève. Cette église du XVIIIe s aurait pris par la suite le nom du gâteau ! Le cas n'est pas isolé : partout dans le monde, les parfums suaves de la religion font souvent bon ménage avec les douceurs terrestres. À part cela, l'église est sans grand intérêt (jugement un peu dur, mais cet article est écrit à jeun !). Signalons tout de même *L'Éducation de la Vierge* de Giambattista Tiepolo (1re chapelle à droite) et *La Vierge avec saint Philippe Néri* de Piazzetta (2e autel à gauche).

🚶 **Fondaco dei Tedeschi** *(zoom D3) : salizzada Fondaco dei Tedeschi, San Marco, 5554. Vaporetti nos 1 ou 2, arrêt Rialto. Tlj sf dim 8h30-19h. Entrée libre.* Cet ancien entrepôt, loué à des commerçants allemands, occupait une position stratégique sur le Grand Canal, juste à proximité des marchés. Aujourd'hui, il abrite la poste centrale. Faites le détour, le lieu le mérite. Pour une fois que c'est gratuit et ouvert toute la journée, en plus, il faut en profiter ! L'édifice a été entièrement reconstruit après un incendie en 1508. Sa cour, entourée de trois galeries d'arcades, est un exemple d'architecture du XVIe s, revue au XXe s, version mussolinienne.
En sortant, on peut aller sur le *campo San Bartolomeo*, juste à côté du pont du Rialto, où se dresse la statue en bronze de Carlo Goldoni, réalisée en 1883 par Antonio del Zotto.

Le quartier du théâtre de la Fenice

En quittant la place Saint-Marc pour aller vers le théâtre de la Fenice *(teatro La Fenice)*, on traverse le quartier le plus chic de Venise. Finis les échoppes toutes simples et les petits artisans. Ici, c'est l'empire du business, avec ses boutiques de fringues de marque, ses magasins d'antiquités, ses banques, ses cafés huppés et ses restos B.C.B.G. Pour aller vers le théâtre de la Fenice, on peut emprunter la calle larga XXII Marzo qui illustre parfaitement l'ambiance du quartier.

🚶 **Chiesa San Moisè** (zoom D4) **:** campo San Moisè, San Marco. ☎ 041-528-58-40. Vaporetti n°s 1 ou 2, arrêt San Marco. Tlj 11h30-18h30. Entrée libre. Édifiée en 1632, ses fondations remontent au VIIIe s. Elle possède une façade baroque (1668), richement ornée de guirlandes sculptées. Le tout est quand même un peu lourd et pompeux. Il faut savoir que sa décoration était toute dévolue aux Fini, famille de nouveaux riches tardivement anoblis contre versement d'une somme rondelette. On peut voir le buste de Vincenzo Fini sur un obélisque au-dessus du portail. À l'intérieur, belles peintures : *Cène* de Palma le Jeune et *Lavement des pieds* du Tintoret (toutes deux dans la chapelle de gauche). Le campanile date du XIIIe s.

🚶 **Teatro La Fenice** (zoom C-D4) **:** campo San Fantin, San Marco. ☎ 041-24-24 (billeterie). Autres points de vente : • teatrolafenice.it • Vaporetti n°s 1 ou 2, arrêt San Marco ; ou vaporetto n° 1, arrêt Santa Maria del Giglio. Visite avec audioguide : 7 € ; réduc. Pas de résa. Se renseigner quelques j. avt pour connaître les heures de visite. Elles changent tlj suivant les répétitions.
Le célèbre théâtre de la Fenice donne sur un adorable petit *campo* bordé également par une église à la très belle façade Renaissance. Au cours de la visite vous découvrirez une des plus étonnantes « bonbonnières » créées pour le plaisir des yeux et des oreilles, mais aussi, plus mystérieux, l'arrière de la scène et les coulisses.
Avant de vous lancer, un peu d'histoire, mouvementée comme on peut l'imaginer : inauguré en 1792, ce lieu de plaisirs, dans tous les sens du terme, avec son décor bleu clair-argent, était considéré simplement comme l'une des plus belles salles du monde. Détruit par un incendie en 1836, il fut reconstruit dans le style néoclassique, si l'on peut dire, que les Vénitiens aimaient tant. Dans les années qui suivirent, la salle ne fut pas seulement le lieu de créations mémorables, mais aussi celui où les chanteurs allaient, durant l'occupation autrichienne, faire vibrer l'élan patriotique des Vénitiens aux accents de la célèbre musique de Verdi.
Le 29 janvier 1996, pour la deuxième fois de son histoire, un incendie a totalement ravagé la Fenice. Les documents de la première reconstruction en 1836 se sont vite révélés insuffisants pour refaire le théâtre à l'identique. Les architectes eurent alors recours aux scènes du film *Senso* de Visconti, tournées en 1954 et qui se déroulent à l'intérieur de la salle... ainsi qu'à celles, coupées dans le film mais heureusement conservées, du troisième *Sissi*, eh oui, n'en déplaise aux puristes. Ces archives visuelles ont permis de reconstituer avec minutie les couleurs, les matières et la décoration. Lors de son inauguration officielle le 14 décembre 2003, un public très sélect (les places se vendaient entre 700 et 2 500 € sur Internet) eut la chance de découvrir les améliorations scéniques et techniques, à défaut d'apprécier toujours la mise en scène de *La Traviata*, trop moderne pour Venise. Car la Fenice reste l'Opéra avec un grand « O » d'une petite ville où les commerçants sont rois, et où la programmation n'est pas toujours comprise par ceux qui sont venus pour être vus, avant d'entendre. Et le décor qu'ils ont devant les yeux est plus celui qu'on peut attendre d'une représentation d'opéra ou opéra-bouffe classique que d'une vision crépusculaire ou simplement osée, comme ce fut encore le cas, en 2008, pour l'Électra de Strauss – Richard, pas Johann –, encore faut-il préciser.
Tout cela, et bien d'autres choses, vous sera peut-être conté au cours d'une visite qui, avec le temps, a perdu de son émotion (celle que l'incendie avait suscité), mais pas de son intérêt.

🚶 **Scala Contarini del Bovolo** (escalier du Bovolo ; zoom D4) **:** San Marco, 4299. ☎ 041-271-90-12. • scalabovolo.org • Vaporetti n°s 1 ou 2, arrêt San Marco ; ou vaporetto n° 1, arrêt Sant'Angelo. Accès par la calle de Locande, au nord du théâtre de la Fenice. *Avr-oct, tlj 10h-18h. Le reste de l'année, slt le w-e, pdt les vac de fin d'année et pdt le Carnaval, 10h-16h. Entrée payante.* Dans la cour du *palais Contarini del Bovolo,* désormais démembré, on trouve le célèbre escalier du Bovolo, dont les arcades et la balustrade rappellent un peu la tour de Pise. Son nom vient du vénitien et signifie « escalier de l'escargot », en raison de sa forme en spirale. Il fut construit en 1499 et est enfermé dans une jolie tour à loggias. Montée payante pour accéder à un panorama sur les toits.

Chiesa Santa Maria del Giglio ou **Santa Maria Zobenigo** *(zoom C-D4) :* campo Santa Maria Zobenigo, San Marco. ☎ 041-275-04-62. • chorusvenezia.org • *À deux pas du théâtre de la Fenice. Vaporetto n° 1, arrêt Santa Maria del Giglio. Lun-sam 10h-17h. Entrée : 2,50 €. Accès avec le Chorus Pass.* Cette église à la façade baroque (1683) fut édifiée initialement au Xe s. La statue d'Antonio Barbaro, un généreux donateur qui contribua financièrement aux travaux de construction, domine le portail principal. Voir aussi, à la base des colonnes de la façade, les sculptures en relief représentent les villes où la famille Barbaro servit les intérêts de la République. À l'intérieur sur la droite, dans la chapelle Molin, une *Vierge à l'Enfant* de Rubens. Cette toile exceptionnelle est parfaitement mise en valeur par un bel éclairage. Jeter aussi un coup d'œil aux deux tableaux du Tintoret qui se cachent derrière l'autel.

➢ En allant vers le Grand Canal se trouve, à gauche, l'entrée de l'*hotel Gritti.* Celui-ci fait partie des hôtels les plus célèbres du monde. Pour ceux qui souhaiteraient traverser le Grand Canal et aller directement à la *Salute* ou à la *Fondation Peggy Guggenheim* (dans le quartier du Dorsoduro), le *traghetto* se trouve au bout de la rue partant de Santa Maria del Giglio, à côté de l'arrêt de *vaporetto* Giglio (fléché).

Autour des campi Santo Stéfano et Sant'Angelo

Campo San Maurízio *(zoom C4) : vaporetto n° 1, arrêt Santa Maria del Giglio.* Un *campo* qui contraste avec l'ambiance générale du quartier. Plutôt calme, il est bordé par une église du IXe s reconstruite en 1806. L'édifice est assez surprenant : son fronton ressemble à celui d'un temple grec. À côté se trouve la *Scuola degli Albanesi,* de style lombard (façade de 1531). Les chineurs seront comblés : une brocante *(Mercatino dell'Antiquariato)* s'y tient plusieurs fois par an (à Pâques, à la Toussaint et juste avant Noël). De bonnes affaires à réaliser, mais n'oubliez pas de marchander : ça fait partie du plaisir.

Campo Santo Stéfano ou **Morosini** *(zoom C4) : vaporetto n° 1, arrêt Santa Maria del Giglio ou Sant'Angelo ; ou le n° 2, arrêt San Samuele.* À voir le matin de bonne heure, pour profiter de la solitude. L'une des plus jolies places de Venise, avec les *palais Loredan* et *Morosini.* À partir de ce *campo,* l'itinéraire vous porte naturellement vers le pont de l'*Accademia !*
L'église, qui borde la place au nord, avec son campanile penché (toute ressemblance avec un monument connu existant...) vaut un petit détour (☎ 041-275-04-

---

> ### OÙ VA SE NICHER LE BLOND VÉNITIEN ! ?
>
> *Du haut du Campanile, on aperçoit de curieux échafaudages de bois qui soutiennent des petites terrasses légères, les* altane. *Leur raison d'être est en rapport avec le culte de la beauté propre aux Vénitiennes. Pour donner à leurs cheveux cette légendaire nuance « blond vénitien » (un blond cuivré), celles-ci avaient l'habitude d'y exposer leur chevelure aux ardents rayons du soleil tout en les enduisant d'une mixture faite d'urine de chat ou de cheval. Les dérivés d'ammoniaque contenus dans l'urine favorisant la décoloration (plus précisément l'éclaircissement) des cheveux. Que ne faut-il pas faire pour être belle !*

62. • *chorusvenezia.org* • *Lun-sam 10h-17h. Entrée : 2,50 €. Accès avec le Chorus Pass).* Dans le plus pur style gothique, cette église, dont la construction remonte à 1294, fut plusieurs fois modifiée. Ce qui donne un mélange d'éléments architecturaux plutôt heureux. Au XVe s, elle fut agrandie, et elle enjambe encore aujourd'hui le rio del Santissimo di Santo Stéfano. Très beau portail de Bartolomeo Bon. À l'intérieur, remarquable plafond en carène de navire renversé. Dans la sacristie, quelques belles peintures de Palma le Vieux, du Tintoret et de Vivarini. Noter aussi l'étonnante crèche en verre de Murano.

De l'autre côté de la place, l'*église San Vidal* : beau portail de Bartolomeo Bon. En sortant de l'église, en face du *palais Loredan*, s'ouvre le *campielo Pisani*. L'édifice gigantesque qui le délimite abrite l'actuel conservatoire de musique, d'où s'échappent parfois quelques notes. L'entrée est interdite au public, mais si vous savez vous faire discret, tentez votre chance. Magnifiques cours intérieures. La baguette et le pupitre que Richard Wagner utilisa pour sa dernière représentation y sont conservés.

Palazzo Grassi *(palais Grassi ; zoom C4)* **:** *campo San Samuele, San Marco, 3231.* ☎ *041-523-16-80.* • *palazzograssi.it* • *Face à la Ca' Rezzonico. Vaporetto n° 2, arrêt San Samuele,* ou *vaporetto n°1 arrêts Sant'Angelo, Accademia* ou *Ca' Rezzonico (puis traghetto). Tlj 10h-19h. Fermeture de la billetterie 1h avt. Entrée : 15 € (varie selon les expos)* ; *réduc. Audioguide : 5 €. Vestiaire payant. Fermeture totale lors de l'installation des expos, pdt plusieurs semaines.*

Racheté en avril 2005 par François Pinault au groupe Fiat, qui en avait fait depuis 1984 un lieu d'expositions temporaires, le *palais Grassi* a pour vocation de présenter désormais de façon régulière la collection d'art de l'homme d'affaires français. Mais pas seulement. Précision d'importance pour ceux qui seraient venus en 2008 à l'improviste et auraient été déçus par la vision d'une exposition sur « Rome et les Barbares », habilement mise en scène, mais sans rapport évidemment avec la collection d'art contemporain qu'ils s'attendaient à trouver au « palais Pinault », pour reprendre le nom que lui ont donné les détracteurs vénitiens.

Rappelons brièvement ce qui s'est passé. Faute d'avoir pu installer sa fondation dans l'île Seguin à la place des anciennes usines Renault à Boulogne, c'est à Venise au bord du Grand Canal que le célèbre homme d'affaires a choisi d'exposer par roulement, lors d'expositions temporaires, l'une des dix premières collections d'art moderne et contemporain au monde. Une collection dont seuls quelques privilégiés connaissent la richesse.

Le palais, qui sous l'égide de la famille Agnelli avait été aménagé par Gae Aulenti, a été rénové par l'architecte japonais Tadao Ando dans un parti pris de sobriété. Murs blanc cassé, sols gris, éclairage par spots intégrés dans des poutrelles métalliques apportent plus de luminosité à l'ensemble et mettent en valeur les magnifiques plafonds ornés de fresques du XVIIIe s. Les salles s'ordonnent autour d'une cour centrale qui permet d'apercevoir les œuvres d'une pièce à l'autre.

La collection, dont vous aurez peut-être un aperçu lors de votre visite (consultez le site), comprend plus de 2 000 œuvres qui rendent compte de la création artistique de 1945 à nos jours dans des domaines aussi divers que la peinture et la sculpture, mais aussi la photo et la vidéo. Toutefois F. Pinault, comme tout grand collectionneur privé, a aussi fait des choix en fonction de ses émotions et de ses rencontres, en privilégiant des artistes ou certains mouvements artistiques. Après tout, n'est-ce pas là le plus grand des luxes ?

Les maîtres historiques, et désormais classiques du XXe s y sont bien sûr présents, avec Picasso, Mondrian et Sérusier qui furent les premières acquisitions de Pinault. Rothko et ses majestueux aplats, et De Kooning, représentants de l'art américain de l'après-guerre, figurent aussi en bonne place parmi les choix de l'industriel affirmant ainsi sa prédilection pour l'abstraction. La collection comprend de nombreuses œuvres issues du courant minimaliste que Pinault affectionne aussi particulièrement (il est aujourd'hui le plus grand collectionneur de Judd au monde) et de l'Arte Povera. Une des particularités essentielles de la collection est d'être profondément ancrée dans son siècle, aussi rassemble-t-elle des artistes qui s'emparent des signes de notre temps, les détournent, les démystifient pour en faire la critique. On retrouve dans cet état d'esprit des tableaux d'Andy Warhol, grand maître du pop art, mais aussi des créations plus récentes comme celles du plasticien Jeff Koon, les installations de Damien Hirst ou les photographies de Cindy Sherman qui peuvent être ludiques, provocantes, voire dérangeantes.

Mais le projet artistique de la Fondation Pinault ne s'arrête pas uniquement au *palazzo Grassi*. Le *Teatrino* qui jouxte le *palazzo* doit être reconstruit pour accueillir des concerts et spectacles. Et surtout, la Fondation a également récupéré le terrain de la douane de Mer (à la pointe du Dorsoduro) qui permettra d'exposer les œuvres de très grands formats, impossibles à présenter à *Grassi*, notamment les œuvres du sculpteur minimaliste Richard Serra dont François Pinault est un grand admirateur.

Bar au 1er étage, pour rester dans l'ambiance.

Museo Fortuny *(zoom C4)* : *palazzo Pesaro degli Orfei, campo San Beneto (appelé aussi San Benedetto), San Marco, 3780.* ☎ *041-520-09-95. Vaporetto n° 1, arrêt Sant'Angelo. Tlj sf mar 10h-18h. Entrée : 7 € ; réduc.* C'est peu dire qu'on attendait beaucoup de la réouverture de ce petit musée. Mariano Fortuny (1871-1949), Andalou d'origine, était un amateur de talent : à ses heures photographe, peintre, sculpteur, décorateur et inventeur (notamment du fameux *dôme Fortuny*, pour éclairer les scènes de théâtre), il fut particulièrement célèbre pour son atelier d'étoffes. Le musée que vous allez découvrir présente les différentes facettes de cet homme touche-à-tout de génie, certes, mais l'émotion est loin d'être au rendez-vous. Nudité voulue de certaines pièces, manque d'indications pour les autres, on passe ici à côté de la complexité d'un homme qui méritait mieux que ce palais désert, un rien angoissant. Boutique bien mise en valeur, par contre, c'est déjà ça…

Campo Manin *(zoom D4)* **:** c'est devant la *Cassa di Risparmio di Venezia*, l'une des rares verrues contemporaines de Venise (une honte aux yeux des Vénitiens, qui s'efforcent de la contourner au mieux !), que se trouve la statue de l'avocat Daniele Manin, activiste nationaliste qui proclama la République vénitienne en 1849.

DORSODURO

DORSODURO

code postal : 30123

Coincé entre la Giudecca et le Grand Canal, le Dorsoduro est l'un des quartiers les plus agréables à parcourir à pied. On y prend un grand bol d'air, surtout quand on arrive de San Marco avec son atmosphère saturée et ses foules oppressantes. Les rues et les canaux sont les plus larges de Venise, mais ils conservent un petit côté intimiste et romantique. La restauration des palais est, ici plus qu'ailleurs, sévèrement contrôlée. On va, comme en France, avec les maisons classées Monuments historiques ou appartenant à un secteur sauvegardé, jusqu'à indiquer aux propriétaires la marque des enduits qu'ils doivent utiliser pour protéger leurs façades ! Bref, c'est le quartier chic de Venise. D'ailleurs, les artistes et les gens en vue y ont élu domicile. Peggy Guggenheim y acheta un palais pour installer sa prestigieuse collection de peinture contemporaine. Un de nos musées préférés de Venise ! On fait le grand écart entre les époques avec la visite de la grandiose galerie de l'*Accademia* et de ses chefs-d'œuvre : un fabuleux voyage dans le temps permettant de survoler 500 ans de peinture vénitienne, entre le XIVe et le XVIIIe s. Autant dire que ce quartier recèle de pures merveilles artistiques.
Au sud, de la Salute jusqu'à la gare maritime, s'étirent de longs quais (les *Zattere*). En journée, vous y trouverez de nombreux pontons pour faire la sieste ou pour bronzer sereinement, sans oublier quelques restos pour reprendre des forces. On vous conseille aussi d'y faire un tour en fin d'après-midi, alors que les rayons du soleil déclinent. Une lumière dorée éclaire doucement les façades de la Giudecca. L'atmosphère est paisible.
Et puis il y a aussi l'université, ses étudiants et la vie nocturne. Le campo Santa Margherita et ses alentours constituent en quelque sorte le Quartier latin de Venise. Si vous êtes noctambule, c'est par là qu'il faut venir traîner le soir. De nombreux bars drainent une clientèle jeune, avec parfois de petits concerts sympas. Voilà en tout cas un quartier bien attachant où il est encore possible d'échapper à la foule.

Où manger ?

Très bon marché

|●| *Pizza Al Volo* (plan général B4, **107**) : campo Santa Margherita, Dorsoduro, 2944 A. ☎ 041-522-54-30. Tlj 11h30-16h, 17h-1h30. Pizzas « normales »

5-7 €, « familiales » 8-13 €. Uniquement d'excellentes pizzas à emporter (« au vol » mais en les payant quand même !) et à grignoter assis sur un banc du *campo*. Pratique et économique.

Malgré la queue, personnel toujours souriant. Ah oui ! Pour votre ligne… n'oubliez pas qu'il y a un petit marché aux fruits et légumes tous les matins (sauf dimanche) sur le *campo*.

De bon marché à prix moyens

I●I **Osteria San Barnabà** (plan général B4-5, **108**) : calle lunga San Barnabà, Dorsoduro, 2736. ☎ 041-521-27-54. *Fermé mer, jeu midi et en juil-août. Service 12h-15h, 19h-22h30. Cicchetti 1,50 ou 2 € pièce ; carte env 30 €. CB refusées. Apéritif maison offert aux lecteurs de ce guide.* Petite *osteria* située en angle, avec une poignée de tables dans la salle arrière et quelques places près du comptoir pour grignoter quelques *cicheti* du jour (*porchetta*, jambon cru, saucisse piquante…). Cuisine familiale préparée par la *signora* Luciana, la femme du patron. La carte réduite présente des spécialités de viandes fumées (oie, speck, etc.), ou de bonnes portions de poisson pour les appétits solides. Grande sélection de vins du Frioul, du Trentin, du Haut-Adige… de quoi réviser sa carte œnologique par la route des montagnes. En revanche, peu de desserts. Tout est bien présenté et savoureux. Accueil chaleureux de M. Sandro, qui parle le français.

De prix moyens à plus chic

I●I **L'Incontro** (plan général B4, **113**) : rio terrà Canal, Dorsoduro, 3062 A. ☎ 041-522-24-04. *Près du campo Santa Margherita Ouv 12h30-15h, 19h30-23h. Fermé lun et mar midi hors saison. Menu 20 € ; carte env 40 €.* Juste deux salles à la déco blanche et des plus sobres. La carte change fréquemment, mais les spécialités sardes et les viandes sont régulièrement au rendez-vous. Plats copieux (goûtez le lapin au myrte !).

Chic

I●I **La Furatola** (plan général B4, **111**) : calle lunga San Barnabà, Dorsoduro, 2870 A. ☎ 041-520-85-94. *Près du campo San Barnabà. Ouv 12h30-14h30, 19h30-22h30. Fermé lun midi et jeu. Fermé 2 sem en janv et 2 sem en août. Carte 50 € env. Service non compris.* Dans les locaux d'une ancienne *bottega* (magasin généraliste) au plafond un peu bas, mais d'une élégante sobriété. Déco chaleureuse avec photos en noir et blanc et ustensiles de cuisine bien astiqués. Il s'agit d'une *trattoria* traditionnelle servant uniquement du poisson, tant mariné que frais. Tout est excellent ici, depuis les *moleche*, crabes mâles à carapace molle que l'on mange avec les doigts (le comble dans la ville où fut inventée la fourchette !), au bar fin et croustillant accompagné de polenta. Service attentif mais pas guindé pour autant.

I●I **La Rivista** (plan général C5, **86**) : rio terrà Antonio Foscarini, Dorsoduro, 979 B. ☎ 041-240-14-25. ● info@restaurantlarivista.com ● *Service 12h30-14h30, 19h-21h30. Fermé lun. Le midi, menus dès 30 € (verre de vin compris). Le soir, menu dégustation 65 €. Carte 45 €.* Ce resto appartient à l'hôtel design *Ca' Pisani* et joue résolument sur des notes contemporaines. On retrouve ici des matières à la fois chic et classe avec des tables et un bel escalier de métal, le tout adouci par la chaleur d'un parquet de bois et des banquettes de moleskine façon bistrot moderne. Quelques tables en terrasse pour profiter des beaux jours. On y savoure une bonne cuisine originale pas forcément très copieuse, mais qui ose avec succès le mélange des saveurs !

Où boire un verre en mangeant sur le pouce ?

🍷🥖 **Il Caffè** (plan général B4, **170**) : campo Santa Margherita, Dorsoduro, 2963. ☎ 041-528-79-98. Tlj sf dim 7h-1h. On l'appelle le « café rouge » à cause de sa devanture reconnaissable de loin. Avec son vieux piano, ses grands miroirs piqués par le temps, c'est LE *bacaro* (bar à vin) par excellence des étudiants vénitiens ou le « Bistrot des artistes ». Entre deux verres, on grignote toasts aux crevettes, omelettes, salades, *tramezzini*, etc. Bon *cappuccino* provenant d'un authentique percolateur Art déco et, bien sûr, toute une gamme de vins. L'été, en soirée, autant viser une table en terrasse, sur la place, car se frayer un chemin à l'intérieur relève de l'exploit ! Sinon, vous ferez comme les autres : vous papoterez et grignoterez le verre à la main, debout sur le *campo* !

🍷🥖 **Cantina-Schiavi** (zoom B-C5, **173**) : San Trovaso, Dorsoduro, 992. ☎ 041-523-00-34. Tlj sf dim ap-m 8h-20h30. Fermé quelques j. en août. Pittoresque *bacaro* au bord du rio San Trovaso. Vous y trouverez les gens du quartier, buvant tranquillement une *ombra* autour de *cicchetti*. C'est une bonne adresse pour acheter quelques bouteilles de *fragolino*, ce vin au goût de fraise que l'on déguste avec des petits gâteaux secs, en guise de dessert. Prix démocratiques et authenticité assurée.

🍷🥖 **Bar Ae Maraveje** (zoom B5, **175**) : ponte Maraveje, Dorsoduro, 1186. ☎ 041-523-57-68. Tlj midi et soir sf dim. Fermé 1 sem mi-août et pdt les fêtes de fin d'année. Minuscule bar au cadre un brin classieux (au sens où l'entendent les élèves !), avec très peu de tables (quatre !) et quelques banquettes. Toujours rempli d'étudiants (lycée tout proche) car ce n'est pas cher et ses *tramezzini* en pain de mie ont une glorieuse réputation. Service rapide et souriant.

🍷🥖 **Osteria Da Toni** (plan général A-B5, **172**) : fond San Sebastiano, Dorsoduro, 1642. ☎ 041-523-82-72. Tlj sf lun midi et soir. Fermé 3 semaines en août. Cicchetti 3 € env ; carte 30-40 €. Une *osteria* tout en longueur animée par les travailleurs du quartier qui viennent y manger leur copieux et varié assortiment de *cicchetti* accompagnés d'un verre de vin. Pour les plus grosses faims, possibilité de déguster un vrai repas. La déco simple aux murs et plafond lambrissés de bois beige clair rappelle l'intérieur d'un bateau.

Où prendre un verre et sortir le soir ?

Autour du campo Santa Margherita, de nombreux bars font le plein de la jeunesse estudiantine. Vous les repérerez facilement car, ici, on n'hésite pas à prendre le frais dehors, mais, bien sûr, toujours avec un verre à la main. *Il Caffè* (plan général B4, **170**) est une valeur sûre (voir ci-dessus « Où boire un verre en mangeant sur le pouce ? »).

🍷 **Senso Unico Corner Pub** (plan général C5, **174**) : calle della Chiesa, Dorsoduro, 684. Près de la collection Peggy Guggenheim. Tlj sf mar 10h-0h30. Happy hour 20h30-21h30. Petit pub patiné où règne une bonne ambiance, les jours où le serveur est en forme. Allez vous asseoir dans la salle à droite, d'où vous aurez une vue imprenable sur un joli pont. Une partie du bar donne aussi dans la rue, pour ceux qui n'osent pas rentrer. Jeux de société à disposition des clients. Grand choix de bières et bons vins. Proposent des sandwichs au bar.

🍷 **Ai Do Draghi** (plan général B4, **176**) : calle della Chiesa, Dorsoduro, 3665. ☎ 041-528-97-31. Tlj jusqu'à 2h (aux beaux jours du moins). Tout petit mais très sympa. Quelques habitués s'y retrouvent serrés comme des sardines en boîte... Heureusement, il y a le mur de l'auditorium pour s'adosser dans la rue ! Presque en face sur le *campo*, au n° 3019, dans un registre plus moderne, vous trouverez le

Margaret Duchamp (tlj sf mar jusqu'à 2h).

🍷 **Caffè Blue** (plan général B4, **177**) : calle Crosera, Dorsoduro, 3778. ☎ 041-710-227. À deux pas de l'église San Pantalon. Tlj 12h-2h. Happy hour 20h30-21h30. Un genre de pub, sympa avec ses murs de brique. Salle un peu plus intime à l'arrière. Pas mal de bières et nombreux cocktails au rendez-vous. Dans le même genre, voir aussi, à 50 m environ, le **Café Noir** (calle Crosera, Dorsoduro, 3805. ☎ 041-171-09-25. Tlj jusqu'à 2h). Clientèle jeune.

🍷 **Madigan's Pub** (plan général B4, **163**) : campo Santa Margherita, Dorsoduro, 3053 A. Tlj sf mer jusqu'à 2h. Ambiance assez jeune. Les grands soirs, la salle déborde sur la belle et large rue à l'extérieur. Les « petits soirs », comme pour les autres pubs, on ferme un peu plus tôt !

Où boire un chocolat ou un café ? Où déguster une glace ou une bonne pâtisserie ?

☕ **Cafè Imagina** (plan général B4, **264**) : rio Terrà Canal, Dorsoduro, 3126. ☎ 041-241-06-25. • imagina_cafe@yahoo.it • Tlj sf lun 7h-2h. Un café à la déco dépouillée moderne, les murs sont recouverts de tableaux dans un style très galerie d'art contemporain. Les fatigués et les amoureux apprécieront de s'avachir dans les épais canapés blancs de la salle du fond. On y boit des cafés très bons aux recettes inventives et savantes pour 2 ou 3 €.

🍦 **Il Doge** (plan général B4, **253**) : campo Santa Margherita, Dorsoduro, 3058 A. Bon glacier proposant une quarantaine de parfums différents. Ici, tout est garanti fait maison et reste à des prix tout doux. Le campo Santa Margherita, très ouvert, est un lieu idéal pour la dégustation en plein air.

🍦 **Gelateria Causin** (plan général B4, **254**) : campo Santa Margherita, Dorsoduro, 2996. ☎ 041-523-60-91. Ouv jusqu'à 21h. Petite salle aux fenêtres fleuries comme dans un conte pour enfants. Peintures et vieilles reproductions de posters aux murs donnent un parfum un brin désuet à cette adresse. Goûtez la « Sublime » qui porte bien son nom ! Utilise des produits bio. Accueil très gentil.

🍦 **Gelateria Nico** (plan général B5, **255**) : fondamenta Zattere ai Gesuati, Dorsoduro, 922. ☎ 041-522-52-93. Tlj 7h-22h. Fermé quelques sem en déc-janv. Vue sur le canal de la Giudecca. Grande terrasse sur un ponton en bois. Bar-glacier bondé, bruyant, bref, animé ! Bonnes *gelati* (glaces, au cas où vous auriez un doute, tout à coup !) que l'on peut emporter ou manger sur place (prix majorés). Une vingtaine de parfums. Spécialité : le *gianduiotto*, pavé de glace au chocolat praliné nappé de chantilly maison à prix raisonnables. Également quelques sandwichs.

🍰 **Pasticceria Tonolo** (plan général B4, **262**) : San Pantalón, Dorsoduro, 3764. ☎ 041-523-72-09. Fermé dim ap-m et lun. Même si l'intérieur est assez moderne, vous êtes ici dans l'une des plus anciennes pâtisseries de Venise (1886) et sans conteste dans l'une des meilleures. Profitez-en pour faire votre provision de gâteaux secs à tremper dans le vin au dessert, ou régalez-vous d'une de leurs délicieuses pâtisseries. Pas de possibilité de s'asseoir sur place. *Tonolo* est aussi connu des Vénitiens pour vendre au moment de chaque fête la spécialité du moment, comme la *fugassa veneziana* au moment de Pâques.

Achats

🎭 **Mondonovo Maschere** (plan général B4, **113**) : rio terrà Canal, Dorsoduro, 3063. ☎ 041-528-73-44. Près du campo Santa Margherita. Tlj sf dim 10h-13h, 14h-19h. Probablement l'un des meilleurs magasins de masques de Venise. Techniques anciennes et grande originalité. Vous y trouverez les masques de la tradition (comme ceux de Van Gogh, Giorgio de Chirico ou encore Paganini) et bien des surprises. Entrer dans cet antre de rêve, c'est être charmé par la gentillesse et le talent de ces artisans qui perpétuent cet art.

⊕ **Claudia Zaggia** (zoom B5, **208**) : Dorsoduro, 1195. ☎ 041-522-31-59. Tout proche de l'Accademia. Des perles anciennes de toutes les tailles et de toutes les couleurs.

⊕ **Signor Blum** (plan général B4, **209**) : campo San Barnabà, Dorsoduro, 2840. ☎ 041-522-63-67. Ouv tlj. Ce magasin vend de beaux objets en bois et des tableaux-puzzles qui représentent les palais vénitiens. Jouets qui plairont surtout aux très jeunes enfants. Allez y jeter un coup d'œil pour le plaisir, mais ce sera difficile de repartir les mains vides.

À voir

Le quartier de la Salute

🎬 **Santa Maria della Salute** (plan général et zoom D5) : à l'entrée du Grand Canal, presque en face de la piazzetta San Marco. ☎ 041-522-55-58. Vaporetto n° 1, arrêt Salute. Tlj 9h-12h, 15h-17h30. Entrée libre. Attention, la coupole est en rénovation. La restauration de cette monumentale église est financée par l'Association française pour la sauvegarde de Venise. L'église, construite de 1631 à 1687 après la fin d'une terrible épidémie de peste, s'inscrit dans le paysage avec un bonheur qui tient du miracle. L'édifice repose sur plus de 1 million de pilotis (imaginez la forêt morte que cela représente !). Longhena, l'architecte, l'a conçue de forme octogonale pour évoquer une couronne dédiée à la Vierge. Il y consacra 50 années de sa vie et mourut juste quelques années avant l'inauguration. Son originalité architecturale réside dans l'emploi des *orecchioni* (grandes oreilles), sortes de volutes en spirale coiffées de statues qui assurent la transition entre les façades et le dôme. L'architecture intérieure, quant à elle, est plutôt grandiloquente et glaciale. Le plus intéressant se trouve dans la sacristie (ouverture à 10h ; entrée 1,50 €). On peut y admirer, entre autres, *Les Noces de Cana* du Tintoret, célèbre pour ses tentatives de perspective. Seul le clergé pouvait autrefois se payer de tels chefs-d'œuvre. Et bien sûr, pas question d'en faire profiter le petit peuple en les exposant dans l'église, par exemple...

🎬 **Dogana di Mare** (Douane de Mer ; zoom D5) : à droite en sortant de la Salute, au bout du quai. Avec un peu de chance vous pourrez, l'été 2009, faire partie des premiers visiteurs de ce qui sera le deuxième lieu d'art contemporain rêvé et réalisé à Venise par François Pinault. Une vitrine encore plus large pour sa collection d'art contemporain, car ce lieu mythique, désaffecté depuis 30 ans et dans un état déplorable, était le dernier espace capable de contenir les œuvres de grande dimension qui ne convenaient pas au *palazzo Grassi* (voir plus haut).
Située à la pointe de Dorsoduro, la Douane de Mer offre un point de vue dégagé sur le bassin de Saint-Marc (*bacino San Marco*). Autrefois, les embarcations qui arrivaient à Venise devaient y dédouaner leurs marchandises avant de rejoindre le quartier du Rialto. On raconte même qu'une chaîne était tendue entre la tour et la rive opposée. L'édifice a été construit en 1677. Il est surmonté d'un globe doré entouré par deux atlantes en bronze et sur lequel tourne une statue de la Fortune qui indique le sens du vent. Les hangars situés derrière étaient les anciens entrepôts à sel, qui servaient à la conservation des aliments.
Les six nefs de deux étages formeront un centro d'art de 4 300 m^2, dont 3 000 m^2 d'exposition, une fois le projet, de nouveau confié à l'architecte japonais Tadao Ando, devenu réalité. Réputé pour son minimalisme et sa discrétion, ce dernier devrait réaliser là, en toute modestie, une œuvre spectaculaire, ne serait-ce que par les vertus mêmes du monument : ce grand vaisseau de brique rouge, cette charpente magnifique, et cette vue...

Avis aux amoureux en quête d'un coucher de soleil romantique : le coin est sublimissime le soir.

🚶🚶🚶 🧍 ***Collezione Peggy Guggenheim*** *(plan général et zoom C5)* : *palazzo Venier dei Leoni, San Gregorio, Dorsoduro, 701.* ☎ *041-240-54-11.* ● *guggenheim-venice.it* ● *Vaporetto n° 1, arrêt Salute ou Accademia, ou n° 2, arrêt Accademia. Tlj sf mar 10h-18h. Entrée : 10 € ; réduc ; gratuit pour les moins de 10 ans. Carte Rolling Venice acceptée. Plan des salles et des expos temporaires à l'entrée. Loc d'un audioguide en français (inclus dans le prix du billet d'entrée, en plusieurs langues selon les disponibilités) : 7 €. Présentation de la vie de Peggy Guggenheim, tlj 12h et 16h ; et présentation d'une œuvre, tlj 11h et 17h. Rdv dans la cour centrale. Pour les enfants de moins de 12 ans : ts les dim, 15h, visite guidée et ateliers créatifs gratuits.* ● *visitorinfo@guggenheim-venice.it* ●

Du Grand Canal, on voit que le palais où vécut Peggy Guggenheim, une remuante milliardaire, est resté inachevé. Construit en 1749 par Lorenzo Boschetti (l'architecte de l'église San Bárnaba), il ne comporte qu'un seul étage. Les Vénitiens l'appellent d'ailleurs *Il palazzo incompiuto*. La famille Venier, qui avait commencé les travaux, voulait faire construire un palais aussi haut que celui des Corner (sur l'autre rive) : est-ce le manque d'argent ou des pressions de la part de la puissante famille Corner, mécontente de voir un rival lui boucher la vue, mais les Venier durent abandonner le projet initial.

C'est en 1949 que Peggy Guggenheim rachète le palais pour y installer les peintures qu'elle a rassemblées. Elle mena une vie mouvementée, entre peinture moderne et passions amoureuses. En 1921, à l'âge de 23 ans, elle quitte New York pour venir habiter à Paris. Après un premier mariage raté, elle ouvre un musée à Londres en 1938. En 1939 et 1940, elle consacre son temps à acquérir de nouvelles œuvres avec l'intention d'acheter un tableau par jour ! Elle constitue à cette époque la base de la collection que l'on peut admirer aujourd'hui. Elle se marie avec Max Ernst, rencontré entre-temps, et repart à New York pour y installer un musée-galerie. Elle soutient financièrement des artistes (notamment Pollock pendant plus de 5 ans) et organise des expositions temporaires. En 1948, la Biennale de Venise l'invite pour présenter sa collection, en fait l'exposition du modernisme la plus cohérente qui ait jamais été présentée en Italie, et c'est la consécration. Et, suite logique, l'achat de ce palais...

En 1962, elle reçoit le statut de citoyenne honoraire de Venise (c'était la moindre des choses !) pour avoir offert à la Ville ses collections d'art moderne. Elle passera le reste de sa vie à Venise, mais son refus du pop art et le prix croissant de l'art contemporain lui firent interrompre sa collection au début des années 1960. En 1979, à sa mort, la fondation créée par son oncle assuma la direction et la responsabilité de la collection. La muse des surréalistes est enterrée dans le jardin (sur la gauche) à côté de ses chiens adorés (ses *beloved bobbies*).

Le musée est unique malgré une quantité d'œuvres somme toute modeste. Les plus grands et importants peintres du XXe s y sont tous représentés, permettant une approche quasi complète et donc très instructive de tous les courants.

Avant d'entrer dans le musée proprement dit, prenez le temps de flâner quelques instants dans le jardin qui accueille régulièrement d'autres belles expos de sculpture.

L'intérieur du musée est organisé en sections. Le cubisme est représenté par des tableaux de Picasso, Albert Gleizes, Metzinger, Braque, Duchamp. Mais aussi deux pièces d'art africain, dont une sculpture dogon. D'autres pièces sont consacrées aux courants « futurisme et abstraction », avec notamment un célèbre Mondrian *(Composition)* et un Chagall *(La Pluie)*.

Quant à la section des surréalistes, elle rassemble de splendides Delvaux *(L'Aurore)*, Dalí *(Naissance des désirs liquides)*, Max Ernst (la célèbre *Toilette de la mariée*, ainsi que *L'Antipape*). Notez cet inquiétant couple zoomorphe. Miró n'est pas oublié non plus. Deux coups de cœur à ne pas manquer, et qui sont les plus célèbres œuvres du musée : *L'Empire des lumières*, de Magritte, et *La Tour rouge*,

de Chirico. Le même Chirico qui inspira et éveilla à la peinture surréaliste Yves Tanguy, qu'on retrouve ici avec *Le Soleil dans son écrin*.
Une salle rassemble plusieurs œuvres de Jackson Pollock, à observer de près pour le relief de sa pâte, presque de la sculpture (*Alchimie, Yeux dans la chaleur*). Puis passer à Mark Rothko pour son calme et limpide *Sacrifice*.
Peggy était également artiste à ses heures perdues. Quelques-uns de ses tableaux sont exposés dans une petite salle à côté de sa chambre. Remarquer les teintes fleuries et la légèreté qui traduisent une certaine naïveté. Et, dans sa chambre, ne manquez pas l'exceptionnelle tête de lit tout en argent.
Dans le long couloir, plusieurs œuvres représentatives de « l'art entre les deux guerres » : Kupka, Juan Gris, Klee, Tanguy encore... mais aussi les constructivistes et les membres de l'école « De Stijl » avec Van Doesburg.
Dans la cour, donnant sur le Grand Canal, jetez un coup d'œil sur la statue équestre de Marino Marini intitulée *L'Ange de la ville*. Pour clore la question du sexe des anges, le cavalier possède un pénis démontable. Dans ses mémoires, Rubinstein raconte que l'attribut masculin était retiré lors de la venue d'ecclésiastiques importants.
À gauche de l'entrée, vous trouverez une cafétéria (très cher mais pratique). Une boutique attend elle aussi votre visite.

Le quartier de l'Accademia

En vous rendant à l'*Accademia*, en venant de la collection Peggy Guggenheim, vous pouvez vous attarder sur le *campo San Vio*, l'unique *campo* qui s'ouvre sur le Grand Canal. L'ensemble des constructions de la place côté canal avait été détruit pour permettre au cortège du doge de débarquer plus facilement lors des cérémonies de commémoration des victoires vénitiennes. Il offre aujourd'hui un point de vue dégagé sur le Grand Canal.

🕯🕯🕯 *Galleria del l'Accademia (musée de l'Accademia ; plan général et zoom C5) : campo della Carità.* ☎ *041-522-22-47.* • *gallerieaccademia.org* • *Vaporetti n°s 1 ou 2, arrêt Accademia. Lun 8h15-14h ; mar-dim 8h15-19h15. Horaires et prix spécifiques lors de certaines expos temporaires. Entrée : 10 € avec expo (6,50 € sans expo) ; réduc ; gratuit pour les moins de 18 ans et les plus de 65 ans ressortissants de l'UE. Audioguide : 5 €. Planches explicatives en anglais et en italien dans ttes les salles. Forfait 11 € (13,50 € avec expo) incluant l'entrée à la Ca' d'Oro et au musée d'Art oriental (3e étage de la Ca' Pesaro). En hte saison, résa conseillée (la sécurité imposant un max de 300 visiteurs à la fois) :* ☎ *041-520-03-45. Sinon, venir tôt le matin ! Possibilité de visiter gratuitement la quadreria, le dépôt des galeries (visite en italien slt) pour admirer les tableaux qui ne peuvent être exposés, faute de place. Slt sur rdv.*
En travaux jusqu'en 2010, le musée subit de profondes transformations tant dans la restauration de la façade que dans la décoration des salles. C'est une bonne nouvelle, car la galerie regorge de merveilles. Et c'est vrai que l'aspect un peu vieillot, voire tristoune, de certaines salles mérite un bon coup de propre. L'espace muséographique devrait passer de 5 000 à 12 000 m², avec salle de conférences, cafétéria, labo didactique, musée pédagogique...
Pendant les travaux, certaines salles ferment et leurs œuvres ne sont plus visibles. Et certains tableaux voyagent de salle en salle. Vous trouverez quand même la plupart des œuvres décrites ici. Compter 2h environ pour la visite de celui qui reste le plus beau musée de tableaux de Venise et l'un des plus riches au monde. Il rassemble des chefs-d'œuvre qui témoignent de l'art vénitien depuis le XIVe s jusqu'au XVIIIe s. L'*Accademia* occupe les lieux de l'ancien couvent de la Charité, transformé en musée à la chute de l'empire napoléonien pour recevoir les œuvres des peintres vénitiens. Un musée à l'ancienne mode donc, fascinant sur tous les plans. Bien sûr, on ne va pas détailler toutes les œuvres (il y en a près de 400 !), mais

en voici quelques-unes qu'il ne faut pas rater si vous avez la chance de les trouver accrochées lors de votre passage ; sinon, consolez-vous avec les catalogues.

Salle 1
Elle est entièrement consacrée à la peinture du XIVe s. Dès l'entrée, on est attiré par le superbe plafond à caissons datant du XVe s. Admirer les deux *Couronnement de la Vierge au paradis* qui se font face. L'un de Michele Giambono (noter le mouvement des saints figurant sur les côtés et qui régissent les instruments de la passion), l'autre de Jacobello Del Fiore, œuvre commandée par l'évêque de la cité, Antonio Correr, au XVe s. Modeste, l'évêque s'est fait représenter dans la toile, en bas à droite, mais à genoux quand même ! Au fond de la pièce, magnifique polyptique de Lorenzo Veneziano (pas très bien éclairé, malheureusement) avec le Père éternel en haut bénissant les ermites.

Salles 2 à 7
Là, les amateurs de vierges à l'enfant vont pouvoir se régaler, et démarrer par deux œuvres majeures : la *Madone à l'oranger* de Cima da Conegliano, et la *Madonna in trono col Bambino tra i santi* (Vierge en majesté sur le trône parmi les saints) de Giovanni Bellini *(salle 2).* Au niveau de ce dernier tableau, remarquer la blancheur du visage de la Vierge et du corps de l'Enfant. Sur les côtés, les tons de la chair se réchauffent progressivement. Le contraste est étonnant. Le tableau suscita un vif étonnement dès sa création. Il utilise une technique totalement novatrice pour l'époque : composition pyramidale et effets de contraste donnent du champ, créent de la profondeur et mettent ainsi en valeur le sujet principal. Il constitua un modèle pour les contemporains de Bellini et les successifs retables d'autel. La présence de saint Sébastien, dit « apotropaïque » (qui conjure le mauvais sort, voilà une bonne occasion d'enrichir votre vocabulaire) indique que ce tableau fut réalisé à l'occasion de l'épidémie de peste qui frappa la ville en 1478.

Dans la *salle 3,* noter la superbe *Pietà* sur la gauche de l'entrée, par Giambattista da Conegliano, le Christ soutenu par Marie. L'absence totale de paysage rend cette scène encore plus émouvante, l'expressivité et la détresse des visages saute aux yeux.

Les *salles 4* et *5* sont un concentré de chefs-d'œuvre : sublime représentation de saint Georges en héros mythique cuirassé de Mantegna, et une Madone entre deux saintes de Bellini, dont les visages et les accoutrements font plutôt penser à des patriciennes romaines qu'à des créatures célestes. Ce traitement n'est pas étonnant pour la période ; en effet, la Renaissance a entraîné un regain d'intérêt pour l'Antiquité grecque et latine.

Rendez-vous ensuite dans la *salle 5* pour contempler *La Tempête* de Giorgione. Un tableau assez mystérieux qui a donné son nom à un roman que nous vous conseillons par ailleurs, et qui se déroule dans le musée (voir « Livres de route », dans le chapitre « Venise utile »). Remarquer l'atmosphère spéciale qui entoure les personnages (le jeune homme et la tsigane), totalement insolites dans ce tableau et étrangers l'un à l'autre. Sur fond d'orage, de calme avant la tempête, pour la première fois dans l'histoire de la peinture, c'est un paysage qui est mis en avant. Avant de poursuivre, un petit coup d'œil à *La Vieille* de Giorgione et aux trois *Vierge à l'Enfant* de Bellini dont une très étonnante aux angelots rouges.

Salle 6 : la spiritualité du Tintoret s'exprime dans la surprenante *Création des animaux* avec une figure divine en plein envol. Jetez un œil à son *Caïn et Abel* aux deux corps combattant dans un mouvement qui semble perpétuel.

Plusieurs tableaux de Véronèse et d'admirables Titien également.

Dans la *salle 7*, remarquer surtout le fascinant *Portrait d'un jeune homme triste* par Lorenzo Lotto, de facture très moderne ; la présence du lézard à côté de l'homme qui lit demeure un mystère, même si certains historiens de l'art voient là une recherche spirituelle, une quête de la lumière divine.

Salle 10
Le Repas chez Lévi de Véronèse (1573) mérite toute votre attention, sans doute une des œuvres les plus fascinantes de la galerie. L'originalité de ce tableau vient de sa mise en scène un peu théâtrale, qui fait intervenir aussi bien des personnages mon-

dains que des créatures grotesques autour d'un banquet. Il valut à Véronèse d'être traduit devant un tribunal de l'Inquisition. On le soupçonna d'hérésie, son tableau jugé anticonformiste. C'est qu'il s'agissait au départ d'une *Cène*, réalisée pour le réfectoire d'un couvent de dominicains, mais traitée comme un repas en multipliant le nombre de convives. Devant l'outrage, les inquisiteurs lui demandèrent de corriger le tableau. Mais la seule correction exigée fut de rajouter sur un pilier l'inscription : « fit au messire Lévi un grand festin » ! Mieux valait changer le titre que tout le tableau, il aurait été dommage de nous priver d'un tel chef-d'œuvre. Notez comme tous les invités sont liés entre eux par un geste ou un regard. De loin, le tableau semble plongé dans des tons homogènes mais, dès qu'on s'approche, on aperçoit les couleurs vives et les détails. On dit que l'homme en vert près de Lévi (en rouge) serait Véronèse lui-même. Le Christ occupe toujours la place centrale, mais déjà il passe à l'arrière-plan au profit du peintre qui prend le devant de la scène. Vous avez dit anticonformiste ?
Toujours dans les scènes à forte charge dramatique, deux Tintoret étonnants par l'usage de la couleur et du mouvement hors cadre : *Le Miracle de saint Marc libérant l'esclave* et, dans un registre plus fantastique, *La Translation du corps de saint Marc*. Véronèse, le plus grand coloriste du XVIe s, éclate avec *Le Mariage de sainte Catherine* en saturant l'espace de personnages, ainsi qu'avec l'extraordinaire *Bataille de Lépante* (où l'issue du combat semble se jouer au ciel).
Salle 11
Tout aussi imposante que la précédente. D'immenses Tiepolo, dont une *Élévation de Croix* (mouvement vers le ciel assez vertigineux, personnages semblant comme aspirés) et le remarquable *Châtiment des serpents.* Plusieurs toiles du Tintoret également.
Salles 12 et 13
Dans le long couloir *(salle 12), Enlèvement d'Europe*, de Francesco Zuccarelli (notez la signature du peintre sur le collier du chien à gauche), et plusieurs paysages « idylliques » emplis de poésie. Petit détail qui a son importance, surtout si vous les cherchiez désespérément de salle en salle, depuis une heure, c'est ici que se trouvent les seules toilettes du musée, eh oui...
Puis, dans la superbe *salle 13*, quelques portraits du Tintoret, une *Vierge à l'Enfant* de Titien, plusieurs Bassano, dont une intéressante *Adoration des bergers* (paysans traités de façon très naturaliste).
Salles 16 à 20
Tiepolo, l'un des plus grands peintres vénitiens du XVIIIe s, nous offre *Diane et Actéon, Enlèvement d'Europe* (superbe œuvre de jeunesse), *Diane et Callisto*, etc. Deux toiles aux sujets légers dans la *salle 16a* : *La Devineresse* et *Le Chatouillement. Salle 17*, un des rares Guardi subsistant à Venise : *Incendie à San Marcuola*, inspiré d'un fait réel de 1789.
Salles 19 et 20 : plusieurs coups de cœur. Vues de Venise, notamment avec une *Procession sur la place Saint-Marc* de Gentile Bellini, d'une précision mathématique. Et puis, grand moment d'émotion avec la découverte d'une des toiles de Vittore Carpaccio. Magnifique *Miracle de la relique de la sainte Croix* (1494), qui nous restitue merveilleusement l'atmosphère du quartier et du pont du Rialto avant qu'il ne s'effondre, presque une narration avec trois moments distincts : la procession sur le pont, l'entrée du patriarche et le miracle dans la loggia.
Salle 21
C'est évidemment l'un des points d'orgue de la visite, avec plusieurs *teleri* (toiles de grandes dimensions) de Vittore Carpaccio (fin XVe) racontant le cycle de sainte Ursule inspiré de la Légende dorée. Une histoire qui serait aujourd'hui quasiment insupportable sans le talent du peintre à restituer le quotidien de la vie de son époque. Préciosité méticuleuse, vie incroyable, un rêve passe... C'est peu dire que cette salle fait partie de celles que l'on adore dans ce musée. Elle entretient le mystère Carpaccio, un peintre sur lequel on connaît si peu de choses, au fond.
Bon, revenons à l'histoire qui nous est contée en images (et quelles images). La princesse chrétienne de Bretagne accepte les noces avec le prince d'Angle-

terre à condition qu'il se baptise et se rende avec elle à Rome. Non, ne tournez pas la page, c'est là que ça devient intéressant...
Dans *L'Arrivée des ambassadeurs,* le peintre décale le point de fuite vers la gauche afin de commencer le récit au moment où les ambassadeurs anglais débarquent pour se présenter au roi de Bretagne. Dans une pièce à côté, Ursule discute les conditions du mariage avec son père tandis que sa nourrice attend au pied de l'escalier. La suite est racontée dans *L'Adieu des fiancés* avec, en fond, l'Angleterre du Moyen Âge (à gauche) et la Bretagne de la Renaissance (à droite). Bref, peintures somptueuses, constructions gigantesques où, si l'architecture des scènes relève souvent du fantasme, les détails des costumes et du décor, en revanche, se révèlent une véritable photographie de l'époque. Alors, n'hésitez pas à vous attarder et à scruter le moindre morceau de toile ! Vous frémirez ainsi à la présence inquiétante du singe et de la dinde au pied du trône dans *Le Retour des ambassadeurs*. Peinture à l'atmosphère d'apparence sereine, mais ces deux-là symbolisent l'imminence d'une guerre qui se prépare.

Salle 23
Superbe grande chapelle (ancienne église Santa Maria della Carità) qui accueille régulièrement des expos temporaires. Fin de la visite en grande pompe avec, en prime, une salle mieux éclairée que les précédentes. Toiles du « clan » Vivarini (Antonio, Alvise et Bartolomeo) et triptyques des Bellini (Jacopo, Gentile et Giovanni) situés dans l'abside. Superbe *telero* de Giovanni racontant le calvaire de saint Marc en Alexandrie parmi les Maures.

✻ **Ponte dell'Accademia** *(zoom C5) : en face du musée de l'Accademia.* Le premier pont construit à cet endroit par les Autrichiens, au XIXe s, était en fer. Dans les années 1930, une structure provisoire a été érigée pour remplacer le précédent pont détruit. Cet ouvrage en bois, restauré en 1985, est devenu au fil du temps définitif. Il offre un point de vue imprenable sur le Grand Canal. Des milliers de touristes ont dû immortaliser cette perspective, qui se modifie selon la lumière.

Le long des Zattere

Sur ces larges quais paisibles, vous trouverez de nombreux pontons en bois pour vous remettre, au soleil, de vos longues marches. Les sportifs peuvent y faire leur jogging, quoique l'endroit se prête plus au *farniente*. Il ne faut pas non plus manquer d'y venir en fin d'après-midi ; l'atmosphère y est alors sereine.

✻ **Chiesa dei Gesuati** ou **Santa Maria del Rosario** *(plan général C5) : fondamenta Zattere ai Gesuati, Dorsoduro.* ☎ 041-275-04-62. • chorusvenezia.org • Vaporetti n°s 51, 52 et 1, arrêt Zattere. Lun-sam 10h-17h. Entrée : 2,50 €. Accès avec le Chorus Pass. Les dominicains avaient acheté l'emplacement après que l'ordre des Gesuates eut été dissous, au XVIIe s, en raison de mœurs un peu légères... Seul le nom a été conservé. L'architecte Massari a construit l'église actuelle au XVIIIe s. La façade rappelle fortement celle des églises du Redentore et de San Giorgio Maggiore. Mais on y admire surtout le plafond rococo de Tiepolo (malheureusement un peu haut, un miroir est placé stratégiquement pour contempler l'ensemble). Il y retrace partiellement la vie de saint Dominique à travers *L'Institution du Rosaire, Gloire de saint Dominique* et *L'Apparition de la Vierge à saint Dominique*. La chapelle à gauche de l'autel abrite un retable du Tintoret représentant une Crucifixion.

✻ **Squero San Trovaso** *(plan général B5) : campo San Trovaso, Dorsoduro.* Vaporetti n°s 51, 52 ou 2, arrêt Zattere. Mignon petit *squero* bien léché, qui vaut le détour. Les *squeri* (pluriel de *squero*) étaient autrefois les ateliers qui servaient à la fabrication et à la réparation des embarcations marchandes. Petit à petit, cette activité s'est concentrée dans l'Arsenal (quartier du Castello). Aujourd'hui, il n'y en a quasiment plus, et les derniers se consacrent presque exclusivement aux gondoles. Toutes sont recouvertes avec la même peinture produite à côté de Venise par les descendants de la famille du célèbre acteur Cesco Baseggio. Le squero San Trovaso date du XVIIe s. Pour voir celui-ci de face, rendez-vous sur les fondamenta Nani (de l'autre côté du petit canal) et tournez le dos au n° 944. Devant vous s'étend une rampe en pente qui permet aux gondoles d'accoster directement à partir du rio San Trovaso. À droite, trois jolies maisons en bois. Deux servent à loger les ouvriers, la troisième est un atelier pour refaire les pièces abîmées. Si vous avez de la chance, vous les verrez peut-être travailler.

🏃 *Chiesa San Trovaso* (plan général B5) : *sur le campo San Trovaso.* ☎ *041-522-21-33. Vaporetti n°s 51, 52 ou 2, arrêt Zattere. Lun-sam 15h-18h. Entrée libre.* Détruite par un incendie, cette église a été reconstruite en 1590 dans un style classique. Elle abrite quelques œuvres importantes de Giambono, de Palma le Jeune et du Tintoret.

Le quartier de la Ca' Rezzonico

🏃 *Campo e chiesa San Bárnaba* (plan général B4) : *situé en bordure du rio San Bárnaba. Vaporetti n°s 1 ou 2, arrêt Accademia.* C'est un *campo* caractéristique de Venise : rectangulaire, au bord de l'eau et fermé par une église. Plein de charme, il a inspiré de nombreux réalisateurs de cinéma. Les cinéphiles auront peut-être reconnu le décor d'une scène cruciale d'*Indiana Jones et la dernière croisade* de Spielberg (la « bibliothèque » où Indi va trouver en creusant le tombeau du croisé !). Le site a déjà été utilisé en 1955 par Katharine Hepburn dans *Vacances à Venise*. Le long du *rio* se tient chaque jour (sauf le dimanche) un petit *marché flottant de fruits et de légumes* qui ravira les amateurs de photos (ou de fruits !).
– *L'église San Bárnaba* : *tlj 7h30-12h, 14h30-19h30. Entrée libre (sf dans le cas d'une grande expo comme celle qui a vu rassemblées ici les machines de Leonardo da Vinci, début 2008).* Construite entre 1749 et 1776, elle est surmontée d'un campanile en pierre, doté d'une flèche du XIVe s.

🏃🏃🏃 *Ca' Rezzonico e museo del Settecento Veneziano* (plan général B4) : *calle San Bárnaba, Dorsoduro.* ☎ *041-241-01-00.* • *museicivicivenezlani.it* • *Vaporetto n° 1, arrêt Ca' Rezzonico. Si le pont en bois est fermé, faire le tour du pâté de maison jusqu'au campo San Bárnaba. Nov-mars, tlj sf mar 10h-17h ; avr-oct, tlj sf mar 10h-18h. Entrée : 6,50 € ; réduc. Dernière entrée 1h avt fermeture. Accès avec le Museum Pass.* Carte Rolling Venice acceptée. *Audioguide : 4 € (jusqu'à 15h l'hiver, 16h l'été). Notice détaillée sur les œuvres en plusieurs langues dans chaque salle (à remettre après utilisation).*
Ce palais, dont vous pouvez admirer la façade depuis le Grand Canal, a été commencé par Longhena (l'architecte de la Salute) en 1667. Mais la ruine de la famille Bon, qui avait commandé ces travaux, a laissé l'édifice inachevé. En 1712, la riche famille Rezzonico, fraîchement anoblie (pour 100 000 ducats !), le rachète et demande à Massari de finir les travaux. Sa visite donne une idée de ce que pouvaient être le faste et le luxe de la Sérénissime au XVIIIe s. On peut y admirer notamment de nombreuses œuvres de Tiepolo (père et fils), Guardi, Piazzetta, Longhi, mais aussi de Canaletto, dont les tableaux ne sont pas très nombreux à Venise.
Après avoir gravi les marches du monumental escalier en pierre, on accède directement à la *salle de bal*, absolument magnifique. Noter les fresques en trompe-l'œil, qui donnent beaucoup d'espace et de volume. Les deux lustres à motifs floraux sont d'origine. Magnifiques statues de Maures enchaînés en ébène et buis, œuvre de l'ébéniste Andrea Brustolon. Détail amusant : les chaînes des esclaves sur les porte-vases sont aussi en bois.
Les fresques de la *salle de l'Allégorie nuptiale* sont signées Gianbattista Tiepolo. Jetez un œil à la petite chapelle rococo toute en rondeurs. La *salle des pastels* abrite des portraits de Rosalba Carriera (peintre vénitienne qui enseigna la technique à ses homologues français), dont un étonnant *Gentilhomme en habit rouge*. Remarquez les couleurs gris perle, bleutées et roses à la mode au XVIIIe s. Les

tables sont en onyx. Suivent la *salle des tapisseries,* avec sa porte laquée aux couleurs acidulées jaune-vert couverte de motifs chinois, et la *salle du trône* avec ses fenêtres donnant sur le *Canal Grande,* sa cheminée et ses vases chinois. Les appliques au mur sont composées de miroirs biseautés sur lesquels on a dessiné des figures à la pointe de diamant. Elles diffusent une lumière tout à fait suggestive. Le *portego* (corridor), décoré de bustes de marbre, conduit à la *salle Tiepolo* magnifiquement meublée. La fresque au plafond représente les figures de la sagesse et de la vertu mais au milieu de la pièce trône une table de jeu ; le paradoxe de la Venise du *Settecento,* un vrai Las Vegas mais toujours dévot (quoique... l'Amérique, au fond !).

Après une halte dans la bibliothèque, aux impressionnantes armoires du XVIIe s remplies non pas de livres, mais d'objets d'art du XVIIIe, on pénètre dans *la salle de Lazzarini* (magnifique écritoire avec des incrustations en ivoire confectionnée à Turin par les artisans de la maison de Savoie) et la salle consacrée à Brustolon (fauteuils, chaises hautes, consoles porte-vases représentant des guerriers éthiopiens, meubles à petits tiroirs pour les collectionneurs en tout genre, et un incroyable lustre de Murano).

Mais ce n'est pas fini, retour dans le *portego* pour accéder au 2e étage. L'alcôve et son boudoir sont délicieux (on y trouve même un berceau dans les tons assortis au reste de la pièce) ; juste à côté, belle salle aux laques vertes avec mobilier d'inspiration chinoise et statuettes en papier mâché. Ne manquez surtout pas les très belles fresques de la villa Zianigo, exécutées par le fils de Tiepolo et qui sont restées, grâce au travail de ceux qui ont su les sauvegarder, d'un modernisme surprenant. Dans *Il Mondo Novo,* le peintre a représenté les spectateurs d'une séance de projection de lanterne magique vus de dos. On ne voit qu'un seul visage, mais pas la lanterne.

Au 3e étage, remarquable pinacothèque (Egidio Martini, un collectionneur, en a fait don au musée) à conseiller à tous ceux qui n'ont pas eu encore leur compte de madones à l'enfant. Elle retrace l'art vénitien du XIVe au XIXe s, avec un beau portrait de Tiepolo. Également une belle pharmacie intelligemment reconstituée.

La visite s'achève par deux salles situées en face de la sortie du musée et qui exposent des œuvres de la collection Ferruccio Mestrovich (thème religieux).

Jardin agréable, idéal pour faire une pause. Cafétéria.

🛝 *Scuola Grande dei Carmini* (plan général B4) : sur le campo dei Carmini, Dorsoduro, 2617. ☎ *041-528-94-20. Vaporetto n° 1, arrêt Ca' Rezzonico, ou n° 2, arrêt San Basilio. Tlj 10h-17h. Entrée : 5 € ; réduc. Carte Rolling Venice acceptée. Demander la brochure explicative en français (à remettre en fin de visite).*
Construit au XVIIe s, le bâtiment abritait le siège des carmélites. La Scuola fut la dernière école à se voir attribuer l'appellation de « Grande Scuola » par la République, en 1767 (il y en a sept en tout à Venise). Au rez-de-chaussée, vous pouvez voir 19 monochromes de Bambini. Superbes plafonds stuqués dans les couloirs et les escaliers. Au 1er étage (salle du Chapitre), admirez l'extraordinaire plafond de Tiepolo, composé de 9 toiles : *La Vierge donnant le scapulaire au bienheureux Simon Stock* (le scapulaire étant un morceau d'étoffe avec deux rubans que les carmes portaient). Dans la salle des archives, superbes boiseries en noyer datant du XVIIIe s.
– À deux pas, et en bordure du rio di Santa Margherita, *la chiesa Santa Maria del Carmelo.* ☎ *041-522-65-53. Lun-sam 7h30-12h, 14h30-19h10 ; dim, juste un peu avt et après les offices. Entrée libre.* Les carmes s'y réunissaient avant la construction de la Scuola. Le cloître (on y entre) et le couvent abritent aujourd'hui un institut d'art. La façade de brique a été ajoutée au XVIe s. Poussez la porte, et vous verrez différentes œuvres retraçant la vie de l'ordre des Carmélites, notamment un très beau Véronèse dans la chapelle de droite.

🛝🛝 *Campo Santa Margherita et ses alentours* (plan général B4) : le campo Santa Margherita est une place spacieuse, populaire et animée. Il tire son nom de l'église Santa Margherita, à l'opposé des Carmini, aujourd'hui fermée. Les habitations qui l'entourent sont certes sans prétention, mais on aime d'autant plus leurs façades colorées. Le matin (sauf le dimanche) s'y tient un petit marché avec quelques étals de fruits et légumes. L'après-midi, il fait bon s'y reposer sous les arbres ou à la terrasse des cafés. Le soir ? Eh bien, la vie continue, dans une effervescence estudiantine joyeuse et bon enfant. On papote, on chante, on rit, avec toujours un petit verre à la main... Un des lieux les plus agréables de la Venise actuelle.

Allez jeter un petit coup d'œil sur les palais *Ariani* et *Zenobio,* au n° 2376 de la *fondamenta Briati,* à gauche en traversant le rio dei Carmini. On ne peut malheureusement pas les visiter, mais leurs façades valent vraiment le détour. Le *palais Zenobio* abrite aujourd'hui un collège pour les jeunes Arméniens. Le *palais Ariani* est remarquable pour ses fenêtres à ogive.

Des Zattere au quartier Santa Marta

🚶 **Chiesa San Sebastiano** *(plan général A5) :* campo San Sebastiano. ☎ 041-275-04-62. • chorusvenezia.org • *Vaporetto n° 2, arrêt San Basilio. Lun-sam 10h-17h. Entrée : 2,50 €. Accès avec le* Chorus Pass. Édifiée au XV° s puis reconstruite au début du XVI° s, cette église est en fait un véritable musée des œuvres de Véronèse. Certaines ont été réalisées alors qu'il n'avait qu'une vingtaine d'années ! Il est inhumé dans l'église (à gauche du chœur). Admirez le plafond de la sacristie (par la porte située sous les orgues) représentant le Couronnement de la Vierge entourée des quatre évangélistes, les trois grandes toiles encastrées au plafond de la nef représentant la vie d'Esther (dans la Bible, jeune juive ayant sauvé ses frères d'un pogrom) et les panneaux peints de l'orgue.

🚶 **Chiesa San Nicolò dei Mendicoli** *(plan général A5) : campo San Nicolò, Dorsoduro, 1907.* ☎ *041-528-59-52. Vaporetto n° 2, arrêt San Basilio. Lun-sam 10h-12h. Entrée libre.*
En plein cœur du quartier Santa Marta, on est ici loin de l'agitation touristique. Une vie calme et paisible reprend ses droits. Le quartier est habité par des gens modestes, surtout des pêcheurs et des artisans. Autrefois, un délégué des marins du quartier était élu par les habitants de la paroisse San Nicolò. Le lendemain de son élection, une foule de pauvres l'accompagnait au palais ducal où, revêtu d'une toge rouge, il était reçu par le doge en personne, qui lui accordait un baiser confraternel, reconnaissant par cet acte l'importance de sa communauté de petites gens dans les structures de la République.

L'église San Nicolò dei Mendicoli *(Saint-Nicolas-des-Mendiants)* est l'une des plus anciennes églises de la ville. À côté se dresse un campanile carré datant de la fin du XII° s, dépourvu de cloches. À l'intérieur, des travaux de restauration menés par le Comité britannique pour la préservation de Venise, en 1977, ont permis la rénovation des parties que les travaux successifs avaient recouvertes. Mais surtout, le sol, 1 m en dessous du niveau de l'eau des canaux, a été entièrement refait. Cette église a la particularité de mélanger les époques. Décorée chichement grâce aux modestes dons des pêcheurs, elle présente des éléments décoratifs s'étalant du VII° au XVI° s. La nef contient de nombreuses œuvres illustrant la vie du Christ. Dans le maître-autel, une statue du bon saint Nicolas (San Nicolò) qui bénit ses ouailles. Sur ses genoux, trois boules d'or qu'il aurait offertes à trois jeunes filles sans dot pour leur éviter de sombrer dans la prostitution (sans rire, on croit rêver !).

SAN POLO ET SANTA CROCE

SAN POLO ET SANTA CROCE

codes postaux : 30125 et 30135

À l'intérieur de la boucle la plus large du Grand Canal, San Polo et Santa Croce sont des quartiers très animés et hauts en couleur. Ils abritent quelques-unes des merveilles de Venise (les Frari, la Scuola Grande di San Rocco, l'une à côté de l'autre !), mais conservent un petit côté populaire et traditionnel. C'est un des quartiers de la ville que l'on visite toujours trop vite parce qu'on est pressé de tout voir... Et à force de se dépêcher, on finit par rater l'essentiel. Alors, prenez le temps de vous perdre dans le dédale des ruelles (plus enlacées ici que dans les autres *sestiere*) et d'aller dans les cafés pour entendre parler le vénitien. C'est le moment de découvrir les *bacari*, ces bars à vin autour du Rialto où l'on boit son verre debout au comptoir ou sur les places animées.
À part les visites incontournables, ces quartiers se goûtent et s'apprécient en flânant. Vous y trouverez des *campi* comme on les aime : quelques anciens qui discutent sous un arbre, des gamins qui courent dans tous les sens, des échoppes et des magasins à des prix raisonnables. Vous découvrirez l'autre Venise, celle qui échappe à tous les commentaires les plus défaitistes. On parie que vous allez aimer, à votre tour.

Où manger ?

De bon marché à prix moyens

|●| **Osteria Al Ponte La Patatina** (zoom C4, *114*) : calle Saonéri, San Polo, 2741 A. ☎ 041-523-72-38. Tout près du campo San Polo. Tlj 10h30-14h30, 18h-22h. Menu 15 € ; carte 25-30 €. Ce resto dont le cadre joue sur des tonalités plutôt marines n'est pas bien grand, et c'est souvent difficile de trouver un bout de table. À la carte, des pâtes déclinées à toutes les sauces,

beaucoup de poisson et quelques viandes, desserts basiques. Bonne petite adresse pour qui ne cherche pas trop l'originalité ou l'authenticité.

|●| **Osteria Alba Nova** (plan général B3, 115) : Lista dei Bari, Santa Croce, 1252. ☎ 041-524-13-53. ● albanova@gmail.com ● Tlj sf dim 12h-15h, 19h-22h30. Menu 17 € (avec un quart de vin, café) ; carte 25-30 €. Sympathique petit resto de quartier tenu par Maria, qui parle très bien le français. Les plats du jour sont inscrits sur un tableau noir. Vous partagerez avec la clientèle du quartier une cuisine simple mais authentique, avec des portions copieuses. Une adresse qui vous permettra probablement de lier connaissance avec vos voisins. Il n'y a que 12 tables, mais quel rythme dans le service !

|●| **Al Ponte Del Megio** (zoom C3, 110) : Santa Croce, 1666. ☎ 041-719-777. ● gabeve@hotmail.it ● Tlj sf dim 12h-15h, 18h30-22h30. Fermé 15 j. à Noël, et à midi, en août. Carte 20-25 €. Digestif offert aux porteurs de ce guide. Encore un de ces petits restos familiaux et populaires comme on les aime. Deux salles toutes simples, et quelques tables au bord du canal, en été. Ambiance animée le midi, plus calme après 13h lorsque les habitués cèdent la place aux touristes. Carte classique un peu quelconque, alors n'hésitez pas à choisir les plats du jour et les spécialités de la maison inscrits sur l'ardoise à l'entrée, comme les *spaghetti al scampi e radicchio* ou un bon poisson grillé arrosé du petit blanc de la *casa*. Service rapide et efficace.

|●| **Pizzeria-trattoria Ae Oche** (zoom C3, 116) : calle del Tintòr, Santa Croce, 1552 A/B. ☎ 041-524-11-61. Près du campo San Giacomo dell'Orio. Tlj 12h-15h, 19h-23h (plus tard ven-sam). Pizzas 8-10 € ; carte 15-20 €. L'endroit (qui a fait trois petits en ville) est connu et couru des jeunes Vénitiens, et on n'hésite pas à faire la queue pour se restaurer dans une ambiance décontractée et animée. Mieux vaut arriver tôt ou réserver. On peut déjeuner dans la salle aux murs bardés de vieilles planches patinées décorée de quelques peintures colorées. Salades et grand choix de pizzas (rien de vraiment gastro, on vous prévient). Service pas désagréable, malgré l'affluence !

|●| **Antica Birraria La Corte** (zoom C3, 117) : campo San Polo, San Polo, 2168. ☎ 041-275-05-70. ● info@birrarialacorte.it ● Tlj 12h-14h30, 19h-22h30. Fermé 15-30 nov. Pizzas 10-13 € ; menus 12-15 € ; carte 20-25 €. Il y avait bien une ancienne brasserie à cet endroit, mais l'*antica* s'arrête là. La déco est résolument moderne, assez design. La grande salle tout en longueur ne permet pas de grandes fantaisies dans la disposition des tables, mais ce n'est pas l'usine pour autant. Près de 300 couverts quand même ! Bonnes pizzas. Très bon tiramisù. Dès qu'il fait beau, on s'installe en terrasse sur le paisible campo San Polo et on goûte toute la saveur du mot *farniente*.

De prix moyens à plus chic

Entre le pont du Rialto et le très authentique *campo della Pescheria* (le marché de la pêche), les anciens bâtiments du commerce de gros ont été joliment réhabilités, accueillant quelques restos très bien intégrés dans ces vieux murs, les terrasses jetant leurs convives sur le Grand Canal. Les deux premières adresses en font partie. Offrez-vous avant un verre de vin à l'*aperitivo* dans un des excellents *bacari* du quartier. Les autres adresses dans le reste de San Polo sont plus classiques, mais certaines méritent vraiment que vous les découvriez.

|●| **Osteria Al Bancogiro** (zoom D3, 155) : campo San Giacometto, San Polo, 122. ☎ 041-523-20-61. Tlj sf lun. Plats du jour 14,50-19 € ; carte 35 €. Un lieu qui a tout pour plaire, évidemment, avec les tables en terrasse, la vue sur le canal, un intérieur resté dans son jus. Des *antipasti* pour patienter, avec un verre de vin maison, une salade tiède de raie et *radicchio*, une assiette de *pasta* ou un plat du jour, un accompagnement tout simple, tout bon. On peut prolonger le plaisir de l'instant avec un dessert, un café, pourquoi se presser...

|●| Naranzaria (zoom D3, **156**) : campo San Giacometto, San Polo, 130. ☎ 041-724-10-35. • naranzaria@naranzaria.it • Tlj sf lun, 12h-2h. Service 12h-15h, 18h-23h. Fermé 6-16 janv. Carte 35-45 €. Verre de vin maison à partir de 3 €. Bar à vins qui fait aussi resto, à l'étage. Une autre adresse intelligemment aménagée dans les vieux bâtiments dont les murs ont su garder les traces du passé, alors que le décor a viré, lui, design. Jolie petite salle voûtée à l'étage. Musique moderne dans les oreilles. Stefano propose, pour accompagner les vins de son associé (Conti Brandolini d'Adda), des assiettes de produits sélectionnés par ses soins, à moins que vous ne craquiez pour une *pasta faggioli*, servie chaude ou froide, selon la saison.

|●| Osteria Al Diavolo e l'Aquasanta (zoom D3, **121**) : calle della Madonna, San Polo, 561 B. ☎ 041-277-03-07. Tlj midi et soir, sf lun soir et mar. Carte 35-40 €. Une adresse bien cachée dans une ruelle près du pont du Rialto. Clientèle d'habitués qui prennent une *ombra* au bar et de touristes qui n'en reviennent pas d'avoir échoué dans cette atmosphère brute de décoffrage. C'est ici le repère de la « Voga Veneta », l'équipe d'aviron du Lido. Impossible de les rater, ils sont tout en jaune et bleu ! Deux petites salles décorées de photos du vieux Venise... et d'avirons. Les ventilos brassent l'air pour dissiper les odeurs de friture, et sous vos yeux se déroule un ballet virevoltant d'assiettes fumantes...

|●| Alla Zucca (zoom C3, **122**) : ponte del Mégio, Santa Croce, 1762. ☎ 041-524-15-70. Tlj sf dim 12h30-14h30, 19h-22h30. Fermé 1 sem mi-août. Carte 35-40 €. *Zucca* veut dire « citrouille ». Excellent resto de cuisine imaginative (assez rare à Venise pour être signalé) qui fait le tour du monde des saveurs par la magie des épices. Beaucoup de plats de légumes avec des suggestions orientales. Bon rapport qualité-prix, dans l'ensemble. Accueil chaleureux. Le resto est toujours plein, il fait deux services, il est donc indispensable de réserver (la veille si possible !). Attention, venez à l'heure prévue, sinon vous risquez de vous retrouver, en fin de repas, poussé gentiment, mais fermement, vers la porte par les serveurs.

|●| Osteria Vivaldi (zoom C3, **123**) : calle della Madonnetta, San Polo, 1457. ☎ 041-523-81-85. • info@osteria-vivaldi.com • Tlj sf mer 10h-15h, 18h-23h30. Carte 30 €. Café offert à nos lecteurs sur présentation de ce guide. Dans cette *enoteca* (œnothèque) à mi-chemin entre l'ambiance de bistrot et celle d'un resto au cadre délicieusement rétro, vous pouvez reprendre des forces au comptoir en avalant quelques *cicchetti* : olives frites, joues de poisson, sardines cuisinées de toutes les manières possibles et imaginables... N'hésitez pas à discuter avec votre voisin pour vous aider à choisir. Sinon, vous pouvez aussi découvrir à table le menu du jour, ou vous asseoir sur le banc et regarder le monde défiler sous vos yeux. Jeunes patrons sympathiques.

|●| Osteria Al Garanghelo (zoom C3, **154**) : calle dei Boteri, San Polo, 1570. ☎ 041-721-721. • ostaria@algaranghelo.it • Fermé mer soir et dim, ainsi que 1 sem fin fév. Carte 25-30 €. Une très belle et bonne adresse pour adeptes du *slow food* (mais le service reste efficace !). Annalisa, la patronne, est une femme discrète soucieuse du bien-être de ses clients, et Renato, son cuisinier, un vrai pro qui respecte les produits comme les cuissons. Un lieu chaleureux, simple, bon enfant, avec juste quelques tables, des tableaux anciens au mur et de savoureuses odeurs qui s'échappent de la cuisine. En entrée, goûtez la polenta aux champignons, ou les crevettes *in saor*, avant de succomber au risotto aux gambas ou aux *pappardelle con secole*, un plat vénitien typique.

|●| Trattoria Alla Madonna (zoom D3, **124**) : calle della Madonna, San Polo, 594. ☎ 041-522-38-24. Fermé mer. Carte 40 €. Spécialités de poisson. Fraîcheur et qualité garanties. Carte vénitienne classique (lotte, fritures mixtes, seiches) et de très bonne tenue. Seulement voilà, l'accueil laisse à désirer sous ses aspects classieux et guindés, comme quoi ! Quand c'est plein, et ça arrive souvent, il faut d'abord faire la queue dans la rue et, après, c'est un peu l'usine. L'adresse est très appréciée des Vénitiens (gage de qualité ?), et ils sont souvent servis avant vous... Malgré tout, les jours plus calmes vous y ferez un excellent repas.

Où boire un verre en mangeant sur le pouce ?

C'est le moment ou jamais de vous lancer dans la tournée des bars à vins *(bacari)*, les adresses ayant tendance à se multiplier autour du marché, pour le plus grand bonheur des habitués. Certaines n'ont pas de nom ni même de téléphone, on les repère aux attroupements qui se forment, devant le comptoir caché à l'intérieur, autour des *fabbriche nuove*, notamment. Certains font aussi resto (voir plus haut *Bancogiro* et *Naranzaria*), d'autres ouvrent selon l'humeur du propriétaire.

Al Marca (zoom D3, *171*) : campo Bella Vienna, San Polo, 213. ☎ 393-992-47-81. ● gmgsnc@gmail.com ● Tlj sf dim 9h-15h, 18h-21h30. Un de nos bistrots à vins préférés, avec ses vins au verre entre 1,50 et 8 €, ses *cicchetti* à partir de 1,30 €. Goûtez ceux au lard de Colonnata, un délice. Le lieu où tout le monde se retrouve, à un moment ou à un autre, pour le verre de *spritz* de l'amitié. Si le rideau de fer est tiré, allez un peu plus loin, on vous donne les noms des grands classiques.

Cantina Do Mori (zoom D3, *164*) : San Polo, 429 ; ou ramo primo de la Galiazza, 401 (deux entrées !). ☎ 041-522-54-01. Depuis le campo de la Pescheria, prendre la calle prima della Donzella ; c'est la 4e à gauche. Tlj sf dim 8h30-20h30. Près du Rialto, mais peu de touristes et donc surtout des Vénitiens à cette adresse aussi célèbre que très conviviale. La taverne existe depuis 1462 et ça se sent : bonbonnes de cuivre pour le vin, collection de marmites au plafond, anciens journaux sur les murs, des bouteilles partout... Bons *cicchetti* et vins de qualité pour faire du surplace jusqu'à plus soif. Bonnes fritures de poisson de la lagune séraphique. Addition un peu salée, mais qui le vaut bien.

All'Arco (zoom D3, *178*) : calle Arco, San Polo, 436. ☎ 041-520-56-66. Tlj sf dim 12h-14h, 19h30-22h30. Fermé en août, à Pâques et à Noël. Verre de vin 4-7,50 €. Sans doute parmi les meilleurs *cicchetti* de la ville, à prendre d'assaut avant que les habitués y déboulent. Ici on ne devise qu'en vénitien, avec un zeste d'italien ; le mieux est donc de s'approcher du comptoir en marbre et de pointer le doigt vers le mets qui vous fait envie. À choisir, selon l'arrivage, les *moscardins*, les *castraure* (mini-artichauts) de Sant'Erasmo servis tièdes ou le copieux *fritolin* (friture de poisson) avec un verre de vin de pays. Bons *tramezzini*. Quelques tables dans la rue vite prises d'assaut.

Taverna da Baffo (zoom C3, *179*) : campiello Sant'Agostin, San Polo, 2346. ☎ 041-520-88-62. Lun-ven 7h30-2h ; sam 17h-2h. Fermé dim. Bons sandwichs, *bruschette* et *cicchetti*. Idéal pour une petite faim. C'est une bien belle taverne avec ses colonnes de marbre, ses vieilles poutres. Sur les murs de brique, quelques tableaux d'artistes vénitiens. Mais aux beaux jours, les tables disposées au milieu de ce *campiello* calme et oublié par l'agitation touristique vous tendent irrésistiblement les bras. Très sympa pour prendre l'apéritif en compagnie des habitués du lieu.

Caffè dei Frari (zoom B3, *180*) : San Polo, 2564. ☎ 041-524-18-77. Lun-ven 8h-21h ; w-e 10h-15h, 18h-21h. Café avec mezzanine et décor en bois. Une déco qui a un petit côté Belle Époque (on peut rêver !) au rez-de-chaussée, mais résolument plus contemporaine à l'étage. Tenu par des jeunes, fréquenté par des jeunes et des moins jeunes, aussi, avec musique d'ambiance qui se veut gentiment New Age... Bon rapport qualité-prix.

Où boire un chocolat ou un café ?
Où déguster une glace ou une pâtisserie ?

Pasticceria-bar Rizzardini (zoom C3, *256*) : campiello dei Meloni, San Polo, 1415. ☎ 041-522-38-35. Tlj sf mar 7h-20h30. Les amateurs de gâteaux seront sans doute attirés par la vitrine... À l'intérieur, ils seront comblés.

Assortment de douceurs typiquement vénitiennes : *mandorle, pavana, essi...* Plein de gâteries en cas de petit creux. Si vous voulez rapporter au pays les biscuits secs que l'on trempe dans un verre de *Fragolino* (dessert servi au resto sous le nom de *dolci*), nous vous conseillons de les prendre ici, ils sont très bons. Vente au poids. Possibilité de prendre un café ou un thé, debout au comptoir.

● |●| **Caffè del Doge** (zoom D3, **257**) : *calle dei Cinque, San Polo, 608.* ☎ *041-522-38-35. Ouv tlj mat et soir. Café du jour à 1,50 €.* Dès la porte poussée, une délicieuse et alléchante odeur de café vous saisira les narines. Cette boutique colorée aux allures de cafétéria des années 1950, à la fois chic et rétro, ravira les amateurs. Par curiosité, testez la *Giacometta*, savoureux mélange de café et chocolat (2,50 €) ou le *Marocchino*. Également quelques petits snacks et des pâtisseries. Vend une belle sélection de café en grains.

♥ **Alaska** (plan général B3, **259**) : *calle larga dei Bari, Santa Croce, 1159.* Pistacchi est aussi sympathique que doué. Il confectionne des glaces artisanales aux parfums traditionnels, mais aussi des bonnes surprises en fonction du marché, comme le céleri, la cardamome, le gingembre ou encore le fenouil. Déco jamaïcaine et vitrine graffitée par tous les fans de reggae et de Carlo.

♥ **Millevoglie Da Tarcisio** (plan général B4, **258**) : *salizzada San Rocco, San Polo, 3033.* Simple comptoir, juste derrière l'église des Frari. Un grand choix de parfums, comme souvent par ici. Portions très généreuses qui plairont à ceux qui aiment s'en mettre plein le cornet.

● |●| **Vizio Virtù Cioccolateria** (zoom B4, **263**) : *calle Campaniêl, San Polo, 2898.* ☎ *041-275-01-49. Tlj 10h-19h30.* Rien que le nom nous a séduits... et après dégustation, les chocolats aussi. Giovanna et Mariangela composent des chocolats aux saveurs très originales : poivre, gingembre, piment... Également une délicieuse production plus classique, mais attention, ce n'est pas donné tout de même.

Achats

⚜ **Benor** (plan général B3, **210**) : *Lista Vecia dei Bari, Santa Croce, 1164.* ☎ *041-524-41-10. Tlj 9h30-20h. Fermé déc.* Les masques que l'on trouve ici ne sont pas les plus beaux, ni les plus grands, mais ils sont assez originaux et pas très chers (belles compositions). On y parle le français.

⚜ **Balocoloc** (zoom C3, **211**) : *calle Longa, Santa Croce, 2134.* ☎ *041-524-05-51. Ouv tlj à partir de 11h.* Belle boutique où l'on trouve cannes, masques, manteaux et capes. On peut acheter ou louer pour la durée du Carnaval. C'est assez cher, mais les articles sont de qualité, car tout est fait selon les bonnes vieilles traditions.

⚜ **Tragicomica** (zoom C4, **212**) : *calle dei Nomboli, San Polo, 2800.* ☎ *041-721-102. Juste en face de la casa Goldoni. Tlj 8h-21h.* Superbe magasin (un véritable univers de théâtre !) où l'on trouve des masques faits main (essentiellement en papier mâché) de 20 € à près de 2 400 € ! Possibilité de louer des costumes somptueusement décorés. Cher, mais c'est l'un des plus beaux du genre à Venise. Vaut vraiment une petite visite.

⚜ **Amadi Bruno** (zoom C3-4, **213**) : *calle dei Saonéri, San Polo, 2747. Mar-sam 9h-17h.* Cet atelier est spécialisé dans la fabrication d'objets miniatures. La boutique est elle-même minuscule ! L'artisan qui travaille devant vous dans le magasin fait brûler de petites paillettes de verre multicolores sur une flamme. Il faut presque une loupe pour voir certains objets. Très cher, mais idéal pour les collectionneurs d'animaux et de figurines en tout genre (chouettes, éléphants, papillons...).

⚜ **La Scialuppa** (zoom C3, **214**) : *calle seconda dei Saoneri, San Polo, 2681.* ☎ *041-719-372. Tlj sf dim 9h30-12h30, 15h-18h.* Un magasin qui vend des maquettes de gondoles en bois, ainsi que des *forcole* sculptées (dames de nage des gondoles) absolument superbes. Tout est fait à la main, et l'atelier se trouve un peu plus loin (au n° 2702 de la calle Malvasia : 2ᵉ à gauche en se

dirigeant vers la calle Saoneri).
- **Bambolandia** (zoom C3, **123**) : ponte de la Madonnetta, San Polo, 1462. Tlj sf dim 9h-12h, 13h30-17h30 (18h sam). En entrant dans ce magasin, on pénètre dans le royaume des poupées. Rien à voir avec une boutique de jouets ordinaire. Celle-ci concerne uniquement les amateurs avertis et les collectionneurs. Vous trouverez ici des créations singulières, et même un hôpital pour poupées amochées et nounours en difficulté !
- **Carta Venezia** (zoom C3, **201**) : calle Longa, Santa Croce, 2125. ☎ 041-524-12-83. Lun 15h30-19h30 ; mar-sam 11h-13h, 15h30-19h30. Superbe boutique où le blanc est de rigueur. À tel point qu'il faut enfiler des gants (blancs et en coton, bien sûr) avant de toucher les œuvres. Scènes anciennes et modernes en relief confectionnées en papier de coton par deux jeunes femmes artistes. Quelques abat-jour également. Accueil sympathique.
- **Mare di Carta** (plan général A-B3, **206**) : fondamenta dei Tolentini, Santa Croce, 222. ☎ 041-716-304. Tlj sf dim 9h-13h, 15h30-19h30. Une véritable « mer de cartes » nautiques et de ville, auxquelles s'ajoute une littérature conséquente sur la lagune et la grande bleue. Cristina, parfaite francophone, vous donnera ses tuyaux pour mieux découvrir les canaux secrets. Elle collabore également avec le *Musée naval*.

À voir

Autour du campo dei Frari

Chiesa San Pantalón (plan général B4) : campo San Pantalón, San Polo. ☎ 041-523-58-93. Vaporetti n°s 1 ou 2, arrêt San Tomà. Lun-sam 16h-18h. Entrée libre. Rebâtie sur d'anciennes fondations par Comini entre 1668 et 1686, cette église à la façade inachevée se distingue par son étonnante illustration du martyre de San Pantalón (au plafond), peinte par Fumiani. Les colonnes qui soutiennent l'ensemble s'y prolongent dans un effet de perspective assez époustouflant. En levant la tête, on se sent littéralement aspiré par le décor (en le fixant trop longtemps, on a d'ailleurs l'impression de tomber à la renverse, faites gaffe quand même !). Le travail de montage de ces 40 toiles sur châssis prit près de 25 ans. Sur les côtés, six chapelles complètent cet ensemble harmonieux.

Chiesa San Rocco (plan général B3-4) : campo San Rocco, San Polo. Vaporetti n°s 1 ou 2, arrêt San Tomà. Tlj 7h30 (8h dim)-12h30, 15h-17h. Entrée libre. Bartolomeo Bon eut à charge la construction de cette église, à partir de 1489. Mais une grande partie de l'édifice ainsi que la façade (agrémentée d'un bas-relief) furent reconstruites au XVIIIe s. À l'intérieur, belles toiles du Tintoret retraçant la vie de saint Roch (notamment les quatre de part et d'autre du chœur) dont *Saint Roch guérissant les pestiférés* et *Saint Roch dans le désert* (toutes deux à droite). L'église abrite aussi les reliques du saint dans une urne surmontée d'une statue (dans le chœur).

Scuola Grande di San Rocco (plan général B4) : campo San Rocco, San Polo, 3052. ☎ 041-523-48-64. Vaporetti n°s 1 ou 2, arrêt San Tomà. Nov-mars, tlj 10h-17h. Avr-oct, tlj 9h-17h30. Dernière entrée 30 mn avt fermeture. Entrée : 7 € (avec audioguide et fascicule d'explications) ; réduc (famille, entrée gratuite aux enfants de moins de 18 ans). Carte Rolling Venice acceptée.
La plus riche des *scuole* vénitiennes. L'intérieur est vraiment très beau, d'un faste pudiquement dévoilé par une lumière douce et presque intime. Les plus réfractaires risqueraient bien d'être séduits. La Scuola constitue en fait un véritable temple dédié aux œuvres du Tintoret (près d'une cinquantaine de tableaux !). Après tout, rien de plus normal... il en était lui-même membre. Elle fut édifiée au début du XVIe s et en partie financée par de riches banquiers vénitiens soucieux de se concilier le ciel afin de se protéger de la peste (belle façade à colonnes corinthiennes).

Au rez-de-chaussée, nombreuses œuvres du peintre illustrant le Nouveau Testament (*La Fuite en Égypte, L'Adoration des mages,* etc.).

Au 1er étage s'ouvre une immense salle, où le plafond et les murs sont entièrement décorés par le Tintoret (épisodes de l'Ancien Testament au plafond, et du Nouveau sur les murs). Des miroirs sont mis à la disposition des visiteurs pour mieux admirer les plafonds sans se tordre le cou. N'hésitez pas à vous en servir. N'oubliez pas non plus de faire le tour de la salle pour découvrir l'extraordinaire boiserie composée de sculptures représentant les vices et les vertus humaines. Face au grand escalier, une bibliothèque, plus vraie que nature, avec la plume d'oie et les lunettes, encadrée (ces vices-là, on ne peut s'empêcher de vous les livrer) de « la fureur » et de « l'espion ». Vous découvrirez aussi une admirable *Annonciation* de Titien et *Les Anges rendant visite à Abraham,* œuvre de jeunesse de Tiepolo dont les nuances de rouge ici sont extraordinaires. Mais il ne faut pas rater la *Crucifixion,* l'un des chefs-d'œuvre du Tintoret, qui se cache dans la salle de l'Albergo (au fond à gauche). Noter les effets géniaux de perspective et de troisième dimension. À côté, dans la *Montée au calvaire,* remarquer le rythme de la composition (lignes en dents de scie). Au contraire, dans le *Christ devant Pilate,* tout semble figé.

✯✯✯ Chiesa dei Frari

(plan général et zoom B3-4) : campo dei Frari, San Polo. ☎ 041-272-86-11 ou 041-275-04-62. ● *chorusvenezia.org* ● Vaporetti nos 1 ou 2, arrêt San Tomà. Lun-sam 9h-18h ; dim 13h-18h. Entrée : 2,50 €. Accès avec le Chorus Pass. *Audioguide en supplément.*

L'église des Frères Mineurs (les franciscains) a été édifiée à partir de 1231, et reconstruite entre 1330 et 1338 en brique rouge et dans le style gothique tardif, avec des ornements en pierre blanche d'Istrie. Son campanile carré de 70 m de haut est le plus élevé de Venise après le campanile de San Marco. À l'extérieur, vous admirerez le chevet, la partie la plus ancienne de l'église. Le portail, un peu austère, est flanqué de deux piliers ouvragés.

À l'intérieur, l'immense vaisseau à 3 nefs, scandé de 12 colonnes massives et coiffé d'un entrelacs de poutres, contient tout simplement les plus grands chefs-d'œuvre de Venise. Le premier d'entre eux, au point focal de la perspective, l'*Assomption,* de Titien, réalisé en 1516, trône de ses 7 m de haut au-dessus de l'autel. Flamboiement des couleurs (rouges sublimes !), splendeur du mouvement d'élévation vers le ciel, grâce et rythme des gestes, beauté des drapés... Première œuvre religieuse de Titien, qui surprit tout le monde par sa liberté d'interprétation : la Vierge n'est plus représentée implorante et mains jointes, mais, au contraire, épanouie, gracieuse, bras ouverts, visage doux et serein, corps souple s'élevant en tournoyant dans un bain de lumière, vers le visage plein d'humanité de Dieu le Père. On raconte que Titien vint souvent revoir cette œuvre quand il manquait d'inspiration. À droite de l'autel, toujours dans le chœur, à mi-hauteur, le tombeau du doge Foscari datant de 1457 et, en face, celui de Niccolò Tron.

Dans les chapelles absidiales, à gauche, la tombe du compositeur Claudio Monteverdi, mort en 1643 ; au-delà de celle des Milanais, la chapelle Corner ou San Marco, avec le triptyque de Vivarini représentant saint Marc.

Dans la 1re chapelle à droite du presbytère, celle des Florentins, *saint Jean-Baptiste,* statue polychrome de Donatello. Dans la 3e chapelle de droite, *Vierge à l'Enfant,* superbe polyptyque de Vivarini.

Admirer aussi les 124 stalles sculptées du chœur (1468) et sa clôture Renaissance qui isolait les frères franciscains de la communauté laïque. Seuls leurs chants parvenaient aux fidèles. Exceptionnel travail de marqueterie sur les dossiers des stalles. Dans la sacristie, à droite, allez saluer la *Vierge en majesté,* retable en triptyque de Giovanni Bellini (1488). Noter comme la Vierge présente un visage tout à la fois suave et moderne, révélant presque une expression désabusée dans le regard. Face à la porte, autel des reliques d'un baroque assez fou (on peut le dire).

Dans la salle du chapitre, à côté, orfèvrerie religieuse. Sur la console à gauche, *Présentation du doge à la Vierge* de Paolo Veneziano (1339, la plus ancienne peinture dédicatoire connue).

Au fond de la nef, on trouve le *tombeau de Titien,* mort de la peste en 1576 et, en face, celui de *Canova.* Titien, qui a tant contribué à l'art, méritait certainement mieux, même si son corps ne fut pas jeté à la fosse commune. Quant au tombeau de Canova, œuvre néoclassique détonante dans ce décor, c'est lui-même qui le dessina en le dédiant initialement à Titien. Ses élèves reprirent le projet pour le maître en collectant des fonds dans l'Europe entière. Les figures allégoriques éplorées se traînent en cortège vers une inquiétante porte entrouverte. En fait, seul son cœur repose sous la pyramide. À sa droite, le premier prix de grandiloquence dans l'art funéraire est accordé sans hésitation au tombeau baroque du doge Giovanni Pesaro, avec ses squelettes et les géants noirs courbant l'échine sous le poids du tombeau et du chagrin (mais un coussin allège leur souffrance !).

À côté trône un autre chef-d'œuvre de Titien : la *Vierge de Ca' Pesaro.* Là encore, l'artiste innove sans donner la position centrale à la Vierge. Explosion de couleurs éclatantes. Sur le tableau figurent l'évêque Jacopo Pesaro et sa famille, venant remercier la Vierge d'une victoire navale sur les Turcs (dans l'ombre surgissent les turbans de deux prisonniers maures). Ne vous laissez pas surprendre, un personnage du tableau vous observe, et une fois que vous aurez accroché son regard, vous remarquerez qu'il est difficile de s'en détacher.

Scuola Grande di San Giovanni Evangelista *(plan général B3) :* campiello di San Giovanni, San Polo, 2454. ☎ 041-718-234. • sgiovanniev.it • Vaporetti nos 1 ou 2, arrêt San Tomà. Visite slt sur rdv. Interdit au public pdt les conférences (il y en a souvent). Entrée : 5 €.

On y accède par un portique en marbre qui donne sur une cour. Cette *scuola*, fondée au XIIIe s, était l'une des plus anciennes de Venise avant que Napoléon la supprime tout simplement en 1806. À l'origine, le bâtiment abritait un hospice dont le saint patron était saint Jean l'Évangéliste (San Giovanni Evangelista). À l'intérieur, au rez-de-chaussée, s'ouvre une superbe salle aux colonnes avec son remarquable pavement en marbre. Notez le bel escalier de Mauro Codussi. Au 1er étage, plusieurs tableaux du Tintoret, de Tiepolo, de Longhi et de Vincentino ornent la salle Saint-Jean. Dans *l'oratorio della Croce* (oratoire de la Croix) est conservée, sur l'autel, la relique de la Sainte Croix. Malheureusement, on ne peut guère la contempler qu'un seul jour de l'année (le 14 septembre : fête *dell'esaltazione della Santa Croce* ou exaltation de la Sainte Croix). Juste derrière, la salle de l'Albergo avec une peinture sur bois du XIIIe s représentant la Vierge et (de gauche à droite) saint Pierre, saint Paul et saint Jean. Saint Matthieu, qui figurait également aux côtés de la Vierge, eut moins de chance puisque la partie droite du tableau fut découpée et volée !

Autour du campo San Polo

Campo San Polo *(zoom C3) :* c'est l'un des plus grands de la ville. Du fait de sa superficie importante, on y organise des fêtes et des manifestations en tout genre. Pendant le Carnaval, c'est d'ailleurs l'un des endroits les plus fréquentés (il n'y en a pas que pour la place Saint-Marc !).

Quand vous arriverez des petites rues adjacentes, vous serez tout d'abord surpris par une impression d'espace. Cette surprise passée, vous remarquerez l'harmonie qui se dégage de l'ensemble. C'est assez étonnant, car les édifices qui bordent le *campo* sont d'époques et de styles très différents : en arrivant par le sud, on trouve à gauche le *palais Corner-Mocenigo* (du XVIe s), puis à droite le *palais Saranzo* (XVe s) ; au fond se tient le *palais Tiepolo-Maffetti* (XVIIIe s).

Un petit détail à noter : si vous vous tenez face au *campo*, dos à l'église, et que vous criez très fort, vous remarquerez un effet d'écho. Ne répondez pas, sinon, on n'en finit plus.

Chiesa San Polo *(zoom C3) :* campo San Polo. ☎ 041-275-04-62. • chorusve nezia.org • Vaporetto n° 2, arrêt San Tomà ; vaporetto n° 1, arrêt San Silvestro ou

San Tomà. Lun-sam 10h-17h. Entrée : 2,50 €. Accès avec le Chorus Pass. Cette église de style gothique à la voûte en carène de bateau, dont les origines remontent au IXe s, fut malheureusement remaniée au début du XIXe s. Elle renferme quelques œuvres intéressantes (de Véronèse, Tiepolo, le Tintoret et Palma le Jeune). Chemin de croix du fils de Tiepolo dans la chapelle du Crucifix (au fond de la nef). Face à l'église, le campanile date de 1362.

Casa Goldoni *(maison Goldoni ; zoom C4) : calle dei Nomboli, San Polo, 2794.* ☎ *041-244-03-17. Vaporetti n°s 1 ou 2, arrêt San Tomà. Nov-mars, tlj sf dim 10h-16h. Avr-oct, tlj 10h-17h. Entrée : 2,50 € ; réduc. Accès avec le* Museum Pass. Carte Rolling Venice *acceptée*. Située dans le *palais Centani* (XVe s), c'est la maison natale de Carlo Goldoni. Cet extraordinaire auteur de théâtre fut souvent comparé à Molière, non sans raison, mais, si l'on voulait faire de l'humour, disons qu'il mourut beaucoup plus vieux (86 ans !). À l'entrée, remarquez la jolie cour avec son ravissant petit puits. L'escalier extérieur vaut aussi le coup d'œil avec, tout autour, les sols à l'ancienne faits de briques disposées en forme de V. Aujourd'hui, la maison abrite un musée qui présente quelques documents relatifs à la vie de Goldoni et au théâtre à Venise : joli petit théâtre de marionnettes du XVIIIe s, différents portraits de Goldoni et, bien sûr, quelques livres d'époque.

– Pour prolonger cette courte visite, on pourra faire un tour dans le magasin de masques *Tragicomica (zoom C4, 212)* qui se trouve juste en face de l'entrée (voir la rubrique « Achats »).

Du pont du Rialto à la Ca' Pesaro

Ponte di Rialto *(zoom D3)* : les premiers habitants qui s'installèrent à Venise appelèrent le site qu'ils avaient découvert, et donc pas ce quartier en particulier, *rivo alto* (la haute rive). Le nom *Rialto* est venu des déformations successives du langage et d'une contraction des deux termes. Avant que le premier pont existe, on passait du Rialto au quartier de San Marco avec des gondoles (les *traghetti*) qui faisaient l'aller-retour toute la journée. Aujourd'hui, alors que trois ponts enjambent le Grand Canal, les Vénitiens utilisent toujours ces *traghetti* pour passer, debout, d'une rive à l'autre. Faites de même, au moins une fois, pour avoir l'impression de vivre à la vénitienne, et pour le petit frisson, aux heures de pointe, sur le canal (ne vous accrochez pas au voisin en voulant faire une photo, si vous ne voulez pas finir dans l'eau !).

Le premier pont, construit vers la fin du XIIe s, était en bois, ce qui le rendait particulièrement vulnérable aux incendies. Il fut d'ailleurs plusieurs fois détruit et reconstruit. Il était constitué de deux pans qui pouvaient se soulever. Ce système de pont-levis permettait aux grandes embarcations, et notamment aux bateaux à mât, d'emprunter le Grand Canal pour déposer les marchandises près des marchés.

Au début du XVIe s, après un dernier incendie, on décida de construire un nouveau pont, mais cette fois-ci en pierre. Suivant le bon vieux principe du concours, plusieurs architectes furent mis en compétition. Des noms prestigieux comme Michel-Ange, Palladio, Sansovino ou encore Scamozzi présentèrent un projet, mais c'est finalement Da Ponte qui remporta les faveurs du jury (remarquez, avec son nom, il ne pouvait pas perdre !). L'ouvrage fut construit entre 1588 et 1591, sensiblement au même endroit que les précédents, au point le plus étroit du Grand Canal. Long de 48 m, large de 22 m et haut de 7,50 m, il repose de part et d'autre sur deux plates-formes, soutenues chacune par 6 000 pilotis. Au-dessus, on trouve trois rampes d'escaliers pour piétons et une double rangée de boutiques qui vendent, pour la plupart, des babioles pour touristes tragi-comiques (et on ne se place pas seulement d'un point de vue théâtral). C'est l'un des endroits les plus connus de Venise, alors que ce n'est pas le plus agréable, ni le plus beau, surtout en pleine journée. Le lieu, pris d'assaut par les touristes, est invivable la plupart du temps. Le soir offre un peu de répit, et la nuit lui rend sa magie !

🎯 **Chiesa San Giacomo di Rialto** (zoom D3) : ruga degli Orefici, San Polo. Vaporetti n°s 1 ou 2, arrêt Rialto. Tlj 10h-12h env. Entrée libre. L'origine de l'édifice remonte au XIe s, mais cette petite église fut presque entièrement reconstruite au XVIIe. Une légende voudrait qu'elle ait été consacrée l'année de la fondation de Venise, pour que les premières personnes à s'installer dans le coin du Rialto aient un lieu de culte. Aujourd'hui, il ne reste plus grand-chose de l'ancien édifice (juste les chapiteaux et les colonnes en marbre). En face de l'entrée de l'église, jeter un coup d'œil au fût de granit rose coiffé d'une plate-forme, d'où le crieur public proclamait les lois. Sur le côté, remarquer l'escalier soutenu par une statue qui plie sous l'effort, d'où son appellation *Il Gobbo del Rialto* (le Bossu du Rialto).

🎯 **Chiesa San Giovanni Elemosinario** (zoom D3) : ruga Vecchia San Giovanni Elemosinario, San Polo, 479. ● chorusvenezia.org ● Vaporetti n°s 1 ou 2, arrêt Rialto. Lun-sam 10h-17h. Entrée : 2,50 €. Accès avec le Chorus Pass. Son origine remonte au Xe s. L'église fut détruite puis reconstruite après l'incendie de l'hiver 1514. À cette époque de l'année, l'eau des canaux était gelée ; presque tout le quartier du Rialto fut ravagé par les flammes. À l'intérieur, dans le chœur, très beau *San Giovanni Elemosinario* de Titien.

🎯🎯 **Mercati di Rialto** (marchés du Rialto ; zoom D3) : marché aux fruits et légumes des Fabbriche Nuove, lun-sam 7h-13h. Marché au poisson (campo della Pescheria), mar-sam 5h-11h30.

Historiquement, le quartier du Rialto rive droite (en allant de la gare vers la place Saint-Marc) fut la plaque tournante du commerce à Venise. C'était le centre financier et économique de la ville. Les grands commerçants y vendaient les marchandises rapportées d'Orient et y négociaient les gros contrats ; parallèlement, les petits artisans s'occupaient du commerce de détail. On pouvait y trouver à peu près de tout : des étoffes aux pierres précieuses, en passant par les épices et les denrées alimentaires. À l'époque, le quartier était extrêmement actif. Les banques côtoyaient les comptoirs de change, et les différentes activités étaient réparties par ensembles homogènes. Les nombreux bars à vin du quartier étaient le siège de discussions animées entre vendeurs et acheteurs. C'était aussi le quartier où les filles de petite vertu (pour rester correct !) proposaient leurs charmes...

> **LES TÉTONS AU BALCON !**
>
> *Le ponte delle Tette (« Le pont des tétons », zoom C3), sur le rio di San Cassiano, doit son nom aux prostituées vénitiennes qui travaillaient au-delà du rio terrà della Carampane, nom d'une grande famille d'alors devenu très commun. Les carampane, comme on les appelait alors, étaient obligées d'exhiber leurs seins nus (tette) au balcon, aux yeux de tous, afin d'attirer les clients potentiels. En effet, ces derniers avaient la fâcheuse tendance à se consoler entre eux. C'était moins cher ! L'exhibition mammaire par les prostituées avait alors été rendue obligatoire par une loi du Sénat visant à freiner l'homosexualité masculine, très répandue durant la Renaissance. Malin !*

Aujourd'hui, le lieu est toujours bien vivant. La *ruga degli Orefici* (dans le prolongement du pont du Rialto) est certes envahie de vendeurs de T-shirts « I love Venice » et de tabliers ou chapeaux d'un goût douteux. Pour surprendre le côté plus authentique des choses, il ne faut pas hésiter à fuir cette artère en passant par le *campo Battisti* (tourner le dos à l'entrée de l'église *San Giacomo di Rialto*, prendre le passage au fond de la petite place sur la droite).

On peut longer les *Fabbriche Vecchie* (bâtiments à arcades du XVIe s) avant de rejoindre les *Fabbriche Nuove*. On découvre alors des étalages de fruits et légumes qui offrent un spectacle aussi coloré que réconfortant. Tôt le matin, au moment où les commerçants installent leurs stands, l'atmosphère encore calme a quelque chose de magique. C'est ici que de nombreux Vénitiens viennent faire leur marché. À quelques mètres de là se dresse la *Pescheria (mercato del pesce Al Minuto)*, une halle médiévale construite en... 1907 (belle leçon d'urbanisme !). C'est l'un des marchés au poisson les plus typiques d'Italie, avec ses mouettes et ses vendeurs qui haranguent le client. Un marché rassurant car, malgré les nuages noirs qui s'amoncellent sur la lagune (les craintes visant aussi bien les poissons pêchés que les coquillages ramassés dans les parages), les Vénitiens n'en continuent pas moins à se fier à la qualité des produits.

Pour ceux qui souhaitent visiter la *Ca' d'Oro* (sur l'autre rive), empruntez le *traghetto* qui part de la Pescheria. C'est beaucoup plus rapide que de repasser sur le pont du Rialto.

Chiesa San Cassiano (zoom C3) : campo San Cassiano, San Polo, 1852. Vaporetto n° 1, arrêt San Stae. *Mar-sam 9h-12h. Entrée libre.* Vue de l'extérieur, cette église ne présente rien d'extraordinaire. Elle a été dédiée à sainte Cécile, la patronne des musiciens. Pour l'anecdote, on raconte que cette sainte avait des mœurs un peu légères, mais que l'on ne s'en aperçut qu'après l'avoir canonisée (on espère qu'elle nous pardonnera d'avoir révélé un secret intime !). Les amoureux du Tintoret se précipiteront dans cette église pour voir, dans le chœur, une magnifique *Crucifixion* et *La Résurrection du Christ entouré de saints*.

De la Ca' Pesaro vers le piazzale Roma

Ca' Pesaro (zoom C2-3) : fondamenta Mocenigo, Santa Croce, 2076. Vaporetto n° 1, arrêt San Stae. À l'intérieur, 2 musées : *la galleria d'Arte Moderna et le museo d'Arte Orientale. Ticket commun. Nov-mars, tlj sf lun 10h-17h. Avr-oct, tlj sf lun 10h-18h. Dernière entrée 1h avt fermeture. Entrée aux 2 musées : 5,50 € ; réduc. Accès avec le* Museum Pass*. Carte Rolling Venice acceptée. Le musée d'Art oriental fait partie des musées nationaux intégrés dans le forfait (11 €), comprenant l'Accademia et la Ca' d'Oro.*

Palais construit au XVII° s par Longhena (le même architecte que la *Ca' Rezzonico*) et Gaspari pour la famille des doges et des procurateurs Pesaro. L'une des plus belles façades baroques de Venise (bien visible du Grand Canal). On y entre par une cour splendide.

1er étage

– **Galleria d'Arte Moderna** *(musée d'Art moderne)* : ☎ 041-524-06-62. *Notices en français dans chaque salle.* Ce musée abrite les œuvres des plus grands artistes des XIX° et XX° s. Accès par un escalier impressionnant surveillé par un cardinal hermétique et pyramidal dont le seul trait d'humanité s'exprime à travers la main qui sort de sa cape. Notez tout de suite sur le palier à l'entrée de la galerie d'art moderne, rien de moins que le célèbre *Penseur* de Rodin. C'est en fait un des douze bronzes originaux et authentiques coulé à partir du moule réalisé par Rodin lui-même. Outre celui de Paris, il y en a d'autres à travers le monde. Entrez dans les salles, les premières sont consacrées à la peinture vénitienne des XIX° et XX° s. On y trouve notamment une toile d'Ippolito Caffi représentant les feux d'artifice en face de la place Saint-Marc. Noter le jeu des ombres qui se reflètent dans les visages anonymes des spectateurs. Beau tableau de Pietro Frangiacomo dépeignant la place dans le brouillard avec des reflets mordorés. Dans la salle suivante, admirer le plafond de Bambini peint à la demande de la famille Pesaro. Deux œuvres intéressantes de Morbelli et de Signorini mettant en scène des exclus, une préfiguration du néoréalisme.

On traverse ensuite la salle centrale où sont exposées les œuvres acquises à la Biennale depuis ses origines et jusqu'aux années 1930. Sans doute l'une des plus riches du musée ; on peut se laisser tenter tout de suite ou bien attendre la fin du parcours des salles contiguës pour la visiter. En tout cas, ne pas rater la *Judith* de Klimt, le *Rabbin de Vitebsk* de Chagall avec un jeu subtil entre le noir et le blanc, la superbe sculpture du belge Minne (corps de jeune aussi fluide que l'eau qu'il fait couler), et une étonnante procession bretonne débordante de couleur dans le tableau de Cottet.

Dans la *salle 3*, le magnifique plafond et les mosaïques du sol donnent du relief aux sculptures grandioses d'Adolfo Wild. Très surprenant *Caractère fier-âme tendre*, un double hermès en marbre doré. *Salle 4* : des œuvres surréalistes de Miró, Kandinsky, Chirico, Tanguy, légués par un collectionneur privé. La savoureuse interprétation de la folie de Martini laisse perplexe. Les salles suivantes contiennent des œuvres du mouvement de la Ca' Pesaro, dont le joyeux *Signorine* de Casorati. Comme dans la tradition de la Renaissance, les éléments symbolisant la féminité sont étalés par terre. Un casque amusant de Henry Moore datant de 1950, en pleine période d'après-guerre. *Salle 8* : triomphe de l'abstraction avec les artistes italiens des années 1950. Superbe *Vent et Soleil* de Zoran Music.

2ᵉ étage

– **Museo d'Arte Orientale** (musée d'Art oriental) : se renseigner pour des visites guidées gratuites : ☎ 041-524-11-73. Ce musée abrite l'une des plus grandes collections d'art japonais d'Italie (période *Edo* entre 1600 et 1868). Les pièces ont été rassemblées en grande partie par Henri de Bourbon, comte de Bardi, à la fin du XIXᵉ s, lors de ses voyages en Orient. On peut y voir des armures, des armes blanches et toutes sortes d'objets insolites. Accès par un escalier grinçant en bois sombre flanqué de lances et de hallebardes. Ambiance *Sept Samouraïs* garantie ! Ne pas rater la chaise de portage laquée et dorée dans la *salle 3*. Magnifiques peintures sur soie, vases et porcelaines. Collection impressionnante de boîtes en bambou, de *netsuké* (petits boutons et fermetures pour vêtements) et d'*inro* (boîtes à herbes médicinales). Dans la *salle 8*, des instruments de musique japonais et dans la *salle 13*, belle collection de *kriss* indonésiens, de batiks javanais et de marionnettes. Surprenant à Venise !

🍴 **Chiesa San Stae** (zoom C2-3) : campo San Stae, Santa Croce. ☎ 041-275-04-62. • chorusvenezia.org • Vaporetto nᵒ 1, juste en face de l'arrêt San Stae. Lun-sam 10h-17h. Pdt les expos temporaires, horaires totalement différents. Entrée : 2,50 €. Accès avec le Chorus Pass. La superbe façade baroque (1709) n'a été terminée que 30 ans après le début des travaux, en raison de problèmes financiers. Vous pouvez y entrer dans la journée pour admirer les tableaux de Tiepolo et de Sebastiano Ricci.

🍴 **Palazzo Mocenigo** (zoom C3) : salizzada San Stae, Santa Croce, 1992. ☎ 041-721-798. Vaporetto nᵒ 1, arrêt San Stae. Tout droit en sortant de l'embarcadère. Nov-mars, tlj sf lun 10h-16h. Avr-oct, tlj sf lun 10h-17h. Dernière entrée 30 mn avt fermeture. Entrée : 4 € ; réduc. Accès avec le Museum Pass. Carte Rolling Venice acceptée. Brochure en français à l'entrée. Accès à la bibliothèque (gratuit), mar et jeu 8h30-17h ; mer et ven 8h30-13h30. Ce fut le lieu d'habitation d'une des plus anciennes familles patriciennes. On raconte que Lord Byron y séjourna en compagnie de perroquets, de singes et d'un renard, pour y écrire son *Don Juan*. Légué à la Ville, ce palais abrite aujourd'hui un centre d'Histoire du costume et une bibliothèque. Au 1ᵉʳ étage (le seul que l'on visite), on déambule à travers de beaux salons qui ont conservé leur mobilier d'origine. Tableaux et fresques des XVIIᵉ et XVIIIᵉ s. Petite collection de costumes du XVIIIᵉ s également.

🍴 🚶 **Museo di Storia Naturale** (musée d'Histoire naturelle ; zoom C2) : salizzada Fondaco dei Turchi, Santa Croce, 1730. ☎ 041-275-02-06. Vaporetto nᵒ 1, arrêt San Stae. En restauration. Mar-ven 9h-13h ; sam-dim 10h-16h. Fermé lun. Dernière entrée 30 mn avt fermeture. Entrée gratuite pdt les travaux. Il faut surtout y aller pour regarder le bâtiment de l'intérieur, un palais du XIIIᵉ s qui fut habité par les marchands turcs à partir de 1621. Deux salles seulement sont ouvertes. Dans l'une est exposé l'impressionnant squelette d'un dinosaure trouvé lors de l'expédition Ligabue et, dans l'autre, un petit aquarium présente la faune de la lagune.

🍴 **Campo San Giacomo dell'Orio** (zoom B-C3) : en sortant du musée d'Histoire naturelle, vous traversez un dédale de ruelles étroites pour parvenir, presque par hasard, à ce *campo* aéré. C'est l'un des plus charmants de Venise avec ses platanes, son campanile vénéto-byzantin des XIIe et XIIIe s et ses quelques terrasses de cafés où il est agréable de faire une pause. Y venir lors du Carnaval pour apprécier la fête communale organisée par les habitants du quartier, loin du tapage de la place Saint-Marc.

🯅 Chiesa San Giacomo dell'Orio (zoom B-C3) : ☎ 041-275-04-62. • chorusvenezia.org • Lun-sam 10h-17h. Entrée : 2,50 € ; réduc. Accès avec le Chorus Pass. Cette petite église discrète, construite aux IXe et Xe s, conserve encore quelques éléments d'origine (l'abside notamment). Toute simple, à défaut de grande famille pour la doter de riches éléments décoratifs, elle a été plusieurs fois remaniée au cours des siècles. Le mélange des styles à l'intérieur lui donne un cachet et un charme que l'on aime bien. Certaines colonnes de marbre proviennent de butins rapportés de Méditerranée orientale. Le plafond est en carène de navire (rare à Venise). Dans la sacristie, quelques tableaux de Francesco Bassano et de Francesco Zugno.

CANNAREGIO

CANNAREGIO

codes postaux : 30121 et 30131

Si l'on oublie la gare et son environnement immédiat, c'est un autre de nos quartiers préférés qui vous tend ses canaux : le paradis des marcheurs urbains, des romantiques attardés et des poètes en quête d'inspiration, pour tout dire. Assez animé pendant la journée, il livre une tout autre image à la nuit tombée (balade à ne manquer sous aucun prétexte).

Le Cannaregio est vraiment un quartier plein de contrastes. En quelques minutes, on passe de l'atmosphère agitée qui règne autour de la gare au calme du Ghetto. Il vous faudra donc arpenter les ruelles pour goûter à l'ambiance délicieuse de ce *sestiere* (quartier) et découvrir les quelques merveilles de l'architecture vénitienne qu'il vous réserve. Le mieux est de partir de la gare et de marcher jusqu'au Rialto en longeant le *rio terrà San Leonardo,* puis le *rio terrà della Maddalena* et enfin la *strada Nova* ; et, s'il fait beau, essayez de déjeuner au bord d'un canal, là où les restaurateurs disposent quelques tables à la sauvette dès que le soleil pointe son nez. Cannaregio constitue la porte d'entrée à Venise depuis la terre ferme.

Afin de faciliter la circulation, un quatrième pont sur le Canal Grande devrait relier directement, lors de votre passage, le piazzale Roma (terminus des autobus et parkings) à la gare Santa Lucia, et permettre au flot des non-résidents de mieux s'écouler, notamment en début et en fin de journée. Mais sa réalisation a été contestée aussi bien côté pratique qu'esthétique, comme toute nouveauté à Venise, diront les plus blasés. Le projet a été confié à Santiago Calatrava, l'architecte espagnol spécialiste des passerelles futuristes qui a déjà conçu le *campo Volantin* à Bilbao et le pont Alamillo de Séville.

UN PONT QUI A FAIT COULER BEAUCOUP D'ENCRE !

Depuis l'an 2000, les Vénitiens l'attendaient, plaisantant ou fulminant, ce quatrième pont sur le Grand Canal. La flèche courbe en acier de 94 m de long et 9 m de large reposait déjà sur des coulées de béton revêtues de pierre, quand un nouvel ajournement sine die a encore repoussé l'instant solennel où l'on pourra aller d'une traite entre la gare et le terminal des bus, pour éviter des détours que les Vénitiens continueront de faire, par esprit de contradiction.

Où manger ?

Quartier très étendu, on a choisi de le diviser en deux. Plus facile ainsi de dénicher une bonne adresse suivant l'endroit où vous vous trouvez. De la gare à la Ca' d'Oro, le quartier recèle quelques bons petits restos nichés dans les *fondamenta* typiques ; et plus à l'est on vous emmène autour du Rialto, jusqu'à la « frontière » du Castello.

De la gare à la Ca' d'Oro

Très bon marché

|●| **Brek** (plan général B2, **127**) : Lista di Spagna, Cannaregio, 124. ☎ 041-720-744. À quelques mètres de la gare. Tlj 7h30-22h. Plats du jour et pâtes 4-7 €. Un self moderne et propre à prix honnêtes. Dans la salle au fond, les plats de poulet ou de porc sont grillés devant vous (un peu d'attente, donc). Sinon, des *focaccie* et panini à emporter avant de prendre le train. Quelques pâtisseries appétissantes. Pas de frais de couvert, ça change ! Très fréquenté, un gage de fraîcheur dans une rue où les menus touristiques sont légion. Pour les desserts, traverser le pont et aller chez le glacier **Alaska** (plan général B3, **259**) à Santa Croce, superbe choix de parfums.

De bon marché à prix moyens

|●| **Al Timon** (plan général C2, **98**) : fondamenta degli Ormesini, Cannaregio, 2754. ☎ 346-320-99-78. Tlj service 12h-14h, 19h-22h. Cicchetti 2,50-5 € ; plats 7,80-15 € ; carte 25-30 €. Une petite adresse très chaleureuse et ouverte sur la rue, héritière des antiques *trattorie* (mobilier en bois, carrelage rustique, beau plafond et murs de briques) mais pas rétro pour autant. Il y souffle un esprit jeune et dynamique. Les quelques tables en terrasse accoudées au *rio* invitent au farniente, aidé par la douce musique un brin jazzy qui s'écoule des murs. Carte simple mélangeant pâtes et poissons. Bonne carte de vins et bouteilles au comptoir n'attendent que vous. Le plateau de fromages propose un voyage à travers les régions italiennes.

|●| **Trattoria Bar Pontini** (plan général B2, **120**) : ponte delle Gúglie, Cannaregio, 1268. ☎ 041-714-123. Fermé sam soir et dim. Carte 15-23 €. Il faut dépasser le bar pour s'installer dans la petite salle tout en longueur et se restaurer d'une cuisine typiquement vénitienne à base de poisson (sardine, morue). Desserts maison. Joli plafond peint qui évoque une treille. Ambiance familiale, chaleureuse, carrément animée au moment de l'apéritif. Les prix sont raisonnables, le service est rondement mené par une patronne très maternelle. Bref, on s'y sent bien. Et quand il fait beau, on peut aussi être servi dehors en bordure du canal.

|●| **Trattoria Antica Mola** (plan général B2, **132**) : fondamenta degli Ormesini, Cannaregio, 2800. ☎ 041-717-492. Tlj sf mer 12h-15h, 19h-22h. Fermé en août. Carte 20-25 €. Grande salle tout en longueur et cadre qui colle bien au nom du resto. Pour profiter des rayons de soleil, au choix, jardin avec six tables ou agréable terrasse au bord du canal. Les *seppie alla veneziana* (seiches) restent le fleuron de la maison, de même que le *risotto* préparé par Antonietta. Les portions ne sont pas énormes, mais les prix non plus. Le patron est un amateur de régate en gondole, comme en témoignent proue, rames et photos aux murs.

De prix moyens à plus chic

|●| **Anice Stellato** (plan général C1, **129**) : fondamenta della Sensa, Cannaregio, 3272 A. ☎ 041-720-744. Ouv 11h30-15h, 18h30-minuit. Fermé lun-

mar. Carte 30-35 € *(couvert et service compris)*. Ce resto vaut largement un petit détour dans ce coin calme du quartier. Le menu est classique, mais change toutes les semaines. Bon accueil et plats d'une étonnante qualité pour les prix pratiqués. Déco très agréable, sobre et d'inspiration méditerranéenne. Une excellente adresse, où l'on parle le français.

|●| *Vini da Gigio* (zoom C2, **130**) : fondamenta San Felice, Cannaregio, 3628 A. ☎ 041-528-51-40. *Tlj sf lun 12h-14h30, 19h30-22h. Résa conseillée. Carte 35-45 €.* Délicieuses spécialités de poisson (mais il n'y a pas que ça !). Très belle carte de vins provenant d'Italie (bien évidemment), de Croatie ou d'Argentine. Accueil agréable. Service un peu long, mais on attend dans un joli cadre typiquement vénitien. Une adresse qui bénéficie d'une bonne petite réputation.

|●| *Trattoria Da'a Marisa* (plan général A2, **128**) : *fondamenta di San Giobbe, Cannaregio, 652 B.* ☎ *041-720-211. Arrêt Tre Archi des vaporetti n°s 41, 42, 51 et 52. Ouv midi et soir, sf les soirs des lun, mer et dim. Résa indispensable. Compter autour de 35 €.* Tout petit resto avec des vieilles photos et un comptoir de troquet. Une vingtaine de tables, le plus souvent mises côte à côte pour accueillir une clientèle d'habitués, les gondoliers entre autres. Marisa, la patronne, est fille de boucher et s'y connaît dans la préparation de viandes en sauce. Pas de carte, les plats du jour sont annoncés à table ; soit on se fait aider par un francophone présent dans la salle, soit on sourit et on acquiesce. On se retrouve alors avec le répertoire complet : assortiment d'*antipasti*, 2 *primi*, 2 *secondi*, 2 assiettes de légumes en accompagnement et, pour le dessert, une crème de sabayon servie avec des biscuits. Toujours complet, une idée, se pointer en fin de service et essayer d'obtenir un coin de table.

De la Ca' d'Oro au Rialto

Bon marché

|●| *Tiziano* (zoom D3, **135**) : *salizzada San Giovanni Crisostomo, Cannaregio, 5747.* ☎ *041-523-55-44. Tlj sf dim 8h-22h30. Formules autour d'un plat, env 10 €.* Le cadre de ce bar-brasserie est certes impersonnel et sans grand intérêt. On y croise des hommes d'affaires pressés, des employés du coin et... des routards à petit budget. On mange debout au comptoir (quelques places assises le long du mur) de bons *spaghetti, risotti pasticci, lasagne*, etc. Mais c'est l'occasion de se restaurer correctement, rapidement et à moindre coût.

De bon marché à prix moyens

|●| *Alla Vedova* (zoom D2, **131**) : *ramo Ca' d'Oro, Cannaregio, 3912-3952.* ☎ *041-528-53-24. Service 11h30-15h, 18h30-22h30. Fermé jeu et dim midi. Carte 25-30 €. CB refusées.* C'est une des adresses préférées des Vénitiens, même de ceux qui n'y ont plus mis les pieds depuis des années. Dans un cadre chaleureux et authentique, *cicchetti* originaux à l'heure de l'apéritif. Bon choix de vins de la région. On boit généralement un verre ou deux dans la rue en attendant qu'une table se libère. Patron et serveurs très affairés. Vous avez tout le temps de choisir une des spécialités du jour (très bons spaghetti alla busara). Quand il y a du monde, on est un peu les uns sur les autres.

|●| *Enoteca Boldrin* (zoom D3, **133**) : *salizzada San Canciano, Cannaregio, 5550.* ☎ *041-523-78-59. Service jusqu'à 21h. Fermé dim. Plats du jour autour de 10 €. Carte 25-30 €.* Œnothèque et authentique snack-bar spacieux où l'on consomme d'excellents sandwichs au comptoir et où les touristes jouent très vite les habitués. Très bon *tramezzini* dinde et chicorée de Trévise. Grand choix de vins (pour vous en convaincre, jetez un coup d'œil aux casiers remplis de bouteilles !). Spécia-

lités vénitiennes et délicieuses pâtes, à commander au bar. Avant d'entrer, levez donc le nez pour admirer la belle façade datant du Moyen Âge.

De prix moyens à plus chic

|●| Trattoria Tre Spiedi (zoom D3, **136**) : salizzada San Canciano, Cannaregio, 5906. ☎ 041-520-80-35. • trespiedi@italiadiscoveri.it • Tlj sf mar 12h-15h, 19h-22h. Fermé de mi-juil à mi-août. Menu 16 € ; carte 35-40 €. Dolcetti offerts à nos lecteurs. Une authentique trattoria italienne familiale, avec ses murs recouverts de vieilles planches et ses étagères tapissées de bouteilles de vin qui prennent la poussière. La cuisine est variée, et les suggestions changent tous les jours. Spécialités de poisson et délicieux vins blancs, qui compensent l'accueil un peu bourru.

|●| La Colonna (zoom D-E2, **137**) : calle del Fumo, campiello del Pestrin, Cannaregio, 5329. ☎ 041-522-96-41. • ris.lacolonna@virgilio.it • Tlj sf mer 12h-15h, 19h-23h. Fermé 15 j. en janv. Menus 17-25 € ; carte 40 €. CB refusées. Sur une placette, un resto pas très grand avec une jolie déco et des portions plutôt minimalistes. Pour gourmets plus que pour gros gourmands. Terrasse pour les beaux jours. Une adresse plutôt élégante, où se concocte une cuisine italienne assez élaborée.

Très chic

|●| Taverna del Campiello Remer (zoom D3, **105**) : Cannaregio, 5701. ☎ 041-522-87-89. Tlj sf mer 12h-15h, 19h-22h. Fermé de mi-juil à mi-août. Carte 45-55 €. Bien visible depuis le marché, sur l'autre rive, cet ancien entrepôt, fermé pendant des décennies, a retrouvé vie et couleurs. Et c'est devenu un must de s'y montrer, entre cour et canal, un verre à la main, qu'il pleuve, vente ou fasse soleil. Grand bar à l'entrée où l'on se presse, à l'heure sacro-sainte du spritz. Deux salles pour se reposer et se restaurer ensuite, joliment éclairées et mises en scène, sur fond de brique et de bois. Carte courte mais alléchante proposée ensuite par une sympathique serveuse, au point qu'on en oublie les prix. Du moins jusqu'à l'addition, qui risque d'atteindre des sommets si vous avez pris un peu de tout.

|●| A la Vècia Cavana (zoom D2, **139**) : rio terrà di Santi Apostoli, Cannaregio, 4624. ☎ 041-528-71-06. Ouv 12h30-14h30, 19h30-22h30. Fermé lun et mar midi. Congés annuels : janv et août. Résa conseillée. Carte 40-50 €. Une ancienne demeure vénitienne qui a conservé les piliers du XIIIe s et ses voûtes. Cadre classieux-décontracté avec ses murs orange qui réveillent, son décor dépouillé conçu par le scénographe Gepy Mariani, ses tableaux modernes et ses tables joliment dressées. La cuisine, qui renouvelle les classiques vénitiens à base de poisson et de crustacés, est toujours aussi réputée. Service affable.

Où boire un verre en mangeant sur le pouce ?

Les bars à vins fourmillent dans Cannaregio. Non seulement on y boit, mais on y mange aussi, et souvent très bien. À notre goût une des meilleures façons de se restaurer pas cher et de se prendre pour un Vénitien. La **fondamenta degli Ormesini** est un de nos coins préférés du quartier. Quelques petites salles bien typiques dans cette rue, comme la **Cantina da Marco** (plan général C2, au 2839 ; tlj 6h-21h). Minuscule troquet tenu par une patronne affable.

▼ Cicchetteria Venexiana (plan général B2, **183**) : rio terrà San Leonardo, Cannaregio, 1518. ☎ 041-716-170. Tlj sf mar 9h-22h. Plats 10-13 €.

Une *cicchetteria* typique pour descendre, vite fait, bien fait, un petit verre de vin de pays ou se restaurer à bon marché en compagnie d'habitués en terrasse. Intérieur au parfum vieillot et un tantinet kitsch. Une sympathique adresse de quartier.

Cantina Aziende Agricole (plan général C2, **185**) : rio terrà Farselti, Cannaregio, 1847. Tlj sf dim 9h-13h30, 17h-21h. Congés annuels : 15-31 août. Verres de vin à partir de 1 € ; cicchetti 1,50-2 €. Vu les horaires, on comprend que le proprio ne court pas après le touriste. Quand ça ferme, le patron pousse le gros tonneau contre la porte, genre barricade ! Une adresse moins chère tu meurs ! Mais voilà, belle qualité, bouteilles venant de toute l'Italie bien classées sur des étagères, histoire de piocher çà et là quelques idées de dégustation. Les habitués ont leurs bouteilles prêtes qui les attendent sagement au comptoir. Déco sobre de vieilles gravures de Venise et tableaux naïfs.

Cantina Vècia Carbonera (plan général C2, **186**) : rio terrà de la Maddalena, strada Nova, ponte Sant'Antonio, Cannaregio, 2329. ☎ 041-710-376. Tlj sf lun 10h-15h, 17h-23h. *Verres à prix très raisonnables.* Un bar à vins tout à fait croquignolet qui vous aidera à prendre le large avec ses jolies maquettes de bateaux. Sert aussi des *paninetti* et des *crostini* bien garnis. Très sympa pour faire une halte avant de vous laisser emporter par la foule.

Un Mondo diVino (zoom D3, **182**) : salizzada S. Canciano, Cannaregio, 5984 A. ☎ 041-521-10-93. Tlj sf mar 10h-15h, 17h-21h30. Fermé 15 j. mi-août. Large panel de vins au verre, entre 1-7 €. Un bar à vins situé dans une ancienne boucherie dont la façade seule a gardé la trace (*spaccio carni bovine !*). Vin au verre à déguster sur place, accoudé au comptoir, au milieu de Vénitiens du quartier venus discuter joyeusement à la sortie du travail. Nombreux et savoureux *cicchetti* (goûtez les *polpettine*). Si le vin vous plaît, bouteilles en vente à prix fort raisonnables.

La Cantina (zoom C2, **166**) : strada Nova, Cannaregio 3689. ☎ 041-522-82-58. Ouv 10h-22h. Fermé dim, et lun hors saison. Repas 20 €. Une sympathique adresse de bar à vins pour trinquer au comptoir ou dehors, autour de gros tonneaux, face à l'église San Felio. Mais *La Cantina* vaut aussi le détour pour ses assiettes de produits frais préparés et assaisonnés devant vous avec dextérité. On peut y faire un vrai repas. Au choix : fromages, charcuterie, petits légumes, poisson cru ou cuit. En hiver, soupe de légumes pour se réchauffer. Attention, seulement quelques tables à l'intérieur et l'adresse commence à être connue. Mieux vaut ne pas être pressé.

Où sortir ? Où écouter de la musique ?

Al Paradiso Perduto (plan général C2, **187**) : fondamenta della Misericordia, Cannaregio, 2540. ☎ 041-720-581. Mar-jeu 19h-2h ; ven-dim 11h-15h, 19h-2h. Fermé lun. Connu pour ses concerts live le jeudi ou le vendredi, et le dimanche (jazz, blues, latino). Étudiants, intellos et musiciens s'y côtoient autour de grandes tables dans une ambiance un peu bohème. Fait aussi resto, mais pas fabuleux. Allez-y après le repas pour écouter de la musique un verre à la main.

The Fiddler's Elbow (zoom D2, **188**) : corte dei Pali, Cannaregio, 3847. ☎ 041-523-99-30. Au coin d'une place, dans une ruelle qui donne sur la strada Nova. Tlj sf mer 17h-0h30. Pub irlandais très fréquenté par les jeunes. Grand choix de bières (surtout irlandaises). Très sympa aussi à l'heure de l'apéritif : les quelques tables posées en terrasse sont alors prises d'assaut. Concerts de temps en temps en été.

Il Santo Bevitore (plan général C2, **193**) : campo San Fosca, Cannaregio, 2393. ☎ 041-71-75-60. Lun-ven 7h-0h ; sam 9h30-1h ; dim 15h-23h. Fermé dim en basse saison. Ambiance de pub anglais à la déco fourre-tout. Vieilles affiches collées aux murs et objets insolites partout. Les soirs de match, télé allumée pour ceux qui aiment. Grand choix de whisky bien mis en valeur derrière le bar, et bière, naturellement.

Où boire un excellent café ?

Caffè Costarica (plan général B2, 260) : rio terrà San Leonardo, Cannaregio, 1337. ☎ 041-716-371. Tlj sf dim 8h-13h, 15h30-19h. Fermé en août. Ici, vous ne pouvez prendre que le café, mais quel café ! Cette maison le torréfie elle-même depuis 1930. Entre les grands sacs en toile de jute et la machine, vous pourrez en déguster de toutes les sortes. Les tasses sont déjà alignées sur le bar, prêtes à servir. Tenu par deux charmantes Vénitiennes qui vous conseilleront sûrement le *caffè de la sposa* (« café de l'épouse »), le meilleur arabica doux de la boutique, et qui vous expliqueront pourquoi on l'a nommé ainsi.

Achats

Giacomo Rizzo (zoom D3, 215) : salizzada San Giovanni Crisostomo, Cannaregio, 5778. ☎ 041-522-28-24. Ouv 8h30-13h, 15h45-19h30. Fermé mer ap-m et dim. On y trouve des pâtes de toutes les formes, de toutes les couleurs et aux saveurs incongrues. Parfums assez étonnants : curaçao, artichaut, kiwi, chocolat amer (!)... Si vous cherchez une idée de cadeau pour belle-maman !

Silvio Barbini (zoom E3, 216) : calle della Testa, Cannaregio, 6227. ☎ 041-520-66-72. Fermé 12h30-14h30. Silvio est un Vénitien pur et dur, dont le comportement tranche avec celui de beaucoup d'artisans. Sans abuser de sa gentillesse, n'hésitez pas à lui demander comment se travaille le verre. Il parle très bien le français. On trouve chez lui les mêmes articles qu'ailleurs, mais à des prix très doux.

Fucina Roberto de Rossi (plan général E2, 218) : calle de Buranelli, Cannaregio, 5068. ☎ 041-520-00-77. À deux pas de l'embarcadère pour les îles du Nord. Il s'agit du dernier fabricant de véritables lanternes vénitiennes. Le verre est soufflé à Murano, et lui s'occupe de monter la carcasse métallique. On y trouve aussi des jardinières en fer. Amusant à voir et souvenir original à rapporter, mais cher et un peu encombrant...

À voir

Le quartier de la gare

Pas de choc esthétique à l'arrivée si vous avez pris le train en route et nous rejoignez maintenant : évitez de vous retourner, c'est peu dire que l'architecture de la gare est plutôt mal intégrée à l'ensemble des bâtiments environnants.

Chiesa Santa Maria degli Scalzi (plan général A-B2-3) : sur les fondamenta Scalzi, à droite de la gare. ☎ 041-715-115. Vaporetti n°s 1, 2, 51 ou 52, arrêt Ferrovia. Lun-sam 8h-12h30, 16h-19h ; dim 7h-11h45, 16h-18h15. Entrée libre. Édifice baroque construit par l'ordre des Carmes déchaussés (appelés ainsi parce qu'ils allaient pieds nus dans des sandales très ouvertes) entre 1670 et 1680, sur un projet de l'architecte Longhena. La somptueuse façade de Giuseppe Sardi, très scénographique, est la seule à Venise en marbre de Carrare. À l'intérieur, la fresque peinte au plafond par Tiepolo a été détruite par une bombe autrichienne en 1915. Il subsiste quelques fragments dans deux chapelles latérales. D'autres sont conservés au *musée de l'Accademia*. Le dernier doge, Ludovico Manin (1789-1797), y est enterré (2e chapelle à gauche, au pied de l'autel). L'église abrite quelques chefs-d'œuvre, de Tiepolo notamment.

Palazzo Labia (plan général B2) : campo San Geremia, Cannaregio. ☎ 041-781-277. Vaporetti n°s 51 ou 52, arrêt Ponte delle Gùglie. Visite d'une seule salle, slt sur *rdv, mer-ven 15h-16h. Entrée gratuite.* Ce palais, l'un des plus somptueux de l'époque, fut édifié en 1750 pour le compte d'une famille de marchands originaires de Catalogne. Les Labia étaient tellement riches qu'ils jetaient leur vaisselle d'or par la fenêtre ! Mais on dit aussi qu'on envoyait des pêcheurs la récupérer dans le canal le lendemain... En fait, c'est le genre d'humour local qui échappe à ceux qui ne parlent pas la langue. Gian Francesco Labia aurait dit, toujours grand seigneur : « L'abbia o non l'abbia, saro sempre Labia ». Traduisez : « Que je les aie ou pas, je serai toujours un Labia ». Une tête à claque, on vous dit !

Admirez quand même les façades, tant sur le *campo* que sur le *rio*. C'est aujourd'hui le siège de la *RAI*, la télévision publique italienne (vous n'avez pas vu l'émetteur sur le toit ?). Tiepolo a décoré l'intérieur de fresques en trompe-l'œil, dont certaines illustrent la vie de Cléopâtre. Guy de Maupassant considérait ces fresques comme « peut-être la plus admirable chose qu'ait laissée le grand artiste ». Visite difficile du fait de l'occupation par la *RAI*, d'où une réservation indispensable.

Du Ghetto à l'église della Madonna dell'Orto

C'est un quartier aéré formé de trois *rii* parallèles : le *rio della Misericordia*, le *rio della Sensa* et le *rio di Sant'Alvise*. Idéal pour les grands marcheurs, le site offre aussi de jolies perspectives pour les photographes.

¶¶ *Ghetto* (plan général B2) : entrée principale sur les *fondamenta di Cannaregio*. Prendre à gauche après avoir franchi le *ponte delle Gúglie*, dont l'arche unique est décorée de curieuses têtes. Quatre obélisques se dressent sur le parapet. Plus loin, on découvre le pont des Tre Archi de la fin du XVIIe s.

Après la ligue de Cambrai contre Venise (1509-1516), les caisses de la République étant bien éprouvées, on a accepté d'autant plus facilement les juifs dans Venise (avec d'autres réfugiés ayant fui les dangers des conflits en terre ferme) qu'ils arrivaient avec leurs capitaux.

La raison principale de la création de ce ghetto fut, soit-disant,

> **ET VENISE CRÉA LE PREMIER GHETTO !**
>
> *L'afflux de juifs chassés d'Espagne en 1492 provoqua des réactions dans la ville, et les autorités instituèrent, en 1516, entre le canal de Cannaregio et le rio della Misericordia, un quartier séparé des autres pour la communauté juive. On y trouvait alors une fonderie, en vénitien getto, mot qui donna son nom au quartier. Et c'est ce mot qui passa dans le langage courant pour désigner tous les quartiers juifs des grandes villes italiennes, des pays slaves puis d'Europe tout entière. Ce fut le premier ghetto de l'histoire : avant que le mot ne soit associé au nazisme, il désignait autrefois le quartier juif, tout simplement...*

de permettre aux juifs médecins, banquiers, etc., d'habiter Venise sans courir le risque de rentrer à terre chaque soir. Les Vénitiens avaient, en effet, besoin de leurs compétences et de leurs capitaux, et, au temps où les trajets en bateau étaient dangereux, ils ont préféré se donner les moyens de les garder près d'eux. On peut aussi penser qu'ils leur ont attribué un quartier parce qu'ils se méfiaient d'eux et qu'ils voulaient contrôler leur présence dans la ville autant que leur influence économique...

Les Vénitiens leur imposaient le port d'un chapeau jaune (!), et les vexations étaient monnaie courante. Lors du Carnaval, par exemple : des juifs à moitié nus et plutôt bien portants se voyaient contraints de participer à une course à pied des plus humiliante. Enfin, toutes les fenêtres extérieures des habitations étaient bouchées. Toutefois, les rares débordements étaient sévèrement punis, car les juifs jouissaient de la protection de la République. Ils pouvaient d'ailleurs pratiquer leur religion en toute liberté.

Pour résoudre au mieux des problèmes d'espace évidents, on dût construire des immeubles de six étages (la moyenne à Venise était de trois), où les familles s'entassèrent dans des conditions d'existence très dures.

La population du Ghetto ne fut jamais très nombreuse (en grande partie à cause de l'espace réduit). Il ne compta guère plus de 5 000 habitants (pas si mal vu le périmètre restreint !), pour tomber à 1 600 au moment de l'arrivée de Bonaparte. L'élimination des grilles et la reconnaissance des mêmes droits pour les juifs furent parmi les rares résultats positifs des expéditions françaises de l'époque. Un cinquième des 1 000 juifs vénitiens furent déportés lors de la Seconde Guerre mondiale. Une fresque discrète et émouvante leur rend hommage sur la place du *Ghetto Nuovo*. Aujourd'hui, la communauté juive de Venise ne compte plus que 450 personnes et la grande majorité n'habite pas le Ghetto. Seule une quarantaine de personnes fréquente la synagogue.

Le quartier se divise en deux parties : le *Ghetto Vecchio* et le *Ghetto Nuovo*.

➤ **Ghetto Vecchio :** on y accède par la rue du même nom, à partir des fondamenta di Cannaregio (emprunter la porche situé entre les n°s 1249 et 1122). Au niveau de celui-ci, on peut encore voir, sur le côté, les marques des grilles. Après quelques enjambées, on débouche sur une petite place, le *campiello delle Scuole*, où s'élèvent les deux synagogues principales : la *Scuola Spagnola* et la *Levantina*. Ce sont les plus anciennes d'Europe. Pour la visite (en italien ou en anglais uniquement), s'adresser au musée d'Art hébraïque (voir ci-dessous). Avec un peu de chance, c'est en traînant par-ci par-là que vous découvrirez la vraie « cour secrète dite de l'arcane », celle qui ouvre les portes du rêve et qui a fait fantasmer des millions de lecteurs de Corto Maltese (relisez « Fable de Venise » chez Casterman !). Une cour qu'on atteint en franchissant sept portes que le « père » de Corto, Hugo Pratt, découvrit enfant, lorsqu'il venait boire un chocolat chaud chez Mme Bora Levi...

– **Scuola Spagnola :** la plus grande des synagogues de Venise, appelée aussi « synagogue d'été » (car uniquement ouverte l'été, pardi !). Construite au XVIe s par les juifs espagnols, elle présente une riche décoration intérieure d'inspiration largement vénitienne. En effet, la Sérénissime voulait empêcher au maximum tout prosélytisme. Décor très théâtral, d'ailleurs, avec tous les ors, les rouges et les marbres.

– **Scuola Levantina :** plus petite. C'est la synagogue d'hiver, celle qui possède la plus belle décoration. Plafond de bois sculpté mais, surtout, magnifique *bimàh* (chaire). C'est un véritable travail d'orfèvre, que l'on attribue à Andrea Brustolon, fameux sculpteur sur bois (vers 1650). Il réalisa ici la fusion parfaite entre l'art juif et l'art vénitien. Deux escaliers en volute, abondamment sculptés, mènent à la chaire, soutenue par deux colonnes torsadées. Extraordinaire richesse des motifs floraux, végétaux et de fruits.

➤ **Ghetto Nuovo :** entièrement entouré de canaux. Paradoxalement, malgré son nom, il est antérieur au Ghetto Vecchio. C'est là que furent enfermés, en 1516, les premiers juifs ashkénazes et « italiens ». Son *campo*, très grand espace ouvert, offre une vision typique du quartier. Rien ou presque n'a bougé. Seul un côté, le *Ghetto Nuovissimo*, fut démoli pour si construire la « Maison de repos israélite ». Trois autres synagogues s'élèvent sur le *campo* (les Scuole Italiana, Canton et Grande Tedesca).

– **Museo Ebràico** (musée d'Art hébraïque) : campo di Ghetto Nuovo, Cannaregio, 2902 B. ☎ 041-715-359. Vaporetti n°s 41, 42, 51 ou 52, arrêt Ponte delle Gùglie. Oct-mai 10h-17h30. Juin-sept 10h-19h. Possibilité de fermeture anticipée ven. Fermé sam et les j. de fête hébraïque. Entrée : 8,50 € (réduc) pour la visite libre du musée et la visite guidée (en anglais ou en italien) de 3 synagogues (on ne visite pas les mêmes selon époque), ttes les heures 10h30-16h30 (17h30 l'été). Possibilité parfois de visite en français sur résa téléphonique. Entrée pour le musée slt : 3 € ; réduc. Carte Rolling Venice *acceptée*. Le musée expose une petite collection unique d'objets cultuels, orfèvrerie religieuse, tissus, manuscrits, etc. En particulier, des *parakhoth* (voiles très anciens), *tasim* (plaques d'ornement des rouleaux de la Torah), *ataroth* (couronnes d'argent), etc.

|◉| Ceux qui veulent goûter de la cuisine casher à prix très corrects iront s'attabler au **Gam-Gam** (plan général B2, 109) : fondamenta di Cannaregio, 1122 ; juste à côté du porche qui mène au Ghetto Vecchio. *Service non-stop 12h-22h. Fermé sam. Menu 28,50 € lun et mar ; 38 € le reste de la sem.* Un classique qui fait le plein toute la journée.

➤ Quitter le quartier en empruntant (à droite en sortant du musée) le *sottoportego di Ghetto Nuovo* et son pont de bois. Vous obtenez la vue la plus spectaculaire du Ghetto et de ses « gratte-ciel ». Après le pont, quelques rues avec de belles demeures rattachées au Ghetto au XVIIe s. Calle del Porton, certaines maisons portent encore des inscriptions hébraïques. Au bout de cette rue, on trouve là aussi des traces des grilles que l'on refermait chaque soir.

🕯 **Chiesa di Sant'Alvise** (plan général C1) : campo Sant'Alvise, Cannaregio, 3282. ☎ 041-275-04-62. • chorusvenezia.org • *Vaporetti n°s 41, 42, 51 ou 52, arrêt Sant'Alvise. Tout droit en sortant de l'embarcadère. Lun-sam 10h-17h. Entrée : 2,50 €. Accès avec le* Chorus Pass. Ce nom est la forme vénitienne du prénom Louis que portait l'évêque de Toulouse, auquel le sanctuaire est dédié. Ce petit-neveu de Saint Louis renonça à la couronne, entra chez les franciscains et mourut à l'âge de 23 ans, quelques mois après avoir été nommé évêque... L'église, construite en 1388, abrite trois œuvres de Tiepolo : *Le Couronnement d'épines, La Flagellation* (1740) et, dans le chœur, *La Montée au Calvaire* (1743). Le mur de revers de la façade (sur la droite) est décoré de huit peintures exceptionnelles illustrant des scènes bibliques, réalisées au XVe s. Elles seraient de Lazzaro Bastiani. Le plafond est peint de fresques en trompe-l'œil étonnantes, exécutées au XVIIe s. Non loin, le *campo dei Mori* avec des sculptures de pierre dans les murs assez impressionnantes.

🕯🕯 **Chiesa della Madonna dell'Orto** (plan général C1) : fondamenta Madonna dell'Orto, Cannaregio, 3511. ☎ 041-275-04-62. • chorusvenezia.org • *Vaporetti n°s 41, 42, 51 ou 52, arrêt Madonna dell'Orto. Lun-sam 10h-17h. Entrée : 2,50 €. Accès avec le* Chorus Pass. Une des plus belles églises vénitiennes, autrefois dédiée à saint Christophe, mais qui porte le nom de la Madonna dell'Orto depuis qu'un particulier, en creusant un puits, s'il faut en croire la petite histoire, a découvert le buste de cette Vierge (à droite en entrant dans l'édifice). Édifiée au XIVe s, en style gothique, tandis que la campanile, à côté, l'était en roman. Sa coupole a été ajoutée en 1503. Quant à la façade, elle marie avec élégance brique rouge et pierre blanche sculptée. Une superbe frise de statues et de motifs gothiques court sur les versants latéraux et en haut de la façade. Remarquable ornementation du portail principal, encadré de l'ange Gabriel, de saint Christophe et de la Vierge de l'Annonciation (statues qui seraient l'œuvre du maître du *Jugement de Salomon* qu'on retrouve au palais des Doges).

À l'intérieur, lignes d'une grande simplicité. Espace lumineux, découpé par des arches gothiques en brique rouge et parfois recouvertes de fresques d'origine. Là encore, l'église apparaît comme un véritable petit musée d'art.

– À l'entrée, il y avait naguère une *Vierge à l'Enfant* du XVe s, d'une très grande qualité d'exécution. Malheureusement, ce tableau a été volé en 1993. Vous trouverez en revanche une belle œuvre de Cima da Conegliano : *Saint Jean-Baptiste entouré de Pierre, Marc, Jérôme et Paul.*

– Au 4e autel de la nef de droite, *Martyre de saint Laurent,* du Flamand Van Dyck (séduisant jeu de lumières sur les personnages). Juste après, dans la *Présentation au Temple* du Tintoret, noter le jeu subtil des ombres et des lumières, le dynamisme de la scène.

– Dans la chapelle Saint-Maur (sur la droite avant le chœur) est exposée la célèbre *Vierge* à l'origine du nom de l'église. Dans la chapelle absidiale droite, tombe du Tintoret, avec son buste de terre cuite.

– C'est dans le chœur que l'on peut voir les œuvres les plus admirables : deux toiles immenses du Tintoret. À gauche, *L'Adoration du veau d'or.* Une curiosité : le

CANNAREGIO

Tintoret aurait représenté Giorgione, Titien et Véronèse sous les traits des porteurs de l'idole, et Michel-Ange serait celui qui ramasse l'or. Pour le veau lui-même, les contemporains devaient avoir leur petite idée... Mais notre préféré, c'est *Le Jugement dernier*, en face. Représentation tourmentée, voire terrifiante. À mi-tableau, noter comme l'archange Gabriel précipite les damnés dans les flots rugissants et dans la barque de Charon. Impossible de tout décrire, il y a tellement de symboles (comme cet ange, en bas à droite, qui plonge au dernier moment pour sauver une âme). Remarquez également la présence de trois Maures dans le purgatoire. Titien, maître du Tintoret, lui a suggéré de ne pas peindre uniquement les Blancs, pour bien marquer l'universalité du Jugement dernier.
– Dans l'abside, *L'Apparition de la Croix à saint Pierre,* une autre toile du Tintoret. Là encore, l'effet de mouvement est prodigieux.
– Dans la 1re chapelle (à gauche, en entrant dans l'église), reproduction photographique de ce qui fut le superbe Giovanni Bellini, *Vierge à l'Enfant,* l'original ayant été volé en 1993.
En sortant de l'église, traverser le pont et continuer tout droit pour arriver aux fondamenta dei Mori. L'ancienne maison du Tintoret se trouve au n° 3398.

Du ponte delle Gúglie à la Ca' d'Oro

🚶 *Chiesa San Marcuola* (zoom C2) : ☎ *041-713-872. Vaporetti n°s 1 ou 2, arrêt San Marcuola. Horaires variables, mais normalement : lun-sam 8h-12h, 17h-19h ; dim 8h-13h, 16h30-20h. Entrée libre.* Son nom vient d'une contraction bien vénitienne : celle des prénoms des saints *Ermagora* et *Fortunato*. Construite entre 1728 et 1736 par Massari, c'est l'un des seuls édifices de Venise à posséder une façade inachevée. Les autels sont entièrement décorés de sculptures en marbre. Sur le mur de gauche dans le chœur, très belle *Cène* réalisée par le Tintoret en 1547 à l'âge de 29 ans !

🚶 *Palazzo Vendramin-Calergi et casino d'hiver* (zoom C2) : *calle Colombina.* ☎ *041-529-71-11. Vaporetti n°s 1 ou 2, arrêt San Marcuola. En sortant du vaporetto, longer l'église San Marcuola, prendre la 1re rue à droite, traverser le rio. Après, c'est fléché.* Construit au début du XVIe s par les frères Lombardo sur les plans de Mauro Codussi, ce palais, abritant aujourd'hui le casino d'hiver (l'été, c'est le Lido qui attire les foules), fut la propriété des plus grandes familles vénitiennes. Wagner vint y habiter avec sa famille en septembre 1882 et y mourut d'une crise cardiaque le 13 février 1883, à l'âge de 69 ans.

🚶🚶 *Ca' d'Oro e la galleria Franchetti* (musée Franchetti ; zoom C-D3) : ☎ *041-522-23-49. Résa au* ☎ *041-520-03-45.* • *cadoro.org* • *Vaporetto n° 1, arrêt Ca' d'Oro. Accès par la calle della Ca' d'Oro (n° 3933). Lun 8h15-14h ; mar-dim 8h15-19h15. Entrée : 5 € ; réduc. Compris dans le forfait de visite des 3 musées nationaux (avec Accademia et Art oriental) 11 € ; réduc ; gratuit pour les moins de 18 ans et les plus de 65 ans ressortissants de l'UE, et pour les étudiants en histoire de l'art. Audioguide : 4 €. Dépliants en italien et en anglais.*
Regardez la façade quand vous arrivez au débarcadère du *vaporetto* : c'est l'un des plus beaux palais gothiques de Venise, qui abrite de plus une superbe galerie d'art. Le nom de *Ca' d'Oro* vient du fait que la façade était à l'origine recouverte d'or !
Ce palais fut construit par Raverti entre 1421 et 1434, sur ordre de Marino Contarini (procurateur de San Marco). Plusieurs propriétaires se succédèrent et opérèrent des transformations plus ou moins réussies. Marina Taglioni fit même abattre au XIXe s certaines parties du palais. Mais heureusement, un baron richissime (Giorgio Franchetti) mit fin au désastre en rachetant le tout. Un musée ouvrit ses portes en 1927 après que le généreux bienfaiteur eut fait don du palais et de ses collections d'œuvres d'art en 1916.

En entrant, admirer la cour intérieure, son bel escalier gothique, son pavement et le niveau des marées depuis des centaines d'années sur l'un des piliers, assez surprenant. Au 1er étage sont exposés une série de sculptures véneto-byzantines des XIIe et XIIIe s, un polyptyque d'Antonio Vivarini (la Passion du Christ), un polyptyque anglais en albâtre polychrome du XVe s (une curiosité, après tant de dorures). On y contemple aussi un bel ensemble de bas-reliefs en bronze des XVe et XVIe s. Œuvres de Bellini, le *Saint Sébastien* de Mantegna et, dans la *salle 2*, trois œuvres mineures de Carpaccio du cycle sur l'histoire de la Vierge : *L'Annonciation, La Visitation* et *La Mort de la Vierge*. Dans la dernière, remarquer l'envol des *putti* écarlates vers les cieux. Dans la salle suivante, arrêtez-vous devant la Madone de Luca Antonio Busati. Notez le fil que tient l'Enfant dans sa main gauche (symbole de la Passion) ainsi que l'araignée que lui tend le petit saint Jean. La *salle 4* abrite une série de peintures originaires du centre de l'Italie, essentiellement des Madones (dont une avec l'enfant Jésus au sein, malheureusement assez abîmée). Elle donne accès à l'étage supérieur.

Au 2e étage (remarquer au passage l'escalier avec l'antique rampe de bois, composée d'un treillage et de poutres sculptées) : intéressants tableaux de Guardi, du Tintoret, de Titien, sans oublier les tapisseries et les fresques. Les *salles 11 à 13* font un petit clin d'œil à la peinture flamande et hollandaise avec la saisissante *Crucifixion* de Van Eyck, celle de Hans Remling, la *Déposition du Christ* attribuée à Dürer, ou encore la *Tour de Babel* de Jan Van Scorel (noter comme les jaunes éclatent).

Les amateurs de céramiques ne manqueront pas la belle exposition à droite après le balcon. Les autres profiteront des vues superbes sur le Canal et sur les toits de San Polo.

Le quartier du Rialto rive gauche

¶ **Chiesa San Giovanni Crisostomo** *(zoom D3) :* ☎ *041-522-71-55. Vaporetti nos 1 ou 2, arrêt Rialto. Lun-sam 8h30-12h, 15h30-17h ; dim 15h30-17h30. Entrée libre.* Église construite par Codussi entre 1497 et 1504. Les amoureux de Giovanni Bellini s'y précipiteront pour l'une de ses œuvres admirables : *Saint Christophe, saint Jérôme et saint Louis*. Le Christ sur les épaules de saint Christophe a vraiment une allure de bambin craintif. Au-dessus du 1er autel de droite, préparez vos petites pièces pour les minuteries. Au maître-autel, voir aussi un intéressant retable de Sebastiano del Piombo : *Saint Jean Chrysostome avec d'autres saints*.

Un peu après l'église, on arrive au corte Seconda del Milion. C'est là que se trouvait l'ancienne maison de Marco Polo, démolie depuis belle lurette. Les récits de voyage du célèbre aventurier parurent tellement extravagants que les Vénitiens surnommèrent Marco Polo, avec l'humour acide qui les caractérise, le *Messer Milion* (« l'homme des Merveilles » !).

¶ **Chiesa Santa Maria dei Miracoli** ou **Santa Maria Nova** *(zoom D3) :* ☎ *041-275-04-62.* • chorusvenezia.org • *Vaporetto n° 1, arrêt Ca' d'Oro ; ou vaporetti nos 1 ou 2, arrêt Rialto. Lun-sam 10h-17h. Entrée : 2,50 €. Accès avec le* Chorus Pass. L'église et la place forment l'un des plus surprenants ensembles architecturaux de Venise. À voir le matin pour déguster seul cette petite merveille de la Renaissance. Cette église fut construite par Lombardo à la fin du XVe s. À l'origine, une icône de la Vierge, dite miraculeuse, avait été transférée dans une chapelle en bois. L'église actuelle n'est en fait que l'extension de celle-ci. Cette image trône sur l'autel : il s'agit de *La Vierge et l'Enfant* de Niccolò di Pietro. La façade et l'intérieur sont couverts de marbres polychromes et de médaillons sculptés (le tout a un petit côté oriental assez original). Belle voûte en berceau en bois sculpté avec la représentation des prophètes et des patriarches. Avec son allure d'écrin précieux tout en or et en marbre, c'est l'église de Venise la plus prisée pour la célébration de mariages.

Les Fondamenta Nove

De ces quais qui bordent Venise au nord, on a une vue dégagée sur la lagune et sur le cimetière San Michele, avec ses rangées de cyprès qui dessinent des silhouettes élancées. Vous serez impressionné par le trafic maritime le long du quai. Toutes les liaisons pour les îles du Nord partent d'ici. Tout au bout, on peut voir parfois s'entraîner les rameurs du club d'aviron *Querini,* qui ont remporté les courses les plus prestigieuses de Venise. Quartier calme qui contraste avec l'agitation de San Marco.

Chiesa dei Gesuiti ou **Santa Maria Assunta** *(plan général D2) :* campo dei Gesuiti, Cannaregio. ☎ *041-528-65-79. Vaporetti n°s 41, 42, 51 ou 52, arrêt Fondamenta Nove. Tlj 10h-12h, 16h-19h (18h en hiver). Entrée libre.* Financée par une riche famille vénitienne, cette église a été bâtie entre 1715 et 1728 à la demande des jésuites (ils voulaient en mettre plein la vue aux Vénitiens !). La façade baroque est surmontée des statues des douze apôtres. À l'intérieur, une décoration riche et fastueuse à la surcharge incroyable, en tout cas plus chaleureuse que celle de la Salute. Le marbre bronze et blanc imitant les majoliques se mêle aux stucs dorés. Lumière bleutée sous le dais du chœur, effet mystique assuré. L'église renferme de magnifiques tableaux de Titien (à l'entrée, à gauche), du Tintoret et de Palma le Jeune (toujours fidèles au poste !).

CASTELLO

CASTELLO

codes postaux : 30122 et 30132

Le Castello reste, malgré son succès, un quartier étrange, tout en contradictions. À l'ouest, il jouxte le quartier San Marco et fera le bonheur de qui recherche le faste de certains de ses restos les plus cotés ; plus à l'est, on y trouve, au contraire, des maisons populaires habitées par tous ceux que la spéculation immobilière qui sévit farouchement dans le centre a fait fuir. La *riva degli Schiavoni* est l'une des plus belles promenades maritimes qu'on connaisse. Il ne faut pas hésiter à se perdre dans les petites ruelles à hauteur du *campo Bandiera e Moro*, puis poursuivre par la visite de la *Scuola San Giorgio degli Schiavoni* pour admirer les toiles de Carpaccio et finir par les alentours de *San Francesco della Vigna* jusqu'à l'Arsenal, où notre lion préféré a été mis en cage. En s'y baladant une journée (on remarquera au passage que les HLM vénitiennes sont plus pittoresques que les nôtres !), cette opposition de style saute aux yeux. C'est ce qui en fait le charme et l'intérêt. Même si ce n'est pas l'endroit où il faut se précipiter quand on débarque à Venise pour la première fois, les trois quarts du Castello ne sont guère foulés par les touristes et réservent de délicieuses et paisibles promenades.

UN LION EN CAGE

Le lion symbolisait tellement Venise qu'à la fin de la République, en 1797, un décret imposa de les détruire tous. Les lions de l'Arsenal, entre autres, échappèrent aux coups de burin, mais pas aux ravages du temps ni aux dégradations de leurs admirateurs. La statue à gauche de l'entrée est celle à qui Corto Maltese parle dans la célèbre B.D. d'Hugo Pratt « Fable de Venise », qui peut vous servir de livre de route pour découvrir tout ce quartier. Une cage symbolique empêche d'approcher de trop près cette prise de guerre ramenée du Péloponnèse à la fin du XVIIe s.

Où manger ?

Le Castello est un quartier très étendu. D'où la division des adresses en deux sous-parties. Le premier groupe retient celles qui se trouvent près de la place Saint-Marc (piazza San Marco). Le second, les adresses plus excentrées qu'il vaut mieux fréquenter si l'on fait une balade jusqu'à l'île San Pietro.

De la place Saint-Marc à l'Arsenal

Bon marché

I●I Ae Do Porte (plan général E3, **125**) : campo Santa Giustinia, Castello, 6492. ☎ 041-520-88-42. *Au fond de la place, derrière la chapelle. Ouv ts les midis sf sam-dim. Menu du jour 16 € (avec café et verre de vin).* L'adresse est assez excentrée, pas vraiment gastronomique, certes, mais voilà un resto de quartier sans prétention. On y fait un vrai repas pour un prix modique. Pas de carte, le patron vous récite ses plats du jour. Cuisine familiale très simple servie dans une salle aux murs de brique qu'éclairent en hauteur des fenêtres en demi-lune. Vieilles photos de Venise sur les murs qui rappellent en particulier la chute du *Campanile* en 1902.

I●I Birreria Forst (plan général E4, **141**) : calle delle Rasse, Castello, 4540. ☎ 041-523-05-57. *Ouv 10h-23h. Fermé sam en hiver. On s'en sort pour 10-15 €.* Pas de pancarte à l'extérieur. Dans une ruelle près de San Marco, au milieu d'autres semblables, un snack plutôt agréable avec ses vieilles photos de gondoles, sa collection de billets de banque de toutes provenances et ses banquettes pour poser ses fesses. Produits de qualité à prix convenables : *cicchetti, tramezzini, ambrogini* et savoureux pains au sésame garnis.

De bon marché à prix moyens

I●I Osteria Al Portego (zoom D3, **140**) : calle Carminati, Castello, 6015. ☎ 041-522-90-38. *Fermé dim. Carte 20-25 €.* Une petite *osteria* typique : poutres apparentes, cuivres accrochés au plafond, vieilles photos en noir et blanc... La nourriture est toute simple : goûtez aux *melanzane alla parmigiana* (aubergines gratinées), ou encore aux calamars et crevettes frits. Pour le midi, quelques *cicchetti* suffiront peut-être à combler votre faim. En dessert, tiramisù ou petits gâteaux secs délicieux à tremper dans votre verre de vin. Ne pas arriver trop tard pour avoir une table.

I●I Antica Trattoria Bandierette (plan général E3, **134**) : Barbaría delle Tole, Castello, 6671. ☎ 041-522-06-19. *Ouv 12h-14h, 19h-22h. Fermé lun soir et mar. Carte 25-30 €.* Une *trattoria* au décor frais et moderne avec sur les murs des photos de scènes de films tournés à Venise. Spécialités de poisson, mais on vient ici surtout pour les coquilles Saint-Jacques. Également un grand choix de pâtes.

I●I Trattoria Alla Riveta (plan général E4, **143**) : ponte San Provolo, Castello, 4625. ☎ 041-528-73-02. *Coincé sous le pont au bord de l'eau. Tlj 10h-22h30. Restauration continue. Fermé 20 juil-25 août. Carte 30 €.* Très fréquenté par les touristes qui se gondolent et les gondoliers (qui les guettent) le midi comme le soir, alors accrochez-vous au bar avec un petit verre pour patienter. Ambiance bruyante et bon enfant. Service rapide mais, certains jours d'affluence, un peu débordé tout de même. Bien que située dans un quartier éminemment touristique, cette *trattoria* sert une cuisine vénitienne convenable. Le poisson est un peu cher (prix toujours indiqué sur les cartes pour 100 g, attention !).

De prix moyens à plus chic

I●I Antica Sacrestia (plan général E4, **99**) : calle della Sacrestia, Castello, 4442. ☎ 041-523-07-49. ● info@antica sacrestia.it ● *Tlj sf lun. Fermé 25 juin-6 juil et 1 sem fin déc. Menus 18-45 € (service et couvert inclus) ; carte 40 €.*

Sur présentation de ce guide, petite surprise au début ou à la fin du repas. Une adresse sérieuse. Normal, vu son nom, direz-vous. Autrefois, on préparait ici les repas des pauvres de la paroisse. Rassurez-vous : le décor a changé et la qualité de la nourriture aussi. Cadre chaleureux, serein et élégant tout à la fois, avec plusieurs petites salles qui ne désemplissent pas. Pino Calliandro, le patron sicilien qui veille sur la destinée de cette divine maison, francophone et affable, privilégie dans sa cuisine la qualité et la fraîcheur des produits. Chose rare, c'est très copieux ! Vous hésitez entre un poisson et une viande grillés, ou préférez un plat aux touches épicées évoquant les recettes d'antan ? Une idée folle, faites-vous guider par lui ou par le serveur dans cette carte très dense. Le buffet des hors-d'œuvre maison a toujours un grand succès (fabuleuses Saint-Jacques en saison), les spaghettis « Antica Sacrestia » aussi.

Avis aux indécis : ils trouveront 60 sortes de pizzas ! Vous n'êtes pas obligé d'accompagner votre repas d'un vin de messe. La cave est très complète et les prix raisonnables.

I●I *Taverna San Lio* (zoom D3, *142*) : *salizzada San Lio, Castello, 5547.* ☎ 041-277-06-69. • *info@tavernasanlio.com* • *Tlj sf mar. Menu 22 € ; carte 45 €.* Un resto qui se démarque en jouant la carte contemporaine. Côté décor, dépouillement et modernité comme credo. Côté cuisine, on respecte les valeurs sûres vénitiennes sans excès d'originalité (*spaghetti al nero,* bœuf au vinaigre balsamique), dans une carte courte qui propose à égalité des plats de viande et de poisson. Mais l'essentiel est dans l'assiette : bon goût et saveurs sont au rendez-vous. Beaux desserts pour terminer. La carte des vins n'est pas donnée. Service aux petits soins et souriant.

Chic, voire très chic

I●I *Corte Sconta* (plan général F4, *147*) : *calle del Pestrin, Castello, 3886.* ☎ 041-522-70-24. *Tlj sf dim-lun 12h30-14h30, 19h15-22h. Fermé janv et de mi-juil à mi-août. Résa obligatoire. Carte 50-80 €.* Un lieu culte et un nom qui rappellera des souvenirs aux fans d'Hugo Pratt (la fameuse cour secrète). Cadre tout simple, mais déco juste. Très bon restaurant spécialisé dans le poisson grillé, qu'on vous proposera en second plat après les pâtes faites maison. La valeur sûre que vous conseilleront les Vénitiens qui aiment bien manger. Le succès de cette excellente table a fait monter l'addition dans des proportions assez délirantes. À goûter : les fabuleux *antipasti* qui peuvent faire tout un repas-dégustation. Petite cour sympathique en été.

I●I *L'Osteria di Santa Marina* (zoom D3, *138*) : *campo Santa Marina, Castello, 5911.* ☎ 041-528-52-39. *Ouv 12h30-15h, 19h30-22h. Fermé dim, lun midi. Fermé 15 j. en janv et août. Résa conseillée. Menus 40-70 €.* Cadre élégant aux murs jaunes, boiseries et rideaux en coton écru pour la touche rustique et chaleureuse. Plusieurs petites salles coquettes idéales pour un dîner en amoureux. Voici donc une adresse pour épater l'élu(e) de votre cœur sans oublier de flatter vos papilles. Pas donné, mais les portions sont correctes et la qualité est irréprochable. La carte suit les saisons et le marché. Goûtez aux raviolis et gnocchis faits maison, au carpaccio de poissons crus marinés et aux délicieuses crevettes *in saor*. Service pro et convivial.

I●I *Osteria Oliva Nera* (plan général E4, *146*) : *Castello, 3417/18.* ☎ *041-522-21-70.* • *info@osteria-olivanera.com* • *Tlj sf mer 12h30-15h, 19h-22h. Fermé normalement quelques j. à Noël et en janv. Résa obligatoire. Carte 60-70 €.* Petite salle d'une douzaine de tables au cœur du Castello. Déco sans fioritures. Le patron, affable, sort son dico de cuisine multilingue si le nom italien d'un poisson ou d'un légume pose un problème de traduction. Excellente cuisine vénitienne. Demandez les fleurs de courgettes farcies, les *sarde in saor con uvetto e pinoli,* les *bigoli* en sauce vénitienne... Desserts inventifs aux doux mélanges de saveurs à des prix malheureusement moins doux. Si c'est complet, tentez votre chance à la *trattoria* voisine très fréquentée *(Da Remigio)*.

De l'Arsenal à l'île San Pietro

De bon marché à prix moyens

|●| ***Trattoria di Paolo Melinato*** *(plan général F4, 159) :* campo dell'Arsenale, Castello, 2389. ☎ 041-521-06-60. • *trattoriadapaolo@libero.it* • *Fermé lun. Carte 15-20 €.* Un grand resto sans grande originalité qui donne sur la porte de l'Arsenal. Mais les pizzas sont bien garnies, généreuses et fondantes, l'accueil bon enfant. Le patron se réserve le droit de vous taper dans le dos et d'accompagner le tout d'un rire franc. Un moment agréable pour échapper à la cohue du centre-ville. L'été, les tables fleurissent sur l'immense terrasse s'ouvrant sur l'Arsenal.

|●| ***Trattoria Alla Rampa*** *(plan général G4, 148) : via G. Garibaldi, Castello, 1135. Ouv dès 5h30 !* (because marché juste en face) *et jusqu'à 14h, le soir 17h-21h. Fermé dim. Carte 20-25 €. Repas slt midi.* Difficile de deviner que derrière le bar on peut déjeuner dans une grande salle aux murs lambrissés. Prix tout doux et menu très simple avec des spécialités locales comme le foie de veau à la vénitienne et les spaghettis au noir de seiche. Bon vin de la *casa*. Service rapide et cordial. Un peu bruyant tout de même.

|●| ***Osteria Al Garanghèlo*** *(plan général G4, 149) : via G. Garibaldi, Castello, 1621.* ☎ *041-520-49-67.* • *info@garanghelo.com* • *Tlj sf mar et service jusqu'à 23h30. Menu 22 € ; carte 30 €.* Les patrons de cette *osteria* de quartier, fréquentée aussi bien par les Vénitiens que les touristes, servent des plats de fruits de mer et des coquillages bien appétissants. Les assiettes sont bien remplies et les prix corrects. La petite salle ne suffisant pas, les tables ont tendance à se répandre sur la rue. Accueil vigoureux et chaleureux.

Où boire un verre de vin en mangeant sur le pouce ?

🍷🥖 ***Osteria Al Ponte*** *(zoom E3, 194) : calle Larga G. Gallina, Cannaregio, 6378.* ☎ *041-528-61-57. Tlj 7h-22h. Vins au verre 1,80-5,50 €.* Bien que dans Cannaregio, cette adresse sera plutôt sur vos pas si vous visitez Castello, voilà pourquoi nous la plaçons ici ! Géniale petite salle. Vous y croiserez peut-être les médecins de l'hôpital municipal du *campo Santi Giovanni e Paolo* voisin qui viennent y boire un verre (on espère pas avant d'opérer). Vin accompagné comme il se doit de charcuterie et d'assiettes de fromage très copieuses. L'atmosphère est vite conviviale, dans une petite pièce carrelée aux allures d'ancienne boucherie reconvertie, tapissée de bouteilles et de cochonnaille suspendue au plafond.

Où prendre un verre et sortir le soir ?

🍷 ***Zanzibar*** *(zoom E3, 191) : campo di Santa Maria Formosa, Castello, 5840. Tlj 7h30-1h.* Fermeture un peu plus tôt lorsqu'il pleut... et pour cause, il n'y a pas de salle mais juste quelques tables posées sur le *campo*, et une espèce de mignonne petite caravane. Pas d'enseigne non plus. C'est en fait un kiosque-bar qui ne paye pas de mine, situé face à l'église et en bordure du *rio*. Mais c'est le lieu de rendez-vous de la jeunesse vénitienne qui se retrouve autour d'un *spritz* bien dosé sous le regard grimaçant du gardien du campanile.

Taverna L'Olandese Volante (zoom D3, **189**) : campo San Lio, Castello, 5658. ☎ 041-528-93-49. Lun-jeu 11h-0h30 ; ven-sam 11h-2h ; dim 17h-minuit. Fermé à Pâques et à Noël. Resto le midi slt, menu 18 €. Cadre chaleureux tout en bois verni et ambiance un peu bruyante. Un peu le style d'un pub irlandais. Clientèle composée d'habitués et de touristes. Un endroit où l'on peut faire des rencontres autour d'une bonne pinte de bière fraîche (plus de 50 marques de 15 pays différents). Et la carte des cocktails fait tourner la tête rien qu'en la regardant... Terrasse.

Inishark (zoom E3, **190**) : calle del Mondo Novo, Castello, 5787. ☎ 041-523-53-00. Ouv 18h-1h30. Fermé lun et en août. Pub irlandais pour les amateurs de whisky. On trouve de tout, y compris du 20 ans d'âge. Il y a aussi de quoi grignoter. Pub tout en bois, ambiance pêcheur avec filets et épuisettes aux murs et plafond. On jurerait que la mer n'est pas loin. Atmosphère très chaleureuse : sur le mur du fond, un proverbe irlandais qui dit en substance : « Ici, il n'y a pas d'étrangers, seulement des amis que je n'avais pas encore rencontrés. »

Où manger une pâtisserie ?

Pasticceria Bonifacio (plan général E4, **261**) : calle degli Albanesi, Castello, 4237 A. Tlj sf jeu 7h-20h. Une pâtisserie oubliée des touristes. Normal, la porte minuscule ne laisse pas filtrer grand-chose. Pourtant vous y trouverez de bons gâteaux à prix raisonnables. Goûtez leurs *pizzette*, une véritable provocation sensorielle.

Pasticceria Chiusso (plan général F4, **265**) : Castello, 3306. Tlj sf jeu 7h-20h. Une pâtisserie où l'on parle et mange vénitien. Si vous ne le parlez pas, montrez du doigt, gentiment !

Achats

Atelier Marega (plan général E4, **220**) : fondamenta dell'Osmarin, Castello, 4968. ☎ 041-522-30-36. Tlj 10h-19h. Atelier dans la boutique, avec fabrication de masques sous vos yeux. Location pendant le Carnaval. On y trouve des masques traditionnels et une belle collection de la *commedia dell'arte*. Les prix sont plutôt moins élevés qu'ailleurs et la qualité est toujours présente. Et on y parle le français...

Ca' del Sol (plan général E4, **221**) : San Provolo, Castello, 4719 A. ☎ 041-528-69-46. Tlj 10h-19h30. Ce joli magasin quelque peu encombré (ne faites rien tomber, malheureux !) réalise et vend des masques de qualité. Prix encore abordables. Possibilité de jeter un œil à l'atelier, juste en face.

Librairie française (zoom E3, **222**) : Barbaria delle Tole, Castello, 6358. ☎ 041-522-96-59. En face de Santi Giovanni e Paolo. Tlj sf dim et lun mat 9h-12h30, 15h-19h30. Dominique, libraire français, est une véritable encyclopédie de tout ce qui a pu s'écrire sur sa ville d'adoption. Nombreux livres illustrés sur Venise, bouquins d'art et de musique, livres rares...

Librairie Filippi (zoom E3, **223**) : Casselleria, Castello, 5284. ☎ 041-522-96-59. Tout près de Santa Maria Formosa. Tlj sf dim 9h-12h, 15h30-19h30. La plus ancienne librairie de Venise est aussi le seul éditeur, ils se font rares de nos jours ! Tout sur l'histoire de la Sérénissime, beaucoup de livres d'art. Ami d'Hugo Pratt, Franco a écrit plusieurs ouvrages sur la ville.

Banco N° 10 (plan général F4, **224**) : salizzada Sant'Antonin, Castello, 3478 A. ☎ 041-522-14-39. Fermé dim. Cette boutique de vêtements féminins s'est installée dans l'ancien guichet (le n° 10) de billets de loto. Toutes les pièces vendues sont confectionnées par les détenues de la maison d'arrêt de la Giudecca. Vestes et manteaux en étoffes chatoyantes, sacs branchés. Voilà de quoi vous faire plaisir tout en donnant un coup de main.

À voir

De Santa Maria Formosa à l'Arsenal

Campo Santa Maria Formosa *(zoom E3) :* ce vaste *campo* est très animé en semaine. On peut aussi s'installer à la terrasse d'un café (voir la rubrique « Où prendre un verre et sortir le soir ? ») et admirer les façades des palais qui le bordent. Le mieux est encore de s'y balader la nuit pour deviner les intérieurs de ces demeures. Sur ce *campo*, on célébrait chaque année la *fête des Marie*. Cette cérémonie remonte au Xe s, époque à laquelle quelques jeunes filles, en se rendant à la messe, avaient été enlevées par des pirates. Elles furent par la suite libérées par des artisans. Pour commémorer l'événement, le doge se rendait tous les ans à Santa Maria Formosa le jour de la Chandeleur. Il recevait pour l'occasion du vin et un chapeau de paille (une des coiffes est encore visible au musée Correr).

Chiesa Santa Maria Formosa *(zoom E3) : sur le campo.* ☎ 041-275-04-62. *Lun-sam 10h-17h. Entrée : 2,50 €. Audioguide en loc. Accès avec le Chorus Pass.* Construit en 1492, cet édifice a été plusieurs fois remanié au cours des siècles. Les Cappello ont financé les travaux de la façade principale et de celle donnant sur le *campo*, sans oublier d'y adjoindre trois bustes de la famille. La coupole a été reconstruite à deux reprises, après le tremblement de terre de 1668 et après un bombardement de la Première Guerre mondiale. Le campanile date de 1688 (avec une drôle de gueule tordue au-dessus de la porte).
À l'intérieur, triptyque de Bartolomeo Vivarini, *Vierge de la Miséricorde,* dans la première chapelle sur la droite. Ne pas manquer sur le mur droit du transept, une *Cène* peinte par Leandro Bassano (fin XVIe). Organisation fréquente de concerts.

Fondazione Querini Stampalia *(plan général E3) : campiello Querini, Castello, 5252.* ☎ 041-271-14-11. • *querinistampalia.it* • *Vaporetti n°s 1, 41, 42, 2, 51 ou 52, arrêt San Zaccaria. À l'extrémité sud du campo Santa Maria Formosa, au sud de l'église. Mar-dim 10h-18h (jusqu'à 22h ven-sam). Fermé lun. Entrée : 6 € ; réduc. Carte Rolling Venice acceptée. Fiches explicatives en français dans chaque salle. Visite guidée sur résa slt :* ☎ 041-271-14-87. *Concerts de musique classique ven-sam 17h et 20h30 dans le portego (inclus dans le billet). Une cafétéria et une boutique à la sortie.*
Ce palais édifié au XVIe s a été légué par le comte Querini à la Ville de Venise en 1869. L'architecte Carlo Scarpa l'a réaménagé en 1960 et a dessiné le jardin.
Au 2e étage, le palais abrite une importante collection de toiles des plus grands peintres vénitiens depuis le XIVe s jusqu'au XVIIIe s. Le mobilier date du XVIIIe s.
La première salle, à gauche de l'entrée, regroupe les nombreuses toiles de Gabriel Bella (XVIIIe s), boudé par ses contemporains : ses tableaux représentent aujourd'hui un véritable témoignage de la vie de la Sérénissime au XVIIIe s. Il faut scruter ses toiles, observer le moindre détail de la mise en scène de certaines situations de la vie quotidienne, parfois curieuses ! Cherchez donc comment on s'amusait à tuer les chats avec la tête ! Ou encore comment, lors des jeux populaires organisés entre quartiers, on rigolait follement en essayant de faire tomber ses adversaires des ponts (eh oui, ces derniers n'avaient pas encore de parapets...) !
Dans la chambre à coucher, ne ratez surtout pas le splendide (!) miroir dans le plus pur style rococo, réalisé à partir d'un mélange de verre soufflé et de verre incisé à la pointe de diamant.
Salle 3 : la famille Querini possédait dix toiles de Tiepolo, mais elle a vendu neuf d'entre elles, ne pouvant prévoir que le peintre deviendrait célèbre. C'est ça, l'intuition. La seule toile restante représente le Général des mers dans une allure fière et noble. La toile qui lui fait face n'est pas de Tiepolo mais représente le même homme. La différence est visible : c'est beaucoup moins flatteur... Dans la *salle des porcelaines,* magnifique service acheté à Paris en 1795 par Alvise Maria Querini

Stampalia, qui fut le dernier ambassadeur de la Sérénissime en France, de 1795 à 1797. En passant dans le *portego*, jetez un coup d'œil au lustre polychrome réalisé par Briati (LA référence chez les maîtres verriers au XVIIIe s !).
La petite salle suivante abrite le chef-d'œuvre du musée : *La Présentation de Jésus au Temple* de Bellini. Le peintre s'est représenté sous les traits de l'homme au regard mystérieux.
Pour finir, dans le boudoir, série de tableaux de Pietro Longhi retraçant le déroulement d'une chasse.
Au 3e étage : expos temporaires d'art contemporain.

¶ *Campo Santi Giovanni e Paolo* (plan général et zoom E3) : autrement appelé campo San Zanipolo (contraction en dialecte vénitien des prénoms Giovanni et Paolo). Vaporetti n°s 41, 42, 51 ou 52, arrêt Ospedale.
C'est le *campo* le plus vaste de Venise après la place Saint-Marc. Il détone particulièrement par ses jolies façades et ses petites maisons peintes de toutes les couleurs. Il est bordé sur la gauche par le *rio dei Mendicanti*, un des canaux les plus empruntés. Sur le *campo*, outre la *basilique Santi Giovanni e Paolo* et la *Scuola Grande di San Marco*, se trouve la statue équestre de Bartolomeo Colleoni par Andrea Verrocchio.

> **SACRÉ COUILLON !**
>
> *Le* condottiere *Bartolomeo Colleoni, mercenaire entré au service de la République, légua, à sa mort, son immense fortune à la Ville de Venise qu'il avait si brillamment défendue. Une disposition testamentaire imposait à la ville qu'en reconnaissance sa statue soit érigée « à San Marco », ce que le gouvernement rechigna à accepter. Aussi, pour ne pas rater l'héritage, on décida d'élever le monument devant la Scuola Grande « di San Marco ».* Humour vénitien qui perdure, car ce qu'on voit, bien visible, en haut du pantalon, n'est pas une erreur du sculpteur. D'ailleurs, le blason situé sur le piédestal abonde en ce sens !

Cette magnifique *scuola*, à gauche de l'entrée de la basilique, abrite aujourd'hui l'hôpital municipal. À l'origine, l'institution avait pour but, comme ses consœurs, l'assistance mutuelle entre ses membres et différentes activités caritatives. L'édifice a été construit à la fin du XVe s par Lombardo et Codussi, et la façade constitue l'un des meilleurs exemples d'architecture Renaissance. Noter les quatre compositions en trompe-l'œil de Lombardo. À l'intérieur se trouve une superbe bibliothèque qui, malheureusement, ne se visite pas. Enfin, sur le côté droit du *campo*, on peut admirer une margelle de puits joliment décorée par Sansoviso.

¶ *Basílica Santi Giovanni e Paolo* (plan général E3) sur le campo du même nom : ☎ 041-523-59-13 Lun-sam 9h15-18h30 ; dim 13h-18h30. Entrée : 2,50 €.
Construite par les dominicains, c'est la plus grande église de Venise (même la basilique Saint-Marc et les Frari sont plus petites). Pour les amateurs de classifications, c'est aussi la plus grande église gothique d'Europe, en dehors des cathédrales, bien sûr. La façade se divise en trois parties, une rosace centrale et deux fenêtres rondes latérales. Par manque d'argent, elle n'a pas été recouverte de marbre comme cela était prévu. Les trois niches dans les clochetons abritent, à partir de la droite, *saint Pierre martyr, saint Dominique* et *saint Thomas d'Aquin*. Les quatre reliefs entourant le portail sont des urnes funéraires. À l'extrémité gauche se tient celle de Jacopo Tiepolo et de son fils Lorenzo, qui avaient fait don de ce terrain aux dominicains pour édifier un couvent et une église.
À l'intérieur, on est d'abord impressionné par les dimensions : 100 m de long et 30 m de large dans la nef (45 m au transept) ; 32 m de haut et une coupole de 40 m de diamètre ! Cela en fait l'un des plus grands édifices chrétiens du monde. De grands tirants de bois peint stabilisent la construction.
Les principaux doges de la République sont enterrés ici (c'est un véritable Panthéon !). Les tombes les plus intéressantes se trouvent dans le chœur : tombeau

des doges Michel Morisini, Leonardo, Andrea Vendramin et Marco Corner (de droite à gauche). À noter aussi celui du doge Pietro Mocenigo sur la partie gauche du revers de la façade.

La chapelle Saint-Dominique, à droite, en face de la sacristie, est dédiée au fondateur de l'ordre. Au centre du plafond, la *Gloire de saint Dominique* par Piazzeta, au milieu d'une décoration très chargée. Dans la partie droite du transept, le vitrail gothique de la façade est un chef-d'œuvre sorti des ateliers de Murano. Il mesure 17,50 m de haut et 6,30 m de large. Juste en dessous, vous pouvez voir un des fauteuils de cérémonie du doge. Par décret, la République décida, au XVe s, que les cérémonies solennelles de funérailles auraient lieu ici. Enfin, sur la gauche de l'autel, ne pas rater la *chapelle du Rosaire,* aussi appelée *chapelle de Lépante.* Elle fut édifiée en remerciement à la Vierge après la victoire navale de Lépante sur les Turcs. On y accède par une belle grille en fer forgé. Au XIXe s, l'ensemble des peintures de Palma le Jeune et du Tintoret qui décoraient la chapelle furent détruites dans un incendie. Mais Venise est une ville pleine de ressources, et des toiles de Véronèse les ont remplacées, notamment une *Annonciation* au plafond de la chapelle du Rosaire.

Chiesa e convento (couvent) San Francesco della Vigna *(plan général F3) :* campo della Confraternita, Castello. ☎ 041-520-61-02. Vaporetti nos 41, 42, 51 ou 52, arrêt Celestia. Tlj 8h-12h30, 15h-19h. *Entrée libre.* Le lieu tire son nom des vignes dont était planté le terrain offert aux franciscains pour y construire leur église et leur monastère. Le campanile, l'un des plus élevés de la ville, a été construit en 1581. La façade a été réalisée par Palladio (l'architecte, entre autres, du *Redentore* et de *San Giorgio Maggiore,* d'où une certaine ressemblance). L'intérieur n'est peut-être pas extraordinaire, mais il y a un petit trésor caché dans la pièce sombre qui se trouve à gauche de l'autel. Vous serez récompensé, car vous y trouverez un magnifique tableau de Bellini (pour le voir dans toute sa splendeur, mettez un sou dans l'appareil, *per favore !*). Jetez aussi un coup d'œil sur les deux cloîtres.

Arsenale (l'arsenal *; plan général F-G3-4) :* c'était le chantier de constructions navales de Venise. Il fut fondé en 1104 et connut de nombreuses modifications aux XIVe et XVe s. À l'époque où Venise était appelée la *Dominante,* l'Arsenal était une entreprise industrielle gigantesque, qui employait plus de 3 000 personnes et qui pouvait construire un bateau par jour ! On produisait les pièces détachées dans les ateliers qui longent le plan d'eau, avant de les numéroter une par une pour faciliter l'assemblage. Les ouvriers (appelés *arsenalotti*) devaient promettre de ne pas révéler les secrets de fabrication. Si la milice venait à apprendre que l'un d'entre eux avait rompu la loi du silence, les représailles étaient sévères.

Aujourd'hui, on a du mal à se représenter l'organisation qu'un tel site demandait : les tâches étaient soigneusement définies, et chacun travaillait sur une petite partie de bateau. On construisit ainsi des centaines de navires marchands et des bateaux de guerre pour résister aux invasions. La puissance de l'Arsenal était telle que les doges le nationalisèrent à la fin du XIIe s (première nationalisation connue !). L'activité de construction déclina au lendemain des guerres napoléoniennes et cessa complètement après la Première Guerre mondiale. Les deux tiers de l'Arsenal sont toujours la propriété de l'armée, le reste appartient à la commune. La marine italienne y entretient encore certains bateaux de guerre (travaux de peinture et petites réparations).

L'*Arsenale* est partiellement ouvert au public (lors du Salon nautique ou des expositions de la Biennale, quelques pièces de théâtre également en été). Ces grands entrepôts à la charpente apparente constituent un lieu magique, hors du temps, parfaitement adapté à des expositions d'art. Renseignez-vous auprès de l'office de tourisme pour connaître le programme des expositions.

Pour se rendre compte de ses dimensions, prendre les *vaporetti* nos 41, 42, 51 ou 52 aux stations Celestia ou San Zaccaria qui contournent les bassins de l'ouest (malheureusement, ils ne s'arrêtent pas). Se rendre aussi sur le *campo dell'Arse-*

nale (plan général F4) pour y admirer l'entrée : deux tours encadrant le canal et une magnifique porte monumentale, surmontée de l'emblème de la ville. Les deux énormes lions, qui trônent fièrement à gauche et à droite du portail, ont été rapportés des expéditions lointaines au XVIIe s (par suite de dégradations, ces bêtes magnifiques ont dû être protégées). Nombreux sont leurs admirateurs qui, comme Corto Maltese en son temps, viennent leur rendre visite aux heures calmes : ici, un peu de la magie et du rêve de la *Fable de Venise* dessinée par Hugo Pratt subsistent encore. Une balade originale consiste ensuite à longer le plus possible les hauts remparts à créneaux, en suivant le *rio del Gorne* jusqu'à la station Celestia. Quelques occasions de se retrouver dans un cul-de-sac mais, surtout, le plaisir de parcourir placettes et ruelles villageoises. C'est dans ce quartier qu'ont été construites les maisons des ouvriers qui travaillaient à l'Arsenal.

Le quartier de la riva degli Schiavoni

Riva degli Schiavoni (plan général E-F4) : vaporetti n°s 2, 41, 42, 51 ou 52, arrêt San Zaccaria, ou vaporetto n° 1, arrêt Arsenale. La *riva degli Schiavoni* (en français : « rive des Esclavons ») est le début du grand quai qui s'étend du Molo (devant la piazzetta San Marco) jusqu'aux jardins publics (à l'est). À la grande époque du commerce à Venise, c'était l'endroit où accostaient les grands navires marchands. Aujourd'hui, c'est l'un des lieux les plus fréquentés de la ville. Les touristes s'y agglutinent pour voir le pont des Soupirs *(ponte dei Sospiri)* ou pour prendre une glace à la terrasse de cafés hors de prix. Devant les hôtels aux noms prestigieux, les gondoliers discutent entre eux et les caricaturistes s'affairent pour vous croquer le portrait. Pendant la journée, c'est vite intenable (sachez tout de même qu'à partir de l'arrêt Arsenale l'agitation s'évapore presque subitement, comme par magie) ; en revanche, allez-y en fin d'après-midi, quand la foule est moins dense, pour faire une promenade au bord du bassin de Saint-Marc, au moment où le soleil se couche.

Palazzo Danieli (plan général E4) : riva degli Schiavoni, 4196. Devant l'arrêt de vaporetti *San Zaccaria*. Entrée par une porte à tambour. Allez discrètement faire un petit tour dans le hall de ce palace somptueux, histoire de voir l'escalier monumental et les peintures au plafond. Si le concierge est un peu réticent, dites-lui que vous vous appelez « Bond, James Bond », puisque ce dernier est comme chez lui ici, au point que personne ne semble avoir remarqué qu'il n'a jamais la même tête dans les trois films tournés à cet endroit (voir le chapitre « Hommes, culture et environnement »). Mais on peut toujours prendre un verre au bar, à gauche après l'entrée. En revanche, on ne peut pas dire que les dépendances soient une franche réussite architecturale.

Chiesa San Zaccaria (plan général E4) : campo San Zaccaria. ☎ 041-522-12-57. Vaporetti n°s 1, 2, 41, 42, 51 ou 52, arrêt San Zaccaria. Tlj 10h-12h, 16h-18h. Entrée libre.
Située en bordure d'un petit *campo* où il est vraiment agréable de faire une pause après l'agitation excessive des ruelles environnantes. Édifiée au IXe s, cette église fut modifiée à plusieurs reprises au moment de la Renaissance. L'ouvrage faisait partie, à l'origine, d'un ensemble religieux qui abritait des nonnes. Celles-ci étaient issues des plus riches familles vénitiennes, qui finançaient largement les travaux de construction et d'ornementation. Les doges venaient s'y recueillir une fois par an (le jour de Pâques, en général), tout simplement pour remercier les nonnes de leur avoir gentiment cédé une parcelle d'un petit jardin qui leur permit d'agrandir la place Saint-Marc.
La façade à six étages est absolument magnifique. À droite, l'ancien cloître avec une tour-clocher de style véneto-byzantin. À gauche, c'est l'ancien cimetière. À l'intérieur, sur le côté gauche de la nef, très beau Bellini. En fait, il faut surtout visiter la chapelle du Chœur (accès payant, mais symbolique ; entrée au fond à

droite de la nef), qui contient un superbe Tintoret et un Tiepolo. On accède ensuite à la chapelle San Tarasio (ou chapelle d'Or), qui possède une voûte décorée de fresques du XVe s et de superbes triptyques de Vivarini. Remarquer la mosaïque du IXe s, qui correspond au pavement originel de l'église. Accès ensuite à la crypte du Xe s, située au-dessous du niveau de la mer. Vous serez chanceux si le sol n'est recouvert que de quelques centimètres d'eau... (le niveau atteint parfois 1 m !).

Chiesa San Giorgio dei Greci (plan général E4) : calle dei Greci, Castello, 3412. ☎ 041-523-95-69. Vaporetti nos 1, 2, 41, 42, 51 ou 52, arrêt San Zaccaria. Horaires variables 9h-13h, 15h30-16h30. Fermé mar et dim ap-m. Entrée libre. Cette église orthodoxe témoigne de la présence des Grecs à Venise. Cette communauté a toujours fait partie de l'histoire de la Sérénissime, notamment dans les échanges commerciaux. Avec la chute de Constantinople en 1453 et celle de l'Empire byzantin, de nombreux réfugiés sont arrivés à Venise. On les autorisa alors à construire une église et une scuola. L'église date de cette époque. L'intérieur est richement décoré. À l'extérieur, le campanile, construit à la fin du XVIe s, rivalise avec la tour de Pise... À côté de l'église, les passionnés pourront visiter le **musée d'Icônes de l'Institut hellénique**. ☎ 041-522-65-81. Tlj 9h-17h. Entrée : 4 € ; réduc. Carte Rolling Venice acceptée. Deux salles qui exposent une belle collection d'icônes datant de la fin du XIIIe s jusqu'au XVIIe s.

Scuola San Giorgio degli Schiavoni (ou Confrérie dalmate ; plan général F3) : fondamenta Furlani, Castello, 3259 A. ☎ 041-522-88-28. Vaporetti nos 1, 2, 41, 42, 51 ou 52, arrêt San Zaccaria. Avr-oct, mar-sam 9h15-13h, 14h45-18h ; dim et j. fériés 9h15-13h. Nov-mars, horaires légèrement réduits. Entrée : 3 € ; réduc. Carte Rolling Venice acceptée. Notice en français (à restituer).
Au XVe s, les Schiavoni, marchands originaires de Dalmatie (région de l'ex-Yougoslavie, occupée par Venise de 1420 à 1797), décident d'installer ici leur confrérie. La décoration intérieure est confiée notamment à Carpaccio, qui illustre merveilleusement, à travers ses toiles, la vie des trois saints protecteurs des Dalmates (saint Georges, saint Tryphon, surtout connu des lecteurs de Tintin, et saint Jérôme) : c'est le fameux cycle des teleri. Lui seul justifie que vous fassiez la queue, parfois (nombre restreint de visiteurs oblige), pour la visite de cet endroit unique. Il s'agit d'un cycle plus court que celui de la Légende de sainte Ursule exposé à l'Accademia. Les neuf tableaux se trouvent dans la salle inférieure qui servait d'oratoire. Le récit va de gauche à droite en commençant par Saint Georges et le dragon et finissant par l'histoire de saint Jérôme et du lion blessé. Dans le premier tableau, d'un réalisme extraordinaire, noter la lance comme un « pont » entre le cavalier et le dragon (vous êtes à Venise, non ?) ainsi que le bateau aux voiles dépliées (symbole du vent de la foi) s'opposant à celui qui coule (les mécréants). Sublime travail sur les couleurs : ciel orageux, dégradé de verts pour les reptiles et superbe mouvement du cheval. Les crapauds, les serpents et les cadavres victimes du monstre, une sorte de dragon-caméléon au regard mélancolique, font penser aux tableaux de Jérôme Bosch. L'influence des peintres flamands est aussi à chercher dans la toile qui clôt le cycle, notamment par le traitement minutieux des objets (le petit chien était en fait le griffon de Carpaccio). Cette toile splendide nous dévoile l'intérieur typique d'un érudit de l'époque, avec ses livres et ses instruments scientifiques.

Chiesa Santa Maria della Pietà (plan général E4) : riva degli Schiavoni. Vaporetti nos 1, 2, 41, 42, 51 ou 52, arrêt San Zaccaria. En été, 9h30-12h30, 15h-18h ; le reste de l'année, ouv slt pour les offices et les concerts. Entrée libre. À l'origine, cette église recueillait des orphelines et des enfants abandonnés. Elle dépendait de l'hôpital de la Pietà et était subventionnée par le gouvernement pour élever les jeunes pensionnaires. On leur enseignait la musique et le chant (Vivaldi y fut d'ailleurs professeur de violon pendant quelques années). Au XVIIIe s, l'église de la Pietà fut l'une des salles de concert les plus fréquentées et était particulièrement réputée pour son acoustique. À l'intérieur, belles fresques de Tiepolo : entre autres, *Le Triomphe de la foi* et *Le Couronnement de la Vierge* (au plafond). Concerts assez redoutables, par contre, aux yeux (et surtout aux oreilles) des puristes. Vivaldi doit se retourner dans sa tombe !

¶¶ 🚶 **Museo Storico Navale** (*Musée naval ; plan général F4*) *: campo San Biagio, Castello, 2148.* ☎ *041-520-02-76. Vaporetti n°s 1, 41 ou 42, arrêt Arsenale. Lun-ven 8h45-13h30 ; sam 8h45-13h. Fermé dim et j. fériés. Entrée : 1,55 €. Carte* Rolling Venice *acceptée*. Le musée rassemble sur quatre étages des dizaines de maquettes de bateaux et retrace l'histoire de la marine vénitienne. C'est une visite qui ravira les petits (belle collection de coquillages) comme les grands. Le rez-de-chaussée n'intéressera que les amateurs d'armes. En revanche, il faut absolument s'arrêter au 1er étage pour voir la maquette du *Bucentaure*. C'était la galère d'apparat des doges, qui servait en particulier pour la cérémonie des noces symboliques de Venise et de la mer (se reporter au texte sur la Sensa dans la rubrique « Fêtes et jours fériés » au chapitre « Venise utile »). Aux 2e et 3e étages, on peut voir les anneaux utilisés depuis 1866 pour célébrer ce « mariage » symbolique : lorsque l'anneau, accroché à la poupe, était immergé, le mariage était consacré. Nombreuses maquettes d'embarcations anciennes et de bateaux plus récents. Costumes et uniformes des amiraux, étonnamment conservés, dont le plus vieux date de 1780 ! On y trouve également la gondole privée de Peggy Guggenheim, donnée au musée après sa mort.

De la via Garibaldi aux jardins publics

¶ **Via Garibaldi** (*plan général G4*) *:* vaporetti n°s 1, 41 ou 42, arrêt Arsenale ou Giardini. La seule artère appelée *via* (avec celle du *XXII Marzo*). En fait, un canal qui a été comblé mais pas tout à fait. Marché aux fruits et légumes tous les matins. Loin de la foule, profitez des belles journées pour faire une balade le long de cette grande artère (la plus large de la ville avec ses 17,50 m) et enfoncez-vous dans les ruelles tortueuses. Ce quartier populaire vous montrera une facette méconnue de la ville. Ici, le linge sèche aux fenêtres, savamment disposé sur des fils qui relient les maisons entre elles ; là, quelques vieilles dames discutent tranquillement sur un pas de porte ou de balcon à balcon. Bref, rien de très original pour l'Italie, mais c'est tellement agréable dans cette Venise speedée où tout le monde est pressé. Si l'envie vous en prend, allez voir le monument Garibaldi (au bout de la via Garibaldi à droite) et son bassin, où de nombreuses tortues barbotent aux beaux jours. Jardins très agréables, bordés de maisons. Les habitants ne connaissent pas leur bonheur !

¶ **Isola San Pietro di Castello** (*hors plan général par G4*) *:* au bout de la via Garibaldi, on franchit le canal di San Pietro sur une passerelle en bois. On pénètre alors dans l'un des quartiers les plus authentiques de Venise, et le plus ancien aussi. L'île fut le premier centre de la vie religieuse. Quelle impression de calme et de sérénité ! On se croirait vraiment dans un petit village de province, bien loin du centre du pouvoir vénitien, avec ses places minuscules.

¶ **Chiesa San Pietro di Castello :** ☎ *041-275-04-62.* • *chorusvenezia.org* • *Lun-sam 10h-17h. Entrée : 2,50 €. Accès avec le* Chorus Pass. Elle n'est peut-être pas inoubliable, mais elle reste incontournable. Seuls son campanile penché du XVe s, sa façade dessinée par Palladio, plutôt austère, et quelques peintures du XVIIe s valent le coup. Ce fut la cathédrale de Venise jusqu'à la chute de la République en 1797 (en 1807, c'est la basilique Saint-Marc qui prit le statut de cathédrale de la ville). Elle abrite une chaire en marbre du XIIe s provenant d'Antioche et appelée « Trône de saint Pierre ». Son dossier est constitué d'une stèle funéraire avec des versets du Coran. Et si vous avez fait comme nous toute cette balade dans Venise en pensant souvent à Corto Maltese, celle-ci doit vous rappeler certains souvenirs, puisqu'elle est au départ d'une « Fable de Venise »...

🏃 **Isola Sant'Elena** (hors plan général par G4) : juste au sud de San Pietro se trouve l'île Sant'Elena. Vaporetti n°s 1, 41, 42, 51 ou 52, arrêt Sant'Elena. Là encore, une balade reposante qui vous emmènera jusqu'aux quais du port de plaisance. La visite de l'église Sant'Elena (fondée au XIIe s) est sans grand intérêt. En revanche, pour revenir vers le quartier de la place Saint-Marc, on passe à travers les *jardins publics* qui furent créés par Napoléon. Il ignorait qu'une autre île, Sainte-Hélène, allait devenir son jardin privé. Vous y rencontrerez pigeons, chats, joggeurs et amoureux transis qui « s'bécotent sur les bancs publics, en s'foutant pas mal du regard oblique des passants honnêtes ». Idéal au petit matin ou le soir au coucher du soleil (on parle de la visite !).

LES ÎLES DU BASSIN DE SAINT-MARC

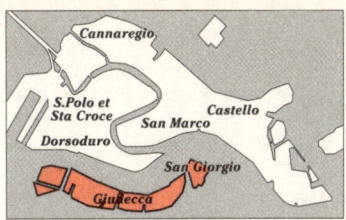

LES ÎLES DU BASSIN DE SAINT-MARC

Ne prévoyez pas un pique-nique pour la journée, ces deux îles sont seulement à quelques minutes de la place Saint-Marc, et elles vous sont déjà familières si vous avez commencé votre visite de Venise par une balade avec le *vaporetto* n° 2. Elles méritent toutes les deux le déplacement ; San Giorgio pour son église dessinée par Palladio et la Giudecca pour son calme et son authenticité.

LA GIUDECCA (code postal : 30133)

Cette île tranquille de 300 m de large, presque campagnarde, se compose de huit îlots séparés par des canaux un peu plus larges qu'ailleurs. Elle donne d'un côté sur le *sestiere* du Dorsoduro et de l'autre sur la lagune. L'île contraste fortement avec le centre historique de la Sérénissime. Les façades qui bordent le canal della Giudecca sont certainement moins prestigieuses que celles qui se dressent fièrement le long des *Zattere* du Dorsoduro. Mais les vieilles maisons où habitent les pêcheurs et les ouvriers jouxtent quelques demeures somptueuses. Des bâtiments industriels datant du XIXe s donnent sur de petits jardins privés et sur des potagers. Aujourd'hui, ces usines désaffectées retrouvent un second souffle avec l'installation de petites start-up. L'île, loin de se figer, s'est également pourvue d'un nouveau quartier composé de petits immeubles d'habitation, d'une résidence universitaire, d'un théâtre et d'un centre culturel (non loin de l'AJ). Ces nouveaux aménagements n'ont pas entamé la sérénité de l'île qu'appréciaient déjà en leur temps de grands noms comme Michel-Ange ou Musset. Nous aussi, on l'aime bien. Allez-y donc pour une balade paisible le long des quais, qui offrent une vue superbe sur Venise et sur l'entrée du Grand Canal, comme celle qu'avaient autrefois les voyageurs arrivant de la mer.

➤ Vaporetti *(ttes les 10 mn env)* n°s 2 et 42 pour l'aller, 41 et 2 pour le retour ; 4 arrêts desservent la Guidecca : Zitelle, Redentore, Palanca et Sacca Fisola.

UN PEU D'HISTOIRE

En avril 2003, une des ailes du moulin Stucky (en pleine restauration !) a été entièrement ravagée par un incendie avant de s'effondrer comme un château de cartes.

En 2006, cet ancien moulin a été transformé en luxueux hôtel *Hilton* 5 étoiles et en centre de congrès. De manière certaine, c'est une partie du patrimoine de la ville qui s'est envolée en fumée.

Anciennement appelée la *spina lunga* (« longue épine ») en raison de sa forme allongée, cette île tirerait son nom d'une communauté juive *(giudeo)* qui s'y installa au XIVe s, avant d'être transférée plus tard à Mestre, puis dans l'actuel Ghetto. Une hypothèse plus vraisemblable voudrait que les nobles qui passaient en jugement pour avoir entravé la bonne marche de la République aient été contraints de s'exiler dans l'île : le mot *zudegà* signifie « les jugés ». Dante y situait l'un des cercles de son *Enfer*. Dans les années 1920-1930, du fait des nombreuses inondations, les Vénitiens l'appelaient peu gentiment *l'île des Phoques*.

C'est sur cette île que se trouve le plus fantasmatique des hôtels de Venise, le *Cipriani*, avec son annexe, le palais *Vendramin*, d'où vous pourrez, si vous avez été sponsorisés pour votre voyage de noces, bénéficier d'une vue merveilleuse sur Saint-Marc, juste en face, et le canal, bien sûr.

Adresses utiles

■ **Banco San Marco** *(plan général C6, 18)* : *fondamenta del Ponte Longo 319.* ☎ *041-523-53-53. Distributeur automatique.*

■ *Le bureau de tabac situé au n° 37 des fondamenta delle Zitelle vend des* **billets** **ACTV** *pour les vaporetti. Fermé dim.*

@ **Internet** *(plan général D6, 40)* : *dans le* **Centre culturel CZ 95,** *Giudecca 95 ; prendre la ruelle sous le porche, c'est 100 m plus loin à gauche.* ● *cz95. org* ● *Accès gratuit tlj 19h-21h sf dim.*

– *Au niveau de chaque embarcadère, vous trouverez quelques petits commerces et un café.*

Où manger ?

De bon marché à prix moyens

|●| **Al Pontil Del Giudecca** *(plan général C-D6, 145)* : *Giudecca, 197.* ☎ *041-528-69-85. Juste en face de l'arrêt Redentore. Tlj sf lun 7h-20h. Pâtes ou plat du jour 6,50-10 €. Petit bistrot typique et bon marché, idéal pour prendre un sandwich ou un copieux plat de pâtes le midi au coude à coude avec les ouvriers du coin. N'hésitez pas non plus à demander le plat du jour si le contenu de l'assiette de votre voisin vous inspire. C'est bon, c'est simple, le service est efficace, et ici on ne parle que le vénitien.*

|●| **La Palanca** *(plan général C6, 151)* : *fondamenta di P. Piccolo, Giudecca, 448.* ☎ *041-528-77-19. À une centaine de mètres de l'arrêt Palanca. Tlj sf dim 7h-20h, mais service le midi slt 12h-14h30. Fermé à Noël et 2 sem en août. Menu 12 € ; carte 25 €. Snack-bar classique au choix réduit. Le patron parle le français. Quelques bons plats du jour qui changent régulièrement ou, plus simplement, de délicieux sandwichs. On mange debout ou à l'une des cinq tables qui se battent en duel ! Ambiance populaire de quartier. Petite précision : la* palanca *était le nom de la monnaie utilisée autrefois pour payer le bac reliant la Giudecca à Venise.*

Plus chic

|●| **Mistra** *(plan général C6, 157)* : *fondamenta San Giacomo, Giudecca, 212 A.* ☎ *041-522-07-43. On y accède, à la sortie du bateau, par une ruelle qui traverse les chantiers navals ; suivre les panneaux, c'est tout au fond à droite. Tlj sf lun soir et mar 9h30-minuit. Service 12h-14h, 19h30-22h30. Menu du midi*

13 € ; carte 40 €. Le resto, situé au 1er étage d'un entrepôt, domine le petit port au sud de la Giudecca. Une fois grimpé par la passerelle extérieure en fer, on pénètre dans une grande salle lumineuse avec de beaux volumes. Le midi, l'endroit est surtout fréquenté par les ouvriers des chantiers et propose un menu simple et économique (évitez le lundi midi, pour ne pas revenir comme nous terriblement déçus !). Le soir, pour les Vénitiens et les touristes, la carte offre plus de choix et une cuisine plus raffinée (on l'espère !) orientée vers la mer. Dans tous les cas, essayer d'avoir une table avec vue sur la lagune.

|●| **Altanella** (plan général C6, 153) : calle delle Erbe, Giudecca, 268. ☎ 041-522-77-80. À 200 m de la station de vaporetto Palanca ; passer sous le sotto portego delle Erbe, c'est un peu plus loin sur la gauche. Ouv 12h30-14h, 19h30-21h. Fermé lun-mar, en janv et août. Carte 45-50 €. Un resto fréquenté en son temps par François Mitterrand quand il venait à Venise. On ne sert ici que des spécialités vénitiennes de poisson. Le propriétaire vous expliquera le contenu des plats en français. Terrasse fleurie donnant sur le canal, vieilles photos de la Giudecca à l'intérieur. Prix corrects vu le cadre et la qualité de la cuisine ! Atmosphère décontractée et accueil chaleureux.

À voir

La balade que l'on vous propose débute à la pointe est de l'île (près de San Giorgio Maggiore) pour s'achever à la pointe ouest.

Hotel Cipriani (plan général E6) : vaporetti nos 2, 41 ou 42, arrêt Zitelle. C'est l'un des hôtels les plus luxueux de Venise – et c'est aussi le plus cher – avec ses boiseries magnifiques, sa piscine olympique, son resto (hors pair, mais aussi hors de prix) et ses grandes baies vitrées qui donnent sur le sud de la lagune. Une fois le porche passé, on pénètre dans un jardin plutôt sympathique. Vous pouvez toujours aller y prendre un verre. Il y a même des gros malins qui arrivent à prendre le bateau réservé aux clients de l'hôtel pour faire une arrivée remarquée à Saint-Marc !

Chiesa Santa Maria della Presentazione ou **delle Zitelle** (plan général E6) : ☎ 041-521-74-11. Vaporetti nos 2, 41 ou 42, arrêt Zitelle. Se visite généralement en été, ven-sam 15h30-18h30. Cette église, dessinée à la fin du XVIe s par Palladio, était la propriété d'un couvent qui accueillait de jeunes orphelines (d'où le nom, zitelle signifiant « vieilles filles »). Les bonnes sœurs leur donnaient une éducation de base et leur enseignaient l'art de la broderie et de la dentelle. Elles apprenaient aussi à jouer d'un instrument. À l'intérieur, peintures de Bassano et de Palma le Jeune.

Chiesa del Redentore (plan général C-D6) : ☎ 041-275-04-62. Vaporetti nos 2, 41 ou 42, arrêt Redentore. Lun-sam 10h-17h. Entrée : 2,50 €. Accès avec le Chorus Pass.
Cette église fut construite après la peste qui ravagea la cité à la fin du XVIe s et qui fit plus de 50 000 victimes. À l'époque, le doge fit ériger ce sanctuaire dédié au Christ Rédempteur, qui aurait sorti Venise de l'effroyable épidémie. Palladio s'inspira de l'église San Giorgio Maggiore pour dessiner les plans et supervisa les travaux de 1577 jusqu'à sa mort (1580). Da Ponte reprit le flambeau et acheva la construction en 1592. Depuis cette époque, une grande fête populaire (la festa del Redentore) et un pèlerinage ont lieu chaque année, le 3e week-end de juillet. Voir la rubrique « Fêtes et jours fériés » dans « Venise utile ». Un pont fait de bateaux mis côte à côte relie la Giudecca aux Zattere (de l'autre côté du canal). Le samedi soir, les habitants dressent des tables sur le quai pour partager un immense repas à base traditionnellement de sardines in saor, d'escargots de mer à l'huile et à l'ail et de canard rôti, suivi d'un feu d'artifice. Le dimanche, place à la célébration religieuse.

LES ÎLES DU BASSIN DE SAINT-MARC

À l'intérieur de l'église, l'architecture de la nef (unique) rappelle un peu les thermes romains. La grande luminosité intérieure caractérisant les constructions de Palladio est due à la blancheur des murs recouverts de poudre de marbre. Les cinq fenêtres qui éclairent le chœur mettent en valeur le crucifix dont la couleur contraste avec le reste de l'église. Sur les côtés, de petites chapelles reliées entre elles sont ornées de retables qui retracent des événements de la vie du Christ, dont certains sont attribués à l'école du Tintoret.

Les chantiers navals (plan général C6) : n'hésitez pas à aller y jeter un coup d'œil. Ici les bateaux à moteur côtoient les barges et les gondoles en attendant d'être réparés. Passez la tête dans l'entrepôt de brique du fond, vous serez surpris de voir tous ces bateaux à moteur suspendus sur des étagères du sol au plafond, comme de vulgaires caisses en bois. Au sud, le petit port face à la lagune est bien paisible lui aussi.

SAN GIORGIO MAGGIORE

Par sa situation privilégiée (en face du palais des Doges et de la piazzetta San Marco), l'île San Giorgio Maggiore a connu à la grande époque de la république de Venise une importance stratégique pour le contrôle des flux maritimes à l'entrée et à la sortie de la ville. Dès 790 s'élevait sur cette île une église, à côté de laquelle un monastère bénédictin fut construit au Xe s. Les deux bâtiments furent détruits après un tremblement de terre et reconstruits à la fin du XVIe s. En 1806, le vieux couvent, fermé sur ordre de Napoléon et transformé en caserne, abrita l'état-major de l'artillerie.

Après la Seconde Guerre mondiale, un entrepreneur italien finança la rénovation du site. Aujourd'hui, la fondation Giorgio Cini (du nom du fils de l'industriel, mort dans un accident d'avion) abrite un Centre international d'art et de culture et finance une école des Métiers de la marine, ainsi qu'une école des Arts et métiers.

> *Vaporetto n° 2, arrêt San Giorgio. En saison touristique, pas de problème, il passe un bateau ttes les 10 mn env. En hiver, la fréquence est réduite. Donc vérifier les horaires (affichés sur le ponton) pour ne pas être coincé trop longtemps sur l'île. Compter une petite heure de visite.*

À voir

Chiesa San Giorgio Maggiore et Campanile (plan général E5) : ☎ 041-522-78-27. Oct-avr 9h30-12h30, 14h30-16h30. Mai-sept 9h30-12h30, 14h30-18h30. *Église : entrée libre. Campanile : 3 € ; réduc. Accès par le transept gauche. Chants grégoriens dim 11h, pour la messe.*

L'église actuelle, dont la construction commença en 1565, est l'un des chefs-d'œuvre de Palladio. Elle constitue esthétiquement le pendant idéal à l'opposé de la place Saint-Marc. Elle ne fut achevée qu'une quarantaine d'années plus tard par l'un des élèves du célèbre architecte. Avec le Redentore (sur la Giudecca), San Giorgio est la seule église entièrement dessinée par Palladio. La façade est en pierre d'Istrie et se compose de trois parties séparées par des colonnes de style corinthien. L'ensemble synthétise remarquablement toutes les références à l'Antiquité. Aux extrêmes gauche et droite se trouvent deux statues de doges qui subventionnèrent généreusement le monastère (leurs dons valaient bien une petite récompense).

À l'intérieur, lumière et simplicité s'imposent immédiatement, non sans une certaine majesté. Le chœur des moines garni de stalles est placé au-delà du maître-autel, conformément aux dispositions du concile de Trente qui recommandait la

séparation des laïcs et des religieux durant les messes. Deux œuvres du Tintoret dans le chœur : une *Cène* et une *Récolte de la manne* qui fut l'objet d'une belle controverse d'interprétation parmi les historiens de l'art pour savoir si l'épisode était tiré des Évangiles ou du Pentateuque.
Le campanile vaut vraiment le coup, surtout par beau temps. Il est beaucoup plus tranquille que celui de la place Saint-Marc, et la vue d'en haut est plus originale. Il date du XVIIIe s et a remplacé celui du XVe s. Une fois arrivé, beau panorama sur l'ancien monastère (on aperçoit la piscine de l'*hôtel Cipriani*), le palais des Doges, la Giudecca et les montagnes à l'horizon.

🏃 *Fondazione Giorgio Cini et l'ancien monastère* (plan général E-F5) **: ☎ 041-528-99-00.** • cini.it • *Entrée à gauche de la façade de l'église. Le w-e, visites guidées par petits groupes ttes les heures 10h-16h, en anglais et italien slt. Entrée : 12 € ; réduc. Compter 1h pour le parcours complet. En sem, slt sur rdv au* ☎ *041-524-01-19, en payant un min de 180 €, soit l'équivalent d'un groupe de 15 pers (même si vous êtes 2 !).* • visiteguidate.cini@codess.it •

Cet ancien monastère bénédictin est l'un des endroits les plus calmes de Venise. La visite commence par deux ouvrages dessinés par l'architecte Palladio : le *cloître des Cyprès* (1578-1614) de style Renaissance, et le réfectoire, qui abritait autrefois les gigantesques *Noces de Cana* de Véronèse avant que le tableau ne soit rapporté au Louvre par Napoléon.
On passe ensuite dans le *cloître des Lauriers* (1520-1526) édifié à la place de l'ancienne bibliothèque et bordé par les anciennes cellules des moines. La visite continue par la bibliothèque (très riche fonds, n'oublions pas que la fondation est le siège de huit instituts culturels) à laquelle on accède par l'escalier monumental

> **UN ÉTRANGE RETOUR DE NOCES**
>
> *Les* Noces de Cana *auraient-elles le don d'ubiquité ? Elles semblent avoir retrouvé leur emplacement sans avoir quitté le Louvre. Un déplacement aurait de toute façon été jugé impensable, la lumière et le climat étant peu favorables à ce genre d'exercice. Deux cent dix ans après le pillage par les armées de Napoléon, cette toile grandiose réalisée pour le monastère a retrouvé sa place grâce au miracle... de la technologie. Ce fac-similé fidèle a été réalisé en 2007 au Louvre par une équipe de photographes ayant effectué plus de 1 500 scans de l'œuvre afin d'obtenir un fac-similé des plus fidèle.*

construit en 1643-1645 par Longhena. Enfin, après avoir passé la salle des Arrazzi (ne se visite pas) décorée de tapisseries flamandes et françaises, on traverse l'impressionnant dortoir de 128 m de long. La visite se termine dehors par le théâtre de verdure conçu dans les années 1950 pour accueillir des spectacles de danse, des concerts...

🏃 *Le port* (plan général F5) **:** à gauche de l'église, ce petit port de plaisance abrite les bateaux de quelques Vénitiens ou de touristes de passage. Construit pendant l'occupation napoléonienne, il fut agrémenté de deux petits phares en 1813. À propos de navigation, le fameux trois-mâts-école français le *Belem* construit à Nantes, fut de 1952 jusque dans les années 1970 le navire-école de la fondation Cini, avant d'être racheté pour revenir en France en 1979.

LES ÎLES DU NORD

La visite des îles du Nord est dépaysante à plus d'un titre. D'abord, elle permet de découvrir un autre aspect de Venise : villages de pêcheurs, canaux plus calmes, paysages plus aérés et plus verts (ça fait du bien, après plusieurs jours de déambulation dans les ruelles étroites !), ambiance plus détendue... Ensuite, elle réserve quelques surprises, comme les décors colorés de Burano et quelques merveilles, comme l'ensemble religieux de Torcello. On peut visiter Burano, Torcello et Murano en une journée, si l'on s'organise bien, mais c'est un peu la course. Le tout étant de partir tôt et de regarder les horaires des départs sitôt que l'on arrive sur une île. Commencer par se rendre à Burano à partir de l'embarcadère *Fondamenta Nove* (Cannaregio) et, de là, faire un saut à Torcello. Si l'on a le temps, on pourra s'arrêter au retour à Murano pour visiter un atelier de fabrication de verre.

Si vous voulez, en plus, visiter le cimetière San Michele, faites-le en début de journée. Le soir, à votre retour, il sera certainement fermé. Mais les Vénitiens apprécient peu la curiosité quelque peu morbide qui pousse les visiteurs à se promener dans « leur » cimetière, et on ne peut leur en vouloir. Le mieux étant, si vous voulez vraiment honorer la mémoire de Stravinsky, de réserver la visite de San Michele pour une autre matinée, en prévoyant de passer le reste de la journée à Murano, avec un déjeuner sur place.

Évitez bien évidemment les rabatteurs qui travaillent dans le quartier de San Marco et proposent des excursions à la journée dans un bateau privé, à des prix délirants, pour un résultat qui vous fera moins délirer. Ils vous conduiront simplement dans les magasins où ils sont commissionnés. Allez-y donc par les bateaux publics.

SAN MICHELE

C'est l'un des endroits les plus calmes de la lagune, facilement reconnaissable à son mur d'enceinte avec ses chapelles, d'où émerge la haute cime des cyprès. L'île fut initialement une prison, et elle abrite aujourd'hui un cimetière. Celui-ci fut aménagé au XIXe s, après l'interdiction des sépultures dans le centre historique. Sous le nom d'« île des Morts », ce site étrange fut l'un des motifs les plus populaires de la peinture romantique et symboliste. C'est l'un des seuls cimetières au monde où les morts accèdent par bateau. Autrefois, les gondoles funéraires transportaient les défunts selon un cérémonial très particulier : le prêtre se tenait à l'arrière, derrière le gondolier de poupe, et le convoi glissait doucement dans une atmosphère de recueillement. Aujourd'hui, les gondoles ont été remplacées par des bateaux à moteur. La place étant limitée et très chère, seules les familles aisées peuvent faire inhumer leurs défunts sur cette île.

Comment y aller ?

➢ Pour s'y rendre, prendre les *vaporetti* n°s 41 ou 42 à partir de l'embarcadère *Fondamenta Nove*, au nord de la ville, dans le quartier du Cannaregio *(plan général D2)*. Le trajet ne dure que quelques minutes, jusqu'à l'arrêt Cimitero. On peut visiter l'île en une demi-heure. Le trajet est gratuit à la Toussaint, c'est toujours

À voir

Le cimetière : ☎ 041-528-95-18. Tlj 7h30-18h (16h en hiver) ; attention donc à ne pas se faire coincer par l'horaire. On trouve, à l'entrée, un plan sur lequel sont indiquées les tombes les plus célèbres. Sont enterrés là, entre autres, dans le carré réservé aux étrangers, Serge de Diaghilev, Igor Stravinsky, Ezra Pound et le poète russe Joseph Brodsky. Le caveau de famille des derniers fabricants de gondoles est reconnaissable à sa plaque de marbre, sur laquelle est sculptée une reproduction exacte de l'atelier.

MURANO

(code postal : 30141)

Murano est l'une des plus grandes îles de la lagune. Elle est célèbre pour son industrie verrière qui remonte au XIe s et qui fut transférée de Venise sur cette île à la fin du XIIIe s par crainte des incendies et afin de protéger les secrets de fabrication des artisans. Au XIVe s, le Grand Conseil de Venise commandait aux maîtres verriers de Murano des centaines de milliers de petits cubes de verre colorés pour décorer la basilique Saint-Marc.

On reconnaît la qualité du verre de Murano grâce aux propriétés spécifiques du sable de la lagune qui entre dans le mélange qui compose la pâte de verre, dont des plantes à haute teneur en sodium (salicorne, algues, fougères) utilisées pour la soude. On colore la pâte en y ajoutant des oxydes métalliques (fer pour le jaune, nickel pour le violet). Ce sont les *murrines* qui caractérisent l'industrie verrière de Murano, ces baguettes de verre étirées multicolores, puis coupées dans la largeur en petites rondelles.

Les ateliers, autrefois florissants, travaillent pour l'industrie touristique. On y crée encore de véritables œuvres originales signées par de grands maîtres verriers, mais elles sont destinées à des musées ou à des collections, et leur prix est très élevé. Volontairement, nous ne recommandons aucun atelier de fabrication de verre, simplement parce que toutes les adresses se ressemblent plus ou moins : visite guidée des forges, avec leurs souffleurs de verre, et passage obligé ensuite par le magasin d'exposition... et de vente.

Une balade dans cette île vaut pourtant le coup. Elle abrite un musée du Verre intéressant *(museo d'Arte Vetrario)* et la très belle *église Santa Maria e San Donato.* En fin d'après-midi, la majorité des touristes retourne au centre de Venise. Les ruelles deviennent alors beaucoup plus calmes et l'atmosphère plus authentique. C'est le moment idéal pour profiter sereinement d'une balade paisible (à condition de ne pas oublier de vérifier les horaires des derniers bateaux pour le retour).

Comment y aller ?

➢ Pour ceux qui viennent du centre historique, prendre les bateaux nos 41, 42 ou LN à l'embarcadère *Fondamenta Nove* et descendre à l'arrêt Faro (ou arrêt Museo avec les nos 41 et 42). Env 10 mn de trajet.
L'île se parcourt très facilement à pied. Mais sachez que seuls les *vaporetti* nos 41 et 42 s'arrêtent aux six débarcadères différents de l'île.
Depuis le parking du Tronchetto, le piazzale Roma (terminus des bus) ou la gare, on peut aussi prendre le DM (direct Murano) qui marque les six arrêts de l'île.

Si vous souhaitez continuer par la suite vers Burano et Torcello, regardez tout de suite les horaires des prochains départs de la ligne LN (arrêt Faro) et planifiez votre visite en conséquence.

Adresses utiles

■ **Banques et distributeurs automatiques :** *Cassa di Risparmio di Venezia* (plan B2, **1**), fondamenta dei Vetrai, 130. Ou *Banca Intesa* (plan A-B2, **2**), à l'angle de via Bresaggio et des fondamenta Daniele Manin.

Où dormir ? Où manger ?

â *Locanda Conterie* (plan B1, **5**) : calle Conterie, 21. ☎ 041-527-42-45. *Arrêt Museo.* Double 100 € en hte saison avec le petit déj. *Réduc lun-jeu.* Dans une ruelle étroite qui part du campo San Donato, une charmante adresse pour ceux qui souhaiteraient passer une nuit à Murano. La maison peinte en jaune abrite 14 chambres pas très grandes mais très joliment décorées. Agréable courette pour le petit déj. L'ensemble, avec ses murs tendus de tissu et ses meubles peints, ne manque pas de charme.

Attention, la plupart des restaurants sont fermés le soir, à moins que des groupes importants aient réservé. Vous pourrez alors certainement profiter d'une table.

De bon marché à prix moyens

|●| *Bar Da Ice* (plan B1, **14**) : fondamenta Giustinian, 15. ☎ 041-739-309. Petit snack d'angle qui propose un bon choix de *panini*, sandwichs et *piadina farcita*. Une dizaine de tables pour manger dehors au pied de l'église *Santa Maria e San Donato*, sinon debout au comptoir. Basique mais pratique.

|●| *Ai Bisatei* (plan B1, **13**) : campo San Bernardo, 6. ☎ 041-739-528. *Tlj 9h-16h.* Carte 15-20 €. Trattoria de bonne tenue dans un quartier peu touristique à deux encablures du musée. On peut manger dans la première salle, proche du comptoir, ou au fond sous la verrière couverte de lierre. Les décibels grimpent vers midi quand les travailleurs viennent se restaurer ; tout devient un peu plus calme à partir de 13h. *Cicchetti* au comptoir, mais aussi et surtout des plats bien mitonnés à des prix imbattables. Pâtes, fritures de poisson, steaks et côtelettes à la milanaise. Au dessert, petits biscuits à tremper dans le *vin santo*.

|●| *Al Corallo* (plan A2, **10**) : fondamenta dei Vetrai, 73. ☎ 041-739-636. *Tlj sf mar 9h-20h.* Menus 12 et 16 € ; carte 20-30 €. Quelques plats du jour inscrits sur une ardoise. Également des *cicchetti* à déguster au comptoir. Deux possibilités s'offrent à vous : une salle tapissée d'anciennes photos noir et blanc, ou bien une terrasse face au canal, si le soleil ne frappe pas trop fort.

|●| *B Restaurant* (plan A2, **11**) : campiello Pescheria, 4 (entrée sur la fondamenta dei Vetrai). ☎ 041-527-49-57. • ristorarte@gmail.com • *Tlj sf mer. Fermé le soir en déc, janv, fév.* Plat unique viande ou poisson env 12,50-13,50 €. Menus 16,50-19,50 €. Un resto tendance qui augure plutôt bien du renouveau tant souhaité de Murano, autour d'un concept indiqué en anglais pour donner le ton : « sharing art and venitian food ». Décor très épuré avec quelques touches de couleurs (hommage à la verrerie contemporaine) sur fond d'affiches présentant la collection *Berengo*, et un musée du verre avant-gardiste devrait voir le jour dans les dépendances. Terrasse sympathique, bar étonnant, coin lecture pour les enfants. Dans l'assiette, une jolie surprise. De la cuisine vénitienne revue et colorée, à prix doux, joliment présentée. Beaux verres, évidemment. Et service bien agréable.

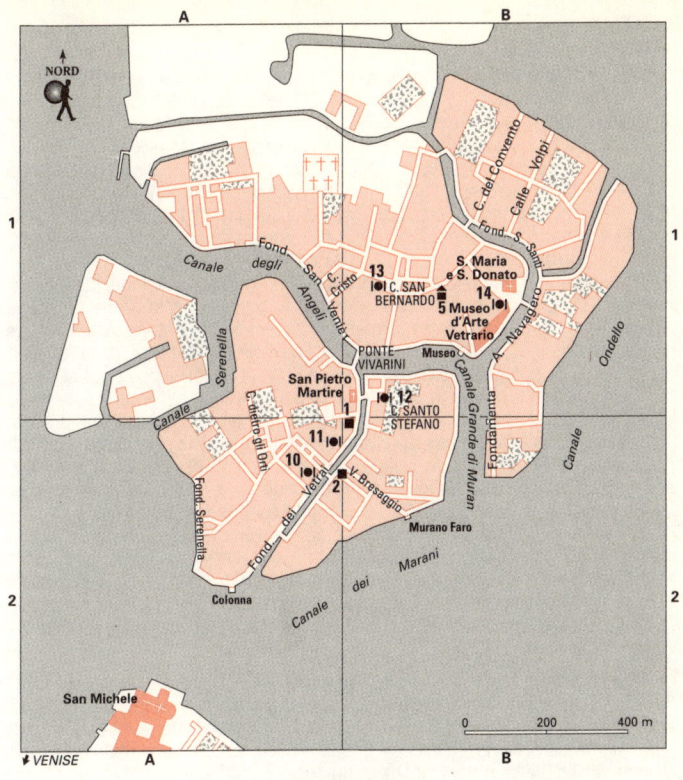

MURANO

- ■ **Adresses utiles**
  - 1 Cassa di Risparmio di Venezia
  - 2 Banca Intesa
- 🛏 **Où dormir ?**
  - 5 Locanda Conterie
- ❘●❘ **Où manger ?**
  - 10 Al Corallo
  - 11 B Restaurant
  - 12 Trattoria Busa Alla Torre
  - 13 Ai Bisatei
  - 14 Bar Da Ice

De prix moyens à plus chic

❘●❘ **Trattoria Busa Alla Torre** (plan B1, 12) : campo San Stefano, 3. ☎ 041-73-96-62. Vaporetti nos 41 ou 42, arrêt Museo. En quittant l'embarcadère, emprunter les fondamenta Cavour, puis prendre le 1er pont à gauche ; le resto se trouve sur le campo en face de l'église San Pietro Martire. Service 12h-15h30. Généralement fermé lun et 10 j. en janv. Carte 35-50 €. Lele, le patron, est un phénomène : comédien, barbe blanche, tablier en cuir et bonne humeur en prime. Beaucoup de monde en terrasse lorsqu'il fait beau. Si le temps ne le permet pas, deux julies salles vous attendent, tapissées de photos à la gloire de Lele. Spécialités vénitiennes de poisson. Excellents gnocchi au saumon et délicieux tiramisù maison. Service un peu longuet.

À voir

🎭 **Museo d'Arte Vetrario** *(musée du Verre ; plan B1) : fondamenta Giustinian, 8.* ☎ *041-739-586. Vaporetti n⁰ˢ 41 ou 42, arrêt Museo. Tlj sf mer et certains j. fériés 10h-18h (17h nov-mars). Entrée : 5,50 € ; réduc. Fait partie du* Museum Pass. *Carte* Rolling Venice *acceptée. Boutique et consigne au rez-de-chaussée.*
Le musée, qui retrace l'histoire des techniques et des styles de la verrerie vénitienne, est installé dans un ancien palais. En haut de l'escalier, sur la gauche, plusieurs salles exposent des centaines de pièces qui illustrent la richesse et l'évolution de cet art du feu. Une muséographie désuète, mais des pièces de valeur : on rêve devant ce que pourrait devenir un jour ce musée si attachant...
Dans le secteur du verre ancien, vous trouverez une collection intéressante de verreries du XVᵉ au XVIIIᵉ s, dont une belle coupe bleue nuptiale ornée de scènes galantes (une orgie, en d'autres termes !). La pièce la plus étonnante du musée reste le *Trionfo da Tavola (triomphe ou surtout de table)*, en fait un jardin à l'italienne tout en verre, avec fontaines et parterres de fleurs. N'oubliez pas pour autant de lever les yeux pour admirer la décoration des plafonds et les lustres en verre de Murano, comme il se doit. La partie verrerie moderne et contemporaine présente des pièces parfois amusantes ou surprenantes (comme cette pieuvre verte de 1930 ou ces lampes à huile), parfois poétiques (comme ces beaux visages stylisés de femmes de 1952), ou bien de forme classique quand il s'agit de vaisselle mais originales dans l'utilisation des couleurs. Il y en a assurément pour tous les goûts ! Dans la salle un poil rébarbative à droite de l'escalier, vous apprendrez tout sur l'histoire et les techniques de la verrerie à Murano (saviez-vous notamment que de l'arsenic entrait dans la composition du verre ?). Dommage qu'il n'y ait pas de film ou de démonstration pour montrer le travail du verrier. Voir aussi la section d'archéologie au rez-de-chaussée, avec de nombreuses pièces remarquablement conservées ou restaurées.

🎭 **Chiesa Santa Maria e San Donato** *(plan B1) : campo San Donato.* ☎ *041-739-056. Juste après le musée du Verre ; elle donne sur la fondamenta Giustinian. Vaporetti n⁰ˢ 41 ou 42, arrêt Museo. Ouv 8h-19h. Entrée libre.* À elle seule, cette église mérite de prolonger l'excursion que vous aviez prévue rapide (juste quelques magasins !) à Murano. Construite au début du XIIᵉ s, elle repose sur des fondations du VIIᵉ s. En arrivant, on ira admirer, avant de pénétrer dans l'église, la magnifique abside qui donne sur le rio di San Donato, avec ses deux rangées d'arcades superposées qui viennent d'être restaurées. La pierre blanche d'Istrie est bien mise en valeur et se détache sur les murs de brique rouge. La façade de l'église contraste en revanche par sa grande sobriété. À l'intérieur, le superbe pavement en mosaïques polychromes du XIIᵉ s rivalise de beauté avec celui de la basilique Saint-Marc. Des animaux fantastiques, des aigles, des poissons et des paons évoluent au milieu de figures géométriques. Avec sa silhouette longiligne, presque abstraite, la « Vierge orante » de la coupole est caractéristique des maîtres verriers du début du XIIIᵉ s. Admirez son regard en coin, le geste avec les mains à plat et le drapé du manteau bleu qui se détache sur l'abside tapissée d'or. On dirait presque une œuvre contemporaine.

🎭 **Chiesa San Pietro Martire** *(plan B1) : fondamenta dei Vetrai. En été, ouv 7h30-12h et 14h30-18h (17h30 le dim) ; le sam, 7h30-12h et 16h-19h. En hiver, ouv le mat et 15h-18h.* Évidemment, elle contraste avec la somptueuse église *Santa Maria e San Donato*. Mais elle vaut le coup d'œil pour les quelques toiles de Giacomo Palma, du Tintoret *(Baptême de Jésus)* et de Giovanni Bellini. Dans le chœur, voir les grandes toiles de Bartolomeo Latterini *Les Noces de Cana* et la *Multiplication des pains* (un thème inépuisable !). Noter les vitraux en fonds de bouteille. Voir les belles boiseries de la sacristie (entrée payante : 1,50 €). Elles datent de la seconde moitié du XVIIᵉ s et furent installées ici pour éviter qu'elles finissent en France lors de l'occupation napoléonienne. Il s'agit de 33 personnages tous différents et grimaçants. Également un petit musée consacré à l'art religieux.

BURANO

(code postal : 30012)

L'île de Burano est un peu assaillie par les touristes pendant la journée, même si son éloignement la rend plus paisible et plus tranquille que Murano. Beaucoup y apprécient l'atmosphère attachante qui attira des artistes de toute l'Europe.
Ce village de pêcheurs est principalement connu pour sa dentelle. Il s'agit d'une dentelle à l'aiguille née au XVIe s en Italie, s'inspirant des motifs du gothique fleuri. Les femmes des marins de Burano, habituées à repriser les filets de leurs maris, étaient particulièrement habiles dans ce travail et le « punto in aria » (point en l'air) devint la spécialité de l'île. La finesse des dentelles de Burano était autrefois célèbre dans l'Europe entière. La république de Venise offrit à Louis XIV des collerettes en dentelle de cheveux blancs. Par la suite, Colbert fit venir en Normandie des ouvrières vénitiennes afin de transmettre leur savoir-faire. Ainsi naquit le point d'Alençon. Le « point de Burano » a bien failli disparaître au début du XXe s, alors qu'il ne restait plus qu'une vieille dentellière, mais l'administration dépêcha des jeunes filles pour prendre la relève et sauver la dentelle de Burano. Dentelle qui est aujourd'hui, on s'en doute, d'un luxe inabordable.
Mais Burano, c'est surtout l'île des maisons bigarrées dont les façades composent un patchwork de couleurs absolument magnifique. La tradition populaire raconte que les différences de teintes permettaient aux pêcheurs rentrant par temps de brume avec du vent dans les voiles de reconnaître plus facilement leur maison... Les habitants doivent repeindre leurs murs chaque année et sont tenus de conserver la même couleur, sous peine d'amendes. On a l'impression, sur certaines places, de se retrouver dans un décor de théâtre. Visite absolument indispensable ! Juste un conseil : n'hésitez pas à vous éloigner de la très commerçante via Galuppi. On découvre tout de suite des ruelles beaucoup plus calmes. Ouf !

Comment y aller ?

➢ Depuis Venise, prendre le bateau LN à l'embarcadère Fondamenta Nove (Cannaregio) ou à San Zaccaria (San Marco). Depuis Murano, la ligne LN se prend à l'embarcadère Faro. Compter 45 mn à partir du centre historique ou une grosse demi-heure à partir de Murano. Un trajet environ toutes les demi-heures en saison touristique.
Un petit tuyau spécial *Routard* : en haute saison, le bateau est bondé. Pour éviter d'être tassé trop longtemps, et en venant de *Fondamenta Nove*, descendre à l'arrêt Mazzorbo (juste avant Burano) et continuer à pied. Il s'agit d'une île reliée par un pont à Burano, entièrement rurale avec des champs et des vergers. On longe alors les ruines d'une ancienne église, un jardin public, puis l'on arrive sur un pont en bois avant de découvrir les petites maisons colorées du village. Un petit itinéraire bucolique très sympa, qui vous fera arriver quasiment en même temps que le bateau.

Adresses utiles

■ *Banca Intesa* (plan B2, 1) : piazza Galuppi, 135. Distributeur automatique. Également la ***Banca San Marco*** : via Galuppi, 310.

Où manger ?

Si vous ne souhaitez pas vous attabler à un restaurant, sachez qu'à Burano il y a quelques espaces verts sympas pour faire un pique-nique et ensuite piquer un petit somme. Il suffit de s'éloigner un peu du débarcadère Burano pour aller en direction de l'île de Mazzorbo et de ses vergers. On se retrouve alors à la campagne et... au calme.

De bon marché à prix moyens

|●| *Trattoria Ai Cacciatori* (hors plan par A1, 11) : via Mazzorbo, 24. ☎ 041-730-118. À 200 m à droite du débarcadère de vaporetti *Mazzorbo*, l'arrêt avant Burano. Tlj sf lun, à midi slt. Menu 18 € ; carte 25-35 €. Restaurant familial avec deux grandes salles lambrissées en pin et quelques places à l'extérieur au bord du canal pour les jours ensoleillés. D'ailleurs, il n'est pas rare de trouver de longues tablées de Vénitiens, surtout le dimanche. Goûtez aux *garganelli* aux crevettes et aux courgettes, aux *schie* (crevettes grises) avec de la polenta blanche, ainsi qu'aux crabes (*granseola*) et (mais il faut les commander la veille) aux petites langoustes *alla Ca d'Oro*. Service rapide et aimable.

De prix moyens à plus chic

|●| *Al Vecio Pipa* (plan A1, 10) : fondamenta Borgognoni, au pied du pont. ☎ 041-730-401. Fermé jeu. Menus « poisson » 20 et 25 € ; carte 35-40 €. Une belle adresse, régulière et sereine, tenue par un chef qui connaît bien son métier. Cadre classique pour découvrir une cuisine de la mer qui fait honneur à Burano : *risotto con scampi e asparagi*, en saison, *gnochetti al salmone, tagliatelle nere ai frutti di mare*, des plats qu'on n'a plus besoin de vous traduire, à la fin de votre séjour.

|●| *Osteria Ai Pescatori* (plan B1, 13) : piazza Galuppi, 371. ☎ 041-730-650. Tlj sf mer 12h30-15h, ainsi que le soir en été (s'il y a du monde). Carte 40 €. Deux salles toutes de rose vêtues, la première décorée de photos de gens célèbres ayant fréquenté les lieux (Anthony Quinn, entre autres). Également une terrasse abritée du soleil. Bonne cuisine de poisson. L'endroit, sinistre en hiver, est un peu pris d'assaut en été. Accueil blasé.

Très chic

|●| *Trattoria Al Gatto Nero* (plan A2, 12) : fondamenta della Giudecca, 88. ☎ 041-730-120. Tlj sf lun 12h-15h, 18h30-21h. Fermé en nov. Carte 40-50 €. Presque en face du marché au poisson, dans le coin préféré des peintres, qui s'y installent avec leurs chevalets. Quelques tables agréables au bord du canal. À l'intérieur, salle classieuse avec de nombreux tableaux sur les murs, fleurs sur les tables. Service stylé en nœud pap'. Spécialités : *spaghetti alla scogliera* (avec des coquillages pêchés du jour) et un *fritto misto* varié et léger.

Où manger une bonne pâtisserie ?

L'île est très réputée pour sa pâtisserie. Plusieurs variétés de gâteaux secs qui se trempent généralement dans un verre de *vin santo* : les *bussolai*, ou *buranei*, qui sont ronds, et les *essi*, en forme de S, bien sûr !

☕ Vous pouvez aller en acheter à la **pasticceria Palmisano** (via Galuppi, 670 ; plan A1, 14). Laissez-vous conduire par votre nez. Petite supé-

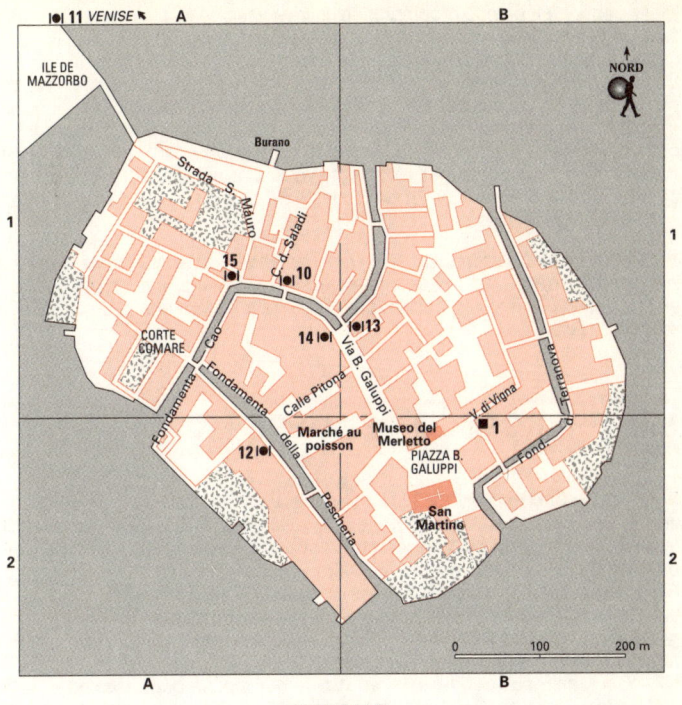

BURANO

- **Adresses utiles**
    1 Banca Intesa

- **Où manger ?**
    10 Al Vecio Pipa
    11 Trattoria Ai Cacciatori

    12 Trattoria Al Gatto Nero
    13 Osteria Ai Pescatori

- **Où manger une bonne pâtisserie ?**
    14 Pasticceria Palmisano
    15 Pasticceria Garbo Giorgio

rette au fond. Mais on a aussi craqué pour ceux, préparés à l'ancienne, à la *pasticceria Garbo Giorgio* (via S. Mauro, 336 ; plan A1, 15). Accueil fondant de gentillesse.

À voir

Chiesa San Martino (plan B2) : piazza Galuppi. Tlj 8h-12h, 15h-19h. Entrée libre. Église du XVIe s, flanquée d'un campanile qui copie dangereusement sur la tour de Pise... À l'intérieur, sur la gauche, belle fresque de Giambattista Tiepolo : *La Crucifixion* (1725). Remarquer le médaillon du peintre en bas à gauche (original, non ?).

Museo del Merletto (musée de la Dentelle ; plan B2) : piazza Galuppi, 187. ☎ 041-730-034. Tlj sf mar et certains j. fériés 10h-16h (17h avr-oct). Entrée : 4 € ; réduc. Accès avec le Museum Pass. Carte Rolling Venice acceptée. Petit musée installé dans le *palais del Podestà*, qui devrait rouvrir en 2009. Un lieu qui, après quelques réaménagements, devrait continuer à exposer nappes, napperons et robes permettant de mieux comprendre le travail réalisé ici dans les siècles passés. Certaines pièces datent, en effet, du XVIe s. Dans la 3e salle, remarquer la nappe avec des paons reproduisant la mosaïque de la cathédrale de Torcello. Dans la dernière salle qui conserve les archives de l'École des dentellières, ne pas manquer les photos des élèves dentellières au début du siècle dernier. Si une dentellière est présente lors de votre passage, n'hésitez pas à lui demander une démonstration du *punto Burano* (dessin avec des filets de pêche) et du *punto Venezia* avec... des ponts, naturellement ! Vous vous rendrez alors véritablement compte de la concentration et de la dextérité que demande ce travail. Sans oublier la fatigue visuelle !

¶ **Le marché au poisson** (plan A-B2) : *fondamenta Pescheria. Ouv mar-sam, mat slt.* Il vous fera découvrir un aspect insolite de l'île : nombreux étalages de poissons en tout genre, de l'anguille (pêchée dans le coin de Torcello) à la daurade, en passant par la seiche.

SAN FRANCESCO DEL DESERTO

Pour ceux qui connaissent Venise comme leur poche et qui souhaitent découvrir un endroit complètement méconnu, voilà de quoi leur faire plaisir. Seuls les lecteurs de Corto Maltese, une fois encore, connaissaient déjà, grâce aux dessins d'Hugo Pratt, cette île où saint François débarqua en revenant de Syrie, salué par le gazouillement des oiseaux : « Il y construisit une cabane et y planta un bâton de cyprès coupé en Albanie qui prit aussitôt racine, bourgeonna et devint un arbre dont on conserve encore les restes... » (*L'Ange à la fenêtre d'Orient*, aux éditions Casterman).
L'île San Francesco del Deserto, au sud de Burano, fut occupée dès le XIIIe s par les franciscains. Ceux-ci furent contraints de l'évacuer au XVe s en raison d'une épidémie de paludisme. Aujourd'hui, elle est habitée par une dizaine de moines et par quelques novices qui viennent faire une retraite avant de rejoindre définitivement l'ordre. Si vous voulez notre avis, c'est le bijou de la lagune. On a adoré. San Francesco del Deserto, c'est vraiment l'île des superlatifs : la plus belle, la plus calme, la plus simple. Les îles touristiques sont à quelques minutes de là, mais la civilisation n'a pas encore dégradé l'endroit.

➢ La seule difficulté, c'est de s'y rendre. L'île n'est desservie par aucun bateau public. À Burano ou à Sant'Erasmo, il faut donc louer un taxi à plusieurs (au moins quatre, pour rentabiliser) ou essayer de s'arranger avec des jeunes pour qu'ils vous y conduisent (et vous ramènent !) dans leur petit bateau. L'autre possibilité est de contacter l'association *Terra e Acqua* qui organise plusieurs itinéraires des communautés religieuses de la lagune (San Francesco, San Nicolo Lido, San Lazzaro degli Armeni) ainsi que des parcours écolo-archéologiques des îles les moins connues. Renseignements au ☎ 335-548-66-53 ou ● terraeacqua.com ● Certes, il faut compter dans les 300 € pour la location d'un bateau à la journée, avec repas sur place partagé en toute simplicité ; l'intérêt est évidemment de pouvoir partir à 6 ou 7 personnes pour réduire le coût.
– *On peut visiter l'île tlj sf lun 9h-11h, 15h-17h.* ☎ *041-528-68-63 pour tout rens, à condition de parler le vénitien ou, à défaut, l'italien. La visite est gratuite, mais les dons sont les bienvenus.* Les moines vous accueillent et vous font visiter les lieux : cloîtres paisibles, nature magnifique (cyprès, plantes verdoyantes ; on l'appelle d'ailleurs « l'île aux Cyprès ») et gazouillis d'oiseaux. Pour ceux qui tomberaient amoureux de l'endroit, sachez qu'il est possible d'y dormir... à condition de vouloir faire une retraite et d'acheter des boules *Quies* pour se protéger du bruit des avions de l'aéroport tout proche.

TORCELLO

Cette île est énigmatique, étonnante et presque déserte. Jadis, elle fut la première île de la lagune à être habitée et la plus peuplée : plus de 20 000 âmes au début du XVIe s, selon les historiens. Au Moyen Âge, il y eut une dizaine d'églises et même un siège épiscopal qui subsista jusqu'au début du XIXe s et jusqu'à dix églises. Mais la malaria fit des ravages sur ce terrain insalubre, fait de marécages et de roseaux, et le déclin de l'île s'amorça au milieu du XVIIe s. Les habitants rejoignirent Venise pour s'installer dans le quartier actuel du Rialto. Les palais et les églises de Torcello furent alors livrés à l'abandon et aux entrepreneurs vénitiens qui trouvèrent ici du marbre, des sculptures... pour décorer leurs palais. Seuls demeurent aujourd'hui, parmi les rares maisons, quelques monuments dont l'isolement magnifie la beauté. Selon le dernier recensement (pas très long à réaliser !), il y aurait moins d'une vingtaine d'habitants sur l'île. Et c'est bien peu pour continuer la tradition qui voulait que l'on se consacre à l'agriculture quand on avait la chance de vivre ici : les artichauts et les primeurs de l'île sont particulièrement recherchés.
En arrivant sur l'île, longer le chemin qui mène jusqu'à l'*église Santa Fosca*. Le trajet dure une dizaine de minutes. Vous pouvez aisément faire le tour des lieux en une heure et reprendre le bateau suivant.

Comment y aller ?

➤ Pour s'y rendre, emprunter la ligne LN qui va à Burano depuis les embarcadères Fondamenta Nove ou San Zaccaria, puis prendre la navette T *(traghetto)* qui relie Burano à Torcello en 5 mn (ttes les 30 mn env 7h-23h). Mais n'oubliez pas de vérifier les horaires pour retourner au centre de Venise.

Où manger ?

|●| *Osteria Ponte del Diavolo* : le 2e resto en arrivant du débarcadère. ☎ 041-730-401. ● infopontedeldiavolo@libero.it ● *Tlj slt à midi, fermé le lundi. Fermé déc-janv.* Carte 35-40 €. Un resto qui étale délicieusement ses tables en bordure d'un petit jardin calme, dès les premiers rayons de soleil venus. L'intérieur, très classique, a, certes, moins de charme. La carte n'est pas très variée, mais propose quelques plats fort sympathiques et même parfois originaux. De très bons desserts également.

|●| On peut aussi jeter un coup d'œil sur la carte du restaurant ***Al Trono di Attila*** (le 1er en arrivant du débarcadère) : ☎ 041-73-00-94. *Tlj à midi sf lun, et sur résa le soir. Fermé en déc.* Prix un peu moins élevés (menu viande 14 € et menu poisson 18 €), mais l'ambiance est beaucoup plus bruyante.

À voir

🎬 *Catedrale Santa Maria Assunta* : ☎ 041-730-084. *Mars-oct, tlj 10h30-17h30. Nov-avril, 10h-17h. Entrée : 3 € (audioguide 1 €) ; 5,50 € pour le ticket combiné avec la visite du musée (fermé lun) ; 8 € avec le musée et le campanile.*
Le siège de pierre conservé à l'extérieur (sur la placette entre la cathédrale et le musée), surnommé « le trône d'Attila » (il traversa l'Italie en l'an 452 si vite qu'il n'a pas dû prendre le temps de s'y asseoir), servait en fait à annoncer les édits publics. Santa Maria Assunta fut fondée en 639, ce qui en fait l'un des édifices de style vénéto-byzantin les plus anciens de toute l'Adriatique. Elle fut remaniée à plusieurs reprises aux IXe, XIe puis XIVe s. À l'intérieur, superbe pavement en mosaïques

LES ÎLES DU NORD

polychromes, dans le goût et le style de Byzance. Le plus spectaculaire, chef-d'œuvre de Torcello, l'immense mosaïque du *Jugement dernier* (au revers de la façade) qui déroule des scènes de l'histoire sainte sur six rangées superposées. Elle fut exécutée par des maîtres verriers véneto-byzantins aux XIIe et XIIIe s. Au sommet, le Christ « saisit » ce pauvre Adam. Juste derrière, dans le rôle de la figurante avec la robe rouge, vous aurez certainement reconnu cette bonne Ève ! À remarquer, à droite, en bas, les damnés et les anges déchus avec l'Antéchrist sur les genoux d'Hadès. À gauche, les heureux élus partent au paradis. Entre le chœur et l'abside, une iconostase (cloison) composée de panneaux de marbre surmontés de colonnettes. On aperçoit des animaux sculptés : lions, paons... Les peintures du XVe représentent la Vierge et les apôtres. Dans le chœur, très belle mosaïque de l'école veneto-byzantine du XIe s représentant une Vierge hiératique, toute nimbée d'or et vêtue de bleu, tenant l'Enfant Jésus dans ses bras. En dessous, on retrouve les 12 apôtres. À gauche du chœur, un fragment de fresque nous laisse rêveurs : difficile d'imaginer que la plupart des façades du Grand Canal étaient ainsi recouvertes.

Chiesa Santa Fosca : juste à côté, à droite. Mérite aussi une visite (accès libre). Cette petite église du XIe s en croix grecque est inscrite dans une structure octogonale et reliée à la cathédrale par un portique. À l'intérieur, belles colonnes de marbre grec avec des chapiteaux à feuillage.

Campanile : fermeture 15-30 mn plus tôt que la cathédrale. Entrée : 3 €. Possibilité de ticket combiné avec la cathédrale et le musée *(voir ci-dessus)*. Séparé de l'église, ce haut campanile, commencé au XIe s, servait à contrôler la navigation dans la lagune. La grimpette au sommet est un peu dure, mais on est largement récompensé de son effort.

Museo dell'Estuario : ☎ 041-730-761. Mêmes horaires d'ouverture que la cathédrale, mais fermé lun. Entrée : billet combiné avec la cathédrale *(voir ci-dessus)*. Divisé en deux sections et en deux bâtiments différents. La section archéologie installée dans le *palazzo dell'Archivio* présente des pièces trouvées dans la lagune, datant du Paléolithique à la fin de l'Empire romain. La section médiévale et moderne se trouve dans le palazzo del Consiglio et présente des tableaux et des sculptures provenant des anciennes églises de l'île avant son déclin au milieu du XVIIe s. À l'étage, entre autres, belle *Adoration des mages* du XVIe attribuée à Véronèse.

SANT'ERASMO

C'est l'une des îles les plus paisibles de la lagune, que vous pouvez rejoindre en empruntant la ligne n° 13 du *vaporetto* à partir des *Fondamenta Nove*. Traversée en une demi-heure environ. C'est le potager de Venise, qui s'étire sur 10 km d'un bout à l'autre. La plupart des légumes et des fruits que vous trouvez au marché du Rialto viennent d'ici, et les cageots sont marqués du label de qualité « San Rasmo ». Les habitants de Sant'Erasmo vivent d'agriculture et de pêche. Les artichauts *(castraure)* et les asperges blanches de l'île ont une excellente réputation.

En été, si vous souhaitez vous baigner, il y a une petite plage à l'est de l'île au pied de la *torre Massimiliana* construite par les Autrichiens au XIXe s.

Où dormir ? Où manger ?

Possibilité d'y séjourner dans le *Bed & Breakfast* de l'association *Il Lato Azzurro* qui propose des doubles à partir de 70 € et des quadruples à partir de 100 €. Paniers pique-nique sur demande et dîner à 20 € avec des spécialités de l'île (les végétariens vont être ravis !). La bâtisse, au milieu d'un grand parc, toute neuve et d'une propreté impeccable, se trouve à 800 m du débarcadère. Accueil fort sympathique. Forfaits très intéressants pour les familles, location de vélos à 6 € la demi-journée, gratuit pour ceux qui y séjournent. Compter 1h pour parcourir l'île à vélo et trois bonnes heures pour une découverte à pied. Ils organisent des sorties en kayak dans la lagune ainsi que des parcours à vélo pour découvrir le littoral du Cavallino et les îles mineures. Le centre propose des stages et activités de type alternatif. Pour plus d'informations : ☎ *041-523-06-42 ou* ● *latoazzurro.it* ●

|●| ***Ca' Vignoto*** : *tlj 12h-17h. Le soir, slt sur résa (mais mieux vaut appeler de toute façon :* ☎ *041-528-53-29). Fermé entre Noël et le Jour de l'an. Un petit resto qui, le midi slt, propose pour 31 € un menu du jour à base des produits de l'île, eau et vin compris. Vous pourrez goûter sur place les produits de cette île-potager et peut-être même la vigne qu'un Français, Michel Thoulouzy, y a planté, sur 6 ha. Le premier vrai vin de la lagune commercialisé.*

LES ÎLES DU SUD

Les îles du Sud ont chacune leur particularité. Alors que le Lido a des allures de station balnéaire, avec ses villas Liberty, ses tennis, son golf et ses plages, San Lazzaro et Chioggia présentent un tout autre visage. Loin du stress, San Lazzaro abrite des moines arméniens, et Chioggia a gardé intact le charme du petit village de pêcheurs. Nous vous conseillons de vous rendre au Lido et à Chioggia si vous avez envie de vous dégourdir les jambes en faisant une petite balade à vélo et surtout si vous avez du temps ou si vous connaissez déjà bien Venise. San Lazzaro, avec son monastère qui recèle quelques petits trésors et que l'on atteint en 15 mn environ depuis l'embarcadère San Zaccaria, offre l'occasion de faire tout à la fois une pause méditative et une agréable visite.

LIDO
(code postal : 30126)

Le Lido mesure une douzaine de kilomètres de long, mais pas plus de 3 km de large. Cette île a permis à la lagune de se former et constitue une excellente barrière naturelle à l'Adriatique (Venise, malgré tout, reste cependant régulièrement assaillie par les eaux, mais c'est une autre histoire). On y trouve des hôtels de luxe et de superbes villas. Metteurs en scène, stars internationales et jet-set italienne y élisent régulièrement domicile. En été, l'île est bondée et fait office de station balnéaire. Les accros de plage seront servis, mais elles ne sont pas très belles et il y a mieux à faire quand on se trouve à Venise seulement pour quelques jours... En septembre, elle est littéralement prise d'assaut à l'occasion de la *Mostra*, le célèbre festival de cinéma de Venise. À moins d'être un passionné du 7e art, ce n'est pas l'idéal pour venir se reposer. À l'inverse, en basse saison (pendant les mois très froids), l'endroit est carrément sinistre et s'apparente plus à une ville fantôme.
Cela dit, si vous séjournez longtemps à Venise (une semaine au moins) pendant une période calme, vous pouvez y faire un tour pour casser le rythme journalier, surtout si une balade à vélo et en famille vous tente. Une fois passée la surprise de vos retrouvailles avec les voitures, vous découvrirez les ruelles tranquilles, les villas Liberty qui côtoient des bâtiments récents sans âme et les jardinets bien entretenus qui donnent un petit charme à l'île.

Comment y aller ?

➢ À partir de Venise, on y accède en une dizaine de minutes. Au départ de l'embarcadère San Zaccaria *(riva degli Schiavoni)*, vaporetti n°s 1 (terminus Lido), LN, 2, 51, et 52 (uniquement en été). Descendre à l'arrêt Lido.
➢ Ceux qui auraient la mauvaise idée de venir à Venise en voiture peuvent emprunter le bac n° 17 à partir du Tronchetto (parking à l'ouest de Venise) et s'arrêter au nord du Lido. De juin à septembre, le même bac relie également le Lido à Punta Sabbioni.

Adresses utiles

Office de tourisme du Lido (AAST) : Gran Viale, 6 A, Lido. ☎ 041-526-57- | 21. Juste en descendant du débarcadère du Lido, dans la grande rue qui part du rond-point, à 100 m sur la droite. Ouv slt l'été, 9h30-12h30, 15h30-18h. Quelques infos sur les bus qui circulent, les moyens pour visiter les îles du Sud. On peut s'y procurer une carte gratuite. Bon accueil.

✉ **Poste :** via Doge Domenico, Lido, 1 E. Rue parallèle au Gran Viale.
■ Plusieurs banques avec **distributeurs automatiques** à deux pas du débarcadère du Lido.

Où dormir ? Où manger ?

Un camping qui fait partie des adresses coups de cœur des habitués de l'île, des villas haut de gamme et des hôtels plus basiques, vous ne devriez avoir aucun mal à trouver votre bonheur si vous désirez loger sur l'île, du moins hors saison. Plus difficile, par contre, est de trouver à manger sainement. Rien de très exaltant à vrai dire. Les restos pour touristes affichent tous le même menu affligeant. Vous en trouverez plein le long du Gran Viale (la grande rue qui débute au pied du débarcadère du Lido et qui rejoint les plages). Il y en a tout de même quelques-uns qui sortent du lot.

De bon marché à prix moyens

|●| *Trattoria Africa :* via L. Mocenigo, 9. ☎ 041-526-01-86. Emprunter le Gran Viale et prendre la 1re rue à droite, puis la 3e à gauche. Tlj sf mar 11h30-14h, 19h30-22h. Horaires plus larges en été. Fermé en janv. On s'en sort pour 25-30 €. Un peu à l'écart, voilà une adresse que les Vénitiens aiment bien. Tableaux ou grandes photos de Venise aux murs lambrissés. Terrasse à l'ombre. Mais il faudra s'accommoder d'un service un peu lent et d'un accueil inégal.

De prix moyens à plus chic

|●| *Trattoria Andri :* via Lepanto, 21. ☎ 041-526-54-82. Emprunter le Gran Viale et prendre la 1re rue à droite ; en arrivant dans la via Lepanto, c'est sur la rive gauche du canal. Tlj sf lun-mar 12h30-14h30, 19h30-22h. Fermé en janv. Menu 31 € ; carte 40-45 €. Dans une maison avec une façade ornée de jolis balcons. Attention, ne venez pas trop tard, car le resto est bondé en été. Préférez les quelques tables dehors aux deux salles. L'accueil est chaleureux et le service souriant. Bons plats de poisson et succulentes tartes maison. On y parle le français.

Où danser ?

♪ *Discothèque Terrazza Bar Acropolis :* lungomare Marconi, 22. Suivre le Gran Viale jusqu'au bout et tourner à droite ; c'est à env 300 m. Ts les soirs sf lun juin-sept, jusqu'à 4h. Ouv ven, sam et dim soir le reste de l'année. La discothèque la plus moderne de Venise. Eh oui...

À voir. À faire

🐾 *Le quartier de San Nicolò :* l'été, le plus simple est de descendre directement à l'arrêt San Nicolò (*vaporetto* n° 2). Sinon, on y accède à pied depuis le débarcadère du Lido. L'*église San Nicolò* et le couvent valent le détour. Le *planétarium* qui se trouve juste à côté est l'un des plus importants d'Italie. Tout près, le *cimetière juif*, sauvage et étonnant, sera une étape intéressante *(avr-sept, ouv 9h30-12h30, 15h-18h30 ; oct-mars, 9h30-14h30 ; fermé sam et j. de fêtes juives).*

Promenades à vélo : il n'y a rien à voir d'absolument extraordinaire au Lido, on peut juste flâner et apprécier la torpeur ambiante. Le mieux est de louer un vélo et de pédaler à la recherche d'un coin sympa. On vous donne ci-dessous deux adresses de loueurs de bicyclettes ou de tandems. On ne laisse généralement pas de caution, une simple pièce d'identité suffit. S'assurer avant de partir du bon état du matériel (freins notamment). On ne conseille pas d'itinéraire particulier. Les fans d'Hugo Pratt pousseront jusqu'à Malamocco, où vivait le célèbre dessinateur. Faites plutôt suivant l'humeur et le temps, celui qui vous reste comme celui de la saison !

■ *Bruno Lazzari* : *Gran Viale, Santa Maria Elisabetta, 21 B.* ☎ *041-526-80-19. En sortant du débarcadère, passer le rond-point, puis descendre le Gran Viale sur 50 m ; c'est à gauche au fond de la petite impasse, après un kiosque à journaux. Tlj 8h-20h. À l'heure 4 €, ou à la journée 10 €. Vélos de ville,* tandems ou VTT.
■ *Giorgio Barbieri* : *via Zara, 7.* ☎ *041-526-14-90. En descendant le Gran Viale sur 500 m, rue à gauche. Hangar en tôle verte. Ouv 8h30-19h30. Fermé en hiver.* Adresse sérieuse. Vélos, tandems, « tridems » et rosalies pour embarquer toute la famille.

– *Les plages :* sur la côte sud du Lido. Mais elles sont payantes et bétonnées par des rangées de cabines. Vous voilà prévenu. Accès à la plage publique au bout du Gran Viale, Santa Maria Elisabetta.

SAN LAZZARO DEGLI ARMENI

Les Arméniens occupèrent à Venise une place de choix. Autrefois composée de grands commerçants et de banquiers, leur communauté s'est peu à peu éparpillée. Aujourd'hui, l'île est habitée par une poignée de moines qui conservent la tradition et font rayonner la culture arménienne à Venise. Du XIIe au XVIIe s, l'île abrita une léproserie. Au début du XVIIIe s, la république de Venise en fit gracieusement don à une congrégation de linguistes et de savants (ça arrangeait tout le monde, car personne ne voulait de cette île qui avait accueilli des lépreux !). Cette congrégation s'y installa et acquit très vite une réputation mondiale. La visite des lieux mérite le détour, si l'on a un petit moment dans la journée. Le moine qui vous servira de guide parle 3 ou 4 langues (au minimum !).

Comment y aller ?

➢ Pour y aller, prendre le bateau n° 20 de l'embarcadère San Zaccaria (riva degli Schiavoni), et descendre à l'arrêt San Lazzaro. Départ tlj, vers 15h (permet d'arriver pour la visite guidée du monastère). En arrivant, se renseigner sur les horaires de bateau pour le retour.

À voir

Monastero Mekhitarista : ☎ *041-526-01-04. Visite guidée slt 15h25-17h25. Entrée : 6 € ; réduc.* L'église est, certes, très belle (superbes mosaïques de Murano de 1753), mais ce monastère abrite aussi de véritables pièces de musée, léguées notamment par de généreux donateurs. Importante collection de tableaux arméniens depuis le XVIIIe s jusqu'au début du XXe s. Une pièce est d'ailleurs entièrement consacrée à la culture arménienne. Nombreux objets insolites ou surprenants, comme ce morceau de pain (presque intact !) de 1848, cette momie égyptienne qui repose au monastère depuis 1825 (c'est l'une des mieux conservées d'Europe !), une sculpture de Canova représentant le fils de Napoléon, etc. Et ce n'est pas tout, puisque ce surprenant monastère abrite près de 4 000 ouvrages arméniens sur différents thèmes. Le plus ancien date du VIIIe s !

Ce lieu inspire vraiment la paix et l'harmonie. Les jardins qui l'entourent vous permettront de faire une balade bien agréable. On y produit aussi de la confiture de roses grâce aux nombreux rosiers de l'île. C'est à cause de leur présence que San Lazzaro est surnommée « l'île verte et rose ».

CHIOGGIA (code postal : 30015)

Chioggia se situe à 25 km à vol d'oiseau au sud de Venise. Le charme de la lagune est ici plus intense, car encore préservé de l'invasion touristique. Un lacis de petits canaux forme les *barene,* petites lagunes intérieures où pêchent les habitants du coin. La pêche est d'ailleurs la principale activité de la ville. Vous n'y verrez pas de gondoles, mais de nombreux bateaux multicolores tout en bois peint. Certains sont de véritables œuvres d'art, avec des décorations rappelant des motifs religieux ou représentant des animaux mythologiques. Ils paradent toutes voiles dehors et avec fierté les jours de fête. Ainsi les canaux ont une bien jolie allure. Pour les voir, venez donc fin juillet pour la fête du Poisson, ou un peu plus tôt dans la saison, le 3e dimanche de juin, pour le « Palio della Marciliana », quand les six quartiers de la ville s'opposent dans le plus grand respect des traditions. En fait, Chioggia vaut plus pour son atmosphère de petite ville méditerranéenne que pour ses monuments.

Sottomarina, l'île reliée à Chioggia par un pont, est à fuir absolument. Hôtels en béton, enseignes fluo et hordes de touristes venus chercher un peu de soleil sur la côte composent le décor quelconque de cette station balnéaire sans intérêt, sauf si l'on veut planter sa tente dans un des nombreux campings, surpeuplés en saison. Préférez donc le vieux Chioggia qui garde, aujourd'hui encore, toute son authenticité.

Comment y aller ?

On peut y accéder par bateau ou par la terre ferme.

➢ En voiture, prendre à Marghera, au sud de Mestre quand on vient de Venise, la SS309 qui longe la lagune en direction de Ravenne. On peut aussi prendre un bus à l'arrêt Piazzale Roma (départ corsia D1). Une cinquantaine de kilomètres. Compter 45 mn. De Padoue, prendre la SS516, c'est toujours tout droit... compter 1h de trajet, il y a beaucoup d'agglomération. Là aussi bus direct depuis la gare de Padoue (le 805).

➢ De Venise, gagner le Lido et, là, prendre le bus n° 11, pas très loin de l'embarcadère du Lido, en face du n° 6 Gran Viale. Le bus passe (en bac) par l'île de Pellestrina, puis il faut prendre une *motonave* jusqu'à Chioggia. Compter 1h30 au total de Venise à Chioggia pour un peu plus de 4 € l'aller. Un départ toutes les 90 mn environ, voire moins. Une balade très sympathique, que les Vénitiens vous recommanderont, consiste à louer un vélo au Lido et à descendre vers le sud jusqu'à Chioggia, en empruntant les bacs successifs (mais attention, le transport des vélos à bord est limité en nombre).

Adresse et info utiles

fi *Office de tourisme :* au museo Civico della Laguna. ☎ *041-550-09.11.* • *museo@chioggia.org* • *Juin-août : mar-mer 9h-13h ; jeu-sam 9h-13h, 19h30-23h30 ; dim 19h30-23h30. Sept-mai : mar-mer 9h-13h ; jeu-sam 9h-13h, 15h-18h ; dim 15h-18h.* La ville n'est pas bien grande, mais vous pourrez toujours récupérer un plan et glaner quelques infos.
– Grand **marché** le jeu mat.

Où manger ?

On vient avant tout à Chioggia pour manger du poisson. Bon, les restos indiqués ci-dessous proposent tout de même quelques plats de viande pour les réfractaires...

Bon marché

Pour manger sur le pouce, pas mal de bars et de *paninoteche* sous les arcades du *corso* offrent un large choix de *tramezzini, bruschette, piadine* et *panini.*

|●| † Le **Crema 1306 Cafe** (☎ *041-550-10-82*), à côté du resto *Antico Toro*, offre l'avantage d'une belle terrasse. Pas mauvais du tout. Glaces maison également.

De bon marché à prix moyens

|●| **Antico Toro** : *corso del Popolo, 1306.* ☎ *041-400-560. À côté du marché et pas très loin du débarcadère. Fermé mar, en nov et fév. Menu 20 € ; carte 25-30 €.* Une carte variée à des prix raisonnables. Spécialités de la mer. Très fréquenté par les *Chioggiotti* (les habitants de Chioggia, vous l'auriez deviné !). L'accueil est chaleureux, la cuisine ordinaire mais correcte. Agréable terrasse sur le *corso.*

De prix moyens à plus chic

|●| **Mano Amica** : *corso del Popolo, sur la piazzetta Vigo, 1340.* ☎ *041-401-721. Fermé lun et en janv. Carte 35-40 €.* Un petit resto agréable du centre historique, à deux pas du débarcadère, spécialisé lui aussi dans les poissons et fruits de mer. Déco intérieure amusante, avec de petites arcades en brique. L'été, on peut manger sur la terrasse qui donne sur la place.
|●| **Bella Venezia** : *calle Corona, 51.* ☎ *041-400-500. Dans une ruelle étroite qui part du corso, en face d'Antico Toro. Ouv 12h-14h, 19h-22h. Fermé mer et en janv. Menus 20-30 € ; carte 35 €. Résa conseillée le dim.* Ambiance un peu froide en salle. Préférer la jolie cour intérieure, surmontée de statuettes représentant les Saisons. Excellentes coquilles Saint-Jacques et délicieux *risotto.*

À voir

🕺🕺 **Museo Civico della Laguna sud** : *dans l'ancienne église San Francesco fuori le mura. Abrite le petit office de tourisme de la ville : mêmes horaires. Entrée : 3,50 € ; réduc.* Joli petit musée consacré à l'histoire de la marine et à la vie dans la lagune depuis la préhistoire. La construction sur pilotis est très bien expliquée. On peut aussi y admirer quelques tableaux montrant, au fil des siècles, la vie sur l'île, l'exploitation des salines, les fêtes populaires, religieuses. Quelques barques (les *bragozzi*) avec leurs voiles chamarrées, chargées de symboles ésotériques... Ne pas manquer non plus la superbe représentation sur bois doré de la *Justice trônant avec saint Felice et saint Fortunato,* datant de 1436. Felice et Fortunato sont les deux saints protecteurs de la ville.

🎬 ***Corso del Popolo :*** Chioggia s'organise autour d'une large artère centrale : le *corso del Popolo.* Passé la *porta Garibaldi* (du XVIe s), la ville est saucissonnée par des dizaines de petites rues qui coupent cette grande avenue perpendiculairement. De part et d'autre du *corso,* une rangée d'arcades abrite des restos sympas, des magasins en tout genre et pas moins de quatre églises !

🎬🎬 Quand vous arrivez au bout du *corso,* à l'embarcadère, empruntez le petit pont et rejoignez **le canal della Vena.** Vous pourrez y prendre vos plus jolies photos. Vous n'aurez pas grand mal à faire croire qu'elles ont été prises à Venise, tant la ressemblance est frappante. Façades colorées, conserveries de poisson, barques de pêcheurs, linge suspendu aux fenêtres... on pense à la Venise populaire, bien sûr !
Enfin, tout au bout du corso del Popolo se trouve la *piazzetta Vigo* avec sa colonne surmontée d'un lion ailé, symbole de Venise.

🎬 **Le marché au poisson :** *tlj sf lun 8h-12h.* Il se trouve sur le *corso,* pas loin du resto *Antico Toro.* Installé dans un ancien entrepôt à grains, c'est le plus pittoresque de la lagune. La salle de vente se trouve le long du canal della Vena. Les petits bateaux y accostent juste après la pêche pour vendre au plus offrant. L'entrée du marché est surmontée d'un superbe portique en pierre sculptée.

LES ÎLES DU SUD

LE CANALE DEL BRENTA (canal du Brenta)

Aujourd'hui, le paysage est beaucoup trop urbanisé, et les villas palladiennes construites à partir du XVIe s se sont détériorées avec le temps mais sont progressivement restaurées. La Brenta n'en reste pas moins un des sites majeurs de Vénétie et la visite d'une ou deux villas au cours du périple en bateau n'est pas inintéressante, bien au contraire.

UN PEU D'HISTOIRE

La Brenta prend sa source dans des lacs d'altitude près de Trente, et traverse la plaine de la Vénétie à partir de Padoue pour aller se jeter dans la lagune de Venise près de Fusina. L'histoire de la Brenta est une longue suite d'inondations et de changements de lits. En 1152, les digues cédèrent et elle se déversa violemment dans la lagune, provoquant la malaria. Les Vénitiens commencèrent alors de grands travaux pour la canaliser. Jusqu'à la fin du XIXe s, on creusa quatre canaux pour faire s'écouler plus paisiblement ses eaux tumultueuses, dont l'un se dirige vers Chioggia. Écluses et ponts mobiles la rendirent alors navigable. La visite qu'on vous propose dans ce guide suit les villas les plus belles installées le long du cours principal de la Brenta.

OH MON BATEAU !

Plusieurs bateaux parcourent le célèbre canal del Brenta, le long duquel s'alignent une cinquantaine de villas, construites pour de richissimes Vénitiens du XVIe au XVIIIe s. De luxueuses fêtes nocturnes y étaient organisées, avec concerts, bals et feux d'artifices. Les orchestres, dissimulés dans les bosquets, jouaient des airs de Pergolèse et de Vivaldi. Il existait déjà au XVIIIe s un bateau, nommé Il Burchiello, qui reliait Padoue à Venise et transportait seigneurs, marchands, artistes, comédiens, aventuriers et femmes légères. Il fut même célébré par Casanova et cité par Byron.

Adresses et infos utiles

❶ Brochures et renseignements dans les offices de tourisme de Venise (☎ 041-529-87-11 ; • riviera-brenta.it •) car la rivière de la Brenta dépend administrativement de la province de Venise.
❶ Petit **office de tourisme** à l'entrée de la villa Serimann (ou Widmann Foscari), à mi-chemin entre Venise et Padoue, via Nazionale S 11, 420, Mira. ☎ 041-560-06-90. Nov-mars, slt w-e et j. fériés 10h-17h. En avr, mar-dim 10h-17h. Mai-sept, mar-dim 10h-18h. En oct, mar-dim 10h-17h. Très bien documenté. Procurez-vous la brochure *Riviera del Brenta, la guida,* en italien et anglais (horaires, jours, adresses utiles, itinéraires...).

Croisières en bateau

Plusieurs compagnies, basées à Padoue, se partagent le marché. Le service de bateaux part tous les 2 jours vers 9h de Venise et arrive vers 18h30 à Padoue. En principe, départ du quai Pietà (à côté de la piazza San Marco) les mardi, jeudi et

samedi. Les mercredi, vendredi et dimanche, le départ se fait de Padoue. Repos le lundi. Excursion proposée de fin mars ou début avril à fin octobre.
Pour plus d'infos, vous pouvez également contacter le consortium **ASCOM** : *passagio de Gasperi, 3, 35131 Padoue.* • *rivieradelbrenta-navigazione.it* •

Il existe beaucoup d'autres croisières autour de Padoue.

■ *Il Burchiello – Sita :* via Orlandini, 3, 35121 Padoue. ☎ 049-820-69-10. • *ilburchiello.it* • Croisière, entrée aux villas et retour en bus env 60-71 € selon saison. Au départ de Padoue ou de Venise. S'arrête en route aux villas Malcontenta, Widmann et Pisani.

■ *I Battelli del Brenta :* via Porciglia, 34, 35121 Padoue. ☎ 049-876-02-33. • *battellidelbrenta.it* • Même genre de prestations et de tarifs que la précédente. Retour payant en bus vers Venise, prix modique.

■ *Delta Tour :* via Toscana, 2/1, 35127 Padoue. ☎ 049-870-02-32. • *deltatour.it* • Uniquement dans le sens Padoue-Venise (les mercredi, vendredi et dimanche). Mais attention, le rendez-vous se fait devant la villa Pisani, à Stra, à 8h30. Le prix (65 €) comprend un repas froid à bord, mais chacune des 3 villas est en supplément. Organise aussi des croisières sur le delta du Pô.

Avant de se décider pour cette excursion, plusieurs choses sont à savoir. On précise donc que ce voyage s'effectue en bateau pour l'aller et en bus pour le retour. Le repas de midi, dans un resto, est en plus (25 A), mais il est facultatif. Tout cela fait que cette excursion est chère... On regrette aussi que le temps passé dans chaque villa soit évidemment limité. Mais c'est bien connu, tout le plaisir réside dans la balade sur l'eau.

En voiture, en bus, en train

– Ceux qui ont une voiture peuvent cependant reconstituer le parcours du bateau en longeant le canal par la route n° 11, qui relie Venise à Padoue via Marghera, Mira, Dolo et Stra. Vous pourrez ainsi visiter les villas à votre rythme. C'est sans doute la meilleure solution.
– En bus : utiliser simplement la ligne appelée Venezia. Nombreuses liaisons. • *actv.it* •

À vélo

Mieux vaut vous prévenir tout de suite, il n'y a pas de réelle piste cyclable. On peut certes longer la rivière de Padoue à Venise, mais il faudra la plupart du temps partager la route avec les innombrables voitures et les autobus. Pas terrible. Deux itinéraires ont toutefois été balisés sur la rive sud, à travers la plate (et morne) campagne.

■ *Location de vélos : Center Bike,* via Mocenigo, 3, Mira Porte. ☎ 041-42-01-10. Lun-sam (dim slt sur résa).

■ Voir aussi nos adresses de location à Padoue (mais ce n'est quand même pas tout près).

Où dormir ? Où manger ?

Ceux qui souhaiteraient se mettre au vert dans les environs peuvent aussi demander aux offices de tourisme les adresses pratiquant l'agritourisme.

De bon marché à prix moyens

▲ *Auberge de jeunesse de Mira :* 117 SS Romea (SS 309) località Giare, 30030 Giare di Mira. ☎ 041-567-92-03. • *info@casasoleluna.it* • *casasoleluna.*

it • À 18 km de Venise centre. Sur la route de Chioggia, au km 117, tourner à gauche et c'est 1,5 km plus loin. Ouv 1er avr-30 sept. Fermé 9h30-17h. Env 18 € la nuit en dortoir avec petit déj, 21 €/pers en chambre double. Petite AJ officielle, sympa, aménagée dans une ancienne école primaire complètement paumée en pleine campagne. Au moins, les nuits seront paisibles ! En revanche, la déco manque franchement de fantaisie. Bon accueil. Propre, simple et pratique. Mieux vaut évidemment être motorisé.

La Chioccia : via Marzabotto, 32, à Lughetto, village dépendant de Campagna Lupia. ☎ 041-518-52-70. • la chioccia@libero.it • agriturismolachioccia.it • (au resto). Au km 113 en venant de Mestre, tourner à droite vers Campagna et aussitôt à droite (panneau). Ouv tte l'année. Pour 2 pers avec tente et voiture env 15 €, eau chaude comprise. Également 5 mobile-homes (45 €) et 3 chambres doubles (60 €) avec sdb. Résa conseillée. Au resto (ouv ven-dim ; fermé en janv), carte env 20 €. CB refusées. Digestif offert, ainsi qu'une remise de 5 % aux campeurs, sur présentation de ce guide. Petit camping à la ferme, bien ombragé et tranquille. Les chambres sont fonctionnelles et impeccables, les mobile-homes un peu vieillots mais d'un bon rapport qualité prix. À table, bonne cuisine de terroir préparée avec les produits de l'exploitation. Simple et efficace, un bon plan.

Osteria ae Porte : via don Minzoni, 60-61, 30034 Mira Porte. ☎ 041-42-05-71. Tlj midi et soir, sf mer et dim. Menu 12 €, ou plats 5-8 € à la carte. C'est la bonne petite auberge de village, avec le café des habitués d'une part, et la salle rustique d'autre part, où l'on sert une cuisine locale honnête et sans prétention qui nourrit son homme. Avec des prix défiant toute concurrence, c'est une aubaine !

Plus chic

Hotel Riviera dei Dogi : via Don Minzoni, 33, 30034 Mira. ☎ 041-42-44-66. • info@rivieradeidogi.com • rivieradeidogi.com • Arrêt de bus à 300 m de l'hôtel pour rejoindre Venise en 20 mn. Doubles 90-110 €, avec petit déj. Parking gratuit. À 17 km de Venise, au cœur du village et au bord de la Brenta, un hôtel confortable construit en partie sur les restes d'une ancienne villa vénitienne du XVIe s. Une quarantaine de chambres agréables, toutes climatisées et calmes (car la rue est à l'écart de l'affreuse SS11). Accueil chaleureux, en français. Vrai bon petit déj servi sous la véranda, dans la cour.

Hotel Villa Alberti : via E. Tito, 90, 30031 Dolo. ☎ 041-426-65-12. • info@villalberti.it • villalberti.it • Dans une rue parallèle à la SS11, de l'autre côté du canal. Congés 1 sem en janv. Doubles 90-120 €. Carte 27 €. Parking privé gratuit. Loc de vélos. Apéro maison offert sur présentation de ce guide. Une adresse au charme indéniable, nichée dans une élégante résidence vénitienne du XVIIIe s, le long de la Riviera del Brenta, à 15 km de Venise. La classe ! Chambres pleines de cachet, très agréables et confortables (elles sont un peu plus grandes dans l'annexe donnant sur le jardin). Beau parc soigné pour une balade bucolique. Solarium.

Les villas

Le circuit se fait ici au départ de Padoue (comme la plupart des bateaux). Si vous venez de Venise, il suffit d'inverser.

Villa Pisani : la plus célèbre de toutes, à **Stra**. ☎ 049-50-20-74. • villapisani.beniculturali.it • À 17 km du centre de Padoue. Tlj sf lun. De fin mars à fin sept, 9h-20h ; le reste de l'année 9h-17h (fermeture des caisses 1h avant). Entrée : 7,50 € (musée et parc) ou 4,50 € (parc seul) ; réduc ; gratuit jusqu'à 18 ans et pour les ressortissants de l'Union européenne de plus de 65 ans. Audioguide en français : 4 €. Le nom est trompeur car la villa Pisani n'a rien d'une villa palladienne. Cette immense bâtisse fut construite au XVIIIe s par l'architecte Preti, dans un style grandiose et fastueux qui se voulait un hommage au château de Versailles. Des gens célèbres en furent les hôtes, tels que les grands-ducs de Russie, Gustave III de Suède, Ferdinand d'Autriche, Maximilien de Habsbourg... Cette villa est surtout fameuse pour avoir été le lieu de la première rencontre entre Hitler et Mussolini. On doit la décoration actuelle à son plus célèbre occupant, Napoléon, toujours aussi désireux de laisser son empreinte partout où il passait. L'essentiel du mobilier et des tapisseries est donc de style Empire (et souvent frappé du N impérial !). La visite comprend de nombreux salons et plusieurs chambres en enfilade, mais le véritable clou du spectacle est sans aucun doute l'ensemble harmonieux formé par les fresques de la salle de bal, peintes par Giambattista Tiepolo. Dans le beau parc, qui s'ordonne autour d'une grande pièce d'eau, demandez où se trouve le célèbre labyrinthe décrit par D'Annunzio dans son roman *Le Feu* (on ne le visite que par temps sec). Charmant... et très ludique !

🚶 **Villa Widmann Foscari :** *via Nazionale, 420 à* **Mira.** ☎ *041-42-49-73. À la sortie de Mira, sur la gauche de la route (en allant vers Venise). Mai-sept, mar-dim 10h-18h. En oct, mar-dim 10h-17h. Nov-mars, w-e et vac slt 10h-17h. Fermé lun. Entrée : 5 € ; réduc.* Très belle villa du XVIIIe s, dont l'entrée quelconque ne donne pas une juste idée de sa splendeur. Beaucoup plus modeste que les autres en taille, mais tout de même luxueuse (n'exagérons rien), elle donne l'impression d'avoir été conçue dans une logique intimiste et non ostentatoire. On s'y sent bien, et l'on prend plaisir à découvrir la dizaine de pièces organisées autour d'un hall orné d'un lustre de Murano. Intérieur rococo français. Fresques peintes par des élèves de Tiepolo. Dans le grand parc romantique, bassins, statues et paons. Des personnalités comme Stravinski ou D'Annunzio y ont séjourné, ainsi que quelques papes...

🚶 **Villa Foscari (la Malcontenta) :** *via dei Turisti, 9, à* **Oriago.** ☎ *041-520-39-66.* • *lamalcontenta.com* • *Au début du parcours (bien indiqué quand on vient de Venise). Ouvert au public slt avr-oct. Visites mar et sam 9h-12h. Les autres jours, sf lun, sur résa (slt pour les bateaux et les groupes). Entrée : 10 € (plus 1 € en cas de résa).* Construite par Palladio vers 1560, la villa contient de remarquables fresques. L'architecture extérieure est déjà très intéressante. Le nom de la villa viendrait du mécontentement des paysans locaux qui s'étaient alors soulevés contre des mesures relatives à la propriété. Une autre légende prétend qu'un mari jaloux y aurait enfermé sa femme, la rendant... très mécontente. Dommage toutefois que les tarifs soient revus chaque année à la hausse.

– Des dizaines d'autres *villas* bordent le canal (parmi les plus intéressantes : la villa *Priulli* à Oriago di Mira, *Ca'Moro* et la villa *Gradenigo* également à Oriago, la *barchessa Valmarana* en face de la villa *Widmann*, la villa *Grimani* à Dolo, la villa *Zuconi*, juste après la villa *Pisani* à Stra, etc.), mais pour la plupart, elles ne sont plus entretenues et toutes ne se visitent pas. Pour plus de détails, se renseigner dans un office de tourisme.

🚶🚶 **Villa Contarini :** *à* **Piazzola sul Brenta :** ☎ *049-559-02-38.* • *villacontarini.com* • ♿ *Mars-oct, tlj 9h-19h ; nov-fev tlj sf mer 10h-16h. Visite guidée : 5,50 € ; réduc.* Cette dernière villa se situe en quelque sorte « hors itinéraire », car à une quinzaine de kilomètres au nord de Padoue. Elle mérite néanmoins largement le détour. Conçue en 1546 par Palladio pour une famille de diplomates vénitiens, elle surprend d'abord par sa taille. Le bâtiment principal est même relié par une aile à une série d'arcades doubles, en quart de cercle, où sont installés des commerces. Surprenant. À l'intérieur, on ne visitera pas les 155 pièces mais les salons ouverts au public renferment les plus belles fresques et les trompe-l'œil les plus remarquables. Parmi les curiosités, la bibliothèque aux 14 000 ouvrages, et la galerie décorée de mosaïques en coquillages. Pour terminer, balade romantique dans le vaste parc, certes vieillissant, mais dont les allées arborées conduisent à un étang habité par des cygnes.

LES BONNES ADRESSES DU ROUTARD

Nos meilleurs campings en France

+ de 1 700 adresses pour découvrir les joies du camping.

Les plus :
- les balades à faire
- les monuments à ne pas manquer.

11,90 €

HACHETTE

LES BONNES ADRESSES DU ROUTARD

Nos meilleures chambres d'hôtes en France

+ de 1500 adresses à la campagne, à découvrir en amoureux ou avec des enfants.

INDEX THÉMATIQUE :
- adresses avec piscines
- trésors d'œnologie
- activités sportives
- adresses insolites

12,90 €

HACHETTE

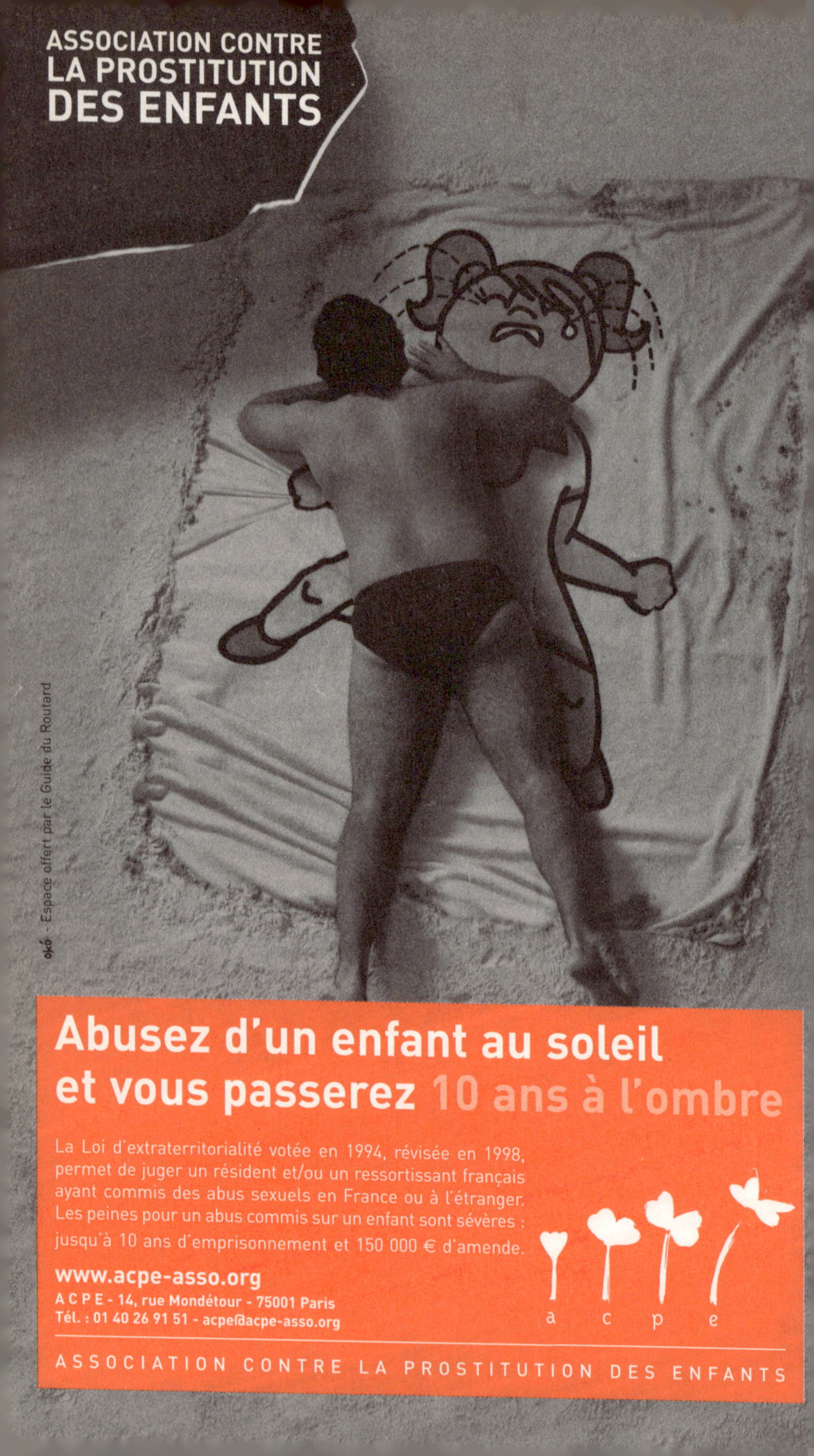

ASSOCIATION CONTRE LA PROSTITUTION DES ENFANTS

Abusez d'un enfant au soleil et vous passerez 10 ans à l'ombre

La Loi d'extraterritorialité votée en 1994, révisée en 1998, permet de juger un résident et/ou un ressortissant français ayant commis des abus sexuels en France ou à l'étranger. Les peines pour un abus commis sur un enfant sont sévères : jusqu'à 10 ans d'emprisonnement et 150 000 € d'amende.

www.acpe-asso.org
A C P E - 14, rue Mondétour - 75001 Paris
Tél. : 01 40 26 91 51 - acpe@acpe-asso.org

ASSOCIATION CONTRE LA PROSTITUTION DES ENFANTS

LES BONNES ADRESSES DU ROUTARD

À la découverte des produits du terroir

11,90 €

Plus de 660 adresses pour déguster des produits gourmands fabriqués sur place.

▸ index des tables à la ferme et des produits du terroir
▸ index des produits "bio"

HACHETTE

"Qui **sauve** un **enfant,** sauve le **monde**"

Espace offert par le Guide du Routard

Pour nous soutenir, vous pouvez envoyer vos dons à :

**La Chaîne de l'Espoir
96, rue Didot
75014 Paris
www.chainedelespoir.org**

AGRÉÉE PAR
COMITÉ DE LA CHARTE
don en confiance

La chaîne
de l'espoir

routard
ASSISTANCE
LIGHT
**L'ASSURANCE VOYAGE
SPÉCIAL UNION EUROPÉENNE**

VOTRE ASSISTANCE SPÉCIAL UNION EUROPÉENNE

RAPATRIEMENT MEDICAL **ILLIMITÉ**
(au besoin par avion sanitaire)
VOS DEPENSES : MEDECINE, CHIRURGIE, (env. 50.000 FF) **7.500 €**

BILLET GRATUIT DE RETOUR DANS VOTRE PAYS : **BILLET GRATUIT**
En cas de décès (ou état de santé alarmant) (de retour)
d'un proche parent, père, mère, conjoint, enfant(s)

BILLET DE VISITE POUR UNE PERSONNE DE VOTRE CHOIX **BILLET GRATUIT**
si vous êtes hospitalisé plus de 7 jours

Rapatriement du corp – Frais réels **Sans limitation**

FRANCHISE DE 30 € PAR SINISTRE POUR LES FRAIS MÉDICAUX

AVANCES DE FONDS A L'ETRANGER

CAUTION PENALE .... (env. 49.000 FF) **7.500 €**

HONORAIRES AVOCATS .... (env. 10.000 FF) **1.500 €**

VOS BAGAGES ET BIENS PERSONNELS A L'ETRANGER

Vêtements, objets personnels pendant toute la durée de votre voyage à l'étranger :
vols, perte, accidents, incendie, (env. 3.200 FF) **500 €**
Dont APPAREILS PHOTO et objets de valeurs (env. 1.600 FF) **250 €**

NOUVEAUTÉ
CONTRAT "ROUTARD SÉNIOR"
Nous consulter Tél. : 01 44 63 51 00
Souscription en ligne : www.avi-international.com

**POUR LES VOYAGES HORS UNION EUROPÉENNE,
DEMANDEZ : ROUTARD ASSISTANCE ET/ OU
ROUTARD ASSISTANCE SPÉCIAL FAMILLE**
Nous consulter Tél. : 01 44 63 51 00
Souscription en ligne : www.avi-international.com

routard
ASSISTANCE LIGHT
L'ASSURANCE VOYAGE SPÉCIAL UNION EUROPÉENNE

BULLETIN D'INSCRIPTION

NOM : M. Mme Melle └─┴─┴─┴─┴─┴─┴─┴─┴─┴─┴─┴─┴─┴─┴─┘

PRENOM : └─┴─┴─┴─┴─┴─┴─┴─┴─┴─┴─┴─┴─┴─┘

DATE DE NAISSANCE : └─┴─┴─┴─┴─┴─┴─┴─┘

ADRESSE PERSONNELLE : └─┴─┴─┴─┴─┴─┴─┴─┴─┴─┴─┴─┴─┘

CODE POSTAL : └─┴─┴─┴─┴─┘   TEL. └─┴─┴─┴─┴─┴─┴─┴─┴─┴─┘

VILLE : └─┴─┴─┴─┴─┴─┴─┴─┴─┴─┴─┴─┴─┴─┴─┴─┴─┘

E-MAIL : ....

DESTINATION PRINCIPALE..

Calculer exactement votre tarif selon la durée de votre voyage

**Pour un Long Voyage (2 mois…), demandez le *PLAN MARCO POLO*
Nouveauté contrat Spécial Famille - Nous contacter**

COTISATION FORFAITAIRE 2008-2009

JE VOYAGE DU └─┴─┴─┴─┴─┘ AU └─┴─┴─┴─┴─┘ = └─┴─┘ JOURS SOIT

JUSQU'À 3 JOURS : **6,50 €**

POUR 4 ET 5 JOURS : **7,00 €**

POUR 6-7 ET 8 JOURS : **8,00 €**

JE N'AI PAS PLUS DE 65 ANS

Chèque à l'ordre de ROUTARD ASSISTANCE – *A.V.I. International*
28, rue de Mogador – 75009 PARIS – FRANCE - Tél. 01 44 63 51 00
Métro : Trinité – Chaussée d'Antin / RER : Auber – Fax : 01 42 80 41 57

ou Carte bancaire : Visa ☐   Mastercard ☐   Amex ☐

N° de carte : └─┴─┴─┴─┴─┴─┴─┴─┴─┴─┴─┴─┴─┴─┴─┴─┘

Date d'expiration : └─┴─┘ └─┴─┘ Signature

Cryptogramme : └─┴─┴─┘ Notez les 3 derniers chiffres du numéro à 7 chiffres au verso de votre carte

*Je déclare être en bonne santé, et savoir que les maladies
ou accidents antérieurs à mon inscription ne sont pas assurés.*

Signature :

Faites des copies de cette page pour assurer vos compagnons de voyage.

Information : www.routard.com / Tél : 01 44 63 51 00
Souscription en ligne : www.avi-international.com

INDEX GÉNÉRAL

A

A la Vècia Cavana |●| 174
ACCADEMIA (galleria dell') 151
ACCADEMIA (ponte dell') 154
ACCADEMIA (quartier de l') 151
Ae Do Porte |●| 184
Ai Bisatei |●| 202
Ai Do Draghi Y 147
Alaska ? 162
Al Corallo |●| 202
Al Marca Y ≈ 161
Al Paradiso Perduto Y ♪ 175
Al Ponte Del Megio |●| 159
Al Pontil Del Giudecca |●| 196
All'Arco Y ≈ 161
Alla Vedova |●| 173
Alla Zucca |●| 160
Al Timon |●| 172
Al Trono di Attila |●| 209
Al Vecio Pipa |●| 206
Altanella |●| 197
Anice Stellato |●| 172
Antica Birraria La Corte |●| 159
Antica Sacrestia |●| 184
Antica Trattoria
   Banderiette |●| 184
Antico Toro |●| 216
ARCHEOLOGICO (museo ;
   Musée archéologique) 135
ARSENALE (l') 190
ART HÉBRAÏQUE (musée
   d' ; museo Ebráico) 178
ARTE MODERNA (galleria
   d' ; musée d'Art moderne) ... 168
ARTE ORIENTAL (museo d' ;
   musée d'Art oriental) 169
ARTE VETRARIO (museo d' ;
   musée du Verre ; Murano) ... 204

B

B Restaurant |●| 202
Bacaro Y 129
BALBI (palazzo) 125
Bar Ae Maraveje Y ≈ 147
Bar Da Ice |●| 202
BARBARIGO (palazzo ; rive
   droite) 126
BARBARIGO (palazzo ; rive
   gauche) 121
BASSIN DE SAINT-MARC
   (îles du) 195
Bella Venezia |●| 216
BELLONI-BATTAGIÀ
   (palazzo) 125
BERNARDO (palazzo) 125
Birreria Forst |●| 128, 184
BOVOLO (scala Contarini
   del ; escalier du) 141
BRANDOLIN-MOROSINI
   (palazzo) 125
Brek |●| 172
BRENTA (canale del) 218
BURANO (île de) 205

C

CA' BAGLIONI DA MOSTO 121
CA' D'ORO 121, 180
CA' DEL DUCA 124
Caffè Blue Y 148
Caffè Costarica ☕ 176
Caffè dei Frari ≈ 161
Caffè del Doge ☕ |●| 162
Caffè Florian ☕ 130
Caffè Imagina ☕ 148
Caffè Lavena ☕ ? 130
CA' FOSCARI 125
Café Noir Y 148

CA' GRANDE (palazzo
  Corner, dit della) 124
CA' PESARO 125, 168
CA' REZZONICO 126, 155
CA' REZZONICO (quartier de
  la) 155
CA' VENIER DEI LEONI 126
Ca' Vignoto |●| 211
CALBO CROTTA (palazzo) 120
CAMERLENGHI (palazzo
  dei) 125
CAMPANILE (le ; piazza San
  Marco) 139
CAMPO DEI FRARI 163
CAMPO MANIN 144
CAMPO MOROSINI (CAMPO
  SANTO STÉFANO) 142
CAMPO SAN GIACOMO
  DELL'ORIO 169
CAMPO SAN MAURÍZIO 142
CAMPO SAN POLO 165
CAMPO SANTA
  MARGHERITA 156
CAMPO SANTA MARIA
  FORMOSA 188
CAMPO SANT'ANGELO 142
CAMPO SANTI GIOVANNI
  E PAOLO 189
CAMPO SANTO STÉFANO
  (CAMPO MOROSINI) 142
CANAL (le Grand) 120
CANALE DEL BRENTA
  (canal du Brenta) 218
CANAL DELLA VENA
  (Chioggia) 217
CANNAREGIO (quartier du) ... 171
Cantina Aziende
  Agricole ♈ ⫽ 175
Cantina Da Marco ♈ ⫽ 174
Cantina Do Mori ♈ ⫽ 161
Cantina Vècia
  Carbonera ♈ ⫽ 175
Cantina-Schiavi ♈ ⫽ 147

CARMINI (Scuola Grande
  dei) 156
CASA GOLDONI (maison
  Goldoni) 166
CASINO D'HIVER (le) 180
CASTELLO (quartier du) 183
CAVALLINO (litorale di) 104
Centrale ♈ 130
CHIOGGIA (île de) 215
Cicchèteria
  Venexiana ♈ ⫽ 174
CIPRIANI (hotel ; la
  Giudecca) 197
CIVRAN-GRIMANI (palazzo) ... 125
COLLEZIONE PEGGY
  GUGGENHEIM 150
CONFRÉRIE DALMATE
  (Scuola San Giorgio degli
  Schiavoni) 192
CONTARINI (villa) 221
CONTARINI DEGLI SCRIGNI
  (palazzo) 126
CONTARINI DEL BOVOLO
  (scala ; escalier du Bovolo) ... 141
CONTARINI DELLE FIGURE
  (palazzo) 124
CONTARINI-FASAN
  (palazzo) 124
CORNER (palazzo, dit della
  Ca' Grande) 124
CORNER DELLA REGINA
  (palazzo) 125
CORNER-CONTARINI DEI
  CAVALLI (palazzo) 121
CORNER-SPINELLI
  (palazzo) 124
CORRER (museo) 134
CORRER-CONTARINI
  (palazzo) 121
CORSO DEL POPOLO
  (Chioggia) 217
Corte Sconta |●| 185
Crema 1306 Cafe |●| ♀ 216

D-E

DANIELI (palazzo) 191
DARIO (palazzo) 126
DENTELLE (musée de la ;
  museo del Merletto ;
  Burano) 207

DEPOSITO DEL MEGIO 125
Devil's Forest ♈ 130
DIOCESANO (museo ;
  Musée diocésain) 140
DOGANA DI MARE (la

Douane de Mer) 149
DOGES (palais des ; palazzo
  Ducale) 136
DOLFIN-MANIN (palazzo) 121
DOUANE DE MER (la ;
  Dogana di Mare) 149
DORSODURO (quartier du) 145
DUCALE (palazzo ; palais
  des Doges) 136

EBRÁICO (museo ; musée
  d'Art hébraïque) 178
Enoteca Al Volto 🍷 🥖 129
Enoteca Boldrin 🍽 173
ERIZZIO ALLA MADDALENA
  (palazzo) 121
ESTUARIO (museo dell' ;
  Torcello) 210

F

FABBRICHE NUOVE ET
  FABBRICHE VECCHIE 125
FARSETTI (palazzo) 121
FENICE (teatro La ;
  théâtre de la Fenice) 141
FONDACO DEI
  TEDESCHI 121, 140
FONDACO DEI TURCHI 124
FONDAMENTA NOVE (les) 182
FONDAZIONE GIORGIO
  CINI (et ancien monastère) .. 199
FONDAZIONE QUERINI
  STAMPALIA 188
FONTANA-REZZONICO
  (palazzo) 121
FORTUNY (museo) 144
FOSCARI (villa ; la
  Malcontenta) 221
FRANCHETTI (galleria) 180
FRARI (campo dei) 163
FRARI (chiesa dei) 164

G

GALLERIA D'ARTE
  MODERNA (musée d'Art
  moderne) 168
GALLERIA
  DELL'ACCADEMIA 151
GALLERIA FRANCHETTI 180
Gam-Gam 🍽 179
GARE (FERROVIA ; quartier
  de la) 176
GARIBALDI (via) 193
Gelateria Causin 🍦 148
Gelateria Nico 🍦 148
GESUATI (Santa Maria del
  Rosario ; chiesa dei) 154
GESUITI (Santa Maria
  Assunta ; chiesa dei) 182
GHETTO (le) 177
GIORGIO CINI (fondation et
  ancien monastère) 199
GIUDECCA (île et canal de
  la) 195
GIUSTINIAN (palazzo) 125
GIUSTINIAN-LOLIN
  (palazzo) 124
GOLDONI (casa) 166
Gran Caffé Quadri ☕ 🍽 130
GRAND CANAL (le) 119
GRASSI (palazzo) 124, 143
GRIMANI (palazzo) 121
GUGGENHEIM (collezione
  Peggy) 150
GÚGLIE (ponte delle) 180
GUSSONI-GRIMANI DELLA
  VIDA (palazzo) 121

H-I

Harry's Bar 🍷 130
HISTOIRE NATURELLE
  (musée d' ; museo di Storia
  Naturale) 169
HORLOGE (tour de l' ; torre
  dell' Orologio) 135
ICÔNES DE L'INSTITUT
  HELLÉNIQUE (musée d') 192

Il Caffè 🍷🥖 147
Il Doge 🍴 148
Il Santo Bevitore 🍷 175
ÎLES DU BASSIN DE SAINT-MARC (les) 195
ÎLES DU NORD (les) 200
ÎLES DU SUD (les) 213
Inishark 🍷 187

L

La Cantina 🍷🥖 175
La Colonna 🍽 174
La Furatola 🍽 146
La Palanca 🍽 196
La Rivista 🍽 146
LABIA (palazzo) 121, 176
LAGUNA SUD (Museo Civico della ; Chioggia) 216
LEONI (piazzetta dei ; piazzetta San Marco) 139
LIDO (île du) 212
L'Incontro 🍽 146
LOGGETTA (la) 139
LOREDAN (palazzo ; rive droite) 126
LOREDAN (palazzo ; rive gauche) 121
L'Osteria di Santa Marina 🍽 185

M-N

Madigan's Pub 🍷 148
MADONNA DELL'ORTO (chiesa della) 179
MALCONTENTA (la ; villa Foscari) 221
MANIN (campo) 144
Mano Amica 🍽 216
MARCIANA (biblioteca nazionale) 135
MARCIANO (musée) 133
MARCELLO (palazzo) 121
MARCHÉ AU POISSON (Burano) 208
MARCHÉ AU POISSON (Chioggia) 217
Margaret Duchamp 🍷 147-148
MEKHITARISTA (monastero ; San Lazzaro degli Armeni) ... 214
MERCERIE (les) 140
MERLETTO (museo del ; musée de la Dentelle, Burano) 207
MICHIÈL DALLE COLONNE (palazzo) 121
Millevoglie Da Tarcisio 🍴 162
Mistra 🍽 196
MOCENIGO (palazzo ; Grand Canal) 124
MOCENIGO (palazzo ; Santa Croce) 169
MORO-LIN (palazzo) 124
MOROSINI (campo ; ou campo Santo Stefano) 142
Moscacieka 🍽 128
MURANO (île de) 201
MUSÉE D'ÎCONES DE L'INSTITUT HELLÉNIQUE ... 192
MUSEO ARCHEOLOGICO (Musée archéologique) 135
MUSEO CIVICO DELLA LAGUNA SUD (Chioggia) 216
MUSEO CORRER (musée Correr) 134
MUSEO D'ARTE ORIENTAL (musée d'Art oriental) 169
MUSEO D'ARTE VETRARIO (musée du Verre ; Murano) .. 204
MUSEO DELL'ESTUARIO (Torcello) 210
MUSEO DEL MERLETTO (musée de la Dentelle ; Burano) 207
MUSEO DEL SETTECENTO VENEZIANO 155
MUSEO DIOCESANO (Musée diocésain) 140
MUSEO DI STORIA NATURALE (musée d'Histoire naturelle) 169
MUSEO EBRÁICO (musée d'Art hébraïque) 178
MUSEO FORTUNY 144

MUSEO STORICO NAVALE
(Musée naval) 193
Naranzaria |●| 160

NAVAL (musée ; museo
Storico Navale) 193
NORD (îles du) 200

O-P

ORIAGO 221
OROLOGIO (torre dell' ; tour
de l'Horloge) 135
Osteria Ai Pescatori |●| 206
Osteria A La Campana |●| 128
Osteria Al Porte |●| 220
Osteria Al Bancogiro |●| 159
Osteria Al Diavolo e
l'Aquasanta |●| 160
Osteria Al Garanghelo |●| 160
Osteria Al Garanghèlo |●| 186
Osteria Al Ponte 🍷 🥖 186
Osteria Al Ponte La
Patatina |●| 158
Osteria Al Portego |●| 184
Osteria Alba Nova |●| 159
Osteria Alla Botte |●| 128
Osteria Da Carla « con
cucina » |●| 🥖 129
Osteria Da Toni 🍷 🥖 147
Osteria Oliva Nera |●| 185
Osteria Ponte del Diavolo |●| ... 209
Osteria San Barnabà |●| 146
Osteria Vivaldi |●| 160
PALAZZO DUCALE (palais
des Doges) 136
PALAZZO GRASSI 124, 143
PAPADOPOLI (palazzo) 125
Pasticceria Bonifacio 🥖 |●| 187
Pasticceria Chiusso 🥖 187
Pasticceria Palmisano 🥖 206
Pasticceria Tonolo |●| 148
Pasticceria-bar
Rizzardini 🥖 |●| 161
PESCHERIA (la) 125
PIAZZALE ROMA 168
PIAZZOLA SUL BRENTA 221
PISANI (villa) 220
PISANI-GRITTI (palazzo) 124
PISANI-MORETTA (palazzo) ... 125
Pizza Al Volo |●| 145
Pizzeria-trattoria
Ae Oche |●| 159
PONTE DEI SOSPIRI (pont
des Soupirs) 139
PONTE DELLE GÚGLIE 180
PONTE DELLE TETTE 167
POPOLO (corso del ;
Chioggia) 217
PROCURATIE (les) 133

Q-R

QUERINI STAMPALIA
(fondazione) 188
REDENTORE (chiesa del ; la
Giudecca) 197
RIALTO (mercati di ; marchés
du Rialto) 167
RIALTO (ponte di) 166

RIALTO (quartier du ; rive
gauche) 181
RIVA DEGLI SCHIAVONI 191
ROMA (piazzale) 168
Ristorante Al Giglio |●| 129
Rosticceria San
Bartolomeo |●| 128

S

SAINT-MARC (place ; piazza
San Marco) 131
SALUTE (LA ; quartier de) 149
SAN BÁRNABA (campo et
chiesa) 155
SAN CASSIANO (chiesa) 168

SAN FRANCESCO DEL
DESERTO (île) 208
SAN FRANCESCO DELLA
VIGNA (chiesa e convento) ... 190
SAN GIACOMO DELL'ORIO
(campo) 169

SAN GIACOMO DELL'ORIO (chiesa) 170
SAN GIACOMO DI RIALTO (chiesa) 167
SAN GIORGIO DEGLI SCHIAVONI (scuola) 192
SAN GIORGIO DEI GRECI (chiesa) 192
SAN GIORGIO MAGGIORE (chiesa et campanile) 198
SAN GIORGIO MAGGIORE (île) 198
SAN GIOVANNI CRISOSTOMO (chiesa) 181
SAN GIOVANNI ELEMOSINARIO (chiesa) 167
SAN GIOVANNI EVANGELISTA (Scuola Grande di) 165
SAN LAZZARO DEGLI ARMENI (île) 214
SAN MARCO (basílica di) 131
SAN MARCO (piazza) 131
SAN MARCO (quartier de) 127
SAN MARCO (piazzetta, ou piazzetta dei Leoni) 139
SAN MARCUOLA (chiesa) 180
SAN MARTINO (chiesa ; Burano) 207
SAN MAURÍZIO (campo) 142
SAN MICHELE (cimetière) 201
SAN MICHELE (île) 200
SAN MOISÈ (chiesa) 141
SAN NICOLÒ (quartier du Lido) 213
SAN NICOLÒ DEI MENDICOLI (chiesa) 157
SAN PANTALÓN (chiesa) 163
SAN PIETRO DI CASTELLO (chiesa) 193
SAN PIETRO DI CASTELLO (isola) 193
SAN PIETRO MARTIRE (chiesa ; Murano) 204
SAN POLO (campo) 165
SAN POLO (chiesa) 165
SAN POLO (quartier de) 158
SAN ROCCO (chiesa) 163
SAN ROCCO (Scuola Grande di) 163
SAN SEBASTIANO (chiesa) 157
SAN STAE (chiesa) 169
SANTA CROCE (quartier de) 158
SANTA FOSCA (chiesa ; Torcello) 210
SANTA MARGHERITA (campo) 156
SANTA MARIA ASSUNTA (catedrale ; Torcello) 209
SANTA MARIA ASSUNTA (chiesa dei Gesuiti) 182
SANTA MARIA DEGLI SCALZI (chiesa) 176
SANTA MARIA DEI MIRACOLI (chiesa ; ou Santa Maria Nova) 181
SANTA MARIA DEL CARMELO (chiesa) 156
SANTA MARIA DEL GIGLIO (chiesa ; ou Santa Maria Zobenigo) 142
SANTA MARIA DEL ROSARIO (chiesa dei Gesuati) 154
SANTA MARIA DELLA FAVA (chiesa) 140
SANTA MARIA DELLA PIETÀ (chiesa) 192
SANTA MARIA DELLA PRESENTAZIONE (chiesa ; delle Zitelle ; la Giudecca) 197
SANTA MARIA DELLA SALUTE (chiesa) 149
SANTA MARIA E SAN DONATO (chiesa ; Murano) 204
SANTA MARIA FORMOSA (campo) 188
SANTA MARIA FORMOSA (chiesa) 188
SANTA MARIA NOVA (chiesa ; ou Santa Maria dei Miracoli) 181
SANTA MARIA ZOBENIGO (chiesa ; ou Santa Maria del Giglio) 142
SANTA MARTA (quartier de) 157
SANT'ALVISE (chiesa di) 179
SANT'ANGELO (campo) 142
SANT'ELENA (isola) 194
SANT'ERASMO (île) 210
SANTI GIOVANNI E PAOLO (basílica) 189
SANTI GIOVANNI E PAOLO (campo) 189

SANTO STÉFANO (campo ; ou Morosini) 142
SAN TROVASO (squero) 154
SAN TROVASO (chiesa) 155
SAN ZACCARIA (chiesa) 191
SCALA CONTARINI DEL BOVOLO (escalier du Bovolo) 141
SCHIAVONI (riva degli) 191
SCUOLA GRANDE DEI CARMINI 156
SCUOLA GRANDE DI SAN GIOVANNI EVANGELISTA ... 165
SCUOLA GRANDE DI SAN ROCCO 163
SCUOLA LEVANTINA 178
SCUOLA SAN GIORGIO DEGLI SCHIAVONI (Confrérie dalmate) 221
SCUOLA SPAGNOLA 178
Senso Unico Corner Pub ♆ ... 147
SERIMANN (villa ; ou villa Widman Foscari) 221
SETTECENTO VENEZIANO (museo del) 155
SORANZO (palazzo) 121
SOSPIRI (ponte dei ; pont des Soupirs) 139
STORIA NATURALE (museo di ; musée d'Histoire naturelle) 169
STRA 220
SUD (îles du) 213

T

Taverna da Baffo ♆ 🥖 161
Taverna del Campiello Remer 🍽 174
Taverna L'Olandese Volante ♆ 🥖 187
Taverna San Lio 🍽 185
TETTE (ponte delle) 167
THÉÂTRE DE LA FENICE (quartier du) 141
The Fiddler's Elbow ♆ ♪ 175
Tiziano 🍽 173
TORCELLO (île) 209
TORRE DELL'OROLOGIO (tour de l'Horloge) 135

Trattoria Africa 🍽 213
Trattoria Ai Cacciatori 🍽 206
Trattoria Al Gatto Nero 🍽 206
Trattoria Alla Madonna 🍽 160
Trattoria Alla Rampa 🍽 186
Trattoria Alla Riveta 🍽 184
Trattoria Andri 🍽 213
Trattoria Antica Mola 🍽 172
Trattoria Bar Pontini 🍽 172
Trattoria Busa Alla Torre 🍽 203
Trattoria Da'a Marisa 🍽 173
Trattoria di Paolo Melinato 🍽 186
Trattoria Tre Spiedi 🍽 174

U-V-W-Z

Un Mondo diVino ♆ 🥖 175
VENA (canal della ; Chioggia) 217
VENDRAMIN-CALERGI (palazzo) 121, 180
VERRE (musée du ; museo d'Arte Vetrario ; Murano) 204
VILLA CONTARINI 221
VILLA FOSCARI (la Malcontenta) 221
VILLA PISANI 220
Vini da Gigio 🍽 173
Vizio Virtù Cioccolateria ☕ 🍽 162
WIDMANN FOSCARI (villa ; ou villa Serimann) 221
Zanzibar ♆ 186
ZATTERE (les) 154

OÙ TROUVER LES CARTES ET LES PLANS ?

- Burano 207
- Grand Canal (le) 122-123
- Lagune (la) 9
- Murano 203
- Venise – plan d'ensemble, *plan détachable* .... recto
- Venise – transports maritimes, *plan détachable* .... verso
- Venise – zoom, *plan détachable* .... verso

Les **Routards** *parlent aux* **Routards**

Faites-nous part de vos expériences, de vos découvertes, de vos tuyaux.
Indiquez-nous les renseignements périmés. Aidez-nous à remettre l'ouvrage à jour.
Faites profiter les autres de vos adresses nouvelles, combines géniales... On adresse un exemplaire gratuit de la prochaine édition à ceux qui nous envoient les lettres les meilleures, pour la qualité et la pertinence des informations. Quelques conseils cependant :
– Envoyez-nous votre courrier le plus tôt possible afin que l'on puisse insérer vos tuyaux sur la prochaine édition.
– N'oubliez pas de préciser l'ouvrage que vous désirez recevoir.
– Vérifiez que vos remarques concernent l'édition en cours et notez les pages du guide concernées par vos observations.
– Quand vous indiquez des hôtels ou des restaurants, pensez à signaler leur adresse précise et, pour les grandes villes, les moyens de transport pour y aller. Si vous le pouvez, joignez la carte de visite de l'hôtel ou du resto décrit.
– N'écrivez si possible que d'un côté de la lettre (et non recto verso).
– Bien sûr, on s'arrache moins les yeux sur les lettres dactylographiées ou correctement écrites !
En tout état de cause, merci pour vos nombreuses lettres.

Les Routards parlent aux Routards :
122, rue du Moulin-des-Prés, 75013 Paris

e-mail : guide@routard.com
Internet : routard.com

Le Trophée du voyage humanitaire ROUTARD.COM s'associe à VOYAGES-SNCF.COM

Parce que le *Guide du routard* défend certaines valeurs : Droits de l'homme, solidarité, respect des autres, des cultures et de l'environnement, il s'associe, pour la prochaine édition du Trophée du voyage humanitaire routard.com, aux Trophées du tourisme responsable, initiés par Voyages-sncf.com.
Le Trophée du voyage humanitaire routard.com doit manifester une réelle ambition d'aide aux populations défavorisées, en France ou à l'étranger. Ce projet peut concerner les domaines culturel, artisanal, agricole, écologique et pédagogique, en favorisant la solidarité entre les hommes.
Renseignements et inscriptions sur ● routard.com ● et ● voyages-sncf.com ●

Routard Assistance *2009*

Routard Assistance et Routard Assistance Famille, c'est l'Assurance Voyage Intégrale sans franchise que nous avons négociée avec les meilleures compagnies, Assistance complète avec rapatriement médical illimité. Dépenses de santé et frais d'hôpital pris en charge directement sans franchise jusqu'à 300 000 € + caution + défense pénale + responsabilité civile + tous risques bagages et photos. Assurance personnelle accidents : 75 000 €. Très complet ! Le tarif à la semaine vous donne une grande souplesse. Tableau des garanties et bulletin d'inscription à la fin de chaque *Guide du routard* étranger. Pour les départs en famille (4 à 7 personnes), demandez-nous le bulletin d'inscription famille. Pour les longs séjours, un nouveau contrat *Plan Marco Polo « spécial famille »* à partir de 4 personnes. Enfin pour ceux qui partent en voyage « éclair » de 3 à 8 jours visiter une ville d'Europe, vous trouverez dans les Guides Villes un bulletin d'inscription avec des garanties allégées et un tarif « light ». Pour les villes hors Europe, nous vous recommandons Routard Assistance ou Routard Assistance Famille, mieux adaptés. Si votre départ est très proche, vous pouvez vous assurer par fax : 01-42-80-41-57, en indiquant le numéro de votre carte de paiement. Pour en savoir plus : ☎ 01-44-63-51-00 ; ou, encore mieux, sur notre site : ● routard.com ●

Photocomposé par MCP - Groupe Jouve
Imprimé en France par Aubin
Dépôt légal : septembre 2008
Collection n° 13 - Édition n° 01
24/4406/5
I.S.B.N. 978-2-01-244406-5